Y BEIBL
I BLANT
mewn 365 o storïau

Mary Batchelor
Addasiad Cymraeg gan Julie Rhys Jones ac Elisabeth James
Lluniau gan John Haysom

GWASG EFENGYLAIDD CYMRU

Y BEIBL I BLANT
mewn 365 o storïau

Y BEIBL I BLANT
mewn 365 o storïau

Teitl gwreiddiol: *The Children's Bible in 365 Stories.*

Hawlfraint y testun gwreiddiol:
© Mary Batchelor, 1985.

Hawlfraint y dylunwaith:
© Lion Publishing plc, 1985.

Hawlfraint y testun Cymraeg:
© Gwasg Efengylaidd Cymru, 1991.

Argraffiad Cymraeg cyntaf, 1991.

ISBN 1 85049 084 8

Cedwir pob hawl. Ni ellir atgynhyrchu unrhyw ran o'r cyhoeddiad hwn, na'i gadw mewn cyfundrefn adferadwy na'i drosglwyddo mewn unrhyw ddull na thrwy unrhyw gyfrwng electronig, mecanyddol, llungopïo, recordio nac fel arall, heb ganiatâd ymlaen llaw gan Wasg Efengylaidd Cymru.

Cyhoeddwyd y llyfr hwn yn Saesneg yn wreiddiol dan y teitl *The Children's Bible in 365 Stories* gan Lion Publishing plc, Rhydychen, Lloegr. Hawlfraint: © Lion Publishing plc, 1985.

Cyhoeddwyd yn Gymraeg gan Wasg Efengylaidd Cymru, Bryntirion, Pen-y-bont ar Ogwr, Canol Morgannwg
CF31 4DX, Cymru.

Argraffwyd yn Tsiecoslofacia.

CYFLWYNIAD

Yn y llyfr hwn fe gewch stori ar gyfer pob diwrnod o'r flwyddyn. Daw pob stori o'r Beibl, cyfrol sy'n debyg i lyfrgell bron. Yn y Beibl ceir chwech a thrigain o lyfrau – llyfrau antur, hanes, barddoniaeth, llythyrau a llawer mwy – wedi'u hysgrifennu gan lawer o wahanol bobl dros gannoedd o flynyddoedd. Mae dwy brif ran iddo – yr Hen Destament (a ysgrifennwyd yn wreiddiol mewn Hebraeg, iaith yr Iddewon cynnar) a'r Testament Newydd (a ysgrifennwyd mewn Groeg, yr iaith y medrai pawb yn yr Ymerodraeth Rufeinig ei deall yn amser Iesu Grist).

Roedd hi'n gwbl amhosibl gwasgu popeth yn y Beibl i mewn i'r llyfr hwn, ac felly dewisais yr hanesion mwyaf cyffrous a'r storïau hynny sy'n ffefrynnau gan bawb. Ond roedd gennyf amcan arall hefyd wrth ddewis. Er y gall y Beibl ymddangos yn gymysgedd dyrys o wahanol fathau o lenyddiaeth, mae'r gwahanol rannau yn perthyn i'w gilydd, fel darnau o jig-so, ac yn gwneud un darlun cyfan. Fy nod oedd gwneud y darlun hwn yn glir.

Mae'r Beibl yn dangos i ni pa fath un yw Duw, a pha fath rai ydym ni. A chan fod Duw yn aros yr un, a'r natur ddynol hefyd yn aros yr un, mae'r Beibl wastad yn gyfoes. Mae'n ateb y math o gwestiynau y bydd pobl o hyd yn eu gofyn: 'Sut un yw Duw?', 'Paham y mae drygioni ac anhapusrwydd a marwolaeth yn y byd?', 'Beth yw pwrpas bywyd?' ac 'A oes gwahaniaeth sut y byddaf yn byw?'

Yn yr Hen Destament llefarodd Duw drwy ddynion, ond yn y Testament Newydd daeth i'r byd ei hun, ym mherson ei Fab, Iesu. Dangosodd Iesu i ni yn union pa fath un yw Duw. A'r newyddion gorau oll yw, iddo ddelio â'r llanastr a wnaethom o'n hunain ac o'r byd, a hynny drwy farw trosom. Enillodd y frwydr yn erbyn angau a drygioni a daeth yn ôl o'r bedd i fywyd newydd, annherfynol. Mae'r Beibl yn gorffen gyda gweledigaeth o'r dyfodol, pan fydd Iesu yn teyrnasu am byth, gan ddod â chyfiawnder a heddwch i fyd newydd a dedwydd.

Cafodd John Haysom a minnau lawer o bleser a gwefr wrth baentio ac ysgrifennu'r storïau hyn. Gobeithiwn y byddwch chi yn eu mwynhau i'r fath raddau fel y byddwch, maes o law, yn prynu copi o'r Beibl ac yn darllen y stori gyfan drosoch eich hun.

Mary Batchelor

CYNNWYS

YR HEN DESTAMENT

- **Hanes y creu**
1. Duw yn creu'r byd *10*
2. Duw yn creu pobl *12*
- **Difetha'r cread**
3. Temtasiwn y ffrwyth *13*
4. Paradwys goll *14*
- **Cain ac Abel**
5. Y ddau frawd *15*
6. Y llofruddiaeth gyntaf *16*
- **Hanes Noa**
7. Dechrau adeiladu *17*
8. Glaw, glaw, glaw! *19*
9. Dechrau newydd *20*
10. Enfys yn yr awyr *20*
- **Tŵr Babel**
11. I fyny bo'r nod! *22*
- **Hanes Abraham**
12. Duw yn galw Abraham *23*
13. Y dewis cyntaf i Lot *24*
14. Addewid Duw *25*
15. Hagar yn hel ei phac *26*
16. Yr ymwelwyr dieithr *26*
17. Ar y ffordd i Sodom *28*
18. Achub Lot *29*
- **Hanes Isaac**
19. Geni Isaac *30*
20. Gorfod mynd *30*
21. Abraham ar brawf *32*
22. Gwraig i Isaac *33*
23. Dod o hyd i Rebeca *34*
- **Hanes yr enedigaeth-fraint**
24. Bargen Jacob *36*
25. Twyll Jacob *36*
26. Esau yn dychwelyd *37*
- **Hanes Jacob**
27. Breuddwyd Jacob *39*
28. Twyllo'r twyllwr *39*
29. Yr ymgodymu rhyfedd *40*
30. Cwrdd ag Esau eto *42*
- **Joseff y bachgen**
31. Helynt gartref *43*
32. Breuddwydion! *44*
33. I mewn i'r pydew! *44*
34. Ar y ffordd i'r Aifft *46*
- **Joseff y caethwas**
35. Gwas arbennig *47*
36. Yn y carchar! *48*
37. Ystyr breuddwydion *49*
38. Y carcharor a'r brenin *50*
- **Joseff y rheolwr**
39. Y prif weinidog newydd *52*
40. Bwyd yn yr Aifft *53*
41. Taith Benjamin *54*
42. Y cwpan coll *55*

43. Aduniad teuluol *56*
44. Trwbl yn yr Aifft *56*
- **Hanes Moses**
45. Y baban yn yr hesg *58*
46. Tywysog yr Aifft *60*
47. Moses yn helpu'r llancesau *61*
48. Duw yn galw Moses *62*
- **Moses a brenin yr Aifft**
49. Y brenin yn dweud 'Na' *63*
50. Llyffantod, pryfed a chenllysg *64*
51. Y gosb olaf *65*
52. Y Pasg cyntaf *66*
- **Dianc o'r Aifft**
53. Ffarwelio! *67*
54. Duw yn arwain *68*
55. Argyfwng! *69*
56. Croesi'r Môr Coch *70*
57. Bwyd yn yr anialwch *72*
58. Dŵr yn yr anialwch *72*
59. 'Dwylo i fyny, Moses!' *74*
60. Rhannu'r gwaith *75*
- **Cyfraith Duw**
61. Mynydd Duw *76*
62. Y Deg Gorchymyn – caru Duw *77*
63. Y Deg Gorchymyn – caru eraill *78*
64. Duw yn gofalu *80*
- **Duw a'i bobl**
65. Y Cyfamod *81*
66. Pabell Duw *82*
67. Y llo aur *83*
68. Maddeuant *84*
- **Ar ffiniau Canaan**
69. Gwlad yr Addewid o fewn golwg *85*
70. 'Allwn ni byth!' *86*
71. Moses yn gwylltio *87*
72. Y sarff bres *88*
73. Balaam a'i asen *88*
74. Moses yn ffarwelio *90*
- **Hanes Josua**
75. Yr arweinydd newydd *91*
76. Y ddau ysbïwr *92*
77. Yr edau goch *92*
78. Croesi'r Iorddonen *94*
- **Gwlad yr Addewid**
79. Gorchmynion rhyfedd *95*
80. Y muriau yn syrthio *97*
81. Bara caled *98*
82. 'O haul, aros!' *99*
83. Rhannu'r wlad *100*
- **Yn amser y barnwyr**
84. Helynt *101*
85. Ehud, y dyn llawchwith *102*

86	Debora a Barac *103*		136	Dymuno tŷ i Dduw *158*
87	Morthwyl a hoelen *104*		137	Dafydd yn cadw ei addewid *159*
•	**Hanes Gedeon**		•	**Methiannau Dafydd**
88	Yr arwr petrus *105*		138	Bathseba hardd *160*
89	Gedeon yn ceisio prawf *106*		139	Y naill ddrwg yn arwain at y llall *161*
90	Dryllio'r delwau *107*		140	Yr oen bach swci *162*
91	Gedeon yn dewis ei fyddin *108*		141	Helyntion teuluol *163*
92	Sibrwd yn y nos *109*		•	**Gwrthryfel Absalom**
93	Utgyrn a lampau *110*		142	'Tyrd adref, Absalom!' *164*
•	**Hanes Jefftha**		143	Ennill poblogrwydd *164*
94	Addewid Jefftha *112*		144	Y brenin Dafydd yn gadael Jerwsalem *166*
95	'Dywed Shibboleth!' *113*		145	Ystrywiau ac ysbïwyr *166*
•	**Samson gryf**		146	Angau yn y coed *168*
96	Baban arbennig *114*		147	Dychwelyd yn fuddugoliaethus *169*
97	Trefnu priodas *115*		•	**Oes aur Solomon**
98	'Atebwch y pos' *116*		148	Y brenin newydd *170*
99	Samson a Delila *116*		149	Breuddwyd Solomon *171*
100	Gorchfygu'r pencampwr *118*		150	Penderfyniadau doeth *172*
101	Yr ymdrech olaf *119*		151	Gogoniant Solomon *172*
•	**Hanes Ruth**		152	Adeiladu teml i Dduw *175*
102	Dyddiau blin *122*		153	Ymweliad brenhines Seba *176*
103	Ruth yn cael gwaith *123*		•	**Rhannu'r deyrnas**
104	Diwedd hapus *124*		154	Pechodau Solomon *178*
•	**Hanes Samuel**		155	Newyddion syfrdanol *178*
105	Baban i Hanna *125*		156	Dewis anodd *180*
106	Gadael cartref *127*		157	Y wlad ranedig *181*
107	'Llefara, Arglwydd' *128*		•	**Helyntion yn Israel**
108	Trychineb *129*		158	Methiant Jeroboam *182*
109	Digwyddiadau rhyfedd *130*		159	Ahab a'i frenhines ddrwg *183*
110	'Rho frenin i ni!' *131*		160	Y sychdwr hir *184*
•	**Brenin cyntaf Israel**		161	Digon o fwyd *185*
111	Yr asynnod coll *132*		•	**Elias yn herio Baal**
112	Y gyfrinach syfrdanol *132*		162	Gornest ar y mynydd *186*
113	Saul, y brenin amharod *134*		163	Duw yn anfon tân *187*
114	Dechrau da *134*		164	Y cymylau'n crynhoi *189*
115	Jonathan ddewr *136*		•	**Elias, negesydd Duw**
116	Saul yn anufuddhau *137*		165	Perygl! *190*
•	**Dafydd y llanc**		166	Y llef ddistaw, fain *191*
117	Dewis brenin newydd *138*		167	Gwinllan Naboth *192*
118	Her y cawr *139*		168	Y brenin yn cael ei ffordd *193*
119	Lladd Goliath *141*		169	Taith olaf Elias *194*
120	Cenfigen y brenin *142*		170	Y cerbyd tanllyd *196*
121	Ffrindiau am oes *143*		•	**Israel a Jwda**
•	**Dafydd yn cuddio**		171	Y proffwyd geirwir *197*
122	Dianc gyda'r hwyr *144*		172	Marwolaeth Ahab *198*
123	Arwydd y saeth *144*		173	Canu am fuddugoliaeth *199*
124	Bwyd a chleddyf *146*		•	**Hanesion am Eliseus**
125	Hel clecs *147*		174	Datrys problem *200*
126	Chwarae mig *148*		175	Ystafell iddo'i hun *201*
127	Dŵr o ffynnon Bethlehem *149*		176	Diwrnod ofnadwy *202*
•	**Dafydd yr herwr**		177	Yn fyw eto *203*
128	Nabal y ffŵl *150*		178	Y gaethferch ifanc *204*
129	'Yfory byddi farw!' *151*		179	Iacháu Naaman *205*
130	Ymuno â'r gelyn *152*		180	Llygaid i weld *206*
131	Colli popeth! *153*		181	Newyn yn y wlad *208*
132	Dod i'r adwy *154*		182	Newyddion da! *209*
133	Marw gyda'i gilydd *155*		•	**Trafferthion yn Jwda ac Israel**
•	**Dafydd y brenin**		183	Eneinio yn y dirgel *210*
134	Hir oes i'r brenin Dafydd! *156*		184	Gyrrwr gwyllt *210*
135	Dinas Dafydd — dinas Duw *157*			

185	Cuddio brenin *212*		●	**Neges Eseciel**
186	Lladron a thwyllwyr! *212*		214	Olwynion ac adenydd *246*
187	'Tyrd yn ôl!' *214*		215	Pregethu heb air *247*
188	Gweledigaeth Eseia *215*		216	Esgyrn sychion *248*
189	Paid â chynhyrfu! *216*		●	**Pobl Dduw yn dychwelyd adref**
●	**Cyfnod anodd yn Jwda**		217	Y daith hir yn ôl *249*
190	Yr ymerawdwr yn gosod ei bris *217*		218	Yr adeiladu'n dechrau *250*
191	Gelyn wrth y porth *219*		219	Y deml newydd *251*
192	Salwch y brenin *220*		220	Trulliad y brenin *252*
193	Y darganfyddiad mawr *220*		221	Ailgodi'r muriau *253*
194	Coelcerth Joseia *222*		222	Dysgu cyfraith Duw *254*
●	**Dyddiau Olaf Jwda**		●	**Stori Esther**
195	'Paid â'm hanfon i!' *223*		223	Dewis brenhines newydd *256*
196	Jeremeia yn y crochendy *224*		224	Cynllwyn Haman *256*
197	Cyllell boced *225*		225	Cais y frenhines *258*
198	Iau Babilon *226*		226	Diwrnod i'w gofio *258*
199	Y basgedi ffigys *227*		●	**Stori Job**
200	Y criw achub *229*		227	Gofidiau Job *260*
201	Y dyddiau olaf yn Jerwsalem *229*		228	Cysuro Job? *261*
●	**Daniel a'i ffrindiau**		229	Duw yn siarad â Job *262*
202	Hyfforddiant arbennig yn y palas *232*		●	**Llyfr emynau pobl Israel**
203	Breuddwyd y brenin *232*		230	Moli Duw *263*
204	Y Duw sy'n gallu dehongli *234*		231	Caneuon i gysuro a helpu *264*
205	Ystyr y freuddwyd *235*		●	**Diarhebion**
206	Y ddelw anferth *236*		232	Geiriau doeth *265*
207	Pedwar dyn yn y tân *237*		●	**Stori Jona**
208	Gwallgofrwydd Nebuchadnesar *238*		233	Ffoi oddi wrth Dduw *266*
209	Dirgelwch y llaw *240*		234	Storm ar y môr *267*
210	Pwyswyd yn y glorian *241*		235	Gwers y pysgodyn mawr *268*
211	Y cynllwyn *242*		236	Gwers y pryfyn bach *270*
212	Parhau i weddïo *243*		●	**Malachi**
213	Y bore canlynol *244*		237	'Mae fy negesydd yn dod!' *271*

Y TESTAMENT NEWYDD

●	**Y brenin a addawyd**		257	Iesu'n gwella pobl *295*
238	Gobeithio a gweddïo *274*		258	Ceisio ei ladd *296*
239	Yr addewid o faban *275*		259	Ioan yn y carchar *297*
240	Taith i'r bryniau *276*		260	Gwobr am ddawnsio *298*
241	'Ei enw yw Ioan!' *276*		●	**Gwersi yn yr awyr agored**
242	Joseff *278*		261	Y Bregeth ar y Mynydd *299*
●	**Cyflawni addewid Duw**		262	'Dysg i ni weddïo!' *300*
243	Geni Iesu *279*		263	Y ddau weddïwr *300*
244	Stori'r bugeiliaid *280*		264	Cyfaill ganol nos *302*
245	'Ble mae'r brenin?' *282*		265	Adeiladu'n gywir *302*
246	Anrhegion addas i Frenin *283*		●	**Gelynion Iesu**
247	Ffoi i'r Aifft *284*		266	I lawr drwy'r to *303*
●	**Iesu'n tyfu i fyny**		267	Pwy all faddau pechod? *305*
248	Y bachgen yn y deml *285*		268	Nid ar y Saboth *306*
●	**Ioan Fedyddiwr**		269	'Mae'n wallgof!' *307*
249	Edifarhewch! *286*		●	**Storïau am deyrnas Dduw**
250	Bedyddio Iesu *287*		270	Hau had *308*
251	Arweinydd newydd *288*		271	Gwneud bara *309*
●	**Paratoi i gychwyn**		272	Darganfod trysor *310*
252	Temtasiwn *288*		273	Y wledd fawr *311*
253	'Dilynwch fi!' *290*		●	**Iesu, Ffrind mewn angen**
254	Meddyg i'r cleifion *290*		274	Y storm ar y llyn *312*
●	**Cenhadaeth Iesu'n dechrau**		275	Dyn gwallgof *313*
255	Gwin i'r briodas *292*		276	Dau berson pwysig *314*
256	Sgrechian yn y synagog *294*		277	Codi o farw *316*

278	'Paid â chrio!' *317*	322	Y gelyn oddi mewn *366*
•	**Iesu a'i ddisgyblion**	•	**Y Swper Olaf**
279	Yn ddau a dau *318*	323	Paratoi swper y Pasg *367*
280	'Pwy yw'r pwysicaf?' *318*	324	Gofalu am eraill *368*
281	Halen a goleuni *320*	325	Swper y Pasg *369*
•	**Iesu'n dangos ei allu**	326	Paratoi'r disgyblion *370*
282	Y picnic anferth *321*	•	**Dal Iesu a'i roi ar brawf**
283	Cerdded ar y dŵr *322*	327	Bradychu yn yr ardd *371*
•	**Cwestiynau ac atebion**	328	'Dydw i ddim yn adnabod y dyn!' *373*
284	Y dyn a ddaeth liw nos *324*		
285	Y wraig a ddaeth i godi dŵr *325*	329	Stori Jwdas *374*
•	**Storïau am gariad Duw**	330	Iesu'n sefyll ei brawf *374*
286	Y ddafad golledig *326*	•	**Croeshoelio Iesu**
287	Y darn arian coll *327*	331	Y ffordd i Golgotha *376*
288	Y ddau fab coll *328*	332	Iesu ar y groes *377*
289	Y gweithwyr a'u cyflog *330*	•	**Atgyfodiad Iesu**
•	**Iesu'n dysgu ynglŷn ag arian**	333	Mae'n fyw! *378*
290	Y dyn cyfoethog *331*	334	Cerdded i Emaus *380*
291	Y rhodd fwyaf oll *332*	335	Stori Thomas *381*
292	Y ffermwr ffôl *333*	336	'Wyt ti'n fy ngharu i?' *382*
•	**Iesu'n dysgu amdano'i hun**	•	**Esgyniad Iesu**
293	'Ti yw Meseia Duw!' *334*	337	Adref i'r nefoedd *383*
294	Y ffordd ymlaen *334*	•	**Dyfodiad yr Ysbryd Glân**
•	**Y Gweddnewidiad**	338	Ysbryd Duw yn dod *384*
295	Cipolwg ar ogoniant Iesu *336*	339	Iesu yw'r Arglwydd! *384*
•	**Iesu'r meddyg**	•	**Yr Eglwys Fore**
296	Y tad gofidus *337*	340	Iachâd – a helynt *386*
297	Gwas y canwriad *338*	341	Dweud celwydd wrth Dduw *387*
298	Dyn mud a byddar *339*	342	Steffan ddewr *388*
299	'Coed yn cerdded!' *340*	343	Y swyddog o'r Affrig *389*
•	**Iesu'n dysgu am ufudd-dod**	•	**Tröedigaeth Paul**
300	Y ddau fab *341*	344	Taith i Ddamascus *390*
•	**Storïau am garu eraill**	345	Dyn newydd *391*
301	Y dyn nad oedd am faddau *342*	•	**Pedr yr arweinydd**
302	Y ffrind da *343*	346	Dagrau dros Tabitha *392*
303	Defaid a geifr *345*	347	Lliain yn llawn anifeiliaid *393*
•	**Iesu'n croesawu pawb**	348	Y milwr Rhufeinig *394*
304	Y croeso cariadus *346*	349	Drysau carchar yn agor *394*
305	Teuluoedd *346*	•	**Paul y pregethwr**
306	Y dyn a ddaeth yn ôl *348*	350	'Daeth y duwiau atom!' *396*
•	**Iesu'n dweud 'Myfi yw . . .'**	351	Cenhadu yn Ewrop *397*
307	Y bugail da *349*	352	Canu yn y carchar *398*
308	Y wir winwydden *350*	353	Terfysg yn Effesus *399*
•	**Gwneud yn fawr o bob cyfle**	354	Y bregeth hir *400*
309	Y ffigysbren heb ffigys *351*	•	**Paul y carcharor**
310	Y merched doeth a ffôl *352*	355	Yn y ddalfa! *401*
311	Y tri gwas *353*	356	Y cynllun cudd *402*
312	Y gwyliwr yn y goeden *355*	357	Llongddrylliad! *403*
313	Bartimeus ddall *356*	358	I'r lan yn ddiogel! *405*
•	**Ffrindiau Iesu**	359	Rhufain o'r diwedd *406*
314	Y peth pwysicaf *357*	•	**Y Llythyrwyr**
315	'Mae dy ffrind yn sâl' *358*	360	Llythyrau oddi wrth Paul *407*
316	Yn fyw eto! *359*	361	Caethwas ar ffo *408*
317	Anrheg i Iesu *360*	362	Llythyr at Gristnogion Iddewig *409*
•	**Hosanna!**	363	Llythyr oddi wrth Iago *410*
318	Yr orymdaith fawr *361*	364	Llythyrau oddi wrth Pedr *411*
•	**Gelynion Iesu yn cryfhau**	•	**Nef newydd – daear newydd**
319	Iesu yn y deml *362*	365	Cipolwg o'r nefoedd *412*
320	Gelynion oddi allan *364*		
321	Y tenantiaid drwg *365*		**Mynegai i enwau personau** *414*

YR HEN DESTAMENT

Ystyr y gair 'testament' yw cytundeb neu gyfamod. Mae'r Hen Destament yn rhoi hanes cyfamod Duw ag Abraham a'i deulu, teulu a ddaeth yn bobl arbennig i Dduw. Roedd dynion wedi troi cefn ar Dduw ac wedi difetha'r byd perffaith a greodd. Felly aeth Duw ati i ddysgu ei bobl amdano'i hun. Addawodd ofalu amdanynt ac, o'u hochr hwy, addawsant gadw ei ddeddfau. Methu fu eu hanes yn aml, ond arhosodd Duw yn ffyddlon i'w gyfamod.

Hanes y creu

📖 **1**
Duw yn creu'r byd
Genesis 1

Ymhell yn ôl, ar y dechrau, lle tywyll a gwag oedd ein byd ni. Penderfynodd Duw osod trefn arno a'i droi yn lle hyfryd i fyw.

'Rhaid cael goleuni i dorri ar y tywyllwch,' meddai Duw. A daeth goleuni.

Yna dywedodd Duw wrth y moroedd garw i gilio, fel bod tir sych yn ymddangos. Ar wahân i furmur y tonnau ac ocheneidiau'r gwynt, roedd y tir yn ddistaw a gwag.

'Rhaid cael coed a phlanhigion i harddu'r byd,' meddai Duw. Ac felly y bu. Dyna olwg hyfryd oedd ar y dail gwyrdd cyntaf a'r blodau lliwgar!

Yna, yn uchel yn y nen, gorchmynnodd Duw i'r haul ddisgleirio yn y dydd, ac i'r lleuad oleuo'r nos. Creodd y sêr hefyd i wenu yn y tywyllwch melfed.

Roedd yr awyr a'r môr yn para'n ddistaw a gwag.

'Rhaid cael creaduriaid i nofio a chwarae yn y moroedd,' meddai Duw. Ac aeth ati i'w creu, o'r pysgodyn lleiaf hyd at y morfil mwyaf. Creodd adar hefyd i hedfan ac i ganu'n swynol ymysg y coed.

Roedd yn fyd hardd iawn bellach, a gwelodd Duw fod y cwbl yn dda. Ond roedd angen rhywrai i fyw ar y tir.

'Rhaid cael anifeiliaid, rhai bach a rhai mawr, i fyw ar y ddaear,' meddai Duw. A daeth y meysydd a'r fforestydd yn fyw o anifeiliaid o bob math.

Dywedodd Duw wrth y pysgod, yr adar a'r anifeiliaid, y dylent eni rhai bach a llenwi'r ddaear, fel y gallai'r byd cyfan fod yn lle prysur a hapus.

Yna, edrychodd Duw ar y byd hardd yr oedd wedi'i greu a dywedodd, 'Mae'n dda iawn.'

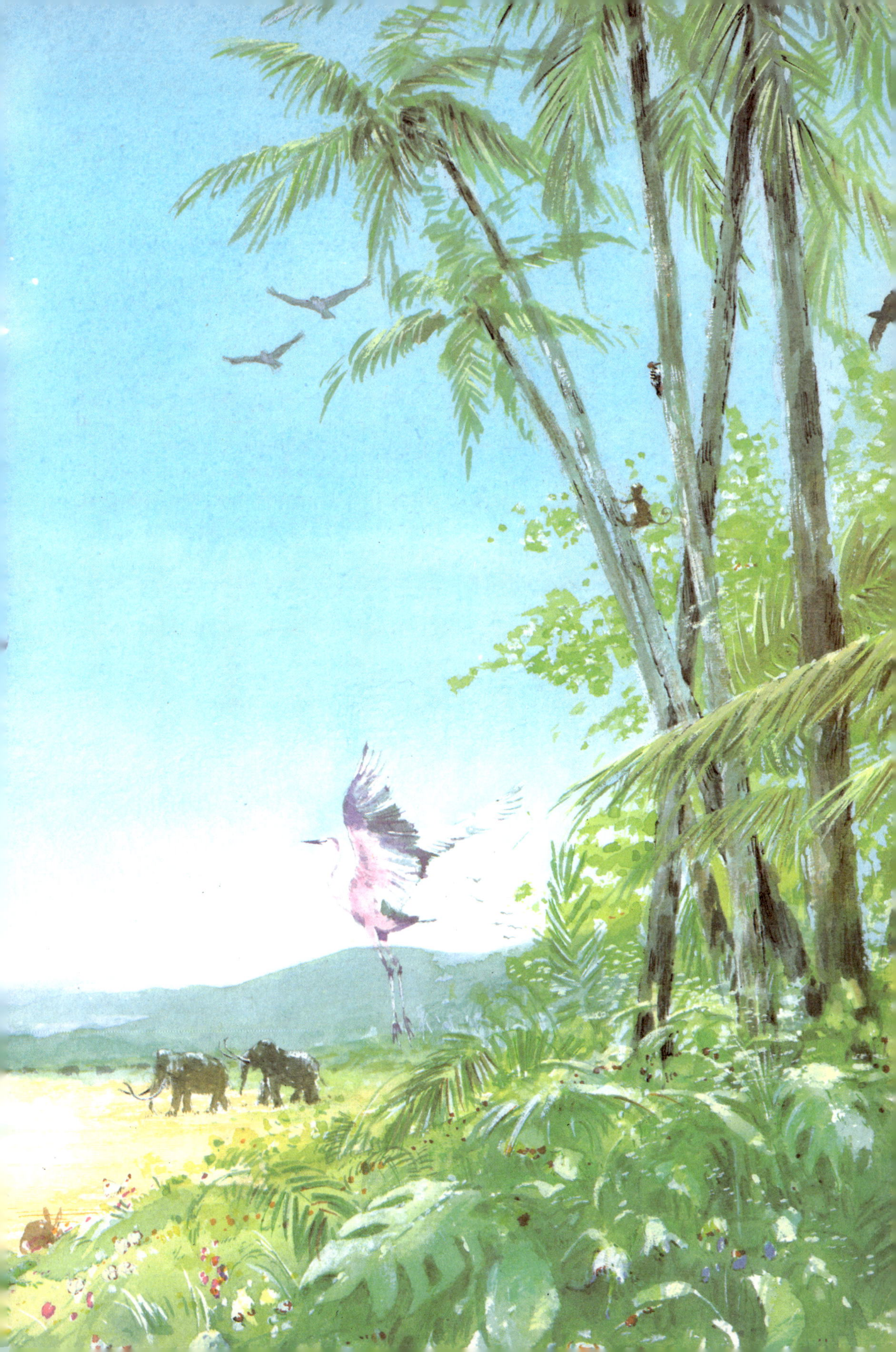

2
Duw yn creu pobl
Genesis 1-2

Roedd Duw wrth ei fodd gyda'r byd hardd a'r bydysawd enfawr yr oedd wedi'u creu. Ond roedd yn gwybod fod rhan orau ei greadigaeth eto i'w chreu.

'Rhaid imi greu pobl yn awr,' meddai Duw. 'Byddant yn gallu meddwl, ac yn gallu f'adnabod a'm caru i; ac fe gânt ofalu am fy myd a chadw trefn arno.'

Creodd Duw y dyn, Adda, yn gyntaf. Ond er bod digon o anifeiliaid o'i gwmpas, roedd Adda'n unig. Felly creodd Duw y wraig, Efa, yn gwmni iddo, fel y gallai'r ddau siarad â'i gilydd, a chwerthin, a charu ei gilydd.

Bendithiodd Duw Adda ac Efa, a dywedodd wrthynt am fwynhau byw yn ei fyd. Roedd y ddau i gael plant i rannu'r byd hardd â hwy ac i'w helpu yn y gwaith yr oedd Duw wedi'i roi iddynt. Er mai hwy oedd â gofal am y byd, roeddynt i ufuddhau i Dduw bob amser. Roedd ef yn eu caru ac yn gwybod beth oedd orau iddynt. Tra byddent yn ufudd iddo ef, byddent yn hapus a dedwydd.

Rhoddodd Duw ardd brydferth i Adda ac Efa fyw ynddi. Roedd y coed dan eu sang o ffrwythau aeddfed.

'Casglwch y ffrwythau a'u bwyta fel y mynnwch,' meddai Duw wrthynt, 'ond peidiwch â chyffwrdd ffrwyth y goeden sydd acw yng nghanol yr ardd. Dyna bren gwybodaeth da a drwg. Os bwytewch chi ffrwyth y goeden honno, byddwch yn marw.'

Daeth Duw â'r holl adar a'r anifeiliaid at Adda, fel y gallai Adda roi enwau arnynt. Roedd Adda ac Efa wrth eu bodd yn chwarae â'r anifeiliaid ac yn gofalu am yr ardd i Dduw.

Bob min nos, byddai Duw yn dod atynt i sgwrsio. Byddent yn cydgerdded ac yn siarad am ddigwyddiadau'r dydd, hyd nes i ddiwrnod perffaith arall dynnu i'w derfyn.

Difetha'r cread

3
Temtasiwn y ffrwyth
Genesis 3

Ni allai dim amharu ar hapusrwydd Adda ac Efa yng ngardd Eden. Neu felly yr edrychai pethau.

Ond roedd un person â'i fryd ar ddifetha pob peth a wnaeth Duw. Satan oedd hwnnw, gelyn Duw, ac roedd yn casáu pob peth da a dymunol.

Un diwrnod, daeth y sarff – y creadur mwyaf cyfrwys yn yr ardd – i sibrwd wrth Efa.

'Ydy hi'n iawn fod Duw wedi dweud nad ydych i fwyta ffrwyth y coed hyfryd yma?' gofynnodd.

'Nac ydy wir!' atebodd Efa. 'Gallwn fwyta'r ffrwyth fel y mynnwn, heblaw am ffrwyth yr un goeden acw. Dywedodd Duw na ddylem fwyta ffrwyth honno, ac os gwnawn ni hynny, y byddwn farw.'

'Dydy hynny ddim yn wir,' meddai'r sarff yn dawel. 'Mae Duw yn gwybod, pe baech chi'n bwyta'r ffrwyth *hwnnw*, y byddech chi yr un mor ddoeth a deallus ag ef. Dyna pam y mae e wedi dweud wrthych chi am beidio â'i fwyta.'

Edrychodd Efa o'r newydd ar y ffrwyth blasus a hongiai mewn sypiau o'r goeden yng nghanol yr ardd. Edrychai'n hyfryd.

Dychmygodd pa mor dda fyddai ei flas. Yna meddyliodd pa mor wych fyddai bod mor ddoeth ag yr addawodd y sarff. Yna penderfynodd. Tynnodd un o'r ffrwyth deniadol, ei gnoi a'i estyn i Adda i'w flasu hefyd.

Ond yn lle teimlo'n ddeallus a doeth, teimlai'r ddau yn ddiflas ac yn euog. Roeddynt wedi anufuddhau i'r Duw cariadus a doeth, eu Creawdwr a'u Cyfaill.

Pan ddaeth yr hwyr, nid oedd awydd arnynt gwrdd â Duw. Teimlent gywilydd am eu bod wedi anufuddhau. Torasant ddail mawr i geisio cuddio eu cyrff ac aethant i lechu'n dawel yn y llwyni.

Bob noswaith arall roeddynt wedi disgwyl yn eiddgar am alwad gariadus Duw. Yn awr safent mewn ofn wrth wrando am sŵn cyfarwydd ei lais. O'r diwedd dyma'i glywed.

'Ble rwyt ti, Adda?' galwodd Duw.

Â'u golwg tua'r ddaear, ymlusgodd y ddau allan i gwrdd â'r Duw nad oeddynt bellach am ei weld.

13

4
Paradwys goll
Genesis 3

Yn araf, daeth Adda ac Efa allan i gwrdd â Duw. Syllodd yn hir ac yn drist ar y ddau euog.

'Pam oeddech chi'n cuddio?' gofynnodd.

'Roedd ofn arna i dy weld am fy mod yn noeth,' meddai Adda dan grynu.

'Pwy ddywedodd hynny wrthyt ti?' gofynnodd Duw. 'Wyt ti wedi bwyta o ffrwyth coeden gwybodaeth da a drwg?'

'Nid arna *i* roedd y bai,' meddai Adda. 'Efa wnaeth fy mherswadio.'

'Nid arna *i* roedd y bai,' meddai Efa. 'Y sarff wnaeth fy nhwyllo.'

Siaradodd Duw â'r ddau yn eu tro. Eglurodd eu bod wedi distrywio ei fyd hardd trwy anufuddhau. Bellach byddai chwyn a drain yn tyfu ymhlith y cnydau a'r blodau. Byddai gwaith yn galed ac yn faich.

Ond roedd rhywbeth tristach fyth i ddilyn.

'Chewch chi ddim aros yn yr ardd hon mwyach,' meddai Duw. 'Rydyn ni wedi cerdded a sgwrsio â'n gilydd yma, ond nawr rydych chi wedi dewis gwneud fel y mynnwch *chi*, ac mae hynny'n golygu eich bod wedi dewis troi cefn arna i. Bellach, rhaid i chi fynd allan i'r byd a thorri eich cwys eich hunain. A phan fyddwch yn hen, byddwch yn marw.'

Â'u calonnau'n drist, gadawodd Adda ac Efa ardd brydferth Eden.

Safodd negeseuwyr Duw â chleddyfau tân i warchod pyrth y baradwys yr oedd dynion, i bob golwg, wedi'i cholli am byth.

Cain ac Abel

📖 5
Y ddau frawd
Genesis 4

Ar ôl iddynt gael eu bwrw allan o ardd Eden, ganwyd dau fab i Adda ac Efa. Tyfodd y bechgyn a daeth Cain, yr hynaf, yn ffermwr yn tyfu cnydau. Bugail oedd Abel, y brawd ieuengaf.

Un diwrnod penderfynodd y ddau lanc ddod â rhoddion i Dduw. Daeth Cain ag ysgub o ŷd melyn, aeddfed, wedi'i chasglu o'i faes. Rhodd Abel oedd oen newydd-eni, wedi'i ddewis o'i braidd. Edrychodd Duw ar roddion hardd y brodyr, ac yna edrychodd ar y brodyr eu hunain. Gwelodd pa fath rai oeddynt.

Gwyddai fod Abel yn ei garu ac yn ymddiried ynddo, ac felly derbyniodd Abel a'i rodd. Ond gwrthododd rodd Cain. Ni allai dderbyn Cain am ei fod yn ddyn dideimlad, balch ac ystyfnig.

Digiodd Cain yn ofnadwy. Gwgodd a throi ar ei sawdl i fynd o olwg Duw. Ond cyn iddo allu mynd, siaradodd Duw ag ef.

'Pam rwyt ti mor flin, Cain?' gofynnodd. 'Petaet ti wedi gwneud yr hyn sy'n iawn, buaset ti'n hapus. Fe fuaswn wedi derbyn dy rodd.

'Cofia, mae drygioni fel anifail gwyllt. Mae e yn dy ymyl ac yn barod i neidio amdanat ti a'th orchfygu. Rhaid i ti ei wrthsefyll.'

Ond nid oedd Cain am wrando ar Dduw na chymryd unrhyw sylw o'i rybudd.

Brasgamodd yn ôl i'r caeau â'i waed yn berwi. Roedd yn casáu Abel am ei fod yn berson da ac am ei fod wrth fodd calon Duw.

6
Y llofruddiaeth gyntaf
Genesis 4

Roedd Duw yn fodlon ar Abel ond roedd wedi gwrthod rhodd Cain. Roedd Cain yn genfigennus ofnadwy o'i frawd, ac roedd gweld wyneb hapus Abel yn ei wneud yn fwy blin byth. Penderfynodd dalu'r pwyth yn ôl rywsut.

'Beth am fynd am dro i'r caeau?' galwodd ar Abel un diwrnod.

'O'r gorau,' atebodd Abel yn awyddus. 'Efallai fod Cain am fod yn ffrindiau eto,' meddyliodd.

Wrth gydgerdded yn nhawelwch y wlad, llosgodd dicter Cain yn fwy ffyrnig fyth yn erbyn ei frawd diniwed.

Nid oedd Abel yn amau dim. Yna, yn sydyn ac yn llawn casineb, trodd Cain ar ei frawd a'i ladd ar amrantiad ag un ergyd ffyrnig. Heb edrych yn ôl, brasgamodd Cain i ffwrdd.

Yna siaradodd Duw â Cain.

'Ble mae dy frawd?' gofynnodd.

Bu bron i galon Cain beidio â churo, ond atebodd yn ddidaro. 'Sut y gwn i? Oes disgwyl i mi gadw llygad arno drwy'r amser?'

'Cain, pam y gwnest ti beth mor erchyll?' gofynnodd Duw yn drist.

Yna sylweddolodd Cain fod Duw wedi gweld y cwbl a'i fod yn gwybod am y casineb a'r cenfigen a lechai yn ei galon.

'Mae gwaed dy frawd yn gweiddi am gyfiawnder,' meddai Duw wrth Cain, 'Dyma fydd dy gosb. O hyn allan, ni fydd y ddaear yn tyfu cnydau da i ti. Fe fyddi di'n grwydryn digartref byth mwy.'

'Alla i ddim goddef y gosb!' gwaeddodd Cain. 'Pan ddaw pobl i wybod am yr hyn a wnes i, fe fydd hi ar ben arna i.'

'Fe fydda i'n dy warchod,' meddai Duw. 'Chaiff neb dy ladd.'

Felly gadawodd Cain ei fferm a'i gartref. Yn waeth byth, trodd ei gefn ar Dduw. Bu'n rhy falch i wrando ar rybudd Duw. Dewisodd gasáu Abel a'i lofruddio yn lle ei garu a byw yn hapus a chytûn.

Hanes Noa

7
Dechrau adeiladu
Genesis 6

Dim ond dechrau drygioni yn y byd oedd hanes Cain yn lladd ei frawd Abel. Er bod pobl wedi dechrau dyfeisio pob math o bethau defnyddiol a hyfryd, roeddynt hefyd wedi darganfod mwy a mwy o ffyrdd i anufuddhau i Dduw a brifo'i gilydd.

Roedd Duw yn gwybod na allai wneud dim i beri i'r bobl ei garu a bod yn dda. Nid oeddynt yn barod i wrando arno, heb sôn am ufuddhau! Nid oedd dim amdani ond cael gwared ar bob peth drwg a dechrau o'r newydd.

Ond gwelodd Duw fod un dyn yn ei garu ac yn ufudd iddo, ac yn trin ei deulu a phawb yn deg. Ei enw oedd Noa.

Un diwrnod dywedodd Duw wrth Noa am ei gynllun.

'Mae'n rhaid i mi roi terfyn ar yr holl ddrygioni yma,' meddai. 'Mae'r bobl wedi difetha fy myd â'u drygioni a'u creulondeb. Rwy'n mynd i anfon dilyw i ddinistrio'r cyfan. Ond fe fyddi di a'th deulu'n ddiogel. Mae'n rhaid i ti ddechrau adeiladu cwch mawr.'

Rhoddodd Duw gynllun a mesuriadau i Noa ar gyfer gwneud arch enfawr a fyddai'n gallu gwrthsefyll y dilyw a oedd ar ddod. Byddai'n rhaid ei gwneud o bren cadarn a gorchuddio'r tu mewn a'r tu allan â phyg i gadw'r dŵr allan.

Byddai'r arch yn ddigon mawr i ddal Noa, ei wraig, eu tri mab a'u gwragedd. Hefyd byddai'n rhaid i Noa wneud cytiau a chorlannau ar gyfer dau o bob math o anifail ac aderyn, er mwyn eu hachub hwythau rhag y dilyw.

Gwnaeth Noa fel y dywedodd Duw. Cymerodd amser hir i gasglu'r holl ddefnyddiau ac adeiladu'r cwch anferth. Bu'r bobl a gerddai heibio, a'r rhai a oedd yn byw gerllaw, yn ceisio dyfalu beth yn y byd mawr oedd yn digwydd, ac yn cael hwyl am ei ben.

Wrth forthwylio, byddai Noa yn eu rhybuddio am y dilyw a oedd ar ddod. Ceisiai eu darbwyllo i beidio â bod yn ddrwg ac i ufuddhau i Dduw.

Ond man a man fyddai siarad â'r wal. Ni chymerodd neb unrhyw sylw.

8
Glaw, glaw, glaw!
Genesis 7

Am gyfnod hir daliodd Noa ati i adeiladu ei gwch a cheisio pwyso ar y bobl i newid eu ffyrdd a dweud wrth Dduw eu bod yn edifar am eu drygioni. Yna, un diwrnod, peidiodd sŵn y morthwyl. Roedd arch Noa wedi'i chwblhau.

Ond roedd digon o waith yn aros o hyd. Roedd yn rhaid hel bwyd a'i baratoi ar gyfer pawb fyddai'n mynd i'r arch, yn bobl ac yn anifeiliaid. Yna, bu'n rhaid casglu'r anifeiliaid. Gweithiodd teulu Noa yr un mor galed ag ef.

O'r diwedd roedd popeth yn barod.

'Mae'n bryd mynd i mewn i'r arch,' meddai Duw. 'Dos i mewn, Noa, gyda'th deulu a'r anifeiliaid. Bydd hi'n dechrau bwrw glaw ymhen wythnos.'

Yn ystod yr wythnos honno rhoddodd Noa bawb a phob peth yn yr arch. Erbyn diwedd yr wythnos daeth y glaw, yn union fel y dywedodd Duw. Unwaith yr oedd Noa, ei deulu a'r anifeiliaid yn ddiogel y tu mewn, caeodd Duw ddrws yr arch.

Bu'n arllwys y glaw ddydd a nos yn ddi-baid. Chwyddodd y nentydd a'r afonydd gyda'r holl law trwm. Yna, dechreuodd y dŵr grynhoi o gwmpas gwaelod yr arch fawr. Wrth i'r dŵr godi, dechreuodd yr arch symud yn araf gyda'r llif.

Curai'r glaw a'r llifogydd yn ei herbyn. Ond roedd Noa wedi gwneud ei waith yn dda. Ni ddaeth diferyn o ddŵr i mewn.

Yn araf, wrth i'r dŵr godi'n uwch, aeth yr holl olygfeydd cyfarwydd o'r golwg. Cyn bo hir roedd hyd yn oed pennau'r mynyddoedd dan y dŵr. Nid oedd dim i'w weld ond dŵr ym mhob man.

Am chwe wythnos hir bu'r glaw yn disgyn yn drwm. Ond nid oedd Duw wedi anghofio am Noa a'i deulu. O'r diwedd, yn ôl ei addewid, peidiodd y glaw.

9
Dechrau newydd
Genesis 8

Pan beidiodd y glaw o'r diwedd, clywodd Noa wynt cryf yn chwythu. Roedd yn falch o'i glywed yn chwibanu o gwmpas yr arch. Gwyddai y byddai'n help mawr i sychu'r tir.

O dipyn i beth, aeth lefel y dŵr i lawr ac yn y diwedd daeth yr arch i'w sefyll ar fynyddoedd Ararat. Dyna dda oedd bod ar dir cadarn eto! Ond nid oeddynt eto yn gallu mentro allan o'u lloches.

Arhosodd Noa yn amyneddgar am chwe wythnos hir arall cyn gollwng cigfran o'r arch, i weld a oedd tir i gartrefu arno. Ond roedd y gigfran mor llawen o fod yn rhydd fel na ddaeth yn ôl. Arhosodd yn yr awyr, gan ehedeg mewn cylchoedd, yn disgwyl i bennau'r coed ddod i'r golwg.

Yna gollyngodd Noa golomen o'r arch, ond erbyn yr hwyr roedd wedi dychwelyd at ei meistr a'r arch gyfarwydd. Cymerodd Noa'r golomen i mewn i'r arch yn dyner ac arhosodd am wythnos arall cyn ei gollwng eto.

Y tro hwn dychwelodd â deilen olewydd yn ei phig.

Dyna gyffro a ddaeth dros y cwmni o weld rhywbeth gwyrdd yn tyfu unwaith eto!

Disgwyliodd Noa yn amyneddgar am wythnos arall, ac yna anfonodd y golomen allan y drydedd waith. Ni ddaeth yn ôl y tro hwn.

Roedd Noa yn sicr yn awr fod digon o dir sych i bawb allu gadael yr arch. Tynnodd y to anferth oddi ar yr arch, a llifodd golau dydd hyfryd i mewn.

Yna siaradodd Duw â Noa.

'Ewch allan o'r arch,' meddai, 'bob un ohonoch chi. Mae'r dilyw drosodd.'

10
Enfys yn yr awyr
Genesis 8

Dyna hapus oedd Noa a'i deulu i gamu o'r arch i'r awyr iach unwaith eto! Pranciodd yr anifeiliaid ac ehedodd yr adar dan ganu yn yr awyr las, glir.

Cyn gwneud dim arall, diolchodd Noa a'i deulu i Dduw am ei garedigrwydd a'i ofal drostynt yn ystod y dilyw ofnadwy. Dyma bentyrru cerrig i wneud allor ac offrymu rhoddion arno i Dduw. Roedd Duw wedi'u diogelu a rhoi dechrau newydd iddynt mewn byd newydd.

Yna bendithiodd Duw Noa a'i feibion, Sem, Cham a Jaffeth.

'Mae eisiau i chi gael llawer o blant,' meddai Duw. 'Gwasgarwch a llanwch y ddaear. Gofalwch am y byd a'i holl greaduriaid.

'Dyma addewid i chi. Ni fyddaf yn anfon dilyw arall nac yn dinistrio pob peth byw byth eto. Tra bydd y ddaear, byddaf yn anfon dydd a nos, gwres ac oerfel, haf a gaeaf. Anfonaf dymor hau a thymor medi.

'Rhoddaf arwydd i chi i'ch atgoffa o'm haddewid. Pob tro y gwelwch enfys yn yr awyr, cofiwch f'addewid. Fe'i cadwaf, peidiwch â phoeni.'

Wedi'r dilyw ofnadwy, teimlai Noa a'i deulu ryw ofn bach bob tro y byddai'n dechrau bwrw glaw. Ond wrth i'r haul dorri trwy'r cymylau, byddent yn edrych i fyny ac yn gweld yr enfys yn tywynnu yn yr awyr. Cofient bryd hynny eu bod yn ddiogel. Byddai Duw yn cadw ei air.

Tŵr Babel

11
I fyny bo'r nod!
Genesis 11

Cafodd meibion Noa lawer o blant a chafodd eu plant hwythau lawer o blant hefyd. Ond yn lle gwasgaru a llenwi'r ddaear yn ôl gorchymyn Duw, penderfynodd y bobl ymgartrefu mewn un man a thyfu'n fawr a phwysig yno.

'Gadewch inni aros yma ar y gwastadedd hwn,' meddent, 'ac adeiladu dinas fawr. Fe godwn y tŵr uchaf a welwyd erioed, yn cyrraedd hyd y nef.'

Dyma ddechrau ar y gwaith yn syth, gan wneud brics o fwd a gwellt, eu crasu'n galed yn yr haul poeth, a defnyddio pyg i lynu'r brics wrth ei gilydd.

Ond nid oedd Duw yn hapus. Roedd gweld dynion unwaith eto yn ceisio eu bodloni eu hunain yn lle ufuddhau iddo, yn ei dristáu ac yn ei flino. Roeddynt yn rhy falch a hunanol i ddilyn ei gynlluniau doeth ef ar eu cyfer.

Gwyddai Duw na fyddai diwedd ar eu cynlluniau i ddilyn eu llwybrau ffôl eu hunain. Toc byddent cynddrwg â'r bobl a oedd yn byw cyn y dilyw. Felly penderfynodd eu gwasgaru i bob cyfeiriad cyn iddynt fynd yn fwy ymffrostgar ac uchelgeisiol fyth.

Cymysgodd Duw iaith y bobl. Ni allent ddeall ei gilydd mwyach, am nad oeddynt yn siarad yr un iaith. Roedd hyn yn rhan o gynllun Duw i'w cadw rhag cynllwynio ynghyd i ddwyn drwg a thrychineb ar y byd, fel yn nyddiau Noa.

Safodd Tŵr Babel heb ei orffen fyth. Ymhen amser nid oedd yno ond pentwr o frics ar lawr.

Hanes Abraham

📖 12
Duw yn galw Abraham
Genesis 11-12

Roedd llawer o ddisgynyddion Sem, mab Noa, yn byw mewn dinasoedd ar wastadedd ffrwythlon a chyfoethog Mesopotamia. Yno, mewn dinas o'r enw Ur, trigai gŵr o'r enw Abraham.

Dinas braf oedd Ur. Roedd yno farsiandïwyr a phobl ddysgedig, a thai cyfforddus ar gyfer dinasyddion cefnog a chyfoethog fel Abraham. Addolai'r bobl dduwies y lleuad yn ei theml hardd.

Un diwrnod, siaradodd Duw ag Abraham. Roedd ganddo rywbeth syfrdanol i'w ddweud wrtho.

'Dos o Ur,' meddai, 'i wlad a ddangosaf i ti. Fe'th wnaf yn fawr. Byddaf yn dy fendithio di a byddi *di* yn fendith i bawb ym mhob man.'

Meddyliodd Abraham yn ddwys. Pe byddai'n dilyn cyfarwyddyd Duw, byddai'n gorfod gadael bywyd cysurus y ddinas a bod heb gartref sefydlog. Byddai'n rhaid iddo fyw mewn pabell, gan symud o'r naill ffynnon i'r llall.

Ond roedd gan Abraham ddigon o ffydd yn Nuw i ufuddhau. Dywedodd wrth Sara, ei wraig, am gasglu eu pethau a pharatoi i adael Ur.

Ar y cyntaf arhosodd Abraham a Sara yn Haran, filltiroedd i'r gogledd, nes i dad oedrannus Abraham farw. Yna cychwynnodd Abraham, Sara a Lot, eu nai, ar daith a oedd i barhau am weddill bywyd Abraham.

Nid oedd plant gan Abraham a Sara, ond roedd gan Lot ac Abraham lawer o weision a bugeiliaid. Roedd ganddynt ddefaid a geifr, ac asynnod i gario'r holl fagiau.

Teithient yn araf o'r naill ffynnon i'r llall, gan godi'u pebyll mawr du o groen gafr ym mhob man yr arhosent. Roeddynt ar eu ffordd i wlad Canaan ar orchymyn Duw.

13
Y dewis cyntaf i Lot
Genesis 13

Teithiodd Abraham a Lot yn eu blaen nes cyrraedd gwlad Canaan. Ond yma eto, nid arhosai Abraham yn hir yn unman. Byddai'n symud o'r naill ben o'r wlad i'r llall yn chwilio am ddŵr a thir pori. Ond byddai'n aros yn gyson i addoli Duw ac i ddiolch iddo am ei helpu a'i arwain.

Yn ôl ei addewid, bendithiodd Duw Abraham a'i wneud yn gyfoethog. Roedd yn berchen ar lawer o ddefaid a geifr. Roedd hynny'n wir am Lot hefyd. Roedd gan y ddau ohonynt gynifer o anifeiliaid fel y byddai pob tamaid o borfa y deuent ar ei draws yn diflannu mewn fawr o dro. Yna, byddai'n rhaid symud ymlaen i borfa newydd.

Cyn gynted ag y byddent yn cyrraedd man newydd i godi eu pebyll, byddai eu gweision a'u bugeiliaid yn rhuthro am y cyntaf i dynnu dŵr o'r ffynnon. Byddai gweiddi ac ergydio wrth i fugeiliaid Abraham a dynion Lot ddechrau ffraeo. Roedd pawb am gael y gorau i anifeiliaid eu meistriaid.

O'r diwedd dywedodd Abraham wrth Lot, 'Ddylai teuluoedd ddim ffraeo ac ymladd fel hyn. Mae gennym ormod o anifeiliaid i aros gyda'n gilydd. Rhaid inni wahanu a mynd ein ffyrdd ein hunain.'

Roedd Abraham dipyn yn hŷn na Lot, ac ef a ddylai fod wedi cael y dewis cyntaf, ond yn hytrach dywedodd, 'Lot, tafla dy olwg i'r dwyrain a'r gorllewin a dewis pa ffordd yr hoffet ti fynd. Fe af i y ffordd arall.'

Edrychodd Lot ar wastadedd gwyrddlas a ffrwythlon dyffryn yr Iorddonen i'r dwyrain. Edrychai gymaint yn well na'r mynydd-dir moel a chras i'r gorllewin!

'Fe af i'r ffordd *acw*,' meddai.

Yn drist, ffarweliodd y ddau â'i gilydd a chychwynnodd Lot, ei deulu a'i breiddiau, am y dyffryn gwyrddlas.

Ar ôl i Lot fynd, siaradodd Duw ag Abraham.

'Edrych o gwmpas i *bob* cyfeiriad,' meddai. 'Rhoddaf yr holl dir hwn i'th ddisgynyddion di am byth.' Felly, gydag addewid Duw i'w galonogi, aeth Abraham tua'r gorllewin, yn llawn mawl a diolch i Dduw.

14
Addewid Duw
Genesis 14-15

Dewisodd Lot wastadedd gwyrddlas yr Iorddonen a gadael ei ewythr, Abraham, i grwydro'r bryniau creigiog, moel. Ond er iddo ddewis y gorau, cyn hir roedd Lot mewn helynt.

Ymgartrefodd yn Sodom, un o ddinasoedd y gwastadedd. Daeth rhai i ryfela yn erbyn dinasoedd y gwastadedd, a chafodd Lot ei gipio pan ymosodwyd ar Sodom.

Daeth Abraham i'r adwy yn gyflym. Gyda mintai gref o'i ddynion llwyddodd i ryddhau Lot.

Nid oedd Abraham yn fodlon derbyn tâl na gwobr am helpu brenin Sodom. Ond siaradodd Duw ag Abraham unwaith eto gan ddweud, 'Paid ag ofni, Abraham. Byddaf yn dy gadw'n ddiogel, ac fe gei di wobr fawr gen i.'

Nid oedd Abraham eisiau cyfoeth nac anrhydedd. Dim ond un peth yr hiraethai ef a Sara amdano, sef eu plentyn eu hunain.

'Pa les fydd cyfoeth i mi?' gofynnodd yn chwerw. 'Does gen i'r un mab i etifeddu fy nghyfoeth. Mae Sara a minnau'n rhy hen erbyn hyn i gael plant. Pan fyddaf farw, un o'm caethweision fydd yn etifeddu popeth.'

'Tyrd allan o'th babell,' meddai Duw wrtho, 'ac edrych tua'r nen.'

Aeth Abraham allan ym min yr hwyr. Roedd y ffurfafen yn sêr i gyd.

'Elli di gyfri'r sêr yna?' gofynnodd Duw. 'Fe fydd dy ddisgynyddion di fel y sêr di-rif. Fi yw'r Duw a ddaeth â thi allan o Ur, a byddaf yn Dduw i ti ac i'th blant am byth. Fe gei di fab ac fe gei di'r wlad hon ar gyfer ei blant.'

Er bod addewidion Duw yn swnio'n bethau amhosibl, wrth i Abraham sefyll yno dan yr wybren eang, credodd â'i holl galon y byddai Duw yn cadw ei air.

Roedd Duw wrth ei fodd fod Abraham yn ymddiried ynddo. Cafodd Abraham ei dderbyn ganddo am iddo roi ei holl ffydd yn Nuw.

15
Hagar yn hel ei phac
Genesis 16

Roedd Duw wedi addo i Abraham y byddai'n cael mab, er bod Abraham a Sara yn hen. Ond fel yr aeth y blynyddoedd heibio heb eni'r un baban, edrychai'n llai tebygol y byddai Sara yn cael plentyn, am ei bod wedi mynd yn hen iawn erbyn hynny.

Roedd Abraham yn barod i gredu gair Duw er gwaethaf popeth, ond dechreuodd Sara ei beio ei hun am nad oedd wedi geni mab i Abraham.

Penderfynodd ddilyn arferiad y bobl o'i chwmpas er mwyn datrys eu problem. Penderfynodd adael i Abraham briodi ei chaethferch, Hagar. Pan fyddai Hagar yn cael plentyn, byddent yn ei gyfrif fel eu plentyn hwy eu hunain.

Cytunodd Abraham a chyn hir darganfu Hagar ei bod yn disgwyl plentyn. Dechreuodd ymffrostio a theimlo'n bwysig. Credai ei bod yn bwysicach na'i meistres yn awr.

O'r diwedd roedd Sara wedi cael digon.

'Dy fai di yw hyn,' cwynodd wrth Abraham. 'Mae'r gaethferch yna yn fy nirmygu.'

'Gwna fel y mynni di â hi,' atebodd Abraham.

Bu Sara mor gas wrth Hagar fel y rhedodd i ffwrdd. Crwydrodd am amser hir yn yr anialwch poeth a sych.

O'r diwedd eisteddodd yn ymyl ffynnon yn yr anialwch, wedi blino'n lân ac â syched arni.

Roedd Duw wedi gweld y cwbl a siaradodd yn dyner â Hagar.

'Ble'r wyt ti'n mynd?' gofynnodd.

'Rwy'n ffoi oddi wrth fy meistres,' atebodd Hagar.

'Dos yn ôl ati,' meddai Duw. 'Rwyf wedi clywed dy grio a gweld dy ddagrau. Fe ofala i amdanat ti. Fe gei di fab, a'i enw fydd Ismael.'

Dyna ryfeddol, meddyliodd Hagar, fod Duw wedi'i gweld hi a'i helpu, a hithau ond yn gaethferch dlawd a dibwys. Galwodd ef 'Y Duw sy'n gweld'.

Yna, dychwelodd yn fodlon at ei meistres, Sara. Yn fuan wedyn, ganwyd ei mab, Ismael.

16
Yr ymwelwyr dieithr
Genesis 18

Un diwrnod roedd Abraham yn eistedd wrth ddrws ei babell tra oedd Sara yn ceisio cysgodi y tu mewn rhag y gwres. Roedd yr haul canol dydd yn danbaid.

Cododd Abraham ei ben ac, er syndod iddo, gwelodd dri gŵr yn agosáu. Nid oedd pobl yn arfer teithio ar adeg boethaf y dydd.

Brysiodd Abraham tuag atynt, gan wybod y byddai angen cysgod a dŵr arnynt.

'Arhoswch yma a gorffwyswch,' meddai. 'Eisteddwch o dan y goeden yma ac fe af i nôl dŵr i chi gael yfed ac ymolchi.'

Eisteddodd y dynion yn ddiolchgar, ac aeth Abraham i mewn at Sara ar unwaith i ddweud wrthi am baratoi pryd da ar gyfer yr ymwelwyr annisgwyl. Roedd angen pobi bara, lladd llo a'i goginio, a nôl llaeth a hufen. Roedd digon i'w wneud!

O'r diwedd roedd popeth yn barod. Bu Abraham yn gweini ar yr ymwelwyr a chawsant wledd odidog yn yr awyr iach o dan y goeden.

Yna gofynnodd arweinydd y tri gŵr, 'Ble mae Sara?'

'Yn y babell,' atebodd Abraham yn syn.

'Ymhen naw mis bydd hi'n cael mab,' meddai'r dyn.

Roedd Sara yn sefyll y tu mewn i'r babell ac yn gwrando, am ei bod hi eisiau gwybod mwy am yr ymwelwyr. Wrth glywed geiriau'r dyn dieithr, fe chwarddodd. Roedd yn amhosibl! Roedd hi'n llawer rhy hen i gael mab.

'Pam y gwnaeth Sara chwerthin?' gofynnodd y dyn.

'Wnes i ddim!' meddai Sara, yn teimlo'n euog.

'Do, fe wnest ti,' atebodd y dyn. 'A oes dim yn amhosibl i'r Arglwydd? Byddaf yn sicr o gadw fy ngair.'

Pan glywodd Abraham y geiriau hynny, sylweddolodd, er mawr syndod iddo, nad dynion cyffredin oedd yr ymwelwyr hyn. Roedd eu harweinydd yn siarad geiriau Duw ei hun.

27

17
Ar y ffordd i Sodom
Genesis 18

Wedi i'r tri ymwelydd orffwys a bwyta, roeddynt yn barod i gychwyn ar eu taith unwaith eto. Aeth Abraham gyda hwy i'w hebrwng.

Ymhen tipyn daeth gwastadedd gwyrdd yr Iorddonen a threfi Sodom a Gomorra i'r golwg. Yna dechreuodd yr Arglwydd sôn wrth Abraham am ei fwriadau.

'Mae Sodom a Gomorra yn ddinasoedd drwg,' meddai. 'Mae'r trigolion yn gwneud pob math o bethau drwg a chreulon. Maen nhw mor ddrwg fel nad oes dim i'w wneud ond eu dinistrio.'

Cerddodd y ddau angel yn eu blaen i weld Sodom drostynt eu hunain, ond arhosodd yr Arglwydd i siarad ag Abraham.

Nid oedd Abraham am i niwed ddod i Sodom. Roedd ei nai, Lot, yn byw yno gyda'i deulu. Felly erfyniodd ar Dduw i newid ei feddwl.

'Mae'n siŵr nad wyt ti am ladd pobl dda Sodom ynghyd â'r rhai drwg,' meddai. 'Ti yw Barnwr yr holl fyd. Alla i ddim credu y gallet ti wneud rhywbeth mor annheg.'

'Os oes hanner cant o bobl dda yn byw yn Sodom, wna i ddim dinistrio'r ddinas,' addawodd yr Arglwydd.

Roedd hi'n amheus gan Abraham a oedd cynifer â hanner cant o bobl dda yn byw yno, ond daliodd ati i erfyn ar

Dduw i arbed y ddinas.

Dywedodd yr Arglwydd na fyddai'n dinistrio Sodom pe bai ond deg o bobl dda yno. Ond roedd Duw yn gwybod ar hyd yr amser mai Lot oedd yr unig berson da yn y ddinas. Roedd eisoes wedi trefnu achub Lot, ac wedi anfon ei angylion i Sodom am yr union reswm hwnnw.

Yn drist, ffarweliodd Abraham â'i Ymwelydd Arbennig a mynd yn ôl i'w babell.

18
Achub Lot
Genesis 19

Roedd hi'n hwyr y dydd erbyn i'r ddau angel a oedd wedi ymweld ag Abraham gyrraedd Sodom. Roedd Lot yn eistedd wrth borth y ddinas. Daeth ymlaen yn gwrtais i gyfarch y dynion dieithr a'u gwahodd i aros dros nos yn ei gartref.

Wedi iddynt gyrraedd ei dŷ, gwnaeth ei weision swper da ar eu cyfer. Ond cyn iddynt allu mynd i'r gwely, clywsant ddynion Sodom yn ergydio'r drws, ac yn gweiddi a chablu a bygwth Lot, gan alw arno i daflu'r ymwelwyr allan o'r tŷ er mwyn iddynt eu cam-drin.

Gwrthododd Lot a chafodd ei wasgu a'i wthio gan y dorf swnllyd. Ond dyma'r angylion yn ei dynnu yn ôl i mewn i'r tŷ a chau'r drws yn dynn.

Yna siaradodd y dynion yn daer â Lot.

'Rydyn ni wedi gweld yn awr â'n llygaid ein hunain mor greulon a drwg yw pobl Sodom. Dyna pam y mae Duw yn mynd i ddistrywio'r ddinas. Mae'n rhaid i ti a'th deulu ddianc oddi yma ar unwaith. Does dim amser i'w golli. Bydd yn rhaid i chi redeg nerth eich traed.'

Er i'r angylion bwyso arnynt i frysio, araf iawn oedd gwraig Lot a'i ferched yn hel eu pethau, a phan ymddangosodd golau llwyd y wawr, cydiodd yr angylion ynddynt, eu rhuthro ar frys gwyllt allan o'r ddinas a'u cyfeirio i'r bryniau.

Yna bu'n rhaid iddynt redeg am eu bywyd, achos roedd yr haul eisoes yn codi'n goch fel gwaed dros Sodom. Dechreuodd y tir grynu o dan eu traed a glawiodd brwmstan llosg ar ddinasoedd Sodom a Gomorra.

Â'u gwynt yn eu dwrn, rhedodd Lot a'i ferched am noddfa'r bryniau. Ond arhosodd gwraig Lot. Edrychodd yn ôl yn hiraethus ar ei chartref a holl gysuron Sodom. Fe'i daliwyd mewn cawod halen a bu farw yn y fan a'r lle.

Hanes Isaac

📖 19
Geni Isaac
Genesis 21

Cadwodd Duw ei addewid i Abraham a Sara. Yn union fel yr oedd wedi dweud, ac ar yr union adeg, rhoddodd Sara enedigaeth i fab bychan. Roedd hi mor hapus fel y chwarddodd mewn llawenydd.

Pan ddaeth amser enwi'r baban, rhoddodd Abraham yr enw Isaac arno, sy'n golygu 'Mae'n chwerthin'. Efallai iddo gael yr enw hwnnw am ei fod yn faban siriol â gwên lydan, ond roedd hefyd yn ffordd i gofio'r llawenydd a gafodd ei rieni oedrannus adeg ei eni.

Mae'n siŵr i Sara gofio hefyd am y tro arall y bu iddi chwerthin, pan na chredodd addewid Duw y câi hi fab.

Tyfodd y baban Isaac yn gyflym a dechreuodd gerdded i bob man.

Un diwrnod edrychodd Sara allan o'r babell a gweld Ismael, hanner brawd Isaac, yn ei boeni ac yn gwneud hwyl am ei ben. Digiodd Sara. Nid oedd neb i gystadlu â'i mab hi.

Brysiodd at Abraham a mynnu y dylai gael gwared ar Ismael a'i fam, y gaethferch Hagar.

Roedd Abraham yn drist ac mewn cyfyng-gyngor. Roedd yn wir mai Isaac oedd mab yr addewid – roedd yn wyrth fod Duw wedi'i roi iddynt – ond eto roedd Ismael yn fab i Abraham hefyd. Nid oedd am iddo gael niwed.

Ond tawelodd ei feddwl pan ddywedodd Duw wrtho, 'Gwna fel y mae Sara'n ddweud. Fe ofala i am Ismael.'

📖 20
Gorfod mynd
Genesis 21

Cytunodd Abraham â chynllun Sara i anfon Hagar ac Ismael i ffwrdd.

Fore trannoeth llanwodd botel grwyn â dŵr a chasglu rhywfaint o fwyd at ei gilydd. Yna fe'u rhoddodd i Hagar a'i hanfon hi a'i mab i ffwrdd i hel eu tamaid y tu hwnt i ffiniau pebyll Abraham.

Crwydrodd Hagar ac Ismael dros y wlad greigiog sych, heb wybod pa ffordd i fynd. Roedd yr haul yn danbaid. Cyn hir roedd eu bwyd wedi darfod. Yn waeth byth, nid oedd yr un diferyn o ddŵr ar ôl yn y botel grwyn.

Gwyddai Hagar nad oedd gobaith byw yn hir yn y fath wres heb ddŵr. Roedd Ismael eisoes yn llesg a sigledig. Ni allent fynd gam ymhellach.

Helpodd Hagar Ismael i orwedd yn y cysgod wrth ymyl llwyn. Yna cerddodd i ffwrdd. Ni allai oddef ei glywed yn griddfan na gweld ei wefusau chwyddedig a sych. Roedd hi'n sicr y byddai'n marw cyn bo hir.

Ond roedd Duw wedi clywed Ismael yn crio, a siaradodd â Hagar.

'Paid ag ofni, Hagar,' meddai Duw. 'Dos i gysuro Ismael. Ni fydd yn marw. Fe ofala i amdano a bydd ei blant yn deulu mawr.'

Yna agorodd Duw lygaid Hagar a gwelodd ffynnon o ddŵr oer, pur yn ymyl. Llanwodd y botel grwyn i'r ymyl yn ddiolchgar, ac yna daliodd y dŵr bywiol at wefusau Ismael.

Gwyddai yn awr fod Duw, a oedd eisoes wedi'i helpu pan fu hi ar ffo o'r blaen, gyda hi o hyd yn gwylio dros y ddau ohonynt.

21
Abraham ar brawf
Genesis 22

Tyfodd Isaac yn gyflym. Roedd ei dad a'i fam yn ei garu'n fawr. Bob tro yr edrychai Abraham arno, byddai'n cofio am yr addewid ryfeddol a roddodd Duw iddo, fod y byd yn mynd i gael ei fendithio trwy Isaac a phlant ei blant.

Un diwrnod siaradodd Duw ag Abraham eto.

'Cymer dy fab, Isaac,' meddai, 'dy unig fab, sy'n annwyl gennyt, a'i offrymu yn aberth i mi ar fynydd Moreia.'

Ni fedrai Abraham ddeall pam yr oedd Duw yn gofyn y fath beth. Roedd yn caru Isaac â'i holl galon, a byddai wedi bod yn barod i roi ei fywyd ei hun i'w achub. Ond roedd wedi dysgu mai ufuddhau i Dduw oedd y peth i'w wneud bob tro. Daliai i gredu y *byddai* Duw rywsut yn cadw ei addewid ynglŷn ag Isaac.

Ni allai Abraham oddef sôn dim wrth Sara am y peth. Heb ddweud gair wrth neb, deffrôdd Isaac yn gynnar fore trannoeth a chychwyn am wlad Moreia gyda dau was, ac asyn i gludo'r bwyd a'r offer.

Ar ôl teithio am dridiau, gwelodd Abraham y mynydd yr oedd Duw wedi'i ddewis. Dywedodd wrth y gweision am aros gyda'r asyn. Yna ymlwybrodd Abraham ac Isaac yn araf i fyny ochr y mynydd.

Cariai Isaac fwndel o danwydd ac roedd gan Abraham gyllell finiog a rhywbeth i gynnau tân.

'Mae tân a choed gennym, ond ble mae'r aberth?' gofynnodd Isaac.

22
Gwraig i Isaac
Genesis 24

Tyfodd Isaac yn ddyn. Ymhen amser bu farw ei fam, Sara, mewn henaint mawr. Roedd Abraham yntau'n hen iawn, ond cymerodd gysur yn y ffaith y byddai Isaac yn etifeddu addewidion mawr Duw.

Un diwrnod galwodd Abraham ei was hynaf ato a dweud, 'Mae'n bryd cael gwraig i Isaac. Dydw i ddim am iddo briodi merch o blith pobl Canaan. Wnei di addo i mi yr ei di i wlad fy nhylwyth a chael gwraig iddo o'r fan honno?'

'Mae'r wlad honno'n bell iawn,' meddai'r gwas. 'Beth os na fydd y ferch yn fodlon dod mor bell o'i chartref? Pam na wnei di anfon Isaac yn ôl i Fesopotamia?'

'Na, byth!' meddai Abraham. 'Mae Duw wedi dod â mi yma, ac wedi addo rhoi'r wlad hon i'm disgynyddion. Mae'n rhaid i Isaac fyw yma. Ond os bydd y ferch a ddewisi di'n gwrthod dychwelyd gyda thi, yna fe fyddi di'n rhydd o'th addewid i mi.'

Felly cychwynnodd y gwas gyda deg o gamelod ar y daith hir i Fesopotamia. Yn hwyr un prynhawn cyrhaeddodd at bydew dŵr y tu allan i'r ddinas lle trigai perthnasau Abraham. Gwnaeth i'r camelod orwedd ac yna gweddïodd:

'O Dduw fy meistr Abraham, helpa fi i ddewis y wraig iawn i Isaac. Cyn bo hir fe ddaw'r merched i nôl dŵr a byddaf yn gofyn i un ohonynt am ddiod. A wnei di drefnu mai'r un fydd yn tynnu dŵr i mi ac yn cynnig rhoi dŵr i'r camelod hefyd, yw'r un a ddewisaist i fod yn wraig i Isaac?'

Roedd calon Abraham ar fin torri, ond atebodd yn dawel, 'Fe fydd Duw yn darparu aberth, fy mab.'

Ar ben y bryn dechreuodd Abraham bentyrru cerrig i godi allor ac yna gosododd goed arni. Mae'n rhaid fod Isaac wedi dyfalu'r gwir ofnadwy erbyn hynny. Cododd ei dad ef yn dyner a'i roi ar yr allor â'i draed a'i ddwylo ynghlwm.

Cymerodd Abraham ei gyllell a'i chodi yn barod i drywanu Isaac.

Ar yr union foment honno siaradodd Duw.

'Paid, Abraham!' gwaeddodd. 'Paid â niweidio'r bachgen. Fe wn i yn awr dy fod yn ymddiried ynof, ac yn fy ngharu beth bynnag a ddaw.'

Disgynnodd braich Abraham. Am eiliad ni allai gredu gan lawenydd. Roedd Isaac yn ddiogel! Ysgubodd ton fawr o hapusrwydd a diolchgarwch drosto.

Dan grynu, datglymodd Isaac. Gwyddai yn awr na fuasai Duw byth yn gofyn am aberth dynol, fel y byddai pobl Canaan yn ei roi i'w duwiau hwy.

Cododd ei olwg a gweld hwrdd wedi'i ddal mewn drysni wrth ei gyrn cyrliog. Fe'i lladdodd â'i gyllell ac yna ei losgi'n ddiolchgar ar yr allor yn boethoffrwm i Dduw.

23
Dod o hyd i Rebeca
Genesis 24

Roedd gwas Abraham yn dal i weddïo am help i ddewis gwraig i Isaac pan glywodd sŵn traed yn agosáu.

Pan gododd ei olwg, gwelodd ferch brydferth iawn yn cerdded tuag at y ffynnon â'i stên wag ar ei hysgwydd.

Wrth iddi lenwi'r stên, brysiodd y gwas tuag ati.

'Ga i ddiod, os gweli di'n dda?' gofynnodd. Gostyngodd hithau'r stên yn fodlon iawn a gadael iddo yfed. Yna dyma hi'n sylwi ar y camelod disgwylgar.

'Ga i godi dŵr i'th gamelod hefyd?' cynigiodd, a llanwodd ei stên droeon nes bod y cafn dŵr yn llawn i'r ymylon.

Roedd y gwas wrth ei fodd. Roedd Duw wedi ateb ei weddi.

'Beth yw dy enw?' gofynnodd.

'Rebeca,' meddai, 'wyres Nachor.'

Gwyddai'r gwas mai brawd i Abraham ei hun oedd Nachor! Mor dda fu Duw i'w arwain at deulu ei feistr. Tynnodd allan emau drud a'u rhoi i Rebeca.

Aeth Rebeca â'r gwas adref ac adrodd yr hanes wrth y teulu cyfan. Roedd tad a brawd Rebeca yn cytuno y dylai briodi Isaac, am ei bod yn amlwg mai dyna oedd dymuniad Duw.

Fore trannoeth roedd y gwas ar frys i ymadael. Ni allai unrhyw beth a ddywedai teulu Rebeca ei berswadio i aros.

Dyma nhw'n ffarwelio â Rebeca gyda dagrau a chusanau lawer. Roedd hi'n hynod o falch fod ei hen nyrs yn mynd gyda hi ar y daith hir i briodi gŵr nad oedd erioed wedi'i weld.

Wrth agosáu at ben y daith, edrychodd Rebeca o'i chwmpas yn eiddgar a gwelodd rywun yn cerdded yn y caeau. Yr un pryd cododd yntau ei olwg a gweld y camelod.

Disgynnodd Rebeca o'i chamel.

'Pwy yw'r dyn acw?' gofynnodd i'r gwas.

'Fy meistr, Isaac,' atebodd.

Y funud y cyfarfu Isaac â Rebeca, fe'i hoffodd, ac roedd wrth ei fodd yn ei phriodi.

Hanes yr enedigaeth-fraint

24
Bargen Jacob
Genesis 25

Am flynyddoedd wedi iddynt briodi, nid oedd gan Isaac a Rebeca yr un plentyn. Gwyddai Isaac fod Duw wedi addo bendithio ei deulu a'u gwneud yn genedl fawr, felly gofynnodd i Dduw roi plentyn iddynt.

Cyn hir sylweddolodd Rebeca ei bod yn disgwyl nid un baban ond dau! Yr adeg honno, byddai'r mab hynaf yn etifeddu holl hawliau a breintiau'r teulu. Ond cyn geni'r babanod, dywedodd Duw wrth Rebeca mai'r mab ieuengaf fyddai pen y teulu. Trwyddo ef y byddai Duw yn dod â'i addewidion i Abraham i ben.

Ganwyd yr efeilliaid – dau fachgen. Esau a anwyd gyntaf, ac fe'i dilynwyd gan Jacob. Roedd Jacob yn cydio'n dynn yn sawdl ei frawd!

Tyfodd y bechgyn. Jacob oedd ffefryn Rebeca. Roedd ef yn hoffi aros yn y babell, tra oedd Esau wrth ei fodd yn yr awyr iach yn hela ceirw gwylltt. Esau oedd hoff blentyn Isaac, a byddai'n mwynhau cawl carw blasus Esau yn fwy na dim.

Un diwrnod daeth Esau i mewn o'r helfa â chwant mawr am fwyd arno. Roedd arogl hyfryd yn llenwi'r babell am fod Jacob wrthi'n paratoi cawl.

'Rho dipyn o'r cawl yna i mi!' gwaeddodd Esau. 'Rwyf bron â llwgu!'

Meddyliodd Jacob yn gyflym. Dyma ei gyfle wedi dod!

Penderfynodd fargeinio ag Esau am y peth yr oedd am ei gael yn fwy na dim byd arall.

'Fe gei di'r cawl,' cytunodd, 'os caf i'r hawliau sy'n perthyn i ti fel y mab cyntaf-anedig.'

'O'r gorau,' meddai Esau yn ddiamynedd, 'cymer nhw. Rwy'n siŵr o farw o newyn beth bynnag, os na cha i fwyd. Felly beth yw'r ots?'

'Wyt ti'n addo?' gofynnodd Jacob.

'Ydw, ydw,' meddai Esau eto, ac estynnodd Jacob y cawl poeth iddo.

Bwytaodd Esau yn awchus ac yna gadael y babell heb feddwl ddwywaith. Roedd yn amlwg nad oedd yn malio dim am addewid Duw.

25
Twyll Jacob
Genesis 27

Anghofiodd Esau yn fuan iawn ei fod wedi colli ei fraint i fod yn ben ar y teulu yr oedd Duw yn mynd i'w fendithio. Ond byddai Jacob yn meddwl am y peth yn aml. Roedd ei fam wedi dweud wrtho am neges Duw iddi cyn geni'r bechgyn.

Roedd Isaac yn hen ŵr erbyn hyn ac roedd ei olwg yn wael iawn. Aeth i'w wely gan gredu ei fod ar fin marw. Yna galwodd Esau ato.

'Ti yw fy mab cyntaf-anedig,' meddai. 'Rwyf am dy fendithio cyn imi farw. Dos allan i hela carw i wneud fy hoff gawl. Ar ôl bwyta, fe gei di fy mendith.'

Cymerodd Esau ei fwa a'i gawell saethau, ac allan ag ef.

Ond roedd Rebeca wedi clywed y cwbl. Os oedd Jacob i fod yn ben y teulu, ef a ddylai dderbyn y fendith.

Yn lle gadael i Dduw drefnu ar gyfer y bechgyn, aeth ati i gynllwynio i dwyllo Isaac a chipio'r fendith oddi ar Esau.

'Dos a lladd dau fyn gafr,' meddai wrth Jacob, 'ac fe wna i gawl llawn cystal ag un Esau – fydd dy dad ddim yn gwybod y gwahaniaeth. Yna dos â'r cawl at dy dad gan esgus mai Esau wyt ti, ac fe gawn ni weld pwy gaiff y fendith!'

Roedd Jacob yn ofni y byddai'r twyll yn methu. Ni fyddai ei dad byth yn ei gamgymryd am Esau, er mor wael oedd ei olwg, am fod Esau yn fwy blewog nag ef. Ond roedd gan Rebeca ateb i bopeth.

Coginiodd y cig ac yna lapiodd groen y geifr am wddf a breichiau Jacob, er mwyn iddo deimlo mor flewog ag Esau. Yna fe'i gwisgodd yn nillad ei frawd, a oedd ag arogl y caeau a'r coed arnynt, a'i anfon at ei dad gyda'r cawl blasus.

26
Esau yn dychwelyd
Genesis 27

Pan ddaeth Jacob i mewn i'w babell, synnodd Isaac fod ei fab wedi gallu dal a choginio'r carw mor fuan.

'Pwy sy 'na?' galwodd.

Roedd arogl y bwyd da yn tynnu dŵr o'i ddannedd.

'Esau sy 'ma,' meddai Jacob yn nerfus.

'Esau, ti sy 'na?' gofynnodd Isaac yn amheus. 'Mae dy lais fel llais Jacob. Tyrd yn nes.'

Dan grynu aeth Jacob yn nes a theimlodd Isaac ei freichiau. Roedd yn hapusach o arogli dillad Esau a theimlo ei groen blewog. Dechreuodd fwyta'n awchus.

Wedi bwyta, dyma Isaac yn bendithio Jacob yn ddwys iawn, gan roi iddo'r fendith y byddai'r tad yn ei rhoi i'w fab cyntaf-anedig. Yn enw Duw addawodd lwyddiant iddo a datgan mai ef fyddai pen y teulu cyfan.

Yn fuan wedi i Jacob adael y babell, cyrhaeddodd Esau gyda'r carw i Isaac.

Pan glywodd Isaac lais yr Esau iawn, arswydodd drwyddo. Daeth yr holl stori allan yn dalpiau, a dyma'r ddau yn sylweddoli eu bod wedi'u twyllo.

Dechreuodd Esau feichio crio mewn siom. Yna aeth i deimlo'n ddig iawn. Roedd yn benderfynol o ladd Jacob.

Clywodd Rebeca ei fygythion. Gwyddai y byddai'n rhaid i Jacob adael. Awgrymodd wrth Isaac y dylai Jacob fynd i'w gwlad enedigol hi a chael gwraig o blith ei theulu.

Cytunodd Isaac a dyma Jacob, mewn dychryn a braw, yn gadael y cartref. Ffarweliodd â'i fam a chychwyn ar ei daith hir.

Hanes Jacob

27
Breuddwyd Jacob
Genesis 28

Roedd Jacob yn drist ac yn llawn cywilydd wrth ddechrau ar y daith hir i'r gogledd-ddwyrain, tuag at ardal enedigol ei fam. Roedd wedi twyllo Esau ac wedi dwyn ei enedigaeth-fraint oddi arno. Nawr roedd yn rhaid iddo ffoi neu gael ei ladd.

Wrth iddi nosi, lapiodd ei fantell amdano i gadw'n gynnes, a gorweddodd yn yr awyr agored gyda charreg wastad yn obennydd.

Tra cysgai, cafodd freuddwyd. Gwelodd risiau llydan a disglair yn ymestyn o'r ddaear i'r nef. Dringai angylion i fyny ac i lawr ar hyd-ddynt yn cludo negeseuon Duw.

Wrth i Jacob wylio mewn rhyfeddod, gwelodd Duw ei hun yn sefyll yn ei ymyl.

'Fi yw Duw Abraham a Duw dy dad, Isaac,' meddai wrth Jacob, 'a byddaf yn Dduw i ti hefyd. Rhoddaf yr holl dir sydd o'th gwmpas i ti ac i'th ddisgynyddion. Fe ddaw dy blant yn genedl fawr a chaiff y byd cyfan fendith trwyddynt. Paid ag ofni. Rwyf i gyda thi ac fe ofala i amdanat ti, ble bynnag yr ei di.'

Pan ddeffrôdd Jacob, roedd yn synnu ac yn rhyfeddu. Roedd Duw wedi bod yno gydag ef ac wedi siarad ag ef! Rhoddodd yr enw 'Bethel' ar y lle, sy'n golygu 'Tŷ Dduw'. Cododd y garreg a fu'n obennydd iddo i nodi'r fan, a gweddïodd ar Dduw.

'Os gwnei di ofalu amdanaf,' meddai, 'a dod â mi adref eto'n ddiogel, fe'th wasanaethaf yn ffyddlon ar hyd fy oes.'

Yna, gan deimlo'n fwy hyderus a hapus, aeth Jacob ymlaen ar ei daith nes cyrraedd y pydew dŵr a oedd ger Haran, cartref ei fam.

Gofynnodd i rai bugeiliaid a oedd yno gyda'u preiddiau, a oeddynt yn adnabod brawd ei fam, sef Laban.

'Ydym,' oedd eu hateb, 'a dacw ei ferch Rachel yn dod tuag yma.'

Roedd merch brydferth yn agosáu at y ffynnon gyda'i phraidd. Camodd Jacob ymlaen i dynnu'r garreg drom a oedd dros geg y ffynnon, er mwyn iddi dynnu dŵr.

Yna dywedodd wrth Rachel pwy ydoedd. Aeth hi ag ef adref yn llawen i dŷ ei ewythr Laban.

28
Twyllo'r twyllwr
Genesis 28-29

Croesawodd Laban fab ei chwaer a mynnu ei fod yn aros gyda nhw a'u dwy ferch, Lea a Rachel. Bu Jacob yn eu cynorthwyo trwy ofalu am y preiddiau.

'Fe ddylwn i dy dalu am dy waith caled,' meddai Laban un diwrnod.

'Dydw i ddim eisiau cyflog,' atebodd Jacob. 'Os caf i briodi Rachel, fe weithia i am saith mlynedd i ti heb dâl.'

Roedd Jacob yn caru Rachel gymaint fel bod saith mlynedd o waith caled yn bris bach i dalu am ei phriodi.

Pan ddaeth y saith mlynedd i ben, trefnwyd gwledd briodas fawr. Gyda'r hwyr daeth Laban â'r briodferch at Jacob.

Ond gyda thoriad y wawr gwelodd Jacob nad Rachel a briododd, ond Lea. Roedd Jacob, a fu'n twyllo eraill, yn awr wedi cael ei dwyllo ei hunan!

Pan gwynodd Jacob yn chwerw, dywedodd Laban y byddai wedi bod yn anheg rhoi Rachel iddo gyntaf am ei bod yn iau na Lea.

'Os arhosi di nes gorffen y dathliadau, fe gei di briodi Rachel hefyd,' meddai Laban. 'Ond bydd yn rhaid i ti weithio saith mlynedd arall i mi fel tâl amdani.'

Yn y dyddiau hynny roedd yn beth cyffredin i ddyn gael mwy nag un wraig, er gwaethaf y genfigen a'r ffraeo a allai ddilyn. Felly priododd Jacob y ddwy chwaer.

Ymhen amser, priododd eu dwy forwyn hefyd, yn ôl arfer yr oes. Cyn bo hir roedd gan Jacob lawer o feibion. Ond nid oedd gan Rachel, ei hoff wraig, yr un plentyn.

Roedd Rachel yn chwerw ac yn llawn cenfigen tuag at Lea am fod cynifer o feibion ganddi hi, ac roedd Lea yn anhapus iawn am nad oedd Jacob yn ei charu.

O'r diwedd cafodd Rachel fab a'i enwi'n Joseff.

Ar ôl geni Joseff, bwriad Jacob oedd gadael Laban. Ond roedd y preiddiau wedi cynyddu cymaint dan ei ofal fel y perswadiodd Laban ef i aros, gan gynnig cyflog iddo o'r diwedd. Gofynnodd Jacob am yr ŵyn du, a'r defaid a'r geifr brith, fel ei gyflog.

Roedd Laban yn fodlon cytuno i hynny am nad oedd llawer o'r rheini yn y praidd. Ond pan gafodd llawer o rai du a brith eu geni i'r praidd, roedd Laban yn ddig. Ceisiodd dwyllo Jacob trwy newid y cytundeb. Ond pa mor aml bynnag y byddai Laban yn ceisio ei dwyllo a newid yr amodau, ni fyddai'n llwyddo, am fod Duw o blaid Jacob. Cyn hir roedd Jacob wedi dod yn gyfoethog ac yn berchen ar ei breiddiau ei hun.

Un noson dywedodd Duw wrth Jacob am fynd yn ôl i'w gartref yn Nghanaan. Trannoeth, pan oedd Laban oddi cartref, cychwynnodd ef a'i wragedd, eu plant a'r holl anifeiliaid ar eu taith yn ôl i'r wlad yr oedd Duw wedi addo ei rhoi i ddisgynyddion Jacob.

29
Yr ymgodymu rhyfedd
Genesis 32

Wrth i Jacob agosáu at Ganaan, cartref ei dad, meddyliai o hyd ac o hyd am ei frawd Esau. A fyddai'n dal yn ddig am fod Jacob wedi dwyn bendith y brawd hynaf oddi arno? A fyddai am ei ladd?

Cofiodd Jacob am yr addewid a wnaeth Duw ym Methel i'w gadw'n ddiogel a'i ddwyn adref unwaith eto, ac felly gweddïodd:

'O Dduw, pan adewais fy nghartref a dod y ffordd hon o'r blaen, doedd gen i ddim byd ond fy ffon. Fe roddaist ti gyfoeth i mi ac rwy'n mynd yn ôl yn awr gyda phreiddiau a theulu mawr. Nid wyf yn haeddu dy holl garedigrwydd, ond rwy'n erfyn arnat ti fy niogelu rhag Esau.'

Y noson honno anfonodd Jacob ei weision, ei breiddiau a'i holl deulu o'i flaen dros yr afon. Roedd am fod ar ei ben ei hun i fyfyrio.

Yn ystod yr oriau hir, daeth dyn o ganol y tywyllwch a dechrau ymgodymu ag ef. Neidiodd Jacob i'w amddiffyn ei hun a bu'r ddau yn ymladd yn galed am oriau. Nid oedd y naill na'r llall yn fodlon ildio.

Yn sydyn, wrth i'r wawr dorri, cyffyrddodd y dyn dieithr â chlun Jacob a'i symud o'i lle. Ni allai Jacob ymladd bellach. Yna sylweddolodd Jacob fod yr ymgodymwr hwn yn fwy na dyn cyffredin.

Trodd y dyn dieithr i fynd i'w ffordd, ond daliodd Jacob ef yn dynn, gan ofyn am ei fendith.

'Beth yw dy enw?' gofynnodd y dyn dieithr.

'Jacob,' atebodd.

'Fe gei di enw newydd gen i,' meddai'r dyn. 'Israel. Mae'r enw hwnnw'n golygu "un sy'n ymdrechu ac yn dal ati". Rwyt ti wedi dal ati i ymdrechu gyda Duw a phobl eraill. Rwyt ti wedi dal gafael ar addewidion Duw trwy'r cwbl, ac wedi ennill dy frwydr.'

'Beth yw dy enw di?' gofynnodd Jacob iddo. Ond nid atebodd y dyn dieithr. Wedi bendithio Jacob aeth ar ei ffordd, a'r haul yn codi.

Aeth Jacob yn ei flaen yn gloff, gan wybod ei fod wedi cwrdd â Duw unwaith eto.

30
Cwrdd ag Esau eto
Genesis 32-33

Roedd Jacob wedi gofyn i Dduw ei ddiogelu pan fyddai'n cwrdd ag Esau. Ond ar yr un pryd roedd ganddo ei gynlluniau ei hun i ennill ffafr Esau.

Yn gyntaf anfonodd neges gwrtais i roi gwybod i Esau ei fod ar ei ffordd. Roedd yn weddol sicr y byddai ei frawd yn dod i'w gyfarfod.

Yna chwiliodd drwy ei breiddiau a dewis y gorau o blith y defaid a'r geifr, y camelod a'r asynnod. Rhannodd y rhain yn grwpiau a gosod gwas i gadw llygad ar bob diadell.

'Ewch yn eich blaen,' meddai wrth y dynion, 'a gadewch fwlch rhwng pob diadell o anifeiliaid. Pan fyddwch yn cwrdd ag Esau, bydd e'n siŵr o ofyn pwy biau'r anifeiliaid. Dywedwch wrtho eu bod yn perthyn i'w was, Jacob, ond eu bod yn rhodd iddo ef.'

'Mae pawb yn hoffi cael anrhegion,' meddyliodd Jacob. 'Efallai y bydd Esau yn tyneru tuag ataf.'

Pan glywodd Jacob fod Esau ar ei ffordd, aeth ei galon i'w sgidiau.

'Mae ganddo bedwar cant o filwyr cryf gydag ef,' oedd y newydd a gafodd Jacob.

Rhaid bod Esau yn bwriadu ymosod arno! Heb ymdroi, trefnodd Jacob ei deulu, gan roi Rachel yn y tu cefn. Roedd yn gobeithio y byddai'n fwy diogel yno.

Yna, gan geisio bod mor ddewr ag y gallai, cerddodd Jacob ar flaen yr orymdaith i gwrdd ag Esau. Pan welodd ef, plygodd Jacob i'r llawr, ond rhuthrodd Esau tuag ato a rhoi ei freichiau am ei wddf. Cofleidiodd y ddau ei gilydd yn llawen.

Mor ddiolchgar oedd Jacob i weld fod Esau wedi maddau iddo!

'Beth am fynd adref gyda'n gilydd?' awgrymodd Esau.

Ond ni allai Jacob deithio'n gyflym. Roedd ganddo blant bach ac anifeiliaid. Ni fedrent gerdded mor gyflym â dynion ifainc, cryf Esau.

Felly ffarweliodd y brodyr â'i gilydd, yn ffrindiau unwaith eto.

Joseff y bachgen

📖 **31**
Helynt gartref
Genesis 37

Roedd Jacob a'i deulu yn ôl yn ddiogel yng Nghanaan. Ond roedd y genfigen a'r cweryla ymhlith ei wragedd a'u plant yn dal o hyd.

Roedd Jacob yn falch fod ganddo deulu mawr – yn y dyddiau hynny, roedd pob tad eisiau meibion i'w helpu – ond Rachel oedd yr unig wraig a garai. Roedd yn drist iawn pan fu Rachel farw wrth roi genedigaeth i'w hail fab, Benjamin. Benjamin bach fyddai'r olaf yn nheulu mawr Jacob.

Oherwydd ei gariad at Rachel, byddai Jacob yn trin Joseff, ei mab hynaf hi, fel petai'n fab cyntaf-anedig iddo. Roedd hynny'n gwylltio'r brodyr hŷn.

Rhoddodd Jacob siaced â llewys hir i Joseff. Fel arfer dim ond y mab hynaf, breintiedig, a fyddai'n cael siaced o'r fath.

Am fod Jacob yn caru Joseff gymaint, roedd y meibion eraill yn ei gasáu. Byddent yn grwgnach a chwyno wrth fynd i fugeilio preiddiau Jacob.

Cafodd Joseff ei anfon gan Jacob i helpu rhai o'i hanner-brodyr i ofalu am y defaid. Synnodd Joseff at rai o'r pethau y byddent yn eu gwneud ac adroddodd y cwbl wrth ei dad. Gwnaeth hynny bethau'n waeth.

Roedd y brodyr yn casáu Joseff gymaint fel nad oeddynt yn fodlon siarad ag ef, hyd yn oed. Pan fyddai Joseff yn ceisio siarad â nhw, byddent yn troi cefn arno, gan chwerthin a chellwair â'i gilydd.

Nid oedd neb yn y cartref hwnnw yn hapus iawn.

📖 32
Breuddwydion!
Genesis 37

Un noson cafodd Joseff freuddwyd ryfedd iawn.

'Gwrandewch ar fy mreuddwyd!' meddai wrth ei frodyr fore trannoeth. 'Roedden ni i gyd allan yn y cae, adeg cynhaeaf, yn rhwymo ysgubau. Yn sydyn, dyma f'ysgub i yn sefyll yn syth. Yna dyma eich ysgubau chi yn ymffurfio'n gylch o'i hamgylch ac yn ymgrymu iddi.'

Os oedd Joseff yn meddwl y byddai ei frodyr yn hoffi ei freuddwyd, yna gwnaeth gamgymeriad mawr!

'Pwy wyt ti'n feddwl wyt ti? Wyt ti'n disgwyl inni ymgrymu i ti fel gweision bach?' oedd eu hymateb.

Yn fuan wedyn cafodd Joseff freuddwyd arall. Y tro hwn adroddodd y freuddwyd wrth ei dad hefyd.

'Gwelais yr haul a'r lleuad ac un seren ar ddeg, i gyd yn ymgrymu i mi,' meddai.

Yn y freuddwyd roedd un seren ar ddeg, ac roedd gan Joseff un brawd ar ddeg. Gwelsant y pwynt yn syth!

'Mae'r lordyn hwn yn disgwyl inni ei gymryd fel ein meistr!' meddai'i frodyr wrth ei gilydd.

Nid oedd y freuddwyd wrth fodd Jacob chwaith. Tybiai y gallai'r haul a'r lloer fod yn ddarlun ohono ef a'i wraig.

'Wyt ti o ddifrif yn meddwl y byddi di'n bwysicach na'th rieni?' gofynnodd i Joseff.

Ond er iddo geryddu Joseff, daliai Jacob i feddwl am y freuddwyd. A oedd Duw yn ceisio dweud wrtho y byddai Joseff yn aelod arbennig iawn o'r teulu?

📖 33
I mewn i'r pydew!
Genesis 37

Un diwrnod aeth Jacob i chwilio am Joseff. Roedd am ei anfon ar neges bwysig.

'Mae dy frodyr wedi bod i ffwrdd am amser hir,' meddai. 'Rwy'n poeni amdanynt. Dos i weld ble maen nhw a gwneud yn sicr fod popeth yn iawn.'

I ffwrdd â Joseff i'r cyfeiriad yr oedd ei frodyr wedi mynd â'r preiddiau, ac o'r diwedd daeth o hyd iddynt.

Pan oedd Joseff eto yn y pellter, gwelodd ei frodyr ef. Roeddynt yn ei adnabod yn syth wrth y siaced arbennig a gafodd gan Jacob.

'Edrychwch!' galwodd un ohonynt. 'Dyma'r breuddwydiwr yn dod!'

'Mae e ar ei ben ei hun,' meddai un arall. 'Dyma gyfle da i'w ladd. Fe gawn ni weld wedyn beth ddaw o'i freuddwydion gwych.'

Ceisiodd Reuben, y mab hynaf, eu rhwystro. 'Ddylen ni mo'i ladd e,' meddai. 'Beth am ei daflu i'r pydew sych hwn? Bydd hynny'n wers iddo!'

Roedd Joseff yn reit agos erbyn hyn, ac felly nid oedd rhagor o amser i siarad a chynllunio. Daeth tuag atynt yn eiddgar, heb amau dim.

Cydiodd dau o'r brodyr mwyaf ynddo a rhwygodd dau o'r lleill ei siaced oddi amdano. Yna, gan ddilyn awgrym Reuben, taflwyd Joseff i bydew dwfn. Ni allai neb ddringo ochrau llithrig a serth y pydew hwnnw.

Ychydig yn fyr eu gwynt ond yn fodlon eu byd, eisteddodd y brodyr i fwynhau eu pryd bwyd. Ymbiliai Joseff yn druenus o'r pydew, ond ni chymerai neb unrhyw sylw.

45

34
Ar y ffordd i'r Aifft
Genesis 37

Wrth i'r brodyr fwyta eu pryd, dyma nhw'n gweld rhes hir o gamelod yn dod tuag atynt. Gwelsant yn fuan mai carafán o fasnachwyr oedd yno, a'u camelod yn llwythog o berlysiau. Roeddynt ar eu ffordd i'r Aifft i werthu eu nwyddau.

'Beth am werthu Joseff i'r masnachwyr hyn?' awgrymodd Jwda. 'Byddai hynny'n llawer gwell na'i ladd, ac fe wnawn ni dipyn o bres hefyd.'

Cytunodd pawb ond Reuben. Nid oedd ef yno.

Digwyddodd pob peth yn sydyn. Wrth i rai o'r brodyr fargeinio â'r masnachwyr, dyma'r brodyr eraill yn tynnu Joseff o'r pydew i'w ddangos iddynt. Roedd golwg iach a chryf arno er gwaetha'r mwd a'r cleisau. Dylai godi pris da ym marchnad y caethweision.

'Fe rown ni ugain darn o arian amdano,' cynigiodd y masnachwr. Cytunwyd ar y pris ac arweiniwyd Joseff i ffwrdd.

Cyn hir daeth Reuben yn ôl. Roedd wedi bod yn dyfalu sut i achub Joseff a'i ddwyn adref at Jacob heb i'r lleill wybod. Wrth weld y pydew gwag, cafodd fraw. A oedd y brodyr eraill wedi lladd Joseff yn barod?

Ond dyma nhw'n egluro wrth Reuben beth oedd wedi digwydd. Nawr roedd yn rhaid penderfynu pa stori i'w dweud wrth eu tad.

Cymerasant siaced hardd Joseff a'i throchi â gwaed gafr. Wedi cyrraedd yn ôl, aethant â'r siaced waedlyd yn syth at Jacob.

'Rydyn ni wedi dod o hyd i hon,' meddai'r brodyr. 'Ydy hi'n perthyn i'th fab?'

Pan welodd Jacob y siaced waedlyd llefodd, 'Mae'n rhaid fod anifail gwyllt wedi'i ladd. Mae fy mab annwyl, Joseff, wedi marw! Wela i mohono byth eto! Byddaf yn galaru amdano hyd fy medd!'

Ar yr un pryd roedd Joseff ar ei ffordd i'r Aifft, yn cael ei wthio a'i lusgo wrth raff. Ond roedd Duw gydag ef o hyd.

Joseff y caethwas

35
Gwas arbennig
Genesis 37 a 39

Wedi cyrraedd yr Aifft, aeth y masnachwyr â Joseff i farchnad y caethweision i'w werthu. Dylai caethwas cryf, iach ac ifanc fel ef ddod â phris da.

Prynwyd Joseff gan ddyn o'r enw Potiffar. Roedd e'n swyddog pwysig i'r brenin ac yn gwarchod y palas. Nid oedd raid iddo aros yn hir cyn gweld iddo gael bargen.

Roedd Joseff yn weithiwr da. Medrai drefnu ei waith ei hun a gweithio dan awdurdod eraill. Roedd yn llanc gonest ac ni fyddai'n cwyno nac yn esgeuluso ei ddyletswyddau.

Cyn hir roedd Potiffar wedi penodi Joseff yn was arbennig iddo'i hun ac wedi ymddiried iddo'r gwaith o drefnu ei dŷ. Roedd yn amlwg i Potiffar fod rhywbeth arbennig iawn yn perthyn i'r dyn ifanc hwn. Y rheswm am hynny oedd fod Duw gyda Joseff, er ei fod mor bell o'i gartref ac oddi wrth ei deulu.

36
Yn y carchar!
Genesis 39

Mae'n rhaid fod Joseff mor fodlon ei fyd yng nghartref Potiffar ag y gallai caethwas fod. Roedd yn was yng nghartref dyn pwysig, a châi ei garu a'i barchu yno. Gwyddai hefyd fod Duw gydag ef o hyd. Ond, mewn fawr o dro, roedd Joseff mewn helynt eto, ac yntau'n gwbl ddi-fai.

Roedd gwraig Potiffar yn hoffi'r dyn ifanc golygus hwn yn fawr iawn a cheisiodd ei berswadio i gysgu gyda hi tra oedd Potiffar allan yn gweithio. Ond nid oedd Joseff am wrando arni.

'Mae fy meistr yn ymddiried yn llwyr ynof fi,' meddai wrthi. 'Sut y gallwn i ei dwyllo trwy gymryd ei wraig? Beth bynnag, fe fyddai'n bechod yn erbyn y Duw rwy'n ei garu a'i wasanaethu.'

Nid oedd gwraig Potiffar yn fodlon derbyn ei ateb. Byddai'n dilyn Joseff i bob man, gan ymbil arno a cheisio ei ddenu. Byddai Joseff yn ei hosgoi hyd y gallai, ond un diwrnod fe gafodd hi Joseff ar ei ben ei hun. Wrth iddi ei gofleidio, dyma Joseff yn ffoi.

Aeth gwraig Potiffar yn wyllt. Dywedodd gelwyddau wrth ei gŵr am Joseff, gan esgus mai Joseff oedd ar fai. Taflodd Potiffar Joseff i'r carchar. Fe'i rhoddwyd mewn cadwynau a gosodwyd coler haearn am ei wddf. Nid gwas i ymddiried ynddo oedd Joseff bellach.

Ond roedd Duw gyda Joseff, hyd yn oed yn y carchar tywyll. Nid oedd wedi anghofio amdano na'r cynllun mawr a oedd ganddo ar ei gyfer.

37
Ystyr breuddwydion
Genesis 40

Cyn hir gwelodd ceidwad y carchar pa mor ddefnyddiol y gallai Joseff fod. Dechreuodd roi pob math o dasgau bychain iddo, fel gofalu am y carcharorion eraill a threfnu amserlen y carchar. Roedd graen ar bob peth a wnâi Joseff.

Un diwrnod cyrhaeddodd dau garcharor newydd a phwysig. Pen-trulliad y brenin oedd y naill, a'i brif bobydd oedd y llall. Roeddynt yn swyddogion pwysig yng ngwasanaeth y brenin, ond rywfodd roeddynt wedi'i ddigio ac wedi cael eu hanfon i'r carchar. Roedd yn rhaid iddynt aros yno nes i'r brenin benderfynu beth i'w wneud â nhw. Cafodd Joseff y dasg o ofalu amdanynt.

Un bore, wrth ddod â brecwast iddynt, sylwodd Joseff fod golwg ddiflas iawn ar y ddau.

'Beth sy'n bod?' gofynnodd yn garedig.

'Cawsom freuddwydion neithiwr,' meddai'r ddau wrtho, 'a dydyn ni ddim yn deall eu hystyr.'

Fel pawb yn yr Aifft credent fod ystyr i bob breuddwyd. Ond yn y carchar nid oedd ganddynt neb i esbonio eu breuddwydion.

'Mae Duw yn gallu esbonio breuddwydion,' meddai Joseff. 'Adroddwch nhw i mi.'

Gwrandawodd ar y trulliad a'r pobydd yn adrodd eu breuddwydion.

Roedd y trulliad wedi breuddwydio am winwydden gyda thair cangen. Roedd wedi gwasgu'r grawnwin i gwpan y brenin a'i roi iddo.

Roedd y pobydd wedi breuddwydio ei fod yn cario tair basged yn llawn o gacennau blasus i'r brenin. Ond daeth yr adar a'u bwyta.

Dangosodd Duw i Joseff beth oedd ystyr y breuddwydion.

'Ymhen tridiau bydd y brenin yn galw amdanat ac fe gei di dy swydd yn ôl,' meddai wrth y trulliad.

Ond roedd yn rhaid dweud wrth y pobydd, 'Ymhen tridiau fe gei di dy grogi ar orchymyn y brenin.'

Digwyddodd y cwbl fel y dywedodd Joseff. Ymhen tridiau cafodd y brenin ei ben-blwydd. Dywedodd fod y pen-pobydd i'w ladd ond bod y pen-trulliad i'w wasanaethu unwaith eto.

38
Y carcharor a'r brenin
Genesis 41

Wrth i'r pen-trulliad diolchgar adael y carchar, gofynnodd Joseff am ei gymorth.

'Paid ag anghofio amdanaf,' ymbiliodd. 'Dywed wrth y brenin nad wyf wedi gwneud dim i haeddu fy ngosod yn y carchar.'

Rhaid fod Joseff wedi gobeithio y byddai ei helbulon drosodd yn fuan. Ond unwaith yr oedd y trulliad yn ôl yn y llys, anghofiodd yn llwyr am Joseff.

Aeth dwy flynedd hir heibio.

Yna, un noson, cafodd brenin yr Aifft freuddwyd. Ni fedrai yr un o'i gynghorwyr doeth ei ddehongli. Yna cofiodd y trulliad am y freuddwyd a gafodd yn y carchar, a'r cymorth a dderbyniodd gan Joseff.

'Rwyf ar fai,' meddai wrth y brenin. 'Roeddwn i wedi anghofio'n lân am y dyn ifanc a fu'n esbonio fy mreuddwyd i mi yn y carchar. Dywedodd y byddwn yn cael fy swydd yn ôl ac fe ddaeth hynny'n wir. Bydd Joseff yn gallu dy helpu di hefyd.'

Rhoddodd y brenin orchymyn iddynt fynd ar frys i'r carchar a dwyn Joseff ato. Dyma nhw'n ei olchi'n frysiog, ei siafio, ei wisgo mewn dillad glân ac yna'n ei arwain at y brenin.

'Maen nhw'n dweud dy fod ti'n gallu esbonio breuddwydion,' meddai'r brenin.

'Alla *i* ddim, O frenin; ond fe all Duw,' atebodd Joseff.

'Yn fy mreuddwyd,' meddai'r brenin, 'gwelais saith buwch dew yn esgyn o'r afon i bori ar y glaswellt. Roedd saith buwch denau, esgyrnog yn ymyl, a dyma'r saith buwch denau yn bwyta'r rhai tew. Wedyn, fe ges i freuddwyd arall. Gwelais saith tywysen lawn ac aeddfed wrth ochr saith tywysen denau a chrin, a dyma'r saith tywysen denau yn bwyta'r rhai llawn. Beth yn y byd yw ystyr hyn?'

'Mae Duw yn dweud wrthyt beth sy'n mynd i ddigwydd, er mwyn iti baratoi,' esboniodd Joseff. 'Yr un ystyr sydd i'r ddwy freuddwyd. Fe fydd saith mlynedd o gnydau da a digon i bawb. Ond yna bydd saith mlynedd o gynaeafau gwael yn dilyn. Bydd y saith mlynedd o brinder yn llyncu holl lawnder y blynyddoedd da. Dyna ystyr y breuddwydion.'

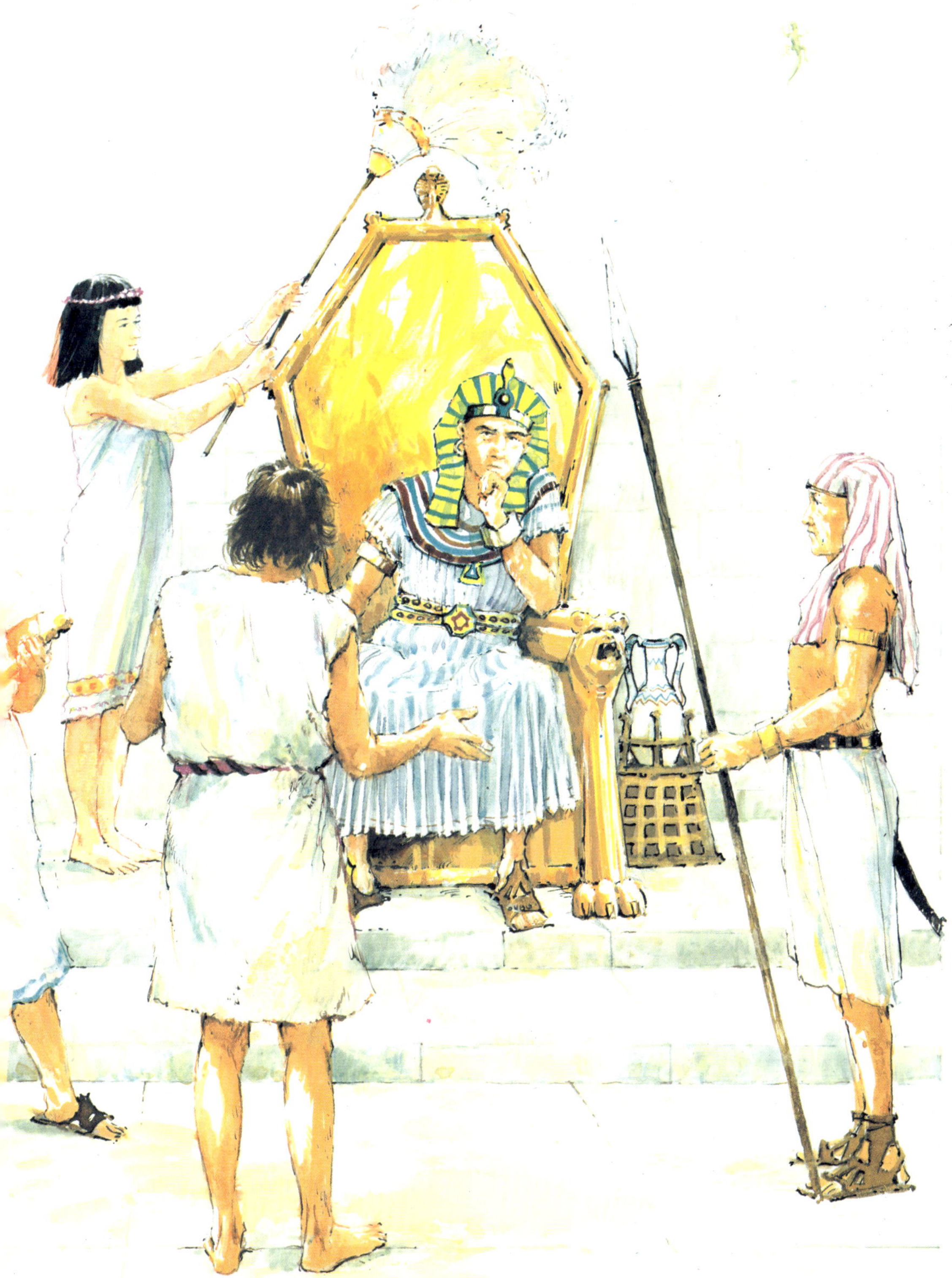

Joseff y rheolwr

39
Y prif weinidog newydd
Genesis 41

Pan glywodd brenin yr Aifft Joseff yn esbonio ei freuddwydion, cafodd fraw. Gwyddai y byddai'r saith mlynedd o brinder yn sicr o ddod â newyn, a marwolaeth hyd yn oed. Ond roedd gan Joseff rywbeth arall i'w ddweud.

'Arglwydd frenin,' aeth yn ei flaen, 'ga i awgrymu rhywbeth? Beth am ddewis un o'th ddynion gorau i ofalu am y cyflenwad bwyd? Gall ofalu fod y grawn yn cael ei storio yn ystod y blynyddoedd ffrwythlon. Yna bydd digon i bawb pan ddaw'r prinder.'

Roedd Joseff a'i gyngor doeth yn plesio'r brenin.

'Ti fydd y dyn hwnnw!' meddai 'Mae'n amlwg mai dyn doeth wyt ti, felly rwyf am i ti ofalu am bob dim fydd angen ei wneud yn yr Aifft. Ti fydd fy mhrif weinidog newydd.'

Tynnodd ei fodrwy oddi ar ei law a'i gosod ar law Joseff.

Ar orchymyn y brenin cafodd Joseff gerbyd hardd, ei weision ei hun, gwisgoedd drud a thlysau ysblennydd.

Roedd Joseff wedi dysgu ymddiried yn Nuw a gwneud ei waith yn dda, hyd yn oed fel caethwas ac fel carcharor. Aeth at ei waith newydd pwysig yn yr un ffordd yn union.

Teithiodd ar hyd a lled yr Aifft. Gofalodd fod adeiladau enfawr yn cael eu codi ym mhob dinas i storio'r grawn.

Cafwyd cynaeafau mawr iawn yn ystod y saith mlynedd o lawnder. Trefnodd Joseff eu casglu a'u storio ym mhob cwr o'r wlad. Cyn i'r saith mlynedd ddod i ben roedd y stordai newydd mor llawn fel bod Joseff, hyd yn oed, wedi colli cyfrif ar faint o rawn oedd ynddynt!

Yna cyrhaeddodd blynyddoedd y prinder, a'r cnydau'n methu. Roedd Joseff yn fwy prysur nag erioed yn awr, yn gwerthu'r grawn ac yn gofalu ei fod yn cael ei rannu'n deg.

Cyn hir clywodd pobl o wledydd cyfagos, a oedd hefyd mewn prinder, fod digonedd o rawn yn yr Aifft. Dyma nhw'n teithio i weld Joseff i ofyn am gael prynu grawn i'w gludo yn ôl i'w gwledydd eu hunain.

📖 **40**
Bwyd yn yr Aifft
Genesis 42

Yn ôl yng ngwlad Canaan roedd Jacob a'i feibion hefyd yn newynog.

'Rwy'n clywed fod ŷd ar werth yn yr Aifft,' meddai Jacob wrth ei feibion. 'Ewch yno i brynu peth i ni.'

Cychwynnodd y brodyr i gyd, heblaw am Benjamin. Ni fedrai Jacob feddwl bod hebddo, gan mai ef oedd yr unig blentyn o'i hoff wraig, Rachel, a oedd ar ôl bellach.

Cyn gynted ag y daeth y deg dieithryn o flaen Joseff, gwelodd ar unwaith mai ei frodyr oeddynt.

Ond nid oedd yr un syniad ganddynt hwy pwy oedd ef. Ni freuddwydient fod eu brawd yn fyw, heb sôn am fod yn rheolwr ar yr Aifft i gyd. A pheth arall, roedd wedi'i wisgo fel Eifftiad.

'O ble ydych chi'n dod?' gofynnodd Joseff yn llym. Siaradai iaith yr Aifft, a'i was yn cyfieithu iddynt.

'O Ganaan,' oedd eu hateb. 'Rydyn ni wedi dod i brynu ŷd.'

'Dydw i ddim yn credu'r un gair!' meddai Joseff. 'Criw o ysbïwyr ydych chi, wedi dod yma i weld beth sy'n digwydd!'

'Rydyn ni'n ddynion gonest!' protestiodd y brodyr.

'Os felly, gadewch i mi gael eich hanes,' mynnodd Joseff.

'Roedden ni'n ddeuddeg brawd, ond mae un brawd wedi marw ac mae'r un ieuengaf mor annwyl yng ngolwg ein tad fel nad oedd yn fodlon iddo ddod gyda ni.'

Teimlai Joseff yn rhyfedd wrth glywed ei ddisgrifio fel y brawd a oedd wedi marw, ond cuddiodd ei deimladau.

'Profwch eich bod yn dweud y gwir trwy ddod â'ch brawd bach gyda chi y tro nesaf,' gorchmynnodd. 'Rwy'n mynd i gadw un ohonoch chi yma fel gwystl tan hynny.'

Cymerwyd Simeon i'r carchar, ond cafodd y lleill fynd yn ôl i Ganaan â'u sachau'n llawn o ŷd.

Wedi cyrraedd yn ôl ac agor y sachau, cawsant fraw o weld eu codau arian ar ben y grawn. Roeddynt wedi cael eu holl arian yn ôl!

'Nawr bydd yn ein galw'n lladron yn ogystal ag yn ysbïwyr,' llefent.

Ni wyddent fod Joseff wedi dweud wrth ei weision am roi'r arian yn y sachau. Roedd am weld pa fath rai oedd y brodyr creulon erbyn hyn.

41
Taith Benjamin
Genesis 43

Bob yn dipyn daeth yr ŷd o'r Aifft i ben ac aeth Jacob a'i deulu niferus yn newynog unwaith eto.

'Rhaid i chi fynd yn ôl i'r Aifft i brynu rhagor,' meddai Jacob wrth ei feibion.

'Dim ond os cawn ni fynd â Benjamin gyda ni,' meddent.

'Na, dim byth!' llefodd Jacob. 'Mae Joseff wedi marw a Simeon yn y carchar, a nawr rydych chi am fynd â Benjamin oddi arnaf!'

'Fe gaiff pob un ohonom ei ladd fel ysbïwr, os nad awn ni ag ef,' atebodd y brodyr.

Yna siaradodd Jwda, yr un a oedd wedi awgrymu gwerthu Joseff yn gaethwas flynyddoedd ynghynt.

'Rwy'n addo gofalu am Benjamin gyda fy mywyd,' meddai wrth Jacob.

Yn drist ac yn gyndyn iawn cytunodd Jacob, a gwyliodd y brodyr yn cychwyn am yr Aifft.

Er gollyngdod mawr iddynt, cawsant groeso caredig a'u tywys i gartref Joseff. Wrth i Joseff weld Benjamin ei frawd wedi'r holl flynyddoedd, prin y gallai atal dagrau o lawenydd. Rhyddhaodd Simeon a'u gwahodd i gyd i ginio.

Wrth ddod i mewn yn ofnus i eistedd wrth y bwrdd, dyna syndod a gawsant o weld eu bod yn eistedd yn ôl trefn eu hoedran! Sut yn y byd yr oedd modd i neb wybod hynny?

Cafodd Benjamin gyfran ychwanegol o fwyd ar orchymyn Joseff.

Roedd y brodyr yn llawn rhyddhad a diolchgarwch. Roedd eu helbulon ar ben. Cyn bo hir byddent ar eu ffordd adre'n ddiogel, gyda chyflenwad newydd o rawn.

42
Y cwpan coll
Genesis 44

Roedd brodyr Joseff ar eu ffordd yn ôl i Ganaan, ac roedd pawb yn siriol ac yn hapus. Roedd pob peth yn iawn ac roedd Benjamin yn ddiogel.

Yn sydyn ac yn gwbl ddirybudd, gwelsant yn y pellter ddyn ar gefn ceffyl yn carlamu tuag atynt. Wrth iddo agosáu, suddodd eu calonnau wrth weld mai un o weision prif weinidog yr Aifft oedd yno.

'Sut y meiddiwch chi ddwyn cwpan arian gorau fy meistr?' gwaeddodd wrth gyrraedd atynt.

'Wyddon ni ddim am beth rydych chi'n sôn,' protestiodd y brodyr. 'Dydyn ni ddim wedi dwyn dim. Os yw'r cwpan gan un ohonom ni, yna fe gewch ei ladd ef a chadw'r gweddill ohonom yn gaethweision.'

Chwiliodd y gwas eu bagiau ac agor eu sachau grawn. Sach Benjamin oedd yr un olaf i'w hagor. Yno, yn fflachio yn yr heulwen, gorweddai'r cwpan gwerthfawr.

Roedd y brodyr wedi dychryn drwyddynt. Llwythasant eu hasynnod a dilyn y gwas yn dawel yn ôl at Joseff. Ni wyddent fod hyn yn rhan o gynllun Joseff i weld sut bobl oeddynt erbyn hyn.

Wedi clywed adroddiad ei was, meddai Joseff, 'Dim ond y dyn euog fydd yn gaethwas i mi.'

Yna camodd Jwda ymlaen yn ddewr.

'Os cadwch chi Benjamin,' meddai, 'bydd fy nhad yn marw o dristwch. Da chi, cadwch fi yn ei le.'

A oedd Joseff yn clywed yn iawn? Roedd y brodyr hyn yn wahanol iawn i'r criw creulon a oedd wedi'i werthu ef yn gaethwas ac wedi dweud wrth ei dad ei fod wedi marw. Daeth dagrau i'w lygaid. Ni allai guddio'r gwir am eiliad arall.

'Ewch allan!' meddai wrth ei weision. Yna siaradodd â'i frodyr yn eu hiaith eu hunain am y tro cyntaf.

'Joseff ydw i, eich brawd coll,' meddai wrthynt.

43
Aduniad teuluol
Genesis 45-46

Daeth ofn mawr ar frodyr Joseff wrth i'r gwir wawrio arnynt o'r diwedd. Nid oedd llywodraethwr mawr yr Aifft yn neb llai na'r brawd a gafodd ei gam-drin mor arw ganddynt flynyddoedd ynghynt. Byddai'n sicr o ddial arnynt yn awr.

Ond yn lle hynny dyma Joseff yn eu hannog i ddod yn nes ato. Yna fe'u cofleidiodd a'u cusanu bob un yn ei dro, gan ddechrau gyda Benjamin.

'Peidiwch â'ch beio'ch hunain am yr hyn a ddigwyddodd,' meddai Joseff yn garedig. 'Roedd gan Dduw gynllun wrth ddod â mi yma. Rwyf wedi gallu diogelu'n teulu ac achub llawer o fywydau.

'Nawr, brysiwch i nôl ein tad a'ch teuluoedd i gyd. Mae pum mlynedd arall o newyn eto i ddod. Fe gewch gartref yng ngwlad Gosen, lle mae'r borfa'n dda.'

Yna bu chwerthin a siarad a chyffro mawr.

Roedd y gweision chwilfrydig yn gwrando, a chyn bo hir daeth y newyddion da i glustiau'r brenin ei hun.

Cyn hir cychwynnodd y brodyr am adref.

Wedi cyrraedd dyma nhw'n gweiddi, 'Mae Joseff yn fyw! Mae e'n llywodraethwr ar yr Aifft i gyd!'

Ni chredai'r hen Jacob nes iddo weld yr anrhegion ardderchog yr oedd Joseff wedi'u hanfon.

Yna dyma'r holl deulu yn paratoi i fynd. Casglwyd yr holl anifeiliaid ynghyd a chychwyn ar y daith araf i'r Aifft, i fyw yn yr ardal yr oedd Joseff yn ei pharatoi ar eu cyfer.

44
Trwbl yn yr Aifft
Exodus 1

Ymgartrefodd Jacob a'i feibion a'u holl deuluoedd yng ngwlad Gosen, lle roedd y borfa orau i'r preiddiau. Gofalodd Joseff amdanynt trwy'r holl flynyddoedd o brinder a newyn.

Aeth llawer blwyddyn heibio.

Bu farw Jacob, a Joseff a'i holl frodyr hefyd. Ond roedd pobl Israel (dyna'r enw yr oedd Duw wedi'i roi i Jacob) yn parhau i fyw yn yr Aifft. Cawsant lawer o blant a thyfu'n bobl niferus iawn.

Bu farw brenin yr Aifft hefyd. Daeth brenhinoedd eraill i'r orsedd, rhai nad oedd yn gwybod am y pethau mawr yr oedd Joseff wedi'u gwneud. Roeddynt yn casáu'r estroniaid hyn a oedd yn byw yn eu plith.

'Mae llawer gormod ohonynt,' meddai'r brenin. 'Efallai y byddan nhw'n cynllwynio yn ein herbyn, neu yn helpu ein gelynion adeg rhyfel. Mae'n rhaid gwneud rhywbeth.'

Penderfynodd eu gwanhau trwy eu blino'n lân â gwaith. Efallai y byddent yn cael llai o blant wedyn. Yn sicr, ni fyddai ganddynt y nerth i fod yn fygythiad i'r Eifftiaid.

Felly dyma'r brenin yn eu trin fel caethweision ac yn eu gorfodi i helpu adeiladu'r dinasoedd gwych y bwriadai eu codi. Bu'n rhaid iddynt lusgo'r cerrig mawr i'w gosod yn eu lle a gwneud miloedd ar filoedd o frics.

Ond dal i gynyddu a wnaeth pobl Israel. Po fwyaf y byddai'r brenin yn eu cam-drin, mwyaf yn y byd y cynyddent mewn nifer.

'Mae'n rhaid i mi wneud rhywbeth,' penderfynodd y brenin creulon yn ei bryder. 'Fe wna i ddeddf newydd yn gorchymyn taflu pob bachgen bach a gaiff ei eni i'r Israeliaid i afon Nîl a'i foddi.'

Roedd hi'n edrych yn dywyll iawn ar yr Israeliaid yn awr. Ond nid oedd Duw wedi anghofio ei bobl.

Hanes Moses

45
Y baban yn yr hesg
Exodus 2

Bachgen bach newydd! Mor hapus fyddai ei fam, Jochebed, a'i dad, Amram, oni bai am ddeddf newydd brenin creulon yr Aifft. Roedd pob bachgen newydd-eni o blith pobl Israel i'w daflu i afon Nîl.

Syllodd Jochebed ar ei baban hardd. 'Wna i ddim gadael iddo gael ei foddi,' meddai. 'Rwy'n mynd i'w guddio. Rwy'n gwybod y gall Duw ei gadw'n ddiogel.'

Ar y dechrau roedd yn ddigon hawdd. Ond mewn fawr o dro roedd y baban bach wedi tyfu'n faban mawr, bywiog, a'i grio'n fwy swnllyd. Wrth ei suo i gysgu, bu Jochebed yn meddwl a gweddïo a chynllunio. Yna gwnaeth gawell o frwyn yr afon, yn union fel y byddai'r pysgotwyr yn gwneud cychod. Ar ôl ei orffen, irodd y tu allan â phyg i gadw'r dŵr allan.

Tra oedd y baban yn cysgu, fe'i rhoddodd yn dyner yn y cawell a'i gario at ymyl y dŵr. Aeth â'i merch fach, Miriam, gyda hi. Rhoddodd y cawell yng nghanol yr hesg tal. Yna brysiodd adref, gan adael Miriam yno i wylio.

Plygodd Miriam yn ei chwrcwd o'r golwg ac aros yno mor ddistaw â llygoden. Ymhen ychydig clywodd sŵn siarad a chwerthin. Roedd y dywysoges, un o ferched brenin yr Aifft, yn dod i ymdrochi gyda'i morynion. Gwyliodd Miriam a'i chalon yn curo'n gyflym. Safodd y dywysoges.

'Edrychwch,' meddai, 'mae basged yn yr hesg. Ewch i'w nôl hi.'

Cerddodd y gaethferch trwy'r dŵr, codi'r cawell a'i roi i'r dywysoges. Gyda hynny dyma'r baban yn deffro, ac wrth weld yr wyneb anghyfarwydd dechreuodd feichio crio.

'Y truan bach!' meddai'r dywysoges yn dyner. 'Un o fabanod yr Israeliaid yw hwn, siŵr o fod.'

Roedd gweld ei hwyneb caredig yn magu dewrder yn Miriam. Camodd ymlaen yn fentrus.

'Hoffet ti gael nyrs i'r baban?' gofynnodd.

'Wel, diolch yn fawr,' meddai'r dywysoges, a rhuthrodd Miriam adref i nôl ei mam.

Edrychodd y dywysoges yn graff ar Jochebed. Yna dywedodd, 'Cymer y baban hwn a gofala amdano. Fe dala i ti. Pan fydd yn hŷn, tyrd ag ef i'r palas ac fe gaiff ei fagu fel mab i mi. Rhof yr enw Moses arno.'

Cariodd Jochebed a Miriam y baban bodlon adref. Roeddynt wrth eu bodd. Nid oedd angen poeni am ei guddio bellach. Roedd Duw wedi diogelu Moses bach a gallent ei gadw, a gofalu amdano, am rai blynyddoedd eto.

46
Tywysog yr Aifft
Exodus 2

Gofalodd Jochebed yn dda am ei mab bach. Wrth iddo dyfu'n hŷn soniodd wrtho am y gwir Dduw a oedd wedi achub ei fywyd, y Duw a fyddai'n gofalu amdano hyd yn oed ym mhalas y brenin. Un diwrnod byddai Duw yn achub ei holl bobl o'u caledi a'u caethiwed.

Daeth y dydd i Moses fynd i'r palas at y dywysoges. Yno cafodd ddillad o gotwm cain yr Aifft, bwytaodd y bwyd gorau ac roedd gweision ganddo i weini arno. Toc dechreuodd gael gwersi darllen ac ysgrifennu, a gwersi mewn pynciau eraill hefyd, oherwydd roedd yr Eifftiaid yn bobl ddoeth a dysgedig.

Ond er iddo dyfu i edrych fel un o'r Eifftiaid, nid anghofiodd ei fod yn un o bobl Israel. Roedd yn cofio ac yn caru Duw ei bobl, nid y llu o dduwiau a duwiesau rhyfedd a oedd gan bobl yr Aifft.

Wrth fynd allan yn ei gerbyd braf, byddai'n teimlo'n ddig ac yn drist o weld ei bobl ei hun yn llafurio ac yn chwysu yn yr haul tanbaid wrth godi'r adeiladau gwych yr oedd brenin yr Aifft mor falch ohonynt. Roedd yn dyheu am eu hachub rhag eu meistri creulon, a fyddai'n eu chwipio am oedi i gymryd anadl hyd yn oed!

Un diwrnod daeth ei gyfle. Roedd un o'r Eifftiaid wrthi'n curo un o'r Israeliaid yn ddidrugaredd. Gwelodd Moses hyn a ffyrnigodd. Edrychodd o'i amgylch yn gyflym. Nid oedd neb arall o gwmpas. Felly lladdodd Moses yr Eifftiad creulon a chladdu ei gorff yn y pridd tywodlyd.

Drannoeth cafodd Moses fraw wrth weld dau o'i bobl ei hun yn ymladd â'i gilydd.

'Peidiwch da chi!' meddai. 'Israeliaid ydych chi eich dau!'

'Pwy wyt ti'n feddwl wyt ti, ddyn?' gofynnodd y gŵr a oedd wedi dechrau'r ffrae. 'Wyt ti'n mynd i'm lladd i fel yr Eifftiad hwnnw ddoe?'

Roedd rhywun wedi'i weld. Roedd y gath allan o'r cwd. Daeth y stori i glyw'r brenin ac aeth yn wyllt gynddeiriog. Roedd am ladd Moses. Felly gadawodd Moses ei ddillad brenhinol gwych a'i gyfoeth, a ffoi am ei fywyd i anialdir Midian.

Roedd sylweddoli nad oedd ei bobl ei hun am ei gael yn dywysog ac arweinydd, er ei fod yn dyheu am eu helpu, yn ei frifo'n fawr.

47
Moses yn helpu'r llancesau
Exodus 2

Roedd Moses wedi gobeithio achub ei bobl o'u tristwch a'u caethiwed, ond dyma fe nawr yn gorfod dianc o'r Aifft i'w achub ei hun!

Wedi cyrraedd gwlad Midian, eisteddodd yn drist wrth bydew dŵr. Ymhen ychydig daeth saith chwaer tuag ato. Roeddynt am gael dŵr i lenwi'r cafnau ar gyfer preiddiau eu tad.

Gyda hynny cyrhaeddodd rhai bugeiliaid a gwthio'r merched o'r ffordd er mwyn tynnu dŵr i'w preiddiau eu hunain.

Neidiodd Moses ar ei draed ar unwaith a mynd i helpu'r merched. Tynnodd ddigon o ddŵr ar eu cyfer ac aeth y merched adref wrth eu bodd.

'Rydych chi gartre'n gynnar!' meddai eu tad, Jethro, yn syn.

'Achubodd Eifftiad dewr ni rhag y bugeiliaid cas yna,' meddent wrtho.

'Ble mae e nawr?' gofynnodd Jethro. 'Peidiwch â dweud i chi ei adael wrth y ffynnon! Ewch yn ôl a gofynnwch iddo ddod i gael bwyd.'

Brysiodd y merched i ddod o hyd i Moses a'i ddwyn adref.

Arhosodd Moses gyda Jethro. Priododd Seffora, un o ferched Jethro, a bu'n gofalu am ei breiddiau. Byddai'n eu harwain ar draws yr anialwch i chwilio am borfa.

Gynt roedd Moses yn dywysog yn yr Aifft. Yn awr nid oedd ond bugail cyffredin.

48
Duw yn galw Moses
Exodus 3-4

Bu Moses yn gofalu am braidd Jethro, ei dad-yng-nghyfraith am lawer blwyddyn.

Un diwrnod roedd y praidd yn pori ar lethrau isaf mynydd Sinai. (Mynydd Horeb yw'r enw arall arno.) Cododd Moses ei olwg a gwelodd berth fel petai ar dân. Gwyliodd yn bryderus rhag ofn i'r tân ledu dros y tir anial, sych. Ond er bod y tân yn llosgi â fflamau llachar, ni losgwyd y berth. Yn llawn chwilfrydedd, aeth Moses yn nes i gael gwell golwg arni.

Yna, daeth llais o ganol y tân. Gwyddai Moses ar unwaith mai llais Duw ydoedd.

'Tyn dy esgidiau, Moses,' meddai Duw. 'Mae hwn yn dir sanctaidd.'

Ufuddhaodd Moses, gan aros yn ei unfan. Curai ei galon yn wyllt. Cuddiodd ei wyneb â'i fantell.

'Duw Abraham, Isaac a Jacob wyf i,' meddai Duw. 'Fe glywais gwynion ac ochneidiau fy mhobl sy'n gaethweision yn yr Aifft ac rwy'n mynd i'w hachub. Ti, Moses, fydd yn eu harwain o'r Aifft i'r wlad yr wyf wedi'i haddo i ddisgynyddion Abraham.'

'Nid fi, O Dduw,' ymbiliodd Moses. 'Paid â'm hanfon i, o bawb, i'w harwain. Does dim byd arbennig ynof fi. Fedra i ddim.'

'Ond fe fydda i gyda thi,' addawodd Duw. 'Bydda i'n dy helpu ac fe fyddi di'n llwyddo. Fe fyddi di'n arwain fy mhobl i'r union fynydd hwn, i'm haddoli i yma.'

Nid oedd Moses am fynd yn ôl i'r Aifft, felly pentyrrodd esgus ar ben esgus. Ond roedd gan Dduw ateb i bob un ohonynt. Dywedodd wrth Moses y byddai ei frawd, Aaron, yn gallu mynd gydag ef i siarad drosto.

'Dos â'th ffon gyda thi,' gorchmynnodd Duw. 'Fe fyddi di'n ei defnyddio i wneud pethau rhyfeddol. Bydd hynny'n brawf i'm pobl ac i frenin yr Aifft mai fi yw'r unig wir Dduw, un sy'n gryfach na'r brenin a'r duwiau y mae e'n eu haddoli.'

Yn gyndyn, ufuddhaodd Moses i Dduw. Cymerodd ei wraig a'i ddau fab a chychwyn am wlad yr Aifft.

Moses a brenin yr Aifft

49
Y brenin yn dweud 'Na'
Exodus 5

Cychwynnodd Moses a'i deulu am yr Aifft. Cyn cyrraedd, cyfarfu â'i frawd Aaron, fel yr addawodd Duw. Dywedodd wrth Aaron bob peth yr oedd Duw wedi'i ddweud wrtho.

Yn gyntaf dyma nhw'n galw cyfarfod o holl arweinwyr Israel.

'Mae Duw Abraham, Isaac a Jacob yn gwybod am eich holl dristwch ac mae'n mynd i'ch achub chi,' meddai Aaron. 'Addawodd y byddai pobl Israel yn cael eu gwlad eu hunain. Nawr mae'n mynd i'ch arwain chi i'r wlad honno.'

Bloeddiodd y bobl mewn llawenydd. O'r diwedd roedd eu helyntion ar ben.

Yna gofynnodd Moses ac Aaron am gael gweld brenin yr Aifft.

'Mae'r Arglwydd, Duw Israel, yn dweud fod yn rhaid i ti ryddhau ei bobl,' meddai Aaron wrtho.

'Pwy yw'r Duw hwnnw?' gofynnodd y brenin yn ddi-hid. 'Dydw i ddim yn ei adnabod ac yn sicr, fydda i ddim yn gwrando arno.'

Trodd at ei weision.

'Gyrrwch y caethion diog a segur yna yn ôl at eu gwaith!'

Yna, rhoddodd orchmynion newydd i'r rhai a arolygai'r caethweision.

'Hyd yn hyn, chi sy wedi darparu'r gwellt sy'n gwneud eu brics yn gryf. Nawr gadewch iddyn nhw gasglu eu gwellt eu hunain. A gofalwch eu bod yn gwneud yr un nifer o frics ag o'r blaen.'

Roedd y dasg yn amhosibl. Pan na fyddai digon o frics, byddai'r rheolwyr yn chwipio'r Israeliaid a'u trin yn waeth nag erioed.

Roedd pobl Israel yn chwerw ac yn ddig. Roedd Duw i fod i'w hachub, ond roedd pethau'n waeth nawr, nid yn well. Aeth eu harweinwyr at Moses ac Aaron i roi pryd o dafod iddynt.

Roedd Moses mewn anobaith. Dywedodd wrth Dduw am ei bryder a'i siom.

'Byddaf yn cadw f'addewid,' meddai Duw. 'Ond, gan ei fod mor amharod i ufuddhau, bydd yn rhaid i mi ddysgu llawer o wersi caled i'r brenin. Bydd fy mhobl hefyd yn dechrau gweld pa mor fawr a nerthol ydw i.'

50
Llyffantod, pryfed a chenllysg
Exodus 7-10

Roedd Duw wedi addo i Moses y byddai llawer o bethau brawychus yn digwydd i beri i frenin yr Aifft, a phobl Israel hefyd, weld ei fod yn gallu achub ei bobl.

Aeth Moses ac Aaron yn ôl at y brenin a'i rybuddio, os na fyddai'n ufuddhau i Dduw ac yn rhyddhau ei bobl, y byddai pob math o drychinebau yn digwydd yn yr Aifft.

Ond chwerthin a wnaeth y brenin, heb wrando dim.

Cadwodd Duw ei air. Trawyd yr Aifft â naw pla – pob un ar orchymyn Duw. Yn dilyn pob un, aeth Moses at y brenin i roi cyfle iddo newid ei feddwl ac ufuddhau i Dduw. Ond bob tro caledodd y brenin ei galon.

Yn gyntaf, cododd Moses ei ffon ar orchymyn Duw a throdd ddŵr afon Nîl – yr afon a lifai i bob rhan o'r Aifft – yn hylif coch, tew.

Yna neidiodd llyffantod o'r dŵr aflan ac i mewn i'r tai, i'r gwelyau, i'r cypyrddau, ac i bob man.

Ceisiodd dewiniaid y llys ddynwared Moses a dangos y triciau rhyfeddol y gallent hwy eu gwneud. Ond ni allent wneud dim i lanhau dŵr afon Nîl a chael gwared ar y llyffantod.

Aeth y brenin yn flin. Addawodd ryddhau'r bobl petai Duw yn cael gwared ar y llyffantod. Gweddïodd Moses ar Dduw a bu farw'r llyffantod. Ond unwaith yr oedd yr helynt ar ben, newidiodd y brenin ei feddwl a dweud 'Na!' wrth Moses a Duw.

Wedyn, trodd Duw lwch y ddaear yn llau, ac yna anfonodd bla o bryfed. Bob tro addawodd y brenin ryddhau'r bobl petai Duw yn cael gwared ar y pla. Bob tro credodd Moses addewid y brenin. Ond bob tro y deuai'r pla i ben, byddai'r brenin yn torri ei addewid ac yn gwrthod rhyddhau'r Israeliaid.

Daeth clefydau ar yr anifeiliaid, a bu farw'r gwartheg a'r ceffylau a'r asynnod. Yna, dioddefodd y bobl gornwydydd mawr, poenus. Ond gwrthod a wnâi'r brenin o hyd.

Daeth yn storm ofnadwy, a'r cenllysg yn taro fel bwledi. Ond dal i wrthod a wnâi'r brenin.

Disgynnodd pla o locustiaid newynog fel cwmwl du a bwyta'r holl gnydau.

Yna daeth tywyllwch dudew dros yr holl wlad dros dridiau.

Yng ngwlad Gosen roedd pobl Israel yn ddiogel. Roedd Duw wedi profi ei fod yn fwy ac yn gryfach na holl dduwiau'r Aifft a'u dewiniaid medrus.

Ond roedd y brenin yn dal i ddweud 'Na!'

51
Y gosb olaf
Exodus 11

Ar ôl pob un o'r trychinebau a ddaeth ar yr Aifft, byddai Moses ac Aaron yn erfyn ar y brenin i newid ei feddwl a gwrando ar Dduw. Ond bob tro byddai'n gwrthod ufuddhau, a phob tro byddai mwy o helynt yn dilyn.

Ar ôl y nawfed arwydd, pan fu tywyllwch llwyr am dridiau, aeth y brenin yn wyllt gynddeiriog.

'Dos o 'ngolwg i!' gwaeddodd ar Moses. 'Dydw i ddim am dy weld di byth eto!'

'Fel y mynni,' meddai Moses. 'Ond gan dy fod mor ystyfnig, bydd yn rhaid i Dduw anfon un drychineb ofnadwy eto. Wedyn fe fyddi di'n siŵr o ryddhau ei bobl.

'Am hanner nos bydd Duw yn mynd trwy holl wlad yr Aifft a bydd mab cyntaf-anedig pob teulu yn marw – teuluoedd y cyfoethog a'r tlawd fel ei gilydd. Bydd wylo mawr a galaru ym mhob rhan o'r Aifft.'

Ond dal i ystyfnigo a wnâi'r brenin, gan wrthod gwrando ar Moses ac ar rybudd Duw.

Dywedodd Duw wrth Moses y byddai, fel pob tro o'r blaen, yn diogelu pobl Israel rhag y drychineb fawr hon – yr un olaf a'r waethaf.

Ond y tro hwn roedd gan Dduw gyfarwyddiadau iddynt. Dim ond i bob teulu ddilyn y cyfarwyddiadau, byddai'r mab hynaf yn ddiogel pan âi angel marwolaeth drwy'r wlad.

52
Y Pasg cyntaf
Exodus 12

Galwodd Moses holl arweinwyr pobl Israel at ei gilydd unwaith eto.

'Gwrandewch yn ofalus,' meddai. 'Heno bydd angel marwolaeth yr Arglwydd yn ymweld â'r Aifft ac yn lladd mab hynaf pob teulu yn y wlad. Er mwyn i chi a'ch teuluoedd fod yn ddiogel, bydd yn rhaid i chi ddilyn cyfarwyddiadau Duw.

'Dywedwch wrth bob tad am ddewis oen iach a di-nam o'i braidd. Bydd yn rhaid iddo ei ladd a thaenu ychydig o waed yr anifail ar gapan drws y tŷ ac ar byst y drws. Yna bydd yn rhaid i'r fam ymhob teulu goginio'r cig ar gyfer pryd arbennig. Pan fydd wedi nosi, rhaid i'r teulu cyfan aros dan do.

'Fe fydd y gwaed ar y drysau yn arwydd i Dduw mai chi yw ei bobl ufudd ef, ac ni fydd yn gadael i'r angel wneud niwed i'ch teuluoedd.

'Pan fydd eich plant yn holi am hyn, esboniwch iddynt mai gŵyl Pasg yr Arglwydd yw hon – yr amser pan fydd Duw yn mynd heibio i chi er mwyn eich cadw'n fyw, tra bydd pob cyntaf-anedig yn yr Aifft yn marw.'

Byth oddi ar hynny mae pobl Israel wedi cadw'r Pasg, er mwyn coffáu'r ffaith fod Duw wedi'u diogelu ar y noson fythgofiadwy honno.

Dianc o'r Aifft

53
Ffarwelio!
Exodus 12

Ar noson trychineb olaf yr Aifft, arhosodd pob un o'r Israeliaid yn ddiogel dan do. Aeth y mamau ati i baratoi pryd o gig oen blasus, fel yr oedd Duw wedi dweud. Ond pan eisteddodd pawb i fwynhau'r bwyd, roedd ganddynt eu dillad teithio amdanynt. Roedd Moses wedi'u rhybuddio i fod yn barod i adael yr Aifft ar fyr rybudd.

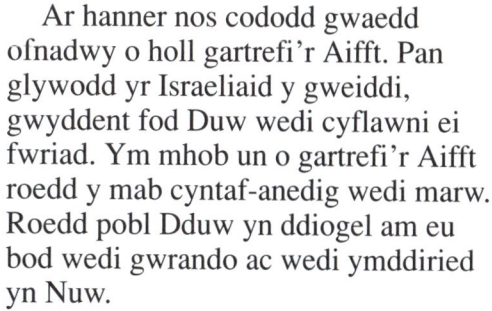

Ar hanner nos cododd gwaedd ofnadwy o holl gartrefi'r Aifft. Pan glywodd yr Israeliaid y gweiddi, gwyddent fod Duw wedi cyflawni ei fwriad. Ym mhob un o gartrefi'r Aifft roedd y mab cyntaf-anedig wedi marw. Roedd pobl Dduw yn ddiogel am eu bod wedi gwrando ac wedi ymddiried yn Nuw.

Anfonodd y brenin am Moses ac Aaron ar unwaith.

'Ewch oddi yma!' gwaeddodd yn wyllt. 'Peidiwch ag aros yn fy ngwlad yr un diwrnod arall. Ewch â'ch gwragedd a'ch plant, yr anifeiliaid a'r cwbl. Gadewch lonydd i ni!'

Yn syth rhoddodd Moses y gorchymyn. Roedd hi'n bryd gadael.

Dyma'r tadau yn annog y mamau i frysio. Nid oeddynt wedi gorffen paratoi eu bara, ac felly bu'n rhaid lapio'r toes mewn llieiniau a'i gario gyda nhw, ynghyd â'r holl lestri a'r offer coginio.

Tyrrai teuluoedd cyfain o'u cartrefi i'r man cyfarfod. Roedd eu defaid a'u geifr wedi dychryn ac yn brefu, ac roedd hynny'n ei gwneud hi'n anodd iddynt frysio.

Daeth yr Eifftiaid o'u cartrefi hefyd, gan ymbil ar bobl Israel i frysio oddi yno. Yn eu hawydd i gael gwared arnynt, dyma nhw'n eu llwytho ag aur, arian a gemau, ac â phob math o ddefnyddiau costus. Nid oeddynt am gael rhagor o helynt yn eu gwlad.

Heb brin edrych yn ôl, cychwynnodd y dorf enfawr, gyda Moses yn y blaen. O'r diwedd roedd yr hyn a addawodd Duw wedi dod i ben. Daeth yn amser iddynt ganu'n iach i'r Aifft am byth!

54
Duw yn arwain
Exodus 13:17-22

Roedd pobl Israel yn llawn cyffro wrth adael yr Aifft. O'r diwedd roeddynt yn rhydd oddi wrth yr Eifftiaid, a fu'n eu gorfodi i weithio mor galed ac yn eu trin mor greulon.

Yn awr, gyda Moses yn arweinydd, roeddynt ar eu ffordd i'r wlad yr oedd Duw wedi'i haddo iddynt pan alwodd Abraham i'w ddilyn gannoedd o flynyddoedd ynghynt.

Ond sut oedd cael hyd i'r ffordd i Ganaan, Gwlad yr Addewid? Roedd anialwch o'u cwmpas ym mhob man. Nid oedd unrhyw lwybrau amlwg nac arwyddbyst.

Nid oedd Duw am iddynt fynd ar hyd y ffordd fyrraf i Ganaan, gan fod milwyr ar hyd y ffin. Nid oedd am i'w bobl wynebu brwydr mor fuan ar ôl dechrau ar y daith. Ei fwriad oedd iddynt fynd ar hyd ffordd fwy cwmpasog, ffordd y byddai ef yn eu harwain ar hyd-ddi.

Aeth Duw o'u blaen. Yn ystod y dydd byddai colofn niwl ar y blaen, a chyda'r nos, golofn dân. Pan fyddai'r golofn yn symud, byddai'r bobl yn ei dilyn. Pan fyddai'r golofn yn aros yn ei hunfan, roedd yn bryd codi pebyll ac aros nes i'r golofn gychwyn eto.

Gallai'r bobl deithio ddydd a nos am fod Duw gyda nhw ac yn eu harwain.

55
Argyfwng!
Exodus 14

Yn y cyfamser, yn ei balas yn yr Aifft, roedd y brenin yn ailfeddwl. Beth yn y byd a ddaeth drosto yn rhyddhau'r caethweision? Roedd wedi anghofio'r drychineb ofnadwy a oedd wedi peri iddo eu hanfon i ffwrdd. Pwy fyddai'n adeiladu ei ddinasoedd yn awr? Rhaid oedd cael y caethweision yn ôl.

Dywedodd wrth ei filwyr am baratoi eu ceffylau a'u cerbydau i fynd i chwilio am yr Israeliaid. Byddai'n ddigon hawdd iddynt garlamu'n gyflym trwy'r anialwch a dal y dorf enfawr, araf, mewn fawr o dro. Yna gallent eu dwyn yn ôl i'r Aifft.

Roedd pobl Israel yn brysur yn codi eu pebyll wrth ymyl y Môr Coch. O'u blaen roedd dyfroedd mawr y môr ac o'u cwmpas yr anialwch cras.

Yn sydyn torrodd gwaedd ar draws prysurdeb y gwersyll. Roedd rhywun wedi sylwi ar lwch yn codi ar y gorwel. Cyn hir roedd modd gweld cerbydau'r Aifft yn dod yn nes ac yn nes. Dyna olygfa arswydus oedd honno! Daeth ofn mawr ar bawb. Heidiodd y bobl at Moses dan gwyno.

'Pam na fuaset ti wedi ein gadael ni yn yr Aifft, yn lle dod â ni yma i'r anialwch ofnadwy hwn i'n lladd?' meddent. 'Dy fai di yw hyn i gyd!'

'Peidiwch ag ofni,' atebodd Moses. 'Peidiwch â chynhyrfu. Fe all Duw ein hachub ni rhag yr Eifftiaid.'

Ond roedd yr Eifftiaid yn dod yn nes o hyd. Yr unig ffordd i ddianc oedd mynd ymlaen – ond roedd y Môr Coch o'u blaen. Roeddynt wedi'u dal!

Yna llefarodd Duw wrth Moses.

'Dywed wrth y bobl am beidio â chynhyrfu ac i ddechrau cerdded ymlaen. Rwy'n mynd i achub fy mhobl a dangos i'r Eifftiaid mai myfi sydd Dduw. Y cwbl fydd raid i ti ei wneud fydd dal dy ffon dros y dŵr ac aros i weld beth fydd yn digwydd.'

56
Croesi'r Môr Coch
Exodus 14-15

Gwnaeth Moses yn union fel y dywedodd Duw. Estynnodd ei ffon dros y dyfroedd. Yn syth cododd gwynt cryf o'r dwyrain, gan chwipio'r dŵr nes i'r Môr Coch rannu a gadael llwybr clir drwy'r canol.

Hyd yma bu cwmwl Duw o'r tu blaen i'r Israeliaid. Ond yn awr symudodd i'r tu ôl iddynt, er mwyn eu cuddio rhag yr Eifftiaid. Wrth iddi nosi, goleuodd y cwmwl tanllyd y ffordd i'r Israeliaid groesi'r môr.

Heb oedi dyma'r bobl yn ymgynnull gyda'u plant a'u preiddiau a dechrau cerdded yn drefnus ar hyd y llwybr trwy'r môr. Buont yn croesi ar hyd y nos.

Erbyn hyn roedd ceffylau a cherbydau'r Eifftiaid bron wrth eu sodlau. Rhuthrodd yr Eifftiaid yn wyllt ar eu hôl. Ond, mewn fawr o dro, roedd olwynion eu cerbydau yn methu symud ac yn sownd yn y mwd ar waelod y môr.

Ceisiodd y milwyr annog eu ceffylau ymlaen – ond yn ofer. Roedd yr olwynion yn glynu'n dynn a'u carnau'n llithro i bob cyfeiriad.

Pan dorrodd y wawr, roedd pob un o'r Israeliaid wedi cyrraedd yr ochr draw yn ddiogel.

'Estyn dy ffon dros y môr eto,' meddai Duw wrth Moses. Wrth iddo wneud hynny, llifodd y dŵr yn ôl. Diflannodd holl luoedd yr Aifft o'r golwg.

'Fyddwch chi byth yn eu gweld nhw eto,' addawodd Moses i'r bobl.

Cododd gwaedd o lawenydd a gollyngdod! Roedd Duw wedi'u hachub!

Ni allai Moses lai na chanu:

'Canaf i'r Arglwydd am iddo gael buddugoliaeth fawr;
bwriodd y ceffylau a'r marchogion i'r môr.
Yr Arglwydd yw fy amddiffynnydd cryf;
ef yw'r un a'm hachubodd.'

Yna cymerodd Miriam, chwaer Moses, dympan yn ei llaw, gan ddawnsio a chanu:

'Cenwch i'r Arglwydd am iddo gael buddugoliaeth fawr;
bwriodd y ceffylau a'r marchogion i'r môr.'

Ymunodd pawb yn y canu a'r dawnsio, gan foli'r Duw a oedd wedi'u hachub rhag yr Eifftiaid am byth.

57
Bwyd yn yr anialwch
Exodus 16

Roedd pobl Israel wedi cefnu am byth ar eu meistri caled yn yr Aifft. Yn awr roedd angen cyfarwyddo â bywyd newydd, gwahanol. Yn ara' deg, ymlwybrent i gyfeiriad Canaan, Gwlad yr Addewid.

Ond cyn hir dechreusant gasáu'r daith galed drwy'r anialwch. Aeth y gwaith caled a'r holl gam-drin yn yr Aifft o'u cof yn fuan, a dechreusant gwyno wrth Moses.

'Pam wyt ti wedi dod â ni yma?' meddai'r bobl. 'Pan oedden ni yn yr Aifft, roedd gennym ddigon o fwyd. Nawr rydyn ni bron â llwgu! Dy fai di yw hyn i gyd!'

Ni wyddai Moses beth i'w ddweud. Ond dywedodd Duw wrtho, 'Fe roddaf *i* fwyd i'r bobl.' Aeth Moses ac Aaron yn ôl â neges Duw at y bobl.

'Pan oeddech chi'n cwyno,' meddai Moses, ' yn erbyn Duw yr oeddech chi'n cwyno. Ef sydd wedi dod â chi allan o'r Aifft, ac ef fydd yn eich bwydo. Heno a bore fory fe gewch chi weld sut.'

Y noson honno daeth heidiau mawr o soflieir i hedfan yn isel dros bebyll yr Israeliaid. Roedd rhai ohonynt wedi blino ar ôl hedfan mor bell, a daethant i lawr i orffwys. Daliodd y bobl lawer ohonynt a chael swper blasus.

Fore trannoeth digwyddodd rhywbeth mwy rhyfeddol byth. Wrth i'r Israeliaid edrych allan o'u pebyll, dyma nhw'n sylwi ar haenen denau o rywbeth gwyn yn cuddio'r tir wrth i'r gwlith ddiflannu. Roedd ei flas yn felys fel bisgedi mêl. Nid oedd syniad ganddynt beth ydoedd, felly dyma alw 'manna' arno, sy'n golygu 'beth yw hwn?'

Bob dydd, ac eithrio'r Saboth, byddai'r manna'n dod. Roedd yn bosibl ei fwyta fel ag yr oedd neu wedi'i goginio. Dywedodd Duw wrthynt am gasglu digon ar gyfer un diwrnod a dim mwy, ond ar y chweched dydd roeddynt i gasglu digon ar gyfer dau ddiwrnod. Golygai hynny nad oedd raid i neb weithio ar y Saboth, dydd cysegredig Duw.

58
Dŵr yn yr anialwch
Exodus 15:22-27; 17:1-7

Dŵr, dŵr – dyna oedd ar feddwl pawb. Mae'n ddigon drwg bod yn newynog wrth gerdded trwy'r anialwch, ond mae bod yn sychedig yn llawer gwaeth.

Am dridiau roedd pobl Israel wedi ymlusgo yn eu blaen heb ddod o hyd i ddŵr ffres. Felly roeddynt yn llawen dros ben wrth weld pwll o'r diwedd. Rhuthrodd y rhai oedd yn y blaen i nôl diod, ond diflannodd eu llawenydd yn gyflym iawn. Roedd blas ofnadwy ar y dŵr!

'Gwna rywbeth, Moses,' oedd eu cri. Gofynnodd Moses i Dduw am ei gymorth. Dangosodd Duw iddo ddarn o bren yn gorwedd gerllaw, a thaflodd Moses y pren i'r dŵr. Diflannodd y blas chwerw a gallai pawb yfed.

Yn fuan wedyn daethant i Elim. Roedd yr Israeliaid yn falch iawn o gael aros yno. Gwerddon hyfryd oedd Elim, gyda phalmwydd yn bwrw eu cysgod dros ddeuddeg ffynnon ddŵr, a'r rheini mor glir â'r grisial. Gallai pawb dorri eu syched yno.

Ond cyn pen dim roedd yn amser tynnu'r pebyll i lawr a chychwyn eto.

Y tro nesaf iddynt godi eu pebyll, nid oedd dŵr yno o gwbl. Mewn tymer ddrwg daeth torf at Moses.

'Rho ddŵr i ni,' meddent yn fygythiol. 'Pam wyt ti wedi dod â ni yma i farw o syched?'

Roedd y bobl yn ddig iawn a rhai hyd yn oed wedi codi cerrig i'w taflu ato. Dechreuodd Moses ofni.

'Beth alla i wneud â'r bobl hyn?' gofynnodd Moses i Dduw.

'Cymer dy ffon,' meddai Duw, 'a dos ag arweinwyr y bobl at y graig a ddangosaf i ti. Taro'r graig honno â'th ffon.'

Gwnaeth Moses hynny. Wrth iddo daro'r graig, llifodd digon o ddŵr clir, croyw allan i bawb gael torri eu syched.

O, fel y dyheai Moses i bobl Israel ddysgu'r wers fod Duw yn gallu gofalu amdanynt!

59 'Dwylo i fyny, Moses!'

Exodus 17:8-16

Nid ar yr Israeliaid yn unig yr oedd angen dod o hyd i fwyd a dŵr. Roedd yr Amaleciaid yn byw yn y rhan honno o'r anialwch ac nid oeddynt am rannu'r ffynhonnau â neb.

Roeddynt yn benderfynol o rwystro'r dieithriaid newydd hyn rhag cael peth o'u dŵr. Aethant o amgylch gwersyll yr Israeliaid yn llechwraidd ac ymosod arnynt.

Gwyddai Moses y byddai'n rhaid gweithredu ar unwaith i gael gwared ar y gelynion hyn. Dewisodd Josua, gŵr ifanc dewr, i arwain rhai o'r milwyr yn erbyn yr Amaleciaid drannoeth.

'Fe af i sefyll ar y bryn acw,' meddai Moses i'w galonogi, 'a byddaf yn dal y ffon y gofynnodd Duw i mi ei chario.'

Cychwynnodd yr Israeliaid a dringodd Moses y bryn gydag Aaron ei frawd ac arweinydd arall o'r enw Hur, wrth ei ochr. Yna cododd Moses ei freichiau i annog yr Israeliaid i ymladd, a gweddïodd am gymorth Duw.

Nid oedd yr Israeliaid wedi arfer ag ymladd. Roedd gweld Moses yn dal y ffon, a oedd wedi gwneud cynifer o bethau rhyfeddol, yn hwb mawr i'w calonnau.

Dechreuodd breichiau Moses flino, a phob hyn a hyn byddent yn disgyn. Pob tro y digwyddai hynny, byddai'r Israeliaid yn dechrau colli'r frwydr. Ond pan godai ei freichiau, byddai'r Israeliaid yn cryfhau eto ac yn gyrru'r Amaleciaid yn ôl.

Aeth yr oriau heibio ac aeth breichiau Moses i flino fwyfwy. Ond cafodd Aaron a Hur syniad. Rhoddasant Moses i eistedd ar garreg fawr gyfforddus. Yna cynhalient ei freichiau trwy sefyll un bob ochr iddo hyd fachlud haul. Trwy hynny, llwyddodd yr Israeliaid i drechu'r Amaleciaid a'u cadw rhag ymosod ar y gwersyll eto.

Diolchodd Moses i Dduw trwy godi allor yno. Gwyddai'n iawn mai Duw oedd wedi gofalu am ei bobl a'u cynorthwyo.

60
Rhannu'r gwaith
Exodus 18

Teithiodd pobl Israel yn eu blaen nes cyrraedd y mynydd lle roedd Duw wedi galw Moses am y tro cyntaf, o'r berth yn llosgi.

Roedd Duw wedi addo bryd hynny y byddai'n helpu Moses i arwain y bobl i'r fan honno, ac roedd wedi cadw ei air.

Ond roedd Moses wedi blino'n lân. Ef oedd yn gorfod cynllunio a threfnu dros yr holl bobl. Yn aml iawn gwnaent waith Moses yn galetach gyda'u holl gwyno a'u grwgnach, er gwaethaf holl ddaioni Duw tuag atynt.

Ar ben hynny, Moses fyddai'n gorfod delio â'r holl ffraeo a cheisio dangos i'r bobl yr hyn oedd yn iawn. Byddai wrthi drwy'r dydd yn trafod yr holl broblemau.

Un diwrnod daeth ymwelydd annisgwyl i'r gwersyll – Jethro, tad-yng-nghyfraith Moses.

Roedd Moses wrth ei fodd o'i weld. Roedd Jethro wedi clywed am rai o'r pethau rhyfeddol yr oedd Duw wedi'u gwneud dros ei bobl. Roedd Moses yn awyddus i ddweud y stori'n llawn wrtho.

'Clod i Dduw!' llefodd Jethro.

Ni ddywedodd Moses ddim am ei waith caled ei hun. Drannoeth gwelodd Jethro ef yn delio â rhes hir o Israeliaid a oedd yn dod ato â'u problemau.

'Pam wyt ti'n delio â'r holl bobl hyn drwy'r dydd?' gofynnodd i Moses y noson honno.

'Mae'n rhaid i mi,' atebodd Moses. 'Mae'n rhaid i mi weithredu fel barnwr a dysgu cyfraith Duw iddyn nhw.'

'Os bydd hyn yn para, fe fyddi di'n blino'n ofnadwy,' meddai Jethro wrtho, 'a bydd y bobl yn blino aros mor hir i gael siarad â thi. Mae'n rhaid i ti gael help. Fe ddylet ti ddewis pobl i helpu – dynion dibynadwy sy'n ufudd i Dduw. Gad iddyn nhw ddelio â'r problemau. Wedyn, dim ond yr achosion anodd y bydd gofyn i ti ddelio â nhw.'

Er bod Moses yn arweinydd mawr roedd yn ddigon gostyngedig i dderbyn cyngor doeth Jethro. Aeth ati i ddewis dynion da i'w helpu i arwain a dysgu pobl Israel.

Cyfraith Duw

📖 61
Mynydd Duw
Exodus 19

Cododd pobl Israel eu pebyll wrth droed mynydd Sinai – y fan lle'r oedd Duw wedi galw Moses i fod yn arweinydd iddynt. Dringodd Moses y mynydd i fod ar ei ben ei hun. Roedd am gael tawelwch i glywed Duw yn siarad ag ef.

'Dywed wrth yr Israeliaid fy mod i wedi gofalu amdanynt fel y mae'r iâr yn gofalu am ei chywion. Fe fydda i'n parhau i ofalu amdanynt, ond bydd raid iddyn nhw fod yn ufudd i mi.

'Byddaf yn siarad â thi o'u blaen, er mwyn iddynt weld mai ti yw'r un a ddewisais yn arweinydd iddynt. Dim ond cwmwl y byddan nhw'n ei weld, ond byddant yn gallu clywed fy llais.'

Brysiodd Moses i'r gwersyll i adrodd neges Duw wrth y bobl. Roedd yr Israeliaid wedi dysgu fod Duw yn gofalu amdanynt, ond yn awr roedd yn rhaid dysgu fod Duw yn sanctaidd hefyd.

Ystyr 'sanctaidd' yw 'ar wahân'. Mae gan bawb ei feiau a'i fethiannau, ond nid felly Duw. Mae'n gwbl dda ac nid oes dim drwg ynddo. Mae'n rhaid i'w bobl ei garu ac ufuddhau iddo trwy wneud yr hyn sy'n iawn.

Dywedodd Moses wrth y bobl am fod yn barod i wrando ar Dduw yn siarad â nhw. Byddai raid iddynt ymolchi a golchi eu dillad. Byddai hynny'n arwydd o'r purdeb a'r glendid yr oedd eu hangen arnynt ym mhresenoldeb Duw.

Tynnodd Moses ffin o amgylch troed y mynydd. Nid oedd yr un dyn, na'r un anifail hyd yn oed, i groesi'r ffin a dod yn rhy agos at fynydd Duw.

Ar fore'r trydydd dydd, clywsant daran fawr a brysiodd pawb at ddrysau eu pebyll. Arweiniodd Moses hwy at droed y mynydd. Roedd pen y mynydd dan gwmwl. Ond wrth iddynt edrych, trodd y cwmwl yn fwg tanllyd a gwaethygodd y taranau. Yna rhwygwyd yr awyr gan ganiad utgorn, a'i sain yn hir a byddarol.

Crynai'r bobl gan ofn.

Siaradodd Moses â Duw ac atebodd Duw ef yn y daran.

'Paid â'n cadw ni yma!' meddai'r bobl mewn dychryn. 'Mae Duw yn rhy fawr ac ofnadwy inni wrando arno. Siarada *di* â ni a dywed wrthym beth yw neges Duw!'

Felly aeth Moses ac Aaron ar eu pennau eu hunain i fyny'r mynydd.

62
Y Deg Gorchymyn – caru Duw

Exodus 20

Pan siaradodd Duw â Moses ar fynydd Sinai, rhoddodd iddo lawer o ddeddfau ar gyfer y bobl. Am mai Duw sydd wedi ein creu, ef sy'n gwybod beth sydd orau i ni. Dim ond i'r Israeliaid gadw ei ddeddfau, byddent yn gallu cyd-fyw yn hapus.

Roedd rhai o'r deddfau a roddodd Duw yn arbennig o berthnasol i'r bobl yng nghyfnod Moses. Ond mae llawer ohonynt yn bwysig i bawb ym mhob man. Y rhai mwyaf adnabyddus o'r rheini yw'r Deg Gorchymyn.

Mae'r pum cyntaf yn dangos inni'r ffordd iawn i ymddwyn tuag at Dduw.

Mae Duw yn dweud, *'Na chymer dduwiau eraill ar wahân i mi.'* Dyna'r gorchymyn cyntaf.

Yn y cyfnod hwnnw byddai pobl yn addoli llawer o dduwiau a duwiesau. Heddiw, efallai fod pobl yn caru eu harian neu'u llwyddiant ac yn addoli'r rheini. Mae Duw yn dysgu mai ef yn unig sydd Dduw. Ef yw Creawdwr pob dim. Dim ond ef sy'n haeddu ei addoli.

Mae Duw yn dweud, *'Na wna i ti ddelw gerfiedig i'w gwasanaethu.'* Dyna'r ail orchymyn.

Gallai pobl Israel feddwl y byddai'n syniad da gwneud delw i gynrychioli Duw – rhywbeth hardd; neu rywbeth pwysig at gynnal bywyd, fel yr haul; neu rywbeth cryf, fel tarw. Ond gwyddai Duw y byddai'r bobl yn fuan yn dechrau addoli'r ddelw ei hun, gan anghofio fod Duw yn llawer mwy nag unrhyw ddelw y gallent ei gwneud neu ei dychmygu.

Mae Duw yn dweud, *'Na chymer enw'r Arglwydd dy Dduw yn ofer.'* Dyna'r trydydd gorchymyn.

Mae enw Duw yn cynrychioli Duw ei hun. Rhaid peidio â'i ddefnyddio fel rheg, na thyngu llw ar enw Duw y byddwch yn gwneud rhywbeth ac yna torri'ch addewid. Rhaid parchu Duw drwy barchu ei enw.

Mae Duw yn dweud, *'Cofia'r dydd Saboth, i'w gadw'n sanctaidd.'* Dyna'r pedwerydd gorchymyn

Ystyr 'sanctaidd' yw 'ar wahân'. Mae'n rhaid cadw'r seithfed dydd, y Saboth, ar wahân fel diwrnod i Dduw. Bwriad y Saboth oedd cael amser i ddysgu am Dduw a'i addoli. Roedd hefyd i fod yn ddydd o orffwys, pan fyddai hyd yn oed yr anifeiliaid yn gallu mwynhau seibiant.

Mae Duw yn dweud, *'Anrhydedda dy dad a'th fam.'* Dyna'r pumed gorchymyn.

Duw sydd wedi creu teuluoedd ac wedi rhoi rhieni i ofalu am eu plant. Mae ein dyletswydd tuag at Dduw yn cynnwys parchu ein rhieni a gofalu amdanynt.

Crynhodd Iesu'r gorchmynion hyn i gyd i un gorchymyn mawr, sef i garu Duw â'n holl galon. Byddwn yn caru Duw pan fyddwn yn ufudd iddo.

63
Y Deg Gorchymyn – caru eraill

Exodus 20

Mae'r pum gorchymyn cyntaf yn sôn am garu Duw ac ufuddhau iddo; mae'r pum olaf yn sôn am garu eraill. Mae caru eraill yn golygu eu trin hwy fel y byddem ni ein hunain am gael ein trin, heb wneud dim i'w brifo.

Mae Duw yn dweud, *'Na ladd.'* Dyna'r chweched gorchymyn.
Nid yw'n iawn lladd oherwydd llid neu gasineb neu greulondeb, nac er mwyn cael arian.

Mae Duw yn dweud, *'Na odineba.'* Dyna'r seithfed gorchymyn.
Roedd Duw wedi bwriadu i ŵr a gwraig berthyn i'w gilydd trwy eu hoes. Mae godineb yn golygu dwyn gŵr neu wraig rhywun arall. Mae Duw yn dweud fod hynny'n bechod.

Mae Duw yn dweud, *'Na ladrata.'* Dyna'r wythfed gorchymyn.
Nid oes gan neb yr hawl i gymryd eiddo rhywun arall.

Mae Duw yn dweud, *'Na ddwg gamdystiolaeth yn erbyn dy gymydog.'* Dyna'r nawfed gorchymyn.
Mae'n rhaid siarad yn onest am rywun pan fydd ar brawf mewn llys barn. Nid yw'n iawn chwaith i hel straeon celwyddog am bobl.

Mae Duw yn dweud, *'Na chwennych.'* Dyna'r degfed gorchymyn.
Mae chwennych yn golygu eisiau rhywbeth sy'n eiddo i rywun arall gymaint nes ein bod yn cenfigennu wrthynt.
Efallai y byddai Israeliad yn edrych ar dŷ neu asyn neu wraig hardd rhywun arall, a theimlo eu bod gymaint gwell na'i rai ef. Dywedodd Duw nad oedd i genfigennu na cheisio eu dwyn.

Wedi gorffen llefaru, dywedodd Duw wrth Moses ei fod am roi dwy lechen iddo gyda'r deddfau hyn wedi'u cerfio arnynt. Yna byddai'r bobl yn gwybod mai deddfau Duw ei hun oeddynt.

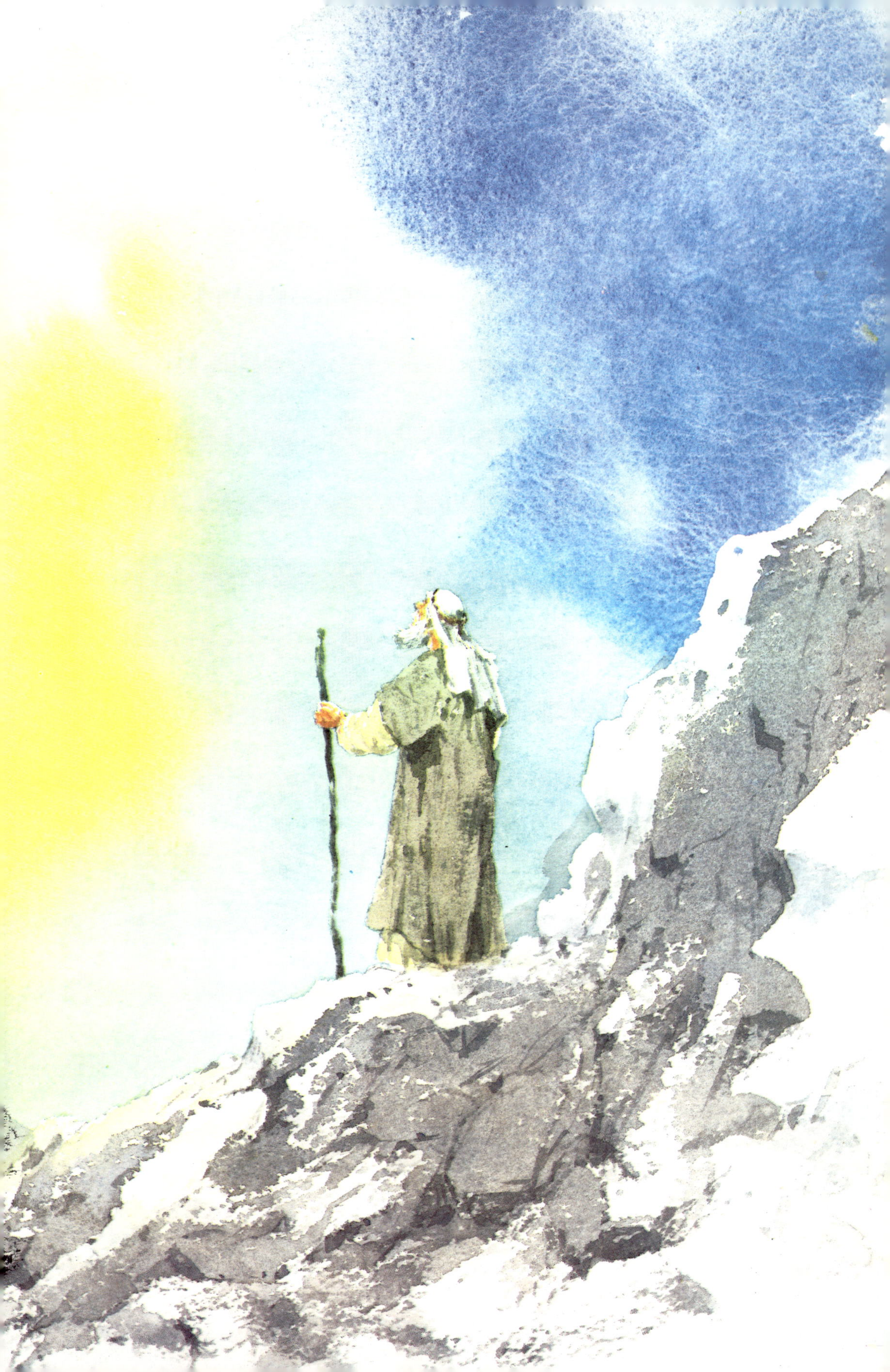

64
Duw yn gofalu
Exodus 21-23

Yn ogystal â'r Deg Gorchymyn rhoddodd Duw nifer o gyfreithiau eraill a fyddai'n helpu'r bobl i fyw yn iach ac mewn heddwch â'i gilydd. Roedd Duw am iddynt fod yn deg a charedig tuag at ei gilydd.

Dangosodd Duw drwy'r cyfreithiau hyn fod ganddo ofal dros ei bobl a'i fod am eu gwarchod.

Yn nyddiau Moses byddai pobl yn ffraeo'n rhwydd, a'r ffrae yn para'n aml am amser hir. Pe câi aelod o deulu ei niweidio, byddai ei berthnasau yn dial ei gam, a byddai hynny yn ei dro yn arwain at ragor o ddial ac ymladd.

Roedd Duw yn anfodlon iawn ar hyn. Pe câi rhywun niwed, dylai'r person euog gael ei gosbi – a dyna ddiwedd ar y mater. Roedd cosbi'n deg yn golygu 'llygad am lygad a dant am ddant', a dim mwy. Nid deddf greulon oedd hon. Roedd Duw yn ceisio rhwystro'r hen ddial di-ben-draw.

Dangosodd Duw drwy'r cyfreithiau hyn fod ganddo ofal dros y rhai gwan.

Rhoddodd gyfreithiau arbennig er mwyn darparu ar gyfer y tlawd, yr estron, a'r rhai a oedd yn methu ennill eu bywoliaeth. A soniai Duw yn aml iawn am ei ofal dros blant amddifaid a gweddwon.

Roedd y ffermwyr i adael ychydig o rawn yn y caeau a pheth ffrwyth ar y coed ar gyfer y tlawd. Weithiau, pan fyddai dyn tlawd yn methu talu ei ddyled, byddai'n gorfod rhoi ei fantell yn dâl. Dywedodd Duw fod yn rhaid iddo ei chael yn ôl bob hwyr cyn machlud haul, er mwyn iddo gadw'n gynnes yn ystod y nosweithiau oer.

Dangosodd Duw drwy'r cyfreithiau hyn fod ganddo ofal hefyd dros yr anifeiliaid.

Pe syrthiai asyn wrth gario llwyth, roedd gofyn i bwy bynnag a oedd yn mynd heibio ei helpu i godi, hyd yn oed pe bai'r asyn yn eiddo i elyn. Pe gwelai rhywun aderyn yn nythu, nid oedd i beri niwed iddo na'i ddal.

Dangosai cyfreithiau Duw sut un yw Duw. Roeddynt yn gymorth i bobl ddeall fod Duw yn deg ac yn dda ac â gofal dros bopeth. Nid oedd neb yn ddibwys yn ei olwg ac nid oedd digwyddiadau cyffredin bywyd islaw ei sylw. Roedd Duw am weld ei bobl yn dod yn debyg iddo.

Duw a'i bobl

📖 65
Y Cyfamod
Exodus 24

Gannoedd o flynyddoedd cyn geni Moses, roedd Duw wedi galw Abraham a gwneud cytundeb neu 'gyfamod' ag ef. Addawodd y byddai Abraham yn cael llawer o ddisgynyddion ac y byddai Duw yn bendithio'r byd trwyddynt. Erbyn hyn roedd y rheini wedi tyfu'n genedl – cenedl Israel.

Dywedodd Duw wrth Moses ei fod am wneud cyfamod â holl bobl Israel. Byddai Duw yn gofalu amdanynt a'u harwain yn ddiogel i Wlad yr Addewid. Hwy fyddai ei bobl arbennig ef. Dywedodd Moses y newydd da wrth y bobl ac yna soniodd am eu hochr *hwy* i'r cyfamod.

'Rhaid i chi addo ufuddhau i holl ddeddfau a gorchmynion Duw,' meddai wrthynt.

'Fe wnawn, fe wnawn,' meddai pawb yn eiddgar.

Darllenodd Moses y deddfau i'r bobl er mwyn iddynt wybod beth yn union yr oedd hynny'n ei olygu. Ond roedd y bobl yn eitha sicr y gallent fodloni Duw ac ufuddhau iddo.

Wrth odre mynydd Sinai, cododd Moses allor ac iddi ddeuddeg carreg fawr. Roedd y cerrig yn cynrychioli deuddeg llwyth Israel, sef disgynyddion meibion Jacob.

Yna cymerodd rywfaint o waed yr anifeiliaid a oedd wedi'u haberthu, a'i daenu dros y bobl i ddangos eu bod newydd wneud cyfamod difrifol. Roedd hon yn ffordd i selio'r cwbl.

Byddai Duw yn sicr o gadw ei ran ef o'r cyfamod – ond a fyddai pobl Israel yn cadw eu rhan hwy?

66
Pabell Duw
Exodus 25-31

Tra oedd pobl Israel ar eu taith i Ganaan, buont yn byw mewn pebyll. Nid oedd modd codi adeilad i addoli Duw ynddo. Felly dywedodd Duw wrth Moses am godi pabell ar gyfer hynny. Byddai hon yn babell arbennig iawn a byddai Duw yn rhoi doniau arbennig i'r dynion a fyddai'n ei pharatoi.

Roedd blew gafr i fod ar y tu allan i'r babell, gyda gorchudd o grwyn defaid. Byddai'r tu mewn yn hardd iawn, gyda llenni wedi'u brodio, llawer o offer arian ac aur, ac arogldarth yn llosgi ar allor euraid.

Byddai modd tynnu fframwaith y babell yn rhydd er mwyn ei chludo, a byddai polion i gario'r darnau mwyaf. Felly pan fyddai'r Israeliaid yn symud, byddai pabell Duw yn symud gyda nhw.

Roedd rhan bwysicaf y babell, y cysegr sancteiddiaf, i gael ei guddio gan lenni trwchus. Cist tua maint desg oedd y dodrefnyn arbennig a oedd i'w gadw y tu mewn i'r cysegr sancteiddiaf. Byddai'r gist yn bren wedi'i haddurno ag aur ac a chaead aur iddi.

Roedd dau gerflun aur i'w gosod ar ben y gist, a'u hadenydd wedi'u lledu i'w chuddio. Pwrpas hyn oedd dangos i'r bobl fod Duw yn 'cuddio' eu pechodau.

Ni wyddai Moses o ble y byddai'r holl ddefnyddiau gwerthfawr yn dod. Ond dywedodd Duw wrtho y byddai'r bobl yn hapus iawn i'w rhoi. A dyna a ddigwyddodd.

Pan glywsant am y babell, roeddynt yn frwd iawn. Daethant â'r holl bethau yr oedd eu hangen ar ei chyfer – llieiniau cain a gwlân, modrwyau a pherlau. Cawsant lawer o bethau gwerthfawr gan yr Eifftiaid wrth adael yr Aifft, ac yn awr roeddynt yn barod i'w rhoi yn rhodd i Dduw.

Cyn bo hir roedd mwy na digon gan Moses ar gyfer gwneud y babell.

67
Y llo aur
Exodus 32

Syllodd yr Israeliaid mewn rhyfeddod wrth weld Moses yn diflannu o'u golwg i fyny'r mynydd i siarad â Duw. Roedd y cwmwl ar ben y mynydd yn llachar iawn ac yn eu dallu.

Aeth amser hir heibio heb i Moses ddychwelyd. Blinodd y bobl aros amdano.

'Beth am inni gychwyn ar ein ffordd eto?' meddent wrth Aaron. 'Pwy a ŵyr beth sy wedi digwydd i Moses? Beth am i ti wneud duw i'n harwain?'

'Tynnwch eich clustlysau aur a dewch â nhw i mi,' meddai Aaron.

Roedd y bobl yn ddigon parod i wneud hynny a thoddodd Aaron yr aur a gwneud llo ohono.

'Dyma ein duw!' gwaeddodd y bobl yn llawen.

'Yfory fe gawn ŵyl i anrhydeddu'r Arglwydd,' addawodd Aaron.

Roedd y bobl wrth eu bodd.

Drannoeth dechreuodd y dathliadau. Codasant y llo aur a dawnsio o'i amgylch. Bu yno fwyta ac yfed mawr a chyn hir aeth yn barti gwyllt.

Roedd Duw yn gwybod beth oedd yn digwydd.

'Dos i lawr o'r mynydd, Moses,' meddai. 'Mae'r bobl wedi torri'r gyfraith yn barod.'

Roedd Duw yn drist ac yn ddig fod y bobl wedi torri ei ddeddf mor fuan.

Brysiodd Moses i lawr, gan gludo dwy lechen y gyfraith. Roedd Josua, ei gynorthwywr, gydag ef.

'Mae sŵn brwydr yma,' meddai Josua, yn ceisio dyfalu beth oedd yr holl gynnwrf.

'Na, nid brwydr. Canu maen nhw, gwaetha'r modd,' atebodd Moses.

Pan welodd Moses y bobl yn dawnsio ac yn neidio o gwmpas y ddelw, gwylltiodd yn lân. Taflodd y llechi a roddodd Duw iddo i'r llawr a'u torri'n ddarnau. Yna rhuthrodd i'r gwersyll a chydio yn y ddelw aur.

'Pam wyt ti wedi caniatáu hyn?' gofynnodd i Aaron.

'Paid â bod yn ddig wrthyf. Bai'r bobl ddrwg ac ystyfnig yma yw hyn,' meddai Aaron.

Malodd Moses y ddelw yn llwch. Yna cymysgodd y llwch aur â dŵr a gorfodi'r Israeliaid i'w yfed.

Drannoeth roedd y bobl yn fud ac yn llawn cywilydd.

'Rydych chi wedi pechu'n ofnadwy,' meddai Moses wrthynt. 'Ond fe af i fyny'r mynydd eto i ofyn am faddeuant Duw.'

83

68
Maddeuant
Exodus 33-34

Ymbiliodd Moses ar Dduw i faddau i'r bobl am wneud y llo aur a'i addoli. Roedd ef ei hun yn barod i gymryd y bai, ond dywedodd Duw wrtho mai'r euog a ddylai gymryd y bai. Byddai'n rhaid cosbi'r bobl.

Roedd Duw yn gwybod y byddai'r Israeliaid yn anufudd eto yn y dyfodol, er mor edifar oeddynt ar y pryd. Felly eglurodd wrth Moses beth oedd i'w wneud er mwyn adfer y berthynas ag ef.

Roedd allor i gael ei gosod y tu allan i babell Duw ac roedd anifeiliaid i gael eu haberthu yno.

Pe bai rhywun yn gwneud rhywbeth drwg ac yn torri cyfraith Duw, byddai raid dod ag anifail at yr offeiriad i'w aberthu i Dduw – dafad neu darw ifanc efallai. Pwrpas hyn oedd dangos i Dduw fod y person yn edifar am yr hyn a wnaeth, a'i fod yn gofyn am faddeuant.

Gallai Duw weld calon dyn. Pan fyddai rhywun yn wir edifar am fod yn ddrwg, byddai Duw yn maddau iddo.

Ohono'i hun, nid oedd lladd anifail yn gallu dileu'r drygioni, ond roedd yn bosibl i'r un euog gael dechrau newydd oherwydd maddeuant a chariad Duw.

Byddai pobl yn offrymu anifeiliaid, ac yn dod â rhoddion o rawn ar adegau eraill. Roedd hyn yn ffordd o ddweud diolch wrth Dduw.

Wedi i bobl Israel dorri eu cyfamod â Duw trwy wneud llo aur a'i addoli, ofnai Moses na fyddai Duw am ofalu amdanynt mwyach.

'Os na ddoi di gyda ni, dydyn ni ddim am barhau ar y daith,' meddai wrth Dduw.

'Fe fydda i gyda chi,' addawodd Duw, 'ac mae'n bryd i chi adael y mynydd hwn a mynd yn eich blaen.'

Roedd yn ollyngdod mawr i'r bobl glywed fod Duw yn fodlon parhau i gadw ei gyfamod â nhw.

'Mae'n rhaid wrth ddechrau newydd,' eglurodd Moses. 'Mae'n rhaid i chi addo o'r newydd gadw cyfraith Duw.'

Cytunodd pawb yn frwd. Yna, gan deimlo'n ddiolchgar iawn, dyma nhw'n casglu eu pethau, yn plygu eu pebyll ac yn cychwyn o'r diwedd o fynydd Sinai.

Ar ffiniau Canaan

69
Gwlad yr Addewid o fewn golwg
Numeri 13; Deuteronomium 1

Pryd bynnag y byddai pobl Israel yn codi eu pebyll i gychwyn ar ran arall o'u taith, byddai pob dim yn drefnus iawn. Roedd Duw wedi dweud wrth Moses beth fyddai'r drefn.

Trefnodd Moses i ddau utgorn arian gael eu gwneud er mwyn anfon negeseuon i bob rhan o'r gwersyll. Pan glywai'r bobl y ddau utgorn, roeddynt i fynd ar frys at babell Duw i wrando ar Moses. Pan fyddai un o'r utgyrn yn rhoi un caniad, roedd yr arweinwyr i ymgasglu. Yr utgyrn hefyd oedd yn rhoi'r arwydd i'r llwythau ddechrau symud.

Roedd rhai dynion o lwyth Lefi wedi'u dewis i gario pabell Duw a'i holl gynnwys, gyda chwe llwyth yn mynd o'u blaen a chwech y tu ôl iddynt. Wrth godi eu pebyll, byddai'r bobl yn cadw at yr un drefn, gan aros yn eu teuluoedd, a gosod pabell Duw yn y canol.

O'r diwedd cyraeddasant werddon Cades-Barnea o fewn golwg i Wlad yr Addewid. Dyna gyffro oedd yn eu plith! Dyma ben y daith.

'Mae Gwlad yr Addewid o'n blaen,' meddai Moses. 'Byddwch yn barod i'w meddiannu.'

'Beth am anfon rhywrai yno yn gyntaf i ysbïo'r wlad?' awgrymodd rhywun.

Cytunodd Moses a dewiswyd deuddeg o ddynion, un o bob llwyth.

Yna rhoddodd gyfarwyddiadau iddynt.

'Ewch i mewn i Ganaan ac edrychwch ym mhob man,' meddai. 'Edrychwch sut dir sydd yno, a pha gnydau sy'n tyfu, a dewch yn ôl â pheth o gynnyrch y tir. Sylwch ar y bobl sy'n byw yno hefyd, pa mor gryf ydyn nhw.'

Aeth yr ysbïwyr ar eu ffordd ac arhosodd y bobl yn awchus i glywed yr hanes.

70
'Allwn ni byth!'
Numeri 13-14

Am chwe wythnos gyfan bu ysbïwyr yr Israeliaid wrthi'n archwilio gwlad Canaan. Disgwyliai pawb yn eiddgar iddynt ddychwelyd. Pan ddaethant, rhuthrodd y bobl fel haid o wenyn i'w cyfarfod.

'Mae'n wlad ardderchog,' meddai'r ysbïwyr. 'Edrychwch ar y ffrwythau a gawsom!' A dyma nhw'n dangos ffigys aeddfed, a phomgranadau, a chlwstwr mawr o rawnwin blasus wedi'i glymu ar drosol.

Yna daeth tristwch drostynt.

'Fyddwn ni byth yn berchen ar y wlad acw,' meddai'r ysbïwyr. 'Mae'r dinasoedd mor gryf ac mae'r bobl fel cewri. Roedden ni fel ceiliogod rhedyn yn eu hymyl.'

Wrth glywed hyn dechreuodd y bobl godi eu llais a chwyno wrth Moses.

'Ddylen ni ddim fod wedi gadael yr Aifft! Mae'n rhaid bod Duw yn ein casáu i ddod â ni'r holl ffordd yma i farw yn yr anialwch. Chawn ni byth mo'r wlad!'

Yna, dyma Caleb, un o'r ysbïwyr a fu'n dawel tan hynny, yn siarad.

'Wrth gwrs y gall Duw roi inni'r wlad y mae wedi'i haddo. Gadewch inni baratoi i fynd i mewn iddi!'

Dyma Josua, un arall o'r deuddeg, yn uno ag ef, gan annog pawb i ymddiried yn Nuw i'w helpu. Ond ysgydwodd y deg arall eu pennau gan ailadrodd, 'Wnawn ni byth lwyddo. Cystal inni roi'r gorau iddi!'

Gwrandawodd y bobl ar y deg ysbïwr, heb roi unrhyw sylw i Caleb a Josua. Drwy'r nos buont wrthi'n grwgnach ac yn cwyno wrth Moses.

'Fe gawn ni, bawb, ein lladd. Byddai'n well mynd nôl i'r Aifft!'

Pan geisiodd Caleb a Josua eu perswadio i ymddiried yn Nuw, codasant gerrig i'w taflu atynt.

Gyda hynny disgleiriodd goleuni llachar cwmwl Duw uwchben ei babell arbennig.

Yn y tawelwch sydyn, siaradodd Duw â Moses.

'Nid yw'r bobl hyn yn credu y gallaf roi Gwlad yr Addewid iddynt. Nid ydynt am ufuddhau i mi a mynd i mewn iddi. Felly fe gânt grwydro yn yr anialwch am ddeugain mlynedd arall. Ond fe aiff eu plant i mewn iddi, a'r ddau was ffyddlon, Caleb a Josua.

'Yfory, rhaid i chi droi yn ôl o gyffiniau Canaan a dychwelyd i'r anialwch cras.'

📖 71
Moses yn gwylltio
Numeri 20

Wedi gadael ffiniau Canaan crwydrodd yr Israeliaid o'r naill werddon i'r llall.

Mewn un man nid oedd dŵr. Anghofiodd y bobl yn llwyr fod Duw bob amser wedi darparu dŵr ar eu cyfer. Yn ôl eu harfer, i ffwrdd â nhw at Moses i rwgnach a chwyno.

'Pam y daethost ti â ni yma i'r anialwch ofnadwy?' gofynnodd y bobl. 'Pam na adewaist ti ni yn yr Aifft? Rydyn ni am gael ffigys a grawnwin a phomgranadau – a does dim hyd yn oed ddiferyn o ddŵr yma!'

Oni bai am agwedd y bobl byddent wedi bod yng ngwlad Canaan erbyn hynny, yn mwynhau'r ffrwythau yno. Hwy oedd ar fai! Ond aeth Moses ac Aaron at ddrws pabell Duw ac aros am neges oddi wrtho.

'Cymer dy ffon,' meddai Duw wrth Moses, 'a galw'r holl bobl at ei gilydd. Yna llefara wrth y graig draw fan acw o'u blaen, ac fe dynna i ddŵr ohoni ar eu cyfer.'

Cododd Moses ei ffon a gofyn i'r bobl ei ddilyn. Ond, yn ei galon, roedd yn gacwn gwyllt. Am flynyddoedd, bu'n goddef holl gwyno'r Israeliaid a'r holl bethau anghwrtais yr oeddynt wedi'u dweud amdano ef a Duw. Ni allai ddioddef rhagor.

'Gwrandewch arna i, chi bobl wrthryfelgar!' gwaeddodd. 'Oes raid i mi dynnu dŵr o'r graig hon i chi?'

Ond ni wnaeth Moses fel y dywedodd Duw wrtho. Yn hytrach, yn ei ddicter, trawodd y graig ddwywaith â'i holl nerth.

Pistyllodd y dŵr a llifo i lawr ochr y graig. Rhuthrodd pawb i lenwi eu poteli. Cawsant fwy na digon.

Ond roedd Duw yn anfodlon ar Moses. Roedd wedi anufuddhau i Dduw a gweithredu yn ei ffordd ei hun. Bu Moses yn edifar iawn am hynny – ond roedd yn rhy hwyr.

72
Y sarff bres
Numeri 21

Aeth y blynyddoedd heibio yn ara' deg, a dal i grwydro yn yr anialwch yr oedd pobl Israel, heb fynd i mewn i Wlad yr Addewid. Weithiau roedd yn ymddangos fel petai'r bobl yn dysgu ymddiried yn Nuw. Ond wedyn byddent yn cwyno eto – yn enwedig am eu bwyd.

'Pam wnest ti ddod â ni yma i'r anialwch, Moses?' oedd eu cri. 'Rydyn ni wedi cael llond bol ar y manna yma y mae Duw yn ei roi inni!'

Bu Duw yn garedig wrthynt, gan gwrdd â'u hangen droeon. Nawr roedd am geisio dysgu'r wers iddynt mewn ffordd wahanol.

Daeth seirff i bob cwr o'r gwersyll. Byddai'r naill berson ar ôl y llall yn rhoi sgrech wrth weld sarff wenwynig yn llithro i mewn i'w babell neu yn gorwedd yng nghanol y coed tân.

Gwingai seirff ym mhob man, a'u safnau gwenwynig yn creu dychryn. Cafodd llu o'r Israeliaid eu brathu, a byddai'r gwenwyn yn eu gwneud yn sâl ac yn peri fod gwres mawr arnynt.

Brysiodd rhai o'r bobl at Moses.

'Rydyn ni'n gwybod ein bod ar fai yn cwyno,' meddent, 'ond a wnei di ofyn i Dduw yrru'r holl seirff ofnadwy hyn i ffwrdd?'

Gweddïodd Moses a dywedodd Duw wrtho, 'Gwna sarff bres a'i gosod ar bolyn a'i chodi'n uchel fel y gall pawb ei gweld. Os caiff rhywun ei frathu, dim ond iddo edrych ar y sarff bres, fe gaiff ei wella.'

Gwnaeth Moses hynny, a gwellodd pawb a ddilynodd gyngor Duw ac edrych ar y sarff bres. Nid oedd dim byd arbennig yn y sarff ei hun, wrth gwrs. Ufuddhau i Dduw ac ymddiried ynddo oedd yn eu gwella.

73
Balaam a'i asen
Numeri 22-24

Symudodd yr Israeliaid yn nes at Ganaan a chodi eu pebyll yn agos at y ffin.

Roedd Balac, brenin y Moabiaid, wedi clywed fod yr Israeliaid yn symud tuag at Wlad yr Addewid ac roedd yn benderfynol o'u rhwystro. Yn lle cynnull milwyr i ymladd yn eu herbyn, anfonodd negeseuwyr i nôl Balaam, dyn doeth enwog.

'Dywedwch wrtho am y genedl fawr hon,' gorchmynnodd Balac, 'a gofynnwch iddo ei melltithio.'

Cyrhaeddodd y negeseuwyr gartref Balaam ac adrodd eu neges wrtho. Yna dyma nhw'n dangos llond cod o aur a fyddai'n eiddo iddo ef petai'n ufuddhau i'r brenin.

Y noson honno dywedodd Duw wrth Balaam nad oedd i wrando arnynt a mynd i felltithio'r bobl yr oedd Duw wedi addo eu bendithio. Ond pan anfonodd Balac fwy o negeseuwyr gyda mwy fyth o aur, cytunodd Balaam â'i gais.

Cychwynnodd ar gefn ei asen.

Yn sydyn, trodd yr asen oddi ar y ffordd. Curodd Balaam hi yn ddiamynedd. Ni allai weld yr hyn a welai'r asen. Roedd angel Duw o'u blaen, yn sefyll yn y ffordd a'i gleddyf yn ei law.

Symudodd yr asen ymlaen yn ara' deg, ond dyma'r angel yn sefyll yn y ffordd eto. Closiodd yr asen at y wal i osgoi'r angel. Cafodd troed Balaam ei gwasgu, ac yn ei boen a'i ddicter, curodd yr asen, druan, unwaith eto.

Yna safodd yr angel yn y llwybr am y trydydd tro. Y tro hwn eisteddodd yr asen i lawr yn bwt, wedi dychryn drwyddi.

Gwylltiodd Balaam a churo'r anifail yn ddidrugaredd. Yna, er syndod iddo, clywodd ei asen fach dawel ac amyneddgar yn siarad ag ef.

'Pam wyt ti'n fy nghuro?' gofynnodd. 'Ydw i erioed wedi bod yn anufudd i ti o'r blaen?'

Yna, am y tro cyntaf, gwelodd Balaam yr angel â'i lygaid ei hun.

Siaradodd yr angel yn llym ag ef.

'Ddylet ti ddim fod wedi curo dy asen,' meddai. 'Fe arbedodd dy fywyd trwy droi oddi wrthyf. Nawr, dos ymlaen ar dy daith, os oes raid i ti, ond paid â dweud dim heblaw yr hyn a ddywedaf i wrthyt.'

Pan gyrhaeddodd Balaam y brenin Balac, gwnaeth baratoadau gofalus i felltithio pobl Israel. Ond ni allai ddweud dim ond y geiriau a roddodd Duw iddo. Ni fedrai felltithio pobl Dduw – dim ond eu bendithio. Er yr holl aur a addawodd Balac iddo, ni fedrai Balaam wneud drwg i bobl Dduw.

74
Moses yn ffarwelio
Deuteronomium 31-34

Erbyn i'r Israeliaid grwydro am ddeugain mlynedd yn yr anialwch roedd Moses yn hen iawn. Ond roedd yn iach o hyd ac yn gryf, ac roedd llygaid barcud ganddo. Byddai wrth ei fodd pe câi arwain y bobl i mewn i Ganaan.

Ond roedd Duw wedi dweud wrtho, 'Moses, chei di ddim mynd i mewn i Wlad yr Addewid. Roeddet ti'n anufudd i mi pan wylltiaist a tharo'r graig. Fy mwriad oedd dangos i'r bobl fy mod i'n Dduw amyneddgar a chariadus, ond fe gollaist dy dymer a difetha'r cwbl.'

Dyna siom ofnadwy i Moses oedd hynny. Roedd yn gwybod na fyddai Duw yn mynd yn ôl ar ei air, felly ni ddadleuodd ag ef. Ond yn ei galon roedd yn beio'r bobl am ei wylltio.

'Fe gei di weld y wlad er hynny,' meddai Duw. 'Dring i gopa uchel mynydd Nebo. Oddi yno fe elli di weld yr holl dir fydd yn eiddo i bobl Israel. A thra byddi di yno yn edrych ar y wlad, fe fyddi farw.'

Roedd Moses yn falch na fyddai'n mynd yn wan ac yn sâl, ond y byddai'n marw tra'n mwynhau edrych ar y wlad hyfryd yr oedd wedi dyheu cymaint amdani.

Cyn dringo mynydd Nebo, bu Moses yn sgwrsio'n hir â'r bobl. Bu'n eu hatgoffa am holl ddaioni Duw tuag atynt a pha mor bwysig oedd ufuddhau iddo. Ysgrifennodd gerdd hyfryd yn sôn am bob dim a wnaeth Duw drostynt.

Yna, ar gais Duw, siaradodd â'i gynorthwywr ffyddlon, Josua, a dweud wrtho mai ef fyddai arweinydd nesaf Israel.

O'r diwedd, dringodd Moses y mynydd. Syllodd yn hir ac yn ddwys ar Wlad yr Addewid, a oedd yn ymestyn islaw iddo. Ac yno y bu farw. Nid oes neb yn gwybod ble y cafodd ei gladdu. Gofalodd Duw am hynny.

Ni fyddai arweinydd mor fawr â Moses byth eto. Gwnaeth lawer o bethau rhyfeddol i achub yr Israeliaid o'r Aifft a'u harwain yn ddiogel i Wlad yr Addewid. Roedd Duw wedi'i drin fel cyfaill, gan siarad ag ef wyneb yn wyneb. Ond trwy'r cwbl arhosodd Moses yn wylaidd. Ei brif nod oedd dysgu'r bobl i ufuddhau i Dduw a'u dysgu am ei fawredd.

Hanes Josua

75
Yr arweinydd newydd
Josua 1

Wedi i Moses ddringo'r mynydd a marw yno, llefarodd Duw wrth Josua.

'Mae Moses fy ngwas wedi marw,' meddai. 'Rhaid i ti baratoi yn awr i arwain y bobl i Wlad yr Addewid. Bydd yr holl dir o'r anialwch yn y de i fynyddoedd Libanus yn y gogledd, o afon Ewffrates yn y dwyrain i'r Môr Mawr yn y gorllewin, yn eiddo i chi.'

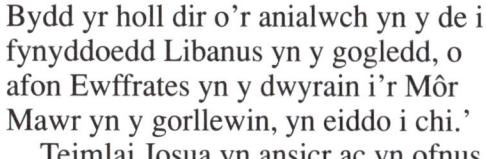

Teimlai Josua yn ansicr ac yn ofnus. Bu'n helpu Moses bob cam o'r daith hir o'r Aifft, ond ni ddychmygodd y gallai fyth fod yn arweinydd! Nid oedd yn fawr fel Moses, yr un yr oedd wedi'i garu a'i edmygu gymaint. Ond aeth Duw ati i'w annog a'i galonogi.

'Josua,' meddai Duw, 'bydd yn wrol a dewr! Paid ag ofni! Fe fydda i gyda thi fel yr oeddwn i gyda Moses. Y cwbl sy raid i ti ei wneud yw ymwroli ac ymddiried ynof. Byddaf gyda thi bob amser, yn dy nerthu. Fyddi di ddim yn methu.

'Mae'n bwysig gwneud dau beth os wyt ti am lwyddo. Rhaid i ti fod yn benderfynol o ennill. Paid hyd yn oed â meddwl am fethu. Bydd yn gryf a hyderus.

'Y peth arall yw cadw fy nghyfraith. Astudia hi'n gyson a dysg fy mhobl i ufuddhau iddi. Yna bydd pob dim yn iawn.'

Rhoddodd hyn hwb i galon Josua a gwneud iddo deimlo'n fwy abl i gyflawni ei waith newydd.

Galwodd yr arweinwyr at ei gilydd i roi cyfarwyddiadau iddynt.

'Dywedwch wrth y bobl am baratoi i symud ymhen tridiau,' meddai. 'Mae'r amser wedi dod i groesi afon Iorddonen a mynd i mewn i wlad Canaan.'

Roedd pawb yn llawn cyffro. Roeddynt yn barod iawn i ufuddhau i'w harweinydd newydd.

76
Y ddau ysbïwr
Josua 2

Roedd dau beth yn rhwystro'r Israeliaid rhag mynd i mewn i Wlad yr Addewid. Un oedd afon Iorddonen a'r llall oedd dinas Jericho a'i muriau cadarn, a oedd ond tafliad carreg y tu mewn i ffiniau Canaan.

Yn gyntaf, anfonodd Josua ysbïwyr, fel y gwnaethai Moses flynyddoedd ynghynt. Dewisodd ddau ddyn i archwilio'r wlad ac i ddal sylw ar Jericho yn arbennig, y rhwystr pennaf ar eu ffordd i Ganaan.

Ond roedd brenin Jericho wedi bod yn gwylio'r holl Israeliaid yn agosáu at ei ddinas, ac roedd ganddo yntau ei ysbïwyr.

Cyn hir dyma nhw'n adrodd fod dau o'r Israeliaid wedi bod yn symud yn llechwraidd o amgylch waliau'r ddinas. Roedd rhywun wedi'u gweld y noson honno yn sleifio i mewn i dŷ gwraig o'r enw Rahab. Roedd ei thŷ yn rhan o wal y ddinas.

Gorchmynnodd y brenin i'w ddynion fynd ar unwaith i dŷ Rahab i'w holi. Ond roedd Rahab wedi rhagweld y byddai rhywun yn dod i chwilio amdanynt.

Heb oedi, aeth â'r ysbïwyr i fyny ar y to. Yno roedd ganddi blanhigion llin wedi'u gosod mewn rhesi i sychu yn yr haul. Cuddiodd Rahab y dynion odanynt. Ni fyddai neb yn eu gweld yno.

Gorweddodd y dynion fel delwau. Prin yr oedd Rahab wedi gorffen nad oedd rhywun yn curo wrth y drws. Roedd dynion y brenin wedi cyrraedd!

'Tyrd â'r dynion yna allan o'r tŷ!' meddent wrth Rahab. 'Maen nhw'n ysbïwyr!'

'Mae'n wir fod rhai dynion wedi galw yma,' atebodd Rahab, 'ond aethon nhw oddi yma tua machlud haul, cyn i byrth y ddinas gau am y nos. Bydd yn well i chi fynd ar eu hôl ar unwaith, os ydych chi am eu dal. Does gen i ddim syniad pa ffordd yr aethant.'

Brysiodd y gweision i ffwrdd wedi'u drysu'n lân, a chaeodd pyrth y ddinas yn glep ar eu hôl. Aeth Rahab ar unwaith i fyny i'r to i siarad â'r Israeliaid cyn iddynt fynd i gysgu.

77
Yr edau goch
Josua 2

Eisteddai'r ysbïwyr ar eu gwelyau llin ar do Rahab yn llawn amheuaeth. Roedd nifer o gwestiynau yn eu poeni. Paham yr oedd un o bobl Jericho wedi mentro ei bywyd i amddiffyn dau ddyn estron?

Atebodd Rahab hwy. 'Rwyf am eich helpu achos rwy'n gwybod fod Duw yn mynd i roi'r wlad hon i chi. Clywais am yr holl bethau rhyfeddol a wnaeth drosoch chi trwy gydol eich taith hir. Rwy'n sicr y bydd yn rhoi'r fuddugoliaeth i chi, ac rwyf innau'n ymddiried ynddo.

'Nawr, wnewch chi addo i mi y byddwch yn fy nhrin yn garedig pan fyddwch yn ymosod ar y ddinas, yr un fath ag y gwnes i â chi? Wnewch chi fy nghadw i, fy nhad a mam, a'm holl deulu, yn ddiogel?'

Roedd y ddau ysbïwr yn fodlon iawn addo, yn enw Duw, y byddai milwyr Israel yn gofalu am Rahab a'i theulu pan fyddent yn ymosod ar Jericho. Ond nid oedd i ddweud gair wrth neb am eu hymweliad.

Aeth Rahab â hwy at ffenestr ei thŷ. 'Fe gewch chi ddisgyn o'r fan hon ar raff,' esboniodd, 'ac yna fe fyddwch yn ddiogel y tu allan i'r waliau. Ewch i'r bryniau a chuddio yno am dridiau nes iddyn nhw roi heibio chwilio amdanoch. Yna bydd yn ddiogel i chi fynd yn ôl i'ch gwersyll.'

Cytunodd yr ysbïwyr yn ddiolchgar. Wedyn dyma nhw'n dweud wrthi beth fyddai'n rhaid iddi hi ei wneud pan fyddai Israel yn ymosod ar Jericho.

'Clyma'r edau goch hon yn y ffenestr,' meddent. 'Pan wêl ein milwyr hi, fe gadwant y tŷ hwn a phawb sydd ynddo yn ddiogel. Felly gofala fod dy holl deulu yma.'

Heb oedi a heb sŵn clymodd Rahab raff wrth y ffenestr a llithrodd yr ysbïwyr i lawr.

Yna aethant yn syth i guddio yn y bryniau, i osgoi'r dynion a oedd yn chwilio amdanynt.

78
Croesi'r Iorddonen
Josua 3

Cyrhaeddodd y ddau ysbïwr yn ôl i'r gwersyll yn llawen ac yn gyffro i gyd.

'Mae'n sicr fod Duw yn mynd i roi'r wlad hon inni, fel yr addawodd,' meddent wrth Josua.

Ond cyn mynd i mewn i Ganaan roedd yn rhaid croesi afon Iorddonen. A haws dweud na gwneud. Gallai'r dynion a'r bobl ifainc ddod i ben â hynny, ond beth am yr holl ddefaid a'r geifr, y mamau a'r babanod a'r rhai bach? Ar ben hynny, roedd yr afon yn gorlifo ei glannau. Roedd y tir o bobtu'r afon dan ddŵr a'r afon ei hun yn llifo'n gryf.

Ond roedd Josua yn credu Duw ac yn barod i ufuddhau fel pe na bai'r un afon lifeiriol yn bod.

'Bydd yr offeiriaid yn cario arch y cyfamod ac yn mynd i'r afon yn gyntaf,' meddai wrth y bobl. 'Yna bydd raid i bawb ddilyn.'

Cist euraid oedd yr arch. Hi oedd y dodrefnyn mwyaf gwerthfawr ym mhabell Duw.

Cyn gynted ag y camodd yr offeiriaid i'r afon, arafodd y dŵr ychydig. Yna peidiodd y llif. Cerddodd yr offeiriaid â'u llwyth gwerthfawr i ganol yr afon ac aros yno tra cerddai pawb drwy wely'r afon yn ddiogel. Wedi i bawb groesi, camodd yr offeiriaid yn ofalus i'r lan, a dechreuodd yr afon lifo eto fel o'r blaen.

Roedd Josua wedi dweud wrth un dyn o bob un o'r deuddeg llwyth am godi carreg o wely'r afon a'i chludo i'r ochr draw. Yno fe'u cododd yn bentwr.

'Pan fydd eich plant yn holi am ystyr y pentwr hwn o gerrig,' meddai wrthynt, 'bydd gennych chi stori ryfeddol i'w hadrodd am Dduw yn dod â ni'n ddiogel drwy'r Iorddonen ac i mewn i Wlad yr Addewid.'

Gwlad yr Addewid

📖 79
Gorchmynion rhyfedd
Josua 5-6

Roedd dinas hardd Jericho yn ddrws i Wlad yr Addewid. Roedd digonedd o ffynhonnau ynddi. Blodeuai coed yn y strydoedd a thaflai palmwydd tal gysgod hyfryd a dymunol.

Gwyddai Josua fod yn rhaid cipio Jericho cyn gallu meddiannu Canaan. Wrth iddo gynllunio'r ymosodiad, sylwodd yn sydyn ar ddyn dieithr yn sefyll o'i flaen. Gwaeth fyth, roedd ganddo gleddyf. Cafodd Josua fraw.

'Ai un o'n milwyr ni wyt ti, neu elyn?'

'Nid y naill na'r llall,' atebodd y dyn. 'Rwyf yma i arwain byddin yr Arglwydd.'

Yna ymgrymodd Josua, gan iddo sylweddoli mai Negesydd Duw oedd y dyn dieithr. Roedd wedi dod i atgoffa Josua nad yn ei ddwylo ef yr oedd y frwydr. Byddai Duw yn dangos iddo sut i feddiannu Jericho. Dilyn cyngor Duw oedd ei waith.

Wrth wrando ar neges Duw, rhyfeddai Josua fwyfwy at ei orchmynion hynod. Ond roedd yn ddigon doeth i ufuddhau.

Yn gyntaf, anfonodd am yr offeiriaid, nid am y milwyr ifainc, dewr.

'Bydd eisiau i saith ohonoch chi fynd â'ch utgyrn a cherdded ar flaen yr orymdaith. Bydd y rheini fydd yn dilyn yn cario arch y cyfamod. Bydd hynny'n arwydd fod Duw gyda ni.'

Yna galwodd Josua am y milwyr.

'Bydd eisiau i rai ohonoch chi gerdded o flaen yr offeiriaid, a'r lleill y tu ôl iddynt,' esboniodd.

Ni ddywedwyd gair am gleddyfau na gwaywffyn, nac am fwâu na saethau, nac am unrhyw arfau ar gyfer ymosod ar y ddinas. Pan oedd popeth mewn trefn, soniodd Josua am y cam nesaf yr oedd Duw wedi'i egluro wrtho.

'Dechreuwch gerdded o amgylch muriau'r ddinas,' meddai. 'Offeiriaid, cenwch eich utgyrn drwy'r amser, ond chi filwyr, byddwch yn dawel. Ar ôl cerdded o amgylch y muriau unwaith, dewch yn ôl i'r gwersyll. Dyna'r cyfan am heddiw.'

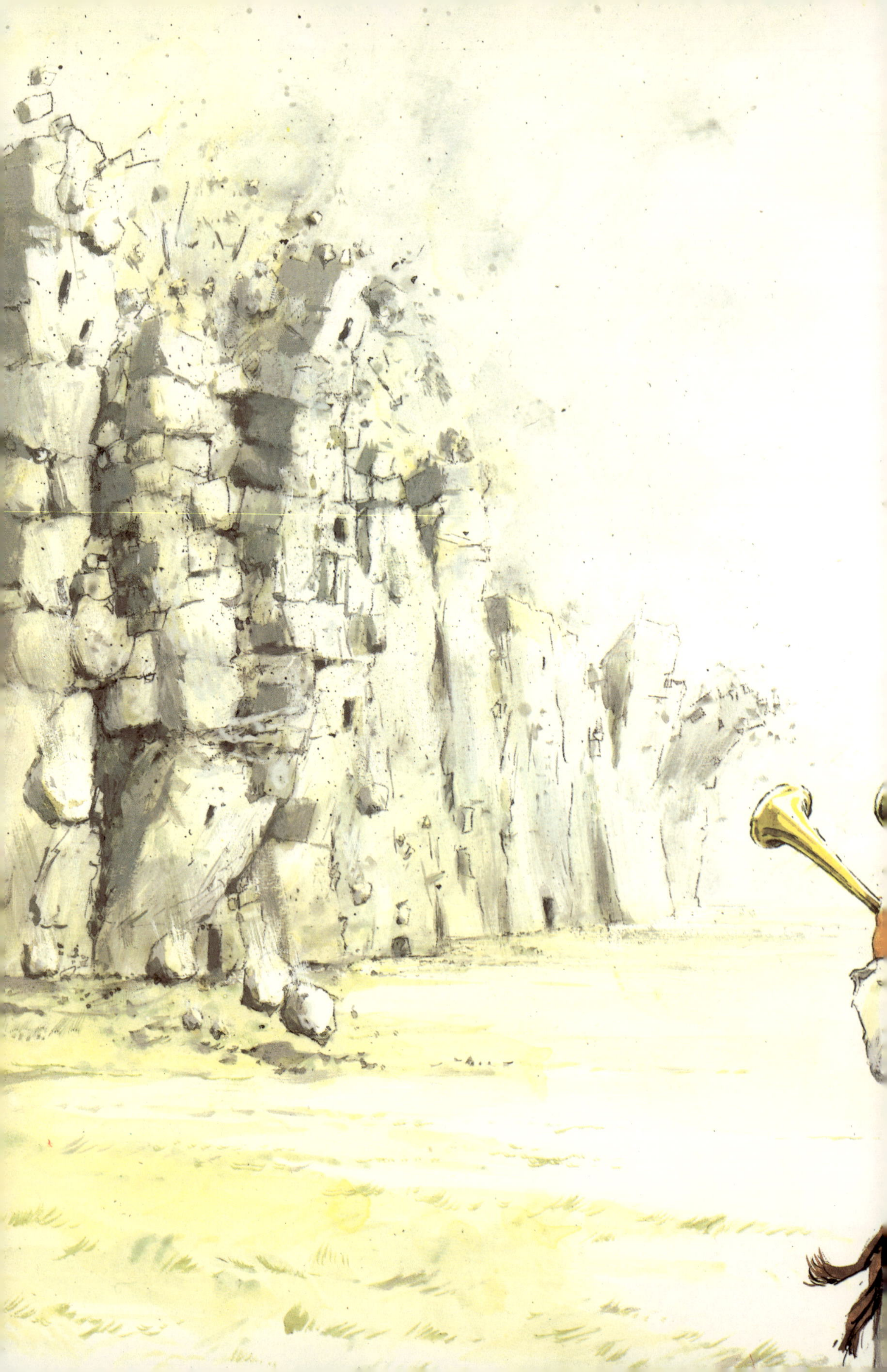

80
Y muriau yn syrthio
Josua 6

Cafodd brenin Jericho fraw pan welodd fod yr holl Israeliaid wedi croesi'r Iorddonen ac wedi gwersyllu'n agos i'r ddinas. Gorchmynnodd gloi'r pyrth. Yna arhosodd.

Pan glywodd ganiad cyntaf utgyrn yr offeiriaid, meddyliodd eu bod wedi dechrau ymosod. Ond yn lle hynny, gwelodd yr offeiriaid, â'u harch aur yn disgleirio yn yr haul, yn gorymdeithio yng nghwmni milwyr distaw! Wedi cerdded o amgylch y muriau unwaith, ciliasant.

Drannoeth dywedodd Josua wrth yr offeiriaid a'r milwyr am wneud yr un peth eto.

Am chwe diwrnod cyfan buont yn cerdded o amgylch y ddinas un waith ac yna dychwelyd yn dawel i'r gwersyll. Gwyliai dinasyddion Jericho mewn dryswch, gan deimlo'n fwy ofnus bob tro.

Ar y seithfed dydd rhoddodd Josua siars newydd i'r Israeliaid.

'Heddiw rhaid i chi gerdded o gwmpas y ddinas seithwaith,' meddai Josua. 'Ar y seithfed tro bydd yr offeiriaid yn canu eu hutgyrn a bydd eisiau i'r milwyr weiddi nerth eu pennau, am fod Duw yn mynd i roi'r ddinas hon inni.'

Unwaith, dwywaith, teirgwaith – pedair, pum, chwe gwaith. Yna, ar y seithfed tro, gwaeddodd y dynion nerth esgyrn eu pennau, nes bron boddi sŵn yr utgyrn.

Ar yr union foment honno crynodd muriau Jericho – a chwympo i'r llawr.

Yn llawn cyffro, brysiodd y milwyr yn fuddugoliaethus i mewn i'r ddinas a'i chipio. Aeth rhai o'r milwyr ar unwaith i chwilio am Rahab, er mwyn ei hachub hi a'i theulu.

Achubwyd Rahab am iddi ymddiried yn Nuw. A chipiodd pobl Israel Jericho am fod Josua yntau wedi ymddiried yn llwyr yn Nuw, heb ddibynnu ar ei allu na'i nerth ei hun.

81
Bara caled

Josua 9

Bwriad Duw oedd rhoi Canaan gyfan i bobl Israel. Roedd wedi addo hynny i Abraham ganrifoedd ynghynt. Eglurodd Duw wrth Abraham y byddai'n rhaid aros yn hir cyn cyflawni'r addewid. Roedd y cenhedloedd a oedd yn byw yng Nghanaan yn rhai creulon a drwg. Ond nid oedd Duw am eu hanfon oddi yno heb iddynt gael cyfle i newid eu ffyrdd. Cawsant bob cyfle. Nawr roedd Duw yn anfon yr Israeliaid yno i gipio'r wlad oddi arnynt.

Tra oeddynt yn yr anialwch, dywedodd Duw nad oedd pobl Israel i wneud cytundeb â neb yng ngwlad Canaan. Gwyddai Duw, petai hynny'n digwydd, na fyddai'n hir cyn iddynt fynd yn debyg i bobl ddrwg Canaan.

Ond gwelodd pobl Gibeon, a oedd yn byw yn agos i Jericho, lwyddiant pobl Israel ac roeddynt am wneud cytundeb heddwch â nhw. Gwyddent na fyddai Josua yn fodlon, felly dyma gynllunio twyll. Dyma nhw'n gwisgo dillad carpiog a sandalau wedi'u treulio, a rhoi hen fara sych ym magiau eu camelod. Yna aethant i wersyll yr Israeliaid.

'Hoffem wneud cytundeb heddwch â chi,' meddent.

'O ble'r ydych chi'n dod?' gofynnodd Josua.

'Rydyn ni wedi dod o wlad bell,' meddent. 'Edrychwch ar ein dillad a'n sandalau – mae'r cwbl mor garpiog. Roedd ein bara newydd ddod o'r popty ac yn boeth pan ddechreuson ni allan, ond edrychwch pa mor sych a chaled y mae erbyn hyn!'

Heb aros i geisio cyngor Duw, gwnaeth Josua a'r arweinwyr gytundeb heddwch â'r Gibeoniaid, gan addo eu helpu pryd bynnag y byddai angen.

Ymhen tridiau dyma nhw'n darganfod y twyll. Nawr ni fyddai'n bosibl iddynt gipio dinasoedd y Gibeoniaid na'u gyrru allan fel yr oedd Duw wedi gorchymyn. Ond roedd y Gibeoniaid wrth eu bodd. Bellach byddai'r Israeliaid yn eu hamddiffyn rhag eu gelynion.

82
'O haul, aros!'
Josua 10

Yn fuan wedyn aeth y Gibeoniaid i helynt. Roeddynt wedi twyllo Israel i wneud cytundeb heddwch â nhw, ac yn awr roedd pump o frenhinoedd cyfagos wedi amgylchynu dinas Gibeon â'u byddinoedd. Anfonodd dynion Gibeon neges frys at Josua.

'Rydyn ni wedi cytuno i helpu'n gilydd. Dewch yn gyflym i'n cynorthwyo!'

Nid oedd Josua a'i bobl am helpu Gibeon. Ond roeddynt wedi gwneud addewid ddifrifol, ac roedd yn rhaid ei chadw. Roedd Duw yn drist fod Israel wedi gwneud cytundeb â Gibeon, ond roedd yn falch gweld eu bod yn cadw eu gair.

'Fe'ch helpaf i ennill,' addawodd Duw wrth Josua, 'er bod cynifer o fyddinoedd o amgylch Gibeon.'

Cadwodd Duw ei air.

Ymdeithiodd milwyr Israel ar hyd y nos nes cyrraedd Gibeon. Yna dyma nhw'n ymosod ar y byddinoedd yn annisgwyl. Dechreuodd y byddinoedd ffoi i lawr y bryniau o Gibeon. Daeth i fwrw cenllysg yn drwm, a bu hynny'n rhwystr iddynt ddianc ac yn help i'r Israeliaid a oedd yn eu hymlid. Ond gwelodd Josua y byddai'n tywyllu cyn iddynt orffen y frwydr.

'Haul, aros yn llonydd uwchben Gibeon,' llefodd Josua. 'Ac aros dithau, leuad, uwchben Ajalon.'

Ac er na all neb esbonio sut y digwyddodd, ni ddaeth yn nos nes i Josua a'i ddynion gael buddugoliaeth lwyr ar y pum brenin a'u byddinoedd.

83
Rhannu'r wlad
Josua 13-22

O'r diwedd daeth amser y gallai pobl Israel orffwys oddi wrth eu brwydrau. Roedd eu hymgyrchoedd yn y gogledd a'r de wedi gyrru eu gelynion ar ffo, a daeth yn bryd yn awr iddynt ymgartrefu yng ngwlad Canaan.

Dewisodd Duw Josua, ynghyd ag offeiriad a rhai o'r arweinwyr eraill, i fod yn gyfrifol am rannu'r wlad rhwng llwythau Israel. Roedd pobl Israel yn ddisgynyddion i Israel (sef enw arall Jacob) a'i ddeuddeg mab, a chafodd y llwythau eu henwi ar ôl y meibion.

Dyma enwau un ar ddeg o'r llwythau: Reuben, Simeon, Lefi, Jwda, Sabulon, Issachar, Dan, Gad, Aser, Nafftali a Benjamin. Ni chafodd llwyth ei enwi ar ôl y mab arall, Joseff. Roedd Jacob am i ddisgynyddion ei hoff fab, Joseff, ffurfio dau lwyth yn Israel yn hytrach nag un. Rhoddwyd enwau meibion Joseff – Effraim a Manasse – ar y ddau lwyth yna.

Cafodd llwyth Lefi ei drin yn wahanol i'r lleill. Ni chawsant ran o'r wlad am fod gan Dduw bwrpas arbennig iddynt. Hwy fyddai'r offeiriaid.

Petaent wedi cael tir i'w drin, ni fyddai'r amser ganddynt i wasanaethu Duw a dysgu'r bobl amdano. Felly dywedodd Duw fod pawb i rannu eu cyfoeth â'r Lefiaid er mwyn iddynt gael digon i'w cynnal.

Roedd rhai rhannau o Ganaan yn gyfoethog a ffrwythlon, ond roedd rhannau eraill yn greigiog a diffrwyth, a bu'r gwaith o rannu'r tir yn deg, a bodloni'r holl lwythau, yn un anodd.

Wedi rhannu'r wlad, derbyniodd pob llwyth ei ran fel rhodd arbennig oddi wrth Dduw. Byddent yn trysori'r tir, ac yn ei gadw yn eu teulu am byth pe bai modd.

Yn amser y barnwyr

84
Helynt
Barnwyr 1-2

Trwy gydol ei oes roedd Josua wedi atgoffa'r Israeliaid i gadw cyfraith Duw ac wedi'u dysgu i wneud yr hyn oedd yn iawn.

Hyd yn oed ar ôl ei farw, roedd y bobl yn dal i ufuddhau i Dduw. Roedd llawer yn dal yn fyw a allai sôn am fawredd Duw a'i garedigrwydd tuag atynt pan ddaeth â hwy dros yr Iorddonen a rhoi'r fuddugoliaeth iddynt ar eu gelynion. Ond nawr, am y tro cyntaf, nid oedd gan yr Israeliaid arweinydd. Roedd pawb yn rhydd i wneud fel y mynnai.

Tyfodd plant nad oedd yn cofio Josua. Eu dymuniad hwy oedd bod yn gyfeillgar â phobl Canaan a'u priodi. Yna dechreusant ddilyn ffordd y Canaaneaid o addoli duwiau Baal.

Roedd crefydd Baal yn greulon iawn. Weithiau byddai'r Canaaneaid yn aberthu plant a babanod i dduwiau Baal, er mwyn eu bodloni ac er mwyn cael cnydau da ganddynt. Roedd Duw yn drist ac yn ddig fod ei bobl yn gallu arfer defodau mor ofnadwy wrth ei addoli ef.

Bwriad Duw oedd i'r Israeliaid yrru allan y bobl eraill a fu'n byw yn y wlad o'u blaen. Ond nid oeddynt wedi dilyn ei gynllun i'w ben draw, ac yn awr roedd y Canaaneaid yn tyfu'n gryfach ac yn ymladd â nhw. Yn aml byddent yn gorfodi'r Israeliaid i dalu trethi trwm iddynt.

Bob tro y byddai'r Israeliaid mewn helynt, byddent yn cofio am Dduw ac yn ceisio ei gymorth. Am fod Duw yn eu caru, byddai'n gwrando eu gweddïau ac yn codi arweinwyr i'w gwaredu o ddwylo eu gelynion. Gwaith yr arweinwyr hyn oedd cynghori'r bobl a rhoi arweiniad doeth iddynt. Barnwyr oedd yr enw a roddwyd arnynt.

85
Ehud, y dyn llawchwith
Barnwyr 3

Roedd Eglon, brenin Moab, yn ddyn tew iawn. Roedd wedi gwledda gormod ar y grawn a'r ffrwythau a'r gwin y byddai'n eu derbyn mewn trethi gan bobl yr oedd wedi'u trechu. Am ddeunaw mlynedd hir roedd Israel wedi dioddef dan law greulon Eglon ac roeddynt yn dlawd iawn ac yn drist.

Mewn anobaith dyma nhw'n gofyn i Dduw eu helpu. Dewisodd Duw Ehud i fod yn arweinydd iddynt. Roedd Ehud yn perthyn i lwyth Benjamin, ac fel llawer un arall o'r llwyth hwnnw, roedd yn llawchwith.

Y tro nesaf i Israel fynd â'r trethi at y brenin Eglon, aeth Ehud ei hun i Foab. Aeth â rhes hir o weision gydag ef i gario'r holl gynnyrch yr oedd yn rhaid ei dalu i'r brenin.

Roedd Ehud yn benderfynol o ryddhau'r Israeliaid o law'r Moabiaid. Petai modd lladd Eglon, byddai Moab heb arweinydd ac efallai y câi Israel y fuddugoliaeth. Felly aeth Ehud â'i gleddyf miniog. Cuddiodd y cleddyf dan y dillad llaes ar ei ochr dde, am ei fod yn llawchwith. Ni fyddai neb yn meddwl chwilio am arf ar ei ochr dde, am fod pawb fel arfer yn gwisgo arf ar yr ochr chwith, yn barod i'w dynnu.

Rhoddodd Ehud a'i weision eu trethi i'r brenin ac yna cychwyn am adref. Ond wedi dechrau ar eu taith, dychwelodd Ehud i'r palas ar ei ben ei hun.

'Arglwydd frenin,' cyhoeddodd, 'mae gen i neges gyfrinachol i ti.'

Anfonodd Eglon ei weision allan. Roedd y ddau ar eu pen eu hunain yn yr ystafell haf ar do'r palas. Ar amrantiad, tynnodd Ehud ei gleddyf â'i law chwith a lladd y brenin. Gadawodd yr ystafell yn gyflym ac yn dawel, gan gloi'r drysau cerfiedig y tu ôl iddo. Yna aeth ar frys i alw milwyr yr Israeliaid i'r gad.

Yn ôl ym mhalas y brenin Eglon, roedd ei weision yn aros yn betrusgar y tu allan i ddrysau clo eu meistr. O'r diwedd dyma nhw'n magu digon o blwc i dorri i mewn i'r ystafell – a'i gael yn farw.

Erbyn hynny roedd Ehud yn barod ac yn disgwyl am fyddin y Moabiaid. Cafodd fuddugoliaeth fawr. Roedd pobl Israel yn rhydd unwaith eto.

86
Debora a Barac
Barnwyr 4-5

Wedi marw Ehud anghofiodd pobl Israel eu Duw a'i gyfreithiau unwaith eto.

Cyn hir ymosodwyd arnynt gan y brenin Jabin yn y gogledd. Roedd naw cant o gerbydau haearn yn ei fyddin. Enw capten y fyddin oedd Sisera.

Milwyr troed heb fawr o arfogaeth oedd gan yr Israeliaid, ac felly nid oedd gobaith ganddynt i wrthsefyll y cerbydau cadarn, cyflym. Am ugain mlynedd cawsant eu trin yn greulon iawn gan y brenin Jabin.

Arweinydd Israel yr adeg hon oedd gwraig o'r enw Debora. Byddai'n eistedd o dan un balmwydden arbennig er mwyn i bawb wybod ble i fynd i gael cymorth neu gyngor ganddi.

Un diwrnod anfonodd am ddyn o'r enw Barac.

'Barac,' meddai, 'mae Duw wedi dweud ei fod am i ti godi byddin i ymladd â Sisera. Er gwaethaf ei holl gerbydau, bydd Duw yn rhoi'r fuddugoliaeth i ti.'

Arswydai Barac wrth feddwl am wynebu byddin Sisera.

'Fe af i, os doi di gyda mi,' atebodd. 'O'r gorau,' cytunodd Debora, 'ond merched fydd yn ennill y frwydr hon, nid dynion.'

Gofynnodd Barac am wirfoddolwyr o blith yr Israeliaid. Yna cynullodd ei ddynion ar ben bryn – lle anodd i gerbydau Sisera symud yn rhwydd. Arhosodd Sisera a'i gerbydau yn y dyffryn.

Yna dywedodd Debora wrth Barac, 'Dos yn dy flaen. Heddiw fe gei di fuddugoliaeth gan Dduw ar Sisera!'

Gyda dewrder mawr symudodd yr Israeliaid i lawr y bryn, heb fawr o obaith y caent ddod o'r frwydr yn fyw.

Gyda hynny dechreuodd dywallt y glaw. Roedd yn ddigon hawdd i Barac a'i ddynion symud trwy'r glaw, ond dechreuodd cerbydau Sisera lithro a mynd yn sownd ym mwd y dyffryn.

Yn lle ymlid yr Israeliaid a'u trechu, roedd dynion Sisera yn gaeth yn eu cerbydau ac ar drugaredd yr Israeliaid, a allai symud yn gynt. Gyda chymorth Debora, cafodd Barac fuddugoliaeth fawr y diwrnod hwnnw. A merch arall fyddai'n sicrhau'r fuddugoliaeth lawn ar Sisera.

87
Morthwyl a hoelen
Barnwyr 4

Cyn y frwydr olaf disgynnodd Sisera, capten byddin Jabin, o'i gerbyd yn ddistaw bach a ffoi ar droed, heb i neb sylwi. Efallai ei fod wedi gobeithio cynnull mwy o ddynion i ymosod ar Israel yr eildro.

Roedd ar ei ffordd at ei frenin yn Hasor, pan welodd babell Jael. Roedd gŵr Jael yn perthyn i lwyth crwydrol a oedd yn gyfeillgar â'r brenin Jabin.

Gwelodd Jael Sisera yn dod, â golwg wedi llwyr ymlâdd arno.

'Tyrd i mewn,' meddai. 'Paid ag ofni.'

Dyna falch oedd Sisera o gael dod i mewn i'r babell a chael ei guddio gan y llen. Roedd e'n boeth ac yn fwd i gyd. Roedd syched mawr arno ac roedd wedi blino cymaint fel mai prin y gallai sefyll.

'Rho rywbeth i mi i'w yfed,' gofynnodd yn daer.

Daeth Jael â llaeth gafr ffres a'i estyn iddo.

'Saf yn nrws y babell a gwylia,' meddai Sisera. 'Os bydd rhywun yn holi amdanaf, dywed nad oes neb yma!'

Cydsyniodd Jael a'i roi yn ofalus i orffwys y tu ôl i len ei phabell. Ymhen ychydig, gallai glywed sŵn anadlu dwfn a chyson. Roedd Sisera'n cysgu fel twrch ar ôl y frwydr flinedig a chaled.

Yna aeth Jael ati'n gyflym. Diflannodd ei gwên dyner a daeth golwg benderfynol drosti. Doedd *hi* ddim yn gyfaill i'r brenin creulon, Jabin!

Wrth ei hymyl roedd y morthwyl a gâi ei ddefnyddio ar gyfer bwrw'r hoelion i'r ddaear wrth godi'r babell. Chwiliodd am hoelen finiog ac, mor ddistaw â llygoden fach, aeth draw at y milwr blinedig.

Rhoddodd yr hoelen wrth ei ben. Yna cododd y morthwyl a bwrw'r hoelen trwy arlais Sisera gydag un ergyd galed. Bu farw'n syth.

Rhai oriau wedyn gwelodd Barac yn chwilio am ei elyn. Galwodd ef draw i'r babell.

'Dyma'r dyn rwyt ti'n chwilio amdano,' meddai. Roedd gwaith Barac ar ben a chafodd pobl Dduw lonydd o'r diwedd.

Hanes Gedeon

📖 **88**
Yr arwr petrus
Barnwyr 6

Ymhen amser anghofiodd pobl Israel unwaith eto am Dduw a'r ffordd yr oedd wedi'u helpu. Ond yna daeth helynt arall ar eu traws. Y gelyn y tro hwn oedd y Midianiaid.

Eu harfer hwy oedd, nid ymosod ar y bobl, ond ysbeilio'r wlad. Byddent yn aros tan y cynhaeaf ac yna yn disgyn yn heidiau ar y wlad, i ddwyn y grawn a'r grawnwin aeddfed a ffrwyth yr olewydd. Byddent yn dwyn yr asynnod, y defaid a'r gwartheg hefyd. Byddai llwythau ffyrnig eraill yn eu helpu ar eu camelod chwim.

Yn ystod yr anrheithio ofnadwy byddai'r Israeliaid ofnus yn cuddio mewn ogofeydd a chuddfannau yn y bryniau. Pan ddeuent allan, byddai'r caeau yn wag ac ni fyddai bwyd ganddynt ar gyfer y gaeaf.

Adeg y cynhaeaf nesaf, byddai'r un peth yn digwydd eto.

Ar ôl saith mlynedd o hyn, roedd yr Israeliaid wedi torri'u calonnau. Ar ben eu tennyn, dyma nhw'n ceisio cymorth Duw.

Roedd y llanc Gedeon o lwyth Manasse yn ofni'r Midianiaid gymaint â'r Israeliaid eraill. Ond yr oedd wedi meddwl am ffordd i gadw peth o ffrwyth y cynhaeaf.

Cuddiodd mewn cafn yn y graig ble y câi'r grawnwin eu sathru. Yno, yn ddirgel, dyrnodd y tamaid gwenith yr oeddynt wedi llwyddo i'w fedi.

Yn sydyn, wrth godi ei olwg, gwelodd ddyn dieithr.

'Mae Duw gyda thi, ŵr cadarn, dewr,' meddai'r Ymwelydd. Yna, er syndod i Gedeon, aeth yn ei flaen:

'Rwy'n dy anfon di, â'r holl nerth sydd gennyt, i achub Israel rhag y Midianiaid.'

Dychrynodd Gedeon. Nid arwr mohono!

'Sut y galla i achub Israel?' protestiodd.

'Gyda fy nghymorth i,' atebodd y Dieithryn. 'Bydda i gyda thi ac fe leddi di'r llu gelynion fel petaent yn un gŵr.'

89
Gedeon yn ceisio prawf
Barnwyr 6

Cyn i'r Ymwelydd allu dweud rhagor, ymbiliodd Gedeon arno: 'Aros yma i mi fynd i nôl bwyd iti.'

Roedd am gael prawf fod neges y Dieithryn oddi wrth Dduw.

'Fe arhosaf nes i ti ddychwelyd,' addawodd y Dieithryn.

Brysiodd Gedeon adref ac yna dychwelyd gyda basgedaid o gig, bara newydd ei bobi a ffiolaid o gawl.

Dywedodd ei Ymwelydd wrtho, 'Rho'r cig a'r bara ar y graig hon, yna tywallt y cawl drostynt.'

Gwnaeth Gedeon hynny. Estynnodd y Dieithryn ei ffon a chyffwrdd â'r bwyd. Ar unwaith cododd fflam o'r graig a llosgi'r bwyd. Nawr roedd Gedeon yn siŵr mai Negesydd Duw oedd hwn, yn dod â geiriau Duw iddo. Yna diflannodd yr Ymwelydd.

Ond roedd Gedeon am fod yn fwy sicr eto fod Duw wedi'i alw i fod yn arweinydd.

'Os wyt ti wedi fy newis i i achub Israel, rho arwydd i mi,' gweddïodd ar Dduw. 'Heno, byddaf yn gosod cnu o wlân ar y llawr dyrnu. Os bydd gwlith ar y gwlân yfory ond y llawr yn sych, fe fydda i'n gwybod dy fod wedi fy ngalw.'

Fore trannoeth roedd cnu Gedeon yn wlyb domen. Eto roedd y llawr odano yn sych. Ond nid oedd Gedeon yn hollol sicr eto. Ai siawns oedd hyn?

'Paid â digio wrthyf, O Dduw,' gweddïodd, 'ond a wnei di roi arwydd arall i ddangos dy fod ti am imi arwain Israel? Y tro hwn, gwna'r llawr o gwmpas y cnu yn wlyb a'r cnu ei hun yn sych, os gweli di'n dda.'

Nid oedd Duw yn ddig. Roedd yn deall pryderon ac ofnau Gedeon.

Fore trannoeth roedd y cnu yn sych fel corcyn, ond y llawr yn wlyb gan wlith. Nawr roedd Gedeon yn hollol sicr fod Duw yn ei alw i ryddhau'r Israeliaid rhag y Midianiaid.

📖 90
Dryllio'r delwau
Barnwyr 6

Synnodd Gedeon wrth glywed beth yr oedd Duw am iddo ei wneud gyntaf. Nid codi byddin i ymladd â Midian, ond rhywbeth llawer pwysicach.

Roedd pobl tref Gedeon wedi dilyn y Canaaneaid ac wedi bod yn addoli duwiau Baal. Roedd hyd yn oed Joas, tad Gedeon, wedi codi allor i Baal ar ei dir.

'Gedeon,' meddai Duw, 'rhaid i ti ddechrau trwy ddryllio'r allor honno a thorri'r coed yn ei hymyl sydd wedi'u cysegru i'r dduwies Asera. Yna cod allor gref a chadarn i mi yn ei lle.'

Penderfynodd Gedeon ufuddhau i Dduw. Roedd am ddod â'r Israeliaid yn ôl i addoli'r gwir Dduw yn ogystal â'u hachub rhag eu gelynion. Ond roedd arno ofn. Gwyddai y byddai pobl y dref yn gynddeiriog, am eu bod yn credu y deuai melltith arnynt petai allor Baal yn cael ei distrywio.

Felly dyma Gedeon yn penderfynu gweithredu liw nos, fel na fyddai neb yn ei weld. Aeth â deg gwas gydag ef i'w helpu.

Gweithiodd pawb mor gyflym ac mor dawel ag oedd modd yn y tywyllwch. Yn gyntaf, dyma nhw'n dinistrio allor Baal a chwympo'r coed o'i hamgylch. Yna codasant allor gadarn gref i Dduw yn yr un lle. Cyn i'r wawr dorri roeddynt wedi sleifio adref.

Ond peth anodd yw cadw cyfrinach rhwng deg o ddynion. Cyn hir roedd pawb yn gwybod pwy oedd i'w feio.

Y bore hwnnw daeth pobl y dref at ddrws Joas.

'Tyrd â Gedeon, dy fab, allan!' oedd eu gwaedd. 'Fe laddwn ni ef am yr hyn y mae wedi'i wneud.'

Beth bynnag oedd ei farn cyn hynny, yn awr siaradodd Joas yn ddewr dros Gedeon a thros Dduw.

'Ydych chi'n ochri gyda Baal?' gofynnodd. 'Os yw e'n dduw mewn gwirionedd, mae e'n ddigon abl i'w amddiffyn ei hun. Ei allor ef sy wedi'i distrywio. Gadewch iddo ef gosbi fy mab – os gall!'

Roedd dewrder Gedeon a'i ffydd yn Nuw yn heintus! Cyn bo hir byddai'n dangos i holl Israel pa mor alluog oedd Duw.

91
Gedeon yn dewis ei fyddin
Barnwyr 7

Aeth Gedeon a'i fyddin o wirfoddolwyr at ffynnon yn y mynydd a chodi eu pebyll yno. Yn y dyffryn, ychydig filltiroedd i'r gogledd, roedd gwersyll anferth y Midianiaid. Edrychai byddin Gedeon yn llawer rhy fach i fentro yn erbyn byddin mor fawr.

Ond dywedodd Duw, 'Mae dy fyddin yn rhy fawr, Gedeon. Rwy'n mynd i ddysgu Israel mai *fi* sy'n rhoi'r fuddugoliaeth iddynt. Nid nifer y milwyr fydd yn sicrhau buddugoliaeth i chi. Dywed wrth y milwyr sy'n ofnus am fynd adref.'

Galwodd Gedeon y milwyr ynghyd a dweud, 'Os oes unrhyw un yn ofnus ynglŷn â'r frwydr, ewch nawr. Fydd neb yn gweld bai arnoch chi.'

Gwyddai Gedeon fod milwyr ofnus yn fwy o rwystr nag o gymorth mewn rhyfel.

Bu tawelwch am funud. Yna aeth y naill ar ôl y llall i ffwrdd yn dawel.

Pan rifodd Gedeon y dynion a oedd wedi aros, gwelodd mai dim ond trydedd ran o'i fyddin wreiddiol oedd ar ôl. Am bob un a oedd wedi dewis aros, roedd dau wedi dewis mynd.

'Mae'r fyddin yn dal yn rhy fawr, Gedeon,' meddai Duw. 'Dywed wrth y dynion am fynd i yfed o'r ffynnon, a gwylia nhw'n ofalus.'

Roedd y dynion yn barod iawn i wneud hynny, ac aethant at y ffynnon a'i dyfroedd clir. Nid oedd cwpanau na phowlenni ganddynt. Wrth i Gedeon eu gwylio, sylwodd eu bod yn yfed mewn dwy ffordd wahanol. Roedd y rhan fwyaf yn mynd ar eu pedwar, gan blygu eu pennau at y dŵr a'i lepian. Roedd y gweddill yn penlinio, gan godi'r dŵr at eu genau â'u dwylo.

'Dewis y dynion sy wedi codi'r dŵr â'u dwylo,' meddai Duw wrth Gedeon, 'ac anfon y gweddill adref.'

Dyna yn union a wnaeth Gedeon.

Pan rifodd y milwyr a oedd ar ôl, dim ond tri chant oedd yno.

'Gyda'r tri chant yma, fe rof y fuddugoliaeth i ti ar y Midianiaid,' addawodd Duw.

92
Sibrwd yn y nos
Barnwyr 7

Y noson honno dywedodd Duw wrth Gedeon, 'Mae'r amser wedi dod i ymosod ar wersyll y Midianiaid. Rwy'n addo'r fuddugoliaeth i ti.'

Roedd Gedeon wedi ymddiried yn Nuw ac wedi ufuddhau iddo hyd yn hyn, ond yn awr llanwyd ei galon ag ofn wrth feddwl am ymosod ar wersyll anferth y gelyn gyda chyn lleied o ddynion.

'Os wyt ti'n ofnus, Gedeon,' meddai Duw, 'fe gei di fynd i wersyll y Midianiaid gyda Phura dy was i glywed beth maen nhw'n ei ddweud. Bydd hynny'n rhoi dewrder i ti.'

Cychwynnodd Gedeon yn llechwraidd am y gwersyll, gan gropian i lawr i'r dyffryn â'i was ffyddlon wrth ei ochr. Edrychai'r gelyn yn fwy dychrynllyd fyth yn awr. Roedd pebyll du'r Midianiaid fel carped ar y llawr a phob un yn llawn milwyr.

Ar gyrion y gwersyll roedd milwyr yn cadw gwyliadwriaeth. Cripiodd Gedeon a Phura at y man lle roedd dau wyliwr yn siarad.

'Fe ges i freuddwyd ryfedd,' meddai un ohonynt. 'Breuddwydiais fod torth o fara haidd yn rowlio i lawr y bryn ac yn sboncio i mewn i'r gwersyll. Pan fwriodd un o'r pebyll, syrthiodd y babell i'r llawr.'

'Rwy'n deall ystyr y freuddwyd honno,' atebodd ei gyfaill. 'Y dorth fach yw Gedeon, arweinydd byddin yr Israeliaid. Mae e'n mynd i ymosod arnom ni – ac ennill!'

Nid oedd angen i Gedeon glywed rhagor. Penliniodd yn y fan a'r lle a diolch i Dduw am y fath gysur a chalondid. Nid oedd raid ofni'r Midianiaid. Roedd ei ofn ef arnynt hwy!

Yna, gyda Phura yn ei ddilyn, dychwelodd ar frys i'w wersyll i ddeffro ei ddynion. 'Codwch!' gwaeddodd, 'mae Duw yn mynd i roi'r fuddugoliaeth i ni heno!'

93
Utgyrn a lampau
Barnwyr 7

Ar ôl i'r tri chant ddeffro'n iawn a mynd i sefyll yn eu rhengoedd, rhannodd Gedeon hwy yn dair mintai o gant. Yna, rhoddodd biser clai, ffagl o bren wedi'i iro, ac utgorn o gorn hwrdd i bob dyn. Roedd digon i bawb, gan fod y milwyr a aeth adref wedi gadael eu hoffer ar ôl.

Yna gwrandawodd pawb yn astud wrth i Gedeon egluro'r hyn y byddai'n rhaid iddynt ei wneud. Roeddynt yn ymddiried yn llwyr yn eu harweinydd.

'Rhowch eich ffagl y tu mewn i'ch piser,' meddai. Byddai'r piser yn cuddio golau'r fflam a'i chadw rhag diffodd yn y gwynt.

'Wedi cyrraedd y gwersyll,' meddai Gedeon, 'gwasgerwch o gwmpas cyrion y gwersyll. Gwyliwch beth fydda i a'm mintai yn ei wneud. Pan fyddwn ni'n seinio ein hutgyrn, gwnewch chithau'r un fath. Yna bloeddiwch.'

Cyrhaeddodd dynion Gedeon y gwersyll adeg newid y gwylwyr. Roedd y rhan fwyaf o'r Midianiaid yn cysgu'n drwm a'r lleill wrthi'n brysur yn newid dyletswydd. Ni chlywodd ac ni welodd neb y tri chant yn agosáu.

Yna, pan roddodd Gedeon yr arwydd, seiniodd ei gant o ddynion eu hutgyrn yn uchel. Ar unwaith gwnaeth y ddwy fintai arall yr un peth.

'Cleddyf yr Arglwydd a Gedeon!' gwaeddodd pawb.

Gyda hynny, torrodd Gedeon a'i filwyr eu piseri clai. Disgleiriodd golau llachar eu ffaglau drwy'r tywyllwch. Yn syth, gwnaeth gweddill ei ddynion yr un peth. Bu sŵn malurio piseri ac yna ymffurfiodd cylch o olau disglair o gwmpas y gwersyll.

Deffrôdd y Midianiaid mewn braw. Wrth glywed sain uchel yr utgyrn a'r gweiddi buddugoliaethus a gweld goleuni'r ffaglau o'u cwmpas, credent fod byddin anferth wedi ymosod arnynt. Dychrynodd eu camelod a dechrau rhedeg yn wyllt.

Rhwng cwsg ac effro, dechreuodd y Midianiaid daro unrhyw un a oedd o fewn cyrraedd, gan gynnwys eu cyfeillion eu hunain! Nid oedd angen i neb o ddynion Gedeon daro ergyd. Tra safent o amgylch y gwersyll, ffodd y Midianiaid nerth eu traed.

Roedd Duw wedi rhoi buddugoliaeth fawr i Gedeon a'i dri chan gŵr.

Hanes Jefftha

📖 94
Addewid Jefftha
Barnwyr 11

Mewn dim o dro roedd pobl Israel wedi anghofio eu Duw ac wedi dechrau addoli duwiau Baal eto. Unwaith yn rhagor cawsant eu cam-drin gan eu cymdogion yng ngwlad Canaan – yr Ammoniaid oedd yr ymosodwyr y tro hwn.

Roedd yn gyfnod ofnadwy, yn enwedig i ddinas Gilead. Roedd y bobl yn dyheu am arweinydd i'w hachub rhag y gelyn!

Trodd eu meddyliau at Jefftha. Roedd Jefftha'n filwr dewr ac wedi'i fagu yng Ngilead. Roedd yn perthyn i deulu mawr, ac roedd ganddo lawer o hanner-brodyr. Pan dyfodd yn ddyn, roedd ei frodyr wedi'i yrru i ffwrdd.

'Doedd dy fam di ddim yn wraig i'n tad ni,' atgoffodd y brodyr ef yn angharedig, 'felly chei di ddim rhan o etifeddiaeth y teulu.'

Bu'n rhaid i Jefftha adael ei gartref a mynd ar grwydr. Erbyn hyn roedd yn bennaeth ar fintai o ddynion ifainc, rhyfelgar.

Anfonodd pobl Gilead neges at Jefftha.

'Tyrd yn ôl, Jefftha,' meddent. 'Fe garem i ti ein harwain yn erbyn yr Ammoniaid.'

'Roeddech chi'n fy nghasáu gymaint fel y gwnaethoch fy ngyrru i ffwrdd,' atebodd Jefftha. 'Pam ydych chi'n disgwyl i mi frysio yn ôl nawr achos eich bod chi mewn helynt? Os dof i, rhaid imi fod yn bennaeth Gilead ar ôl y brwydro.'

Roedd y bobl yn ddigon bodlon i hynny.

Ar y dechrau ceisiodd Jefftha berswadio'r Ammoniaid i gymodi, ond pan sylweddolodd eu bod â'u bryd ar ryfela, cynullodd ei fyddin. Yna gwnaeth beth ffôl iawn. Er mwyn perswadio Duw i ochri gydag ef, gwnaeth addewid byrbwyll.

'Os rhoddi di'r fuddugoliaeth i mi, O Dduw,' addawodd, 'beth bynnag a wela i gyntaf wrth ddychwelyd adref, fe'i haberthaf i ti.'

Arweiniodd Jefftha fyddin Israel yn erbyn yr Ammoniaid ac ennill buddugoliaeth fawr. Wedi blino, ond yn llawen iawn, dechreuodd ar ei daith adref.

Wrth agosáu at ei dŷ, clywodd gerddoriaeth hyfryd. Roedd ei ferch hoff, ei unig ferch, yn dod i'w gyfarfod yn llawen dros ben, a'i thympan yn ei llaw. Diflannodd llawenydd Jefftha a llanwyd ef â dychryn a gofid wrth weld ei unig blentyn.

'Pam *ti*?' meddai, gan feichio crio. 'Sut y galla i gadw f'addewid?'

Ni fedrai Jefftha dorri ei addewid, er bod ei galon ar dorri a'i ferch mewn gofid mawr. Ond Duw oedd y tristaf. Nid oedd angen adduned Jefftha arno.

Roedd Duw wedi dangos i Abraham nad oedd am gael aberthau dynol. Y cwbl a ofynnai Duw gan ei bobl oedd eu hymddiriedaeth, eu cariad a'u hufudd-dod.

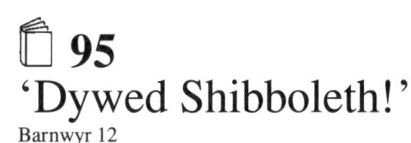

📖 95
'Dywed Shibboleth!'
Barnwyr 12

Daeth diwedd ar ymosodiadau'r Ammoniaid, ond cyn bo hir roedd Jefftha mewn helynt eto, y tro hwn gyda rhai o'i gyd-Israeliaid o lwyth Effraim.

'Pam na fuaset ti wedi ein gwahodd ni i ymuno â'th fyddin?' oedd eu cwyn. Roedd y rhyfel wedi hen orffen erbyn hynny.

'Roedd yr Ammoniaid wrthi'n ymladd ag Israel am ddeunaw mlynedd,' atebodd Jefftha. 'Fe gawsoch chi ddigon o gyfle i ymladd â nhw.'

'Fe losgwn dy dŷ am dy ben,' atebodd pobl Effraim yn ddig.

Galwodd Jefftha ei fyddin ynghyd ar frys wrth i bobl Effraim groesi'r Iorddonen i ymladd ag ef. Jefftha a'i ddynion a gafodd y fuddugoliaeth, a bu raid i bobl Effraim ffoi am eu bywyd at yr afon i geisio diogelwch yr ochr draw.

Gosododd Jefftha wylwyr wrth rydau'r Iorddonen i rwystro pob dyn a oedd am groesi. Ond sut oedd gwybod y gwahaniaeth rhwng y gelyn a'u milwyr eu hunain? Roedd pawb yn y frwydr drist a diangenraid honno yn ddigon tebyg o ran eu golwg, am mai Israeliaid oeddynt oll.

Cafodd rhywun syniad.

Roedd pawb yn gwybod na fedrai pobl Effraim ynganu'r sain 'sh'. Yn lle hynny dywedent 's'. Felly pryd bynnag y byddai milwr yn cyrraedd y rhydau, byddai'r gwylwyr yn ei ddal a mynnu ei fod yn dweud 'shibboleth'. (Mae'r gair yn golygu 'tywysen', ond nid oedd neb yn poeni am yr ystyr. Ynganiad y gair oedd yn bwysig.)

Pe dywedai'r milwr blinedig ac ofnus '*s*ibboleth', byddai'r gwylwyr yn gwybod mai gelyn oedd. Pe dywedai '*sh*ibboleth', byddent yn ei gyfarch yn garedig a gadael iddo groesi.

113

Samson gryf

📖 96
Baban arbennig
Barnwyr 13

Wedi cyfnod Jefftha daeth gelynion grymus eraill i ymosod ar Israel. Y Philistiaid oedd y rhain ac roeddynt yn byw ar hyd yr arfordir. Byddent yn achosi helynt i'r Israeliaid am flynyddoedd lawer.

Roedd Manoa a'i wraig, fel llawer un arall yn Israel, yn dyheu am i Dduw anfon arweinydd mawr arall i'w cynorthwyo. Ond yn fwy na hynny, roeddynt yn dyheu am blentyn. Yr adeg honno, roedd gwŷr a gwragedd am gael llawer o feibion a merched, ond nid oedd yr un gan Manoa a'i wraig.

Un diwrnod ymddangosodd Negesydd Duw i wraig Manoa.

'Buost yn dyheu am fab ers blynyddoedd,' meddai. 'Cyn bo hir fe gei di un. Bydd dy blentyn yn un arbennig iawn. Bydd Duw yn ei wneud yn gryf, er mwyn iddo allu achub Israel rhag y Philistiaid. Bydd raid i ti ei fagu'n ofalus iawn. Mae'n rhaid ei gysegru i Dduw o ddydd ei eni, felly paid *byth* â thorri ei wallt!'

Roedd gwraig Manoa yn deall pam nad oedd i dorri ei wallt. Pan fyddai Israeliad yn penderfynu gwasanaethu Duw mewn ffordd arbennig, byddai'n gwneud adduned Nasaread. Mae 'Nasaread' yn golygu 'wedi neilltuo'. Roedd gadael i'w wallt dyfu yn arwydd fod rhywun dan adduned o'r fath. Pan fyddai'r adduned ar ben, byddai'n torri ei wallt. Dywedodd Negesydd Duw wrth wraig Manoa nad oedd gwallt ei phlentyn i'w dorri byth. Roedd hynny'n golygu ei fod i'w neilltuo i wasanaethu Duw am ei oes.

Roedd Manoa a'i wraig braidd yn ofnus, ond yn llawn cyffro serch hynny oherwydd y newydd da. Aethant ati i drefnu ar gyfer dyfodiad y plentyn bach newydd. Buont yn ofalus iawn i ufuddhau i holl gyfarwyddiadau Duw.

97
Trefnu priodas
Barnwyr 14

Edrychodd Manoa a'i wraig ar eu mab newydd-eni mewn rhyfeddod a chariad. Cafodd yr enw Samson. Yn eu tyb hwy, ni fu erioed blentyn mor rhyfeddol. Ac roedd rhywfaint o wirionedd yn hynny.

Toc dyma nhw'n sylweddoli fod Samson yn hynod o gryf. Pan fyddai'n chwarae â phlant eraill, byddai'n ennill bob tro yn y gêmau hynny a oedd yn brawf o nerth.

Roedd ei wallt yn hir at ei ysgwyddau yn barod, am nad oedd ei rieni byth yn ei dorri, gan fod Duw wedi dweud wrthynt am beidio.

Fel pob plentyn arall, roedd Samson am gael ei ffordd ei hun, a chan amlaf roedd yn ddigon cryf i sicrhau hynny. Anaml y byddai ei rieni oedrannus, tawel yn dweud 'Na!' wrtho.

Wrth iddo dyfu, roedd Samson yn dal i ddisgwyl cael popeth yr oedd am ei gael. Un diwrnod gwelodd ferch bert a phenderfynodd ei phriodi. Parodd hyn fraw i Manoa, am mai Philistiad oedd y ferch.

'Paid â phriodi Philistiad!' crefodd. Ond roedd Samson yn benderfynol o wneud.

Cychwynnodd Manoa, ei wraig a Samson i ymweld â thad y ferch yn Timna, cartref ei rhieni, i ofyn am ganiatâd i Samson ei phriodi.

Ar y daith clywodd Samson sŵn rhuo. Yn dawel, aeth i weld beth oedd y sŵn. Yn sydyn, daeth wyneb yn wyneb â llew cryf, ifanc. Ond yn lle ffoi nerth ei draed, cydiodd Samson yn y llew a'i ladd â'i ddwylo gyda rhyw rym sydyn. Yna, heb ddweud dim wrth ei rieni, ymunodd â nhw eto ar y ffordd i Timna.

Dyma nhw'n trefnu'r briodas ac yna dychwelyd adref.

Ymhen amser, pan oedd Samson ar ei ffordd i Timna i briodi, cofiodd am ladd y llew. Trodd oddi ar y ffordd i'r man lle y digwyddodd hynny. Yno roedd sgerbwd noeth y llew wedi gwynnu yn yr haul.

Wrth graffu, gwelodd Samson, er syndod iddo, fod haid o wenyn gwyllt wedi gwneud eu nyth y tu mewn i'r sgerbwd. Rhoddodd ei law i mewn yn ofalus a chymryd peth o'r mêl melys a blasus. Yna, wedi cael digon, aeth ymlaen ar ei daith.

📖 98
'Atebwch y pos'
Barnwyr 14

Pan briododd Samson, parhaodd y dathliadau am wythnos gyfan. Ar ddiwrnod cyntaf y gwledda rhoddodd Samson bos i'r Philistiaid ifainc i'w ddatrys. Addawodd wobrau mawr iddynt pe gallent roi'r ateb cywir erbyn diwedd yr wythnos. Roedd yn sicr na fyddent yn llwyddo.

Dyma oedd y pos:

'O'r bwytawr fe ddaeth bwyd;
O'r cryf fe ddaeth melystra.'

Nid oedd neb ond Samson yn gwybod am y llew a'r gwenyn. Ni allent wneud pen na chynffon o'r pos.

Ar ôl tridiau o ddyfalu a chrafu pen, dyma nhw'n dweud wrth briodferch Samson, 'Mae'n rhaid i ti berswadio dy ŵr i roi ateb y pos i ti. Dydyn ni ddim yn fodlon i Israeliad gael y gorau arnom ni! Os na chei di'r ateb, fe losgwn dy dŷ i'r llawr – a thithau ynddo!'

Aeth gwraig Samson ati i geisio cael ateb i'r pos gan ei gŵr.

'Sut y gallet ti osod pos i'm ffrindiau heb ei egluro i mi?' cwynodd.

'Dydw i ddim wedi dweud wrth fy rhieni, hyd yn oed,' meddai Samson, 'felly pam dylwn i ddweud wrthyt ti?'

Bob dydd byddai'n gofyn a phob dydd byddai Samson yn gwrthod.

Ar ddiwrnod olaf y gwledda dywedodd, 'Alla i ddim credu dy fod ti *wir* yn fy ngharu neu fe fuaset ti'n dweud wrthyf,' a dechreuodd grio eto.

Wedi blino ar ei holl swnian, ildiodd Samson. Dywedodd yr ateb wrthi. Heb oedi, rhedodd at y Philistiaid ifainc diamynedd.

Y noson honno daeth y gwŷr ifainc at Samson yn wên o glust i glust a dweud, 'Beth sy'n felysach na mêl a beth sy'n gryfach na llew?'

Roedd Samson yn ynfyd. Roedd yn amlwg fod ei wraig wedi dweud wrthynt am y llew marw a'r haid o wenyn. Aeth ymaith yn ddig i gynllunio dial.

Yn y blynyddoedd nesaf gwnaeth Samson sawl cyrch yn erbyn y Philistiaid. Gwnaeth hynny ar ei ben ei hun. Ni chododd fyddin ac nid arweiniodd yr un. Ceisiai'r Philistiaid eu gorau i'w ddal, ond yn ofer. Roedd yn rhy gryf i'w ddal gan na rhaffau na chadwyni.

📖 99
Samson a Delila
Barnwyr 16

Ymhen rhai blynyddoedd, syrthiodd Samson mewn cariad â merch arall, Delila. Clywodd y Philistiaid am hyn ac aeth eu harweinwyr i siarad â hi yn ddirgel.

'Tria ddarganfod cyfrinach nerth aruthrol Samson,' meddent wrthi, 'ac fe gei di fwy na mil o ddarnau arian yr un, gan bob un ohonom.'

Roedd Delila yn brydferth iawn. Roedd hi hefyd yn caru arian. Roedd hi am gael yr arian ac ni phoenai ddim am fradychu Samson i'w elynion.

'Dywed wrthyf beth sy'n dy wneud di mor gryf?' ymbiliodd ar Samson pan welodd ef nesaf. 'Pe bai rhywun am dy wneud yn wan a diymadferth, sut y byddai'n mynd ati?'

'Rhwyma fi â saith llinyn-bwa newydd ac fe fydda i mor wan â phob dyn arall,' meddai Samson, gan gelu'r gwir oddi wrthi.

Penderfynodd Delila brofi hyn. Heb yn wybod i Samson, cuddiodd rai Philistiaid yn yr ystafell nesaf. Yna, fel petai ond yn chwarae, rhwymodd ef â saith llinyn-bwa newydd.

Yn sydyn gwaeddodd, 'Mae'r Philistiaid yn dod!'

Cododd Samson a thorri'r llinynnau ag un symudiad.

Roedd Samson wedi dweud celwydd wrth Delila y tro hwn, ond daliodd Delila i'w holi'n daer am gyfrinach ei nerth.

'Rhwyma fi â rhaffau newydd sbon ac fe golla i fy nerth,' meddai wrthi. Ond pan wnaeth Delila hynny, torrodd Samson yn rhydd heb unrhyw drafferth.

'Rwyt ti'n cael hwyl am fy mhen,' cwynodd Delila. 'Dywed y gwir wrthyf. Sut mae dy wneud di mor wan â dynion eraill?'

'Gwau cudynnau fy ngwallt i ffrâm weu a'u tynhau â'r hoelen,' meddai.

Wedi'i suo i gysgu, cydiodd Delila yn dyner yn ei wallt a'i wau i mewn i ffrâm weu.

Yna gwaeddodd, 'Mae'r Philistiaid yn dod!'

Gydag un plwc aruthrol tynnodd Samson ei wallt yn rhydd. Unwaith eto roedd wedi cuddio'r gwir am ei nerth oddi wrth Delila.

100
Gorchfygu'r pencampwr
Barnwyr 16

Dydd ar ôl dydd, bu Delila yn holi Samson yn ddiflino am gyfrinach ei nerth. Roedd ei holl fryd ar gael y wobr fawr yr oedd arweinwyr y Philistiaid wedi'i haddo iddi.

Yn y diwedd ni allai Samson oddef mwy o'i swnian.

'O'r gorau,' meddai. 'Fe gei di wybod yr hanes.' Gwrandawodd Delila yn astud. Y tro hwn roedd hi'n sicr ei fod yn dweud y gwir.

'Dydw i erioed wedi cael torri 'ngwallt,' eglurodd Samson. 'Er dydd fy ngeni rwyf wedi cael fy neilltuo i Dduw. Fy ngwallt hir yw'r arwydd fy mod yn Nasaread i Dduw. Petawn i'n torri fy ngwallt, fe fyddwn yn torri fy addunded i Dduw a byddai'r nerth a gefais ganddo yn pallu. Fyddwn i damaid cryfach na dyn cyffredin.'

Anfonodd Delila am arweinwyr y Philistiaid.

'Rwy'n addo y bydd yn wan a diymadferth i chi y tro hwn,' meddai.

Cyrhaeddodd yr arweinwyr gyda'u harian, a dyma Delila yn eu cuddio.

Aeth ati i sgwrsio'n glên â Samson. Yna, yn dyner, suodd ef i gysgu â'i ben ar ei chôl. Edrychodd draw ac amneidio ar un o'r Philistiaid i dorri ei wallt.

Wedi gorffen eillio ei ben, galwodd, 'Cod, Samson! Mae'r Philistiaid yma!'

Ymestynnodd Samson a sefyll yn barod i ymladd â'i ymosodwyr. Ni wyddai nad oedd Duw gydag ef mwyach i'w nerthu. Roedd wedi torri ei addunded ac roedd ei nerth wedi mynd.

Cydiodd y Philistiaid gorfoleddus ynddo, ei rwymo a'i ddallu, a mynd ag ef i'w dinas, Gasa. Yno cafodd ei gadwyno a'i osod i falu blawd yn y carchar.

101
Yr ymdrech olaf
Barnwyr 16

Roedd y Philistiaid wrth eu bodd. Roeddynt wedi dal eu gelyn Samson. Bellach roedd yn garcharor diymadferth. Ni fyddai byth eto yn gallu achosi trafferth iddynt. Penderfynwyd cael gwledd fawr i ddathlu ac i ddiolch i'w duw, Dagon.

Pan ddaeth yr amser, roedd y deml fawr dan ei sang gyda'r holl gannoedd a ddaeth ynghyd, ac roedd y to gwastad uwchben hefyd yn llawn pobl. Offrymasant aberth i Dagon a chanu, 'Mae ein duw wedi rhoi buddugoliaeth i ni ar ein gelyn Samson.'

Ar yr un pryd roedd Samson mewn digalondid ac anobaith yn ei garchar afiach. Ni fedrai weld, ond medrai gofio. Cofiodd bob peth a ddywedodd ei fam wrtho am ei eni rhyfeddol a sut yr oedd Duw wedi'i ddewis yn bencampwr Israel. Cofiodd am ei wallt hir, yr arwydd o'i adduned i wasanaethu Duw.

Roedd yn gwybod mai rhodd Duw oedd ei nerth anhygoel, i'w alluogi i waredu Israel oddi wrth y Philistiaid. Bu'n gryf wrth ymladd â hwy, ond bu'n wan ei gymeriad pan geisiai ei ewyllys ei hun a phan ildiai i'r merched a oedd wedi'i demtio a'i dwyllo.

Ond nawr roedd ei wallt yn tyfu eto, ac roedd ei benderfyniad yn tyfu hefyd. Roedd yn dyheu am fod yn gryf yn erbyn y Philistiaid unwaith eto.

Roedd y Philistiaid wrthi'n gwledda a dawnsio a chanu. Pan oedd y wledd yn ei hanterth, dywedodd un o'r arweinwyr, 'Ewch i nôl Samson! Gadewch iddo'n diddanu ni!'

Anfonwyd bachgen i arwain Samson ddall i'r deml. Pan welsant ef, dyma nhw'n bloeddio canu eu cân fuddugoliaethus. Buont yn ei wawdio ac yn gwneud hwyl am ei ben, gan wybod na allai ddianc na thalu'r pwyth yn ôl.

Yna pwysodd Samson ymlaen at y bachgen a oedd yn ei arwain.

'Rho fy nwylo i gyffwrdd â'r ddwy golofn sy'n cynnal y deml,' meddai, 'i mi gael pwyso arnynt.'

Cymerodd y bachgen ddwylo Samson a'u rhoi ar y pileri. Am ennyd safodd Samson yn dawel gan deimlo wyneb llyfn y colofnau.

'O Dduw,' gweddïodd, 'a wnei di roi fy nerth yn ôl i mi unwaith eto, er mwyn i mi daro'r ergyd olaf yn erbyn fy ngelynion?'

Yna, gan grynhoi ei holl nerth, gwthiodd Samson yn erbyn y ddwy golofn fawr.

'Gad i mi farw gyda'r Philistiaid!' gwaeddodd uwchben dwndwr y wledd.

Craciodd y colofnau anferth, gan lithro oddi ar y cerrig odanynt a syrthio i'r llawr. Yna cwympodd y to a dymchwelodd yr holl adeilad ysblennydd yn deilchion. Bu farw'r Philistiaid balch ac arwr dall Israel gyda'i gilydd.

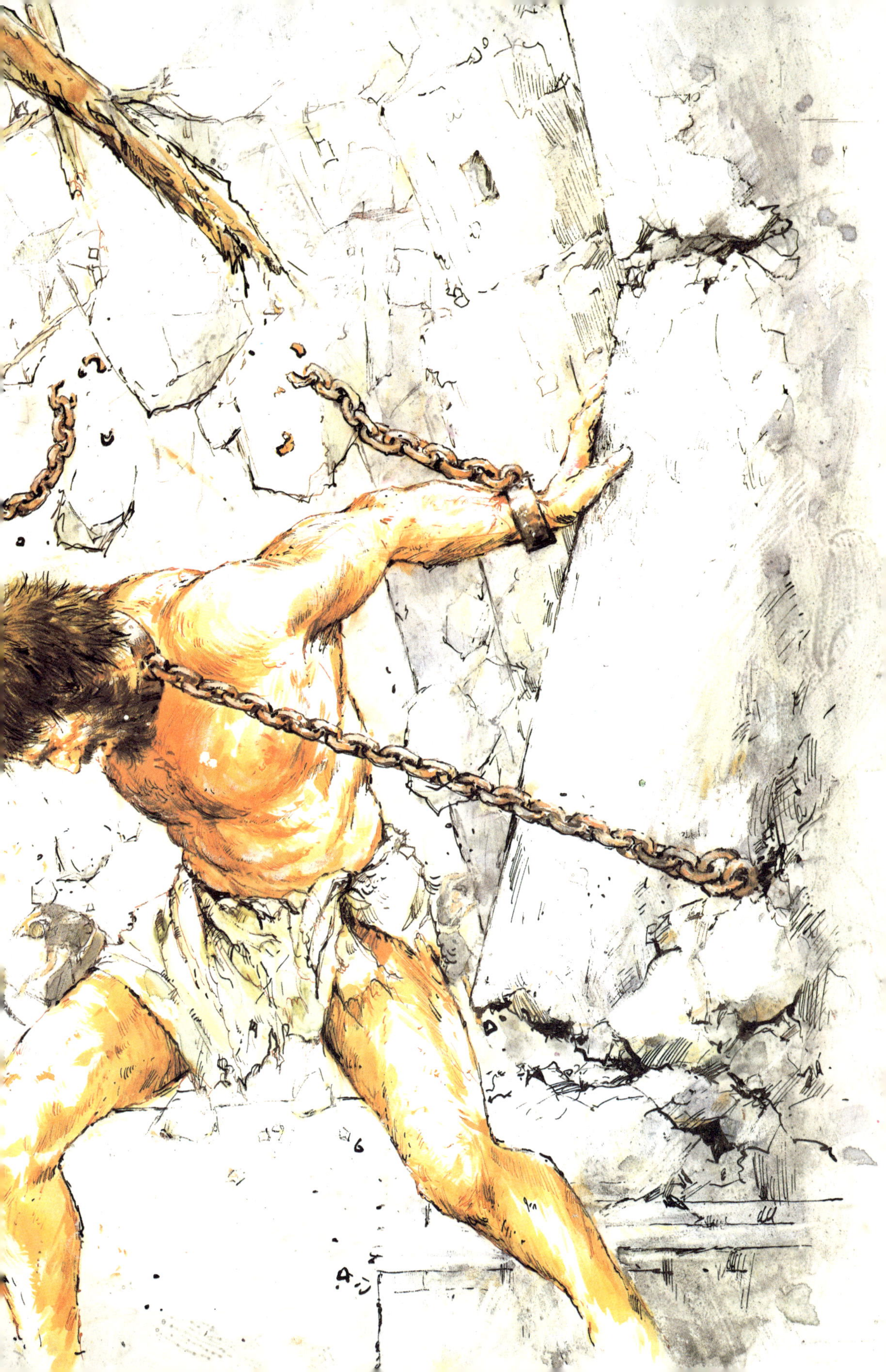

Hanes Ruth

102
Dyddiau blin
Ruth 1

Yn y cyfnod yr oedd y barnwyr yn llywodraethu yn Israel, roedd dyn o'r enw Elimelech yn byw ym Methlehem gyda'i wraig, Naomi, a'u dau fab. Un flwyddyn bu'r cynhaeaf mor wael fel na allai Elimelech sicrhau digon o fwyd i'w deulu. Felly penderfynodd y teulu adael Israel nes bod y prinder bwyd ar ben, a mynd i fyw i wlad Moab.

Tra oeddynt yno bu farw Elimelech. Erbyn hynny roedd y ddau fachgen yn ddigon hen i ofalu am Naomi a phan briododd y ddau â merched o Foab, daethant â hwy adref i fyw at eu mam.

Ymhen ychydig flynyddoedd bu farw'r ddau fab. Gadawyd Naomi, druan, mewn gwlad estron heb na gŵr na theulu. Ond roedd ei merched-yng-nghyfraith, Orpa a Ruth, yn ferched da a charedig, a rhoesant bob cysur iddi.

Roedd hiraeth ar Naomi am Fethlehem. Clywodd fod digon o fwyd yno unwaith yn rhagor, ac felly dyma hi'n casglu ei phethau a chychwyn tua Bethlehem yng nghwmni Orpa a Ruth.

Wrth iddynt nesáu at ffin Israel, arhosodd Naomi.

'Fe fuoch chi'n dda iawn i mi,' meddai wrth Orpa a Ruth, 'ond nawr mae'n bryd i chi fynd yn ôl at eich mamau eich hunain.'

Cofleidiodd y merched Naomi a'i chusanu.

'Fe ddown ni gyda thi!' meddent.

'Na!' mynnodd Naomi. 'Alla i wneud dim byd i'ch helpu, na dod â hapusrwydd i chi, felly ewch yn ôl.'

Cusanodd Orpa Naomi eto. Yna, braidd yn gyndyn, aeth yn ôl ar hyd y ffordd. Cerddai yn araf, gan droi yn aml i godi llaw, am ei bod yn caru ei mam-yng-nghyfraith.

'Nawr, Ruth,' meddai Naomi, 'mae'n rhaid i ti ddilyn Orpa.'

'Gad i mi ddod gyda thi!' ymbiliodd Ruth. 'Rwyf am aros gyda thi a mynd i ble bynnag yr ei di. Dy bobl di fydd fy mhobl i, a bydd dy Dduw di yn Dduw i minnau. Fydd dim, heblaw marwolaeth, yn ein gwahanu.'

Pan welodd Naomi fod Ruth yn benderfynol o fynd gyda hi, ni ddywedodd ragor. Roedd cael cariad a chwmni Ruth yn gysur mawr iddi.

122

103
Ruth yn cael gwaith
Ruth 2

Cafodd Naomi groeso mawr gan wragedd Bethlehem, ond roedd yn ddrwg ganddynt ei gweld mor dlawd ac anhapus.

Yr adeg honno ni allai merched ennill bywoliaeth ac nid oedd gan Naomi ŵr na meibion i'w chynnal. Ond roedd Duw wedi rhoi deddfau arbennig i'r Israeliaid, er mwyn iddynt helpu pawb a oedd mewn angen.

Roedd yn rhaid i ffermwyr ganiatáu i bobl dlawd a newynog ddod i mewn i'w caeau adeg cynhaeaf a chodi unrhyw goesau o rawn y byddai'r medelwyr yn eu colli neu'n eu gadael i ddisgyn.

Pan gyrhaeddodd Naomi a Ruth Fethlehem roedd yn adeg casglu'r haidd.

'Gad i mi fynd i loffa'r haidd,' cynigiodd Ruth. 'Os gweithia i'n galed, fe ga i ddigon o fwyd i'r ddwy ohonom.'

Cychwynnodd Ruth yn fore a dewis cae lle roedd y medelwyr wrthi'n brysur. Cadwodd yn agos atynt drwy'r bore, gan godi pob coes grawn a welai.

Tua hanner dydd daeth Boas, perchennog y cae, i weld sut olwg oedd ar bethau.

'Pwy yw'r ferch sy'n lloffa fan draw?' gofynnodd, gan bwyntio at Ruth.

'Y ferch estron o Foab,' meddai un o'i ddynion wrtho. 'Merch-yng-nghyfraith Naomi.'

Roedd Boas wedi clywed am Ruth, gan fod newyddion yn lledu'n gyflym mewn tref fach. Aeth draw ati.

'Cadw di'n agos at fy medelwyr i dros weddill y cynhaeaf,' meddai wrthi. 'Fe ofala i y cei di lonydd ganddynt. Pan fydd syched arnat ti, yf o'r dŵr y mae fy nynion wedi'i dynnu. Nawr tyrd i gael cinio.'

'Pam wyt ti mor garedig i mi?' gofynnodd Ruth yn syn.

'Fe glywais am dy garedigrwydd *di* i Naomi,' eglurodd Boas. 'Boed i'r Duw yr wyt wedi dysgu ymddiried ynddo, ofalu amdanat.'

Heb ddweud gair wrth Ruth, dywedodd Boas wrth ei fedelwyr am adael i rai coesau o haidd syrthio yn fwriadol, fel y byddai gan Ruth fwy i'w codi a'u dwyn adref.

Roedd Naomi wrth ei bodd o weld fod Ruth wedi llwyddo cystal.

'Sut y llwyddaist ti i gael cymaint?' gofynnodd.

'Fe es i gae oedd yn eiddo i ddyn o'r enw Boas,' meddai Ruth wrthi. 'Roedd yn garedig iawn i mi.'

'O, mae Duw yn dda!' meddai Naomi. 'Ef sy wedi dy arwain di yno. Mae Boas yn perthyn i'n teulu ni. Fe fyddi di'n ddiogel gydag ef.'

104
Diwedd hapus
Ruth 3-4

Bob dydd, tra oedd Ruth allan yn lloffa, roedd Naomi gartref. Bu'n meddwl yn galed. Ymhen ychydig byddai'r cynhaeaf ar ben. Beth fyddai'n digwydd iddynt wedyn?

Cyn hir cafodd syniad, ac un diwrnod meddai wrth Ruth, 'Mae'r cynhaeaf drosodd a heno bydd Boas yn cynnal gwledd i ddathlu. Pan fydd popeth ar ben ac yntau ar ei ben ei hun, dos ato. Gofyn iddo ein gwarchod ni a gofalu amdanom, am ein bod yn aelodau o'i deulu.'

Er bod Ruth yn teimlo braidd yn swil, gwnaeth yn union fel y dywedodd Naomi wrthi, achos roedd hi'n gwybod fod cyfraith Duw yn dweud fod dynion y teulu i ofalu am y gweddwon.

Roedd Boas wrth ei fodd fod Ruth wedi dewis dod ato ef am gymorth. Gwrandawodd yn ofalus arni ac yna ei hanfon adref gyda rhodd hael o rawn i Naomi.

Roedd Naomi yn fodlon.

'Mae'n ddyn da,' meddai. 'Wnaiff e ddim gorffwys nawr nes trefnu ein helpu.'

Roedd Boas yn awyddus iawn i briodi Ruth, ond roedd perthynas agosach gan Elimelech yn byw ym Methlehem. Rhaid oedd rhoi iddo ef y cyfle cyntaf i helpu'r ddwy weddw.

Safodd Boas wrth borth y dref nes i'r dyn hwnnw ddod heibio. Yna gofynnodd a fyddai ef yn dymuno gofalu am Naomi a Ruth. Byddai'n golygu prynu yn ôl dir a fu unwaith yn perthyn i Elimelech, a phriodi Ruth. Gwrthododd y dyn.

Roedd yn dda gan Boas briodi Ruth, ac aeth â hi yn ôl i'w ffermdy ei hun.

Pan anwyd eu baban cyntaf, roedd Naomi mor llawen â Ruth a Boas.

Daeth holl wragedd Bethlehem, a oedd wedi cysuro Naomi pan ddychwelodd gyntaf, i weld yr ŵyr bach newydd. Dywedasant wrth Naomi mor falch oeddynt fod Duw wedi rhoi llawenydd a digonedd iddi trwy Ruth, ei merch-yng-nghyfraith ffyddlon a serchus.

Hanes Samuel

105
Baban i Hanna
1 Samuel 1

Pan ymgartrefodd pobl Israel yng Nghanaan, rhoddwyd arch aur y cyfamod, y dodrefnyn mwyaf gwerthfawr ym mhabell Duw, yng ngofal yr offeiriaid yn Seilo. Arferai'r bobl ymweld â Seilo i ddod â rhoddion i Dduw a dathlu gyda'i gilydd.

Un a ddeuai â'i deulu i Seilo bob blwyddyn oedd Elcana. Roedd ganddo ddwy wraig, Peninna a Hanna. Roedd plant gan Peninna, ond nid oedd yr un gan Hanna. Hiraethai'n fawr am gael ei phlentyn ei hun.

'Cod dy galon, Hanna!' byddai Elcana yn dweud. 'Rwyf i'n dy garu di. Onid yw hynny'n help?'

Ond ni fedrai dim godi calon Hanna, gan fod Peninna wrthi byth a hefyd yn ei phoeni a'i gwawdio ac yn brolio am ei bechgyn a'i merched ei hun.

Roedd yn gas gan Hanna feddwl am y daith flynyddol i Seilo. Roedd y rhain i fod yn amserau hapus i'r teulu, ond gwnâi Peninna'n siŵr fod Hanna yn teimlo'n ddiflas ac yn unig.

Un flwyddyn ni allai Hanna oddef rhagor. Eisteddodd pawb ar gyfer y pryd teuluol arbennig, ond ni allai fwyta dim. Ar ôl iddynt orffen, cododd Hanna a mynd at ddrws y cysegr lle roedd arch y cyfamod. Dechreuodd weddïo, a llifodd y dagrau dros ei gruddiau.

'Paid ag anghofio amdanaf, O Dduw,' ymbiliodd. 'Rwyf mor anhapus. Rwyf am gael plentyn yn fawr iawn. Os rhoddi di un i mi, rwy'n addo ei roi yn ôl i ti er mwyn iddo dy wasanaethu weddill ei fywyd.'

Roedd rhywun yn gwylio Hanna. Roedd Eli yr hen offeiriad yn eistedd yn dawel wrth y drws, yn pendroni beth oedd yn bod ar y wraig hon. Efallai ei bod wedi yfed gormod o win yn y wledd. Aeth i siarad â hi.

'Dydw i ddim wedi meddwi,' meddai Hanna wrth Eli, 'dim ond yn drist iawn. Rwyf wedi gofyn i Dduw fy helpu.'

'Yna dos mewn heddwch,' meddai Eli, 'a boed i Dduw ateb dy weddi.'

Aeth Hanna yn ôl at Elcana a Pheninna gan deimlo rhyw heddwch o'i mewn. Roedd hyd yn oed chwant bwyd arni bellach. Yr holl ffordd adref roedd ei chalon yn ysgafnach. Roedd wedi dweud ei chŵyn wrth Dduw. Nawr byddai'n aros am ei ateb.

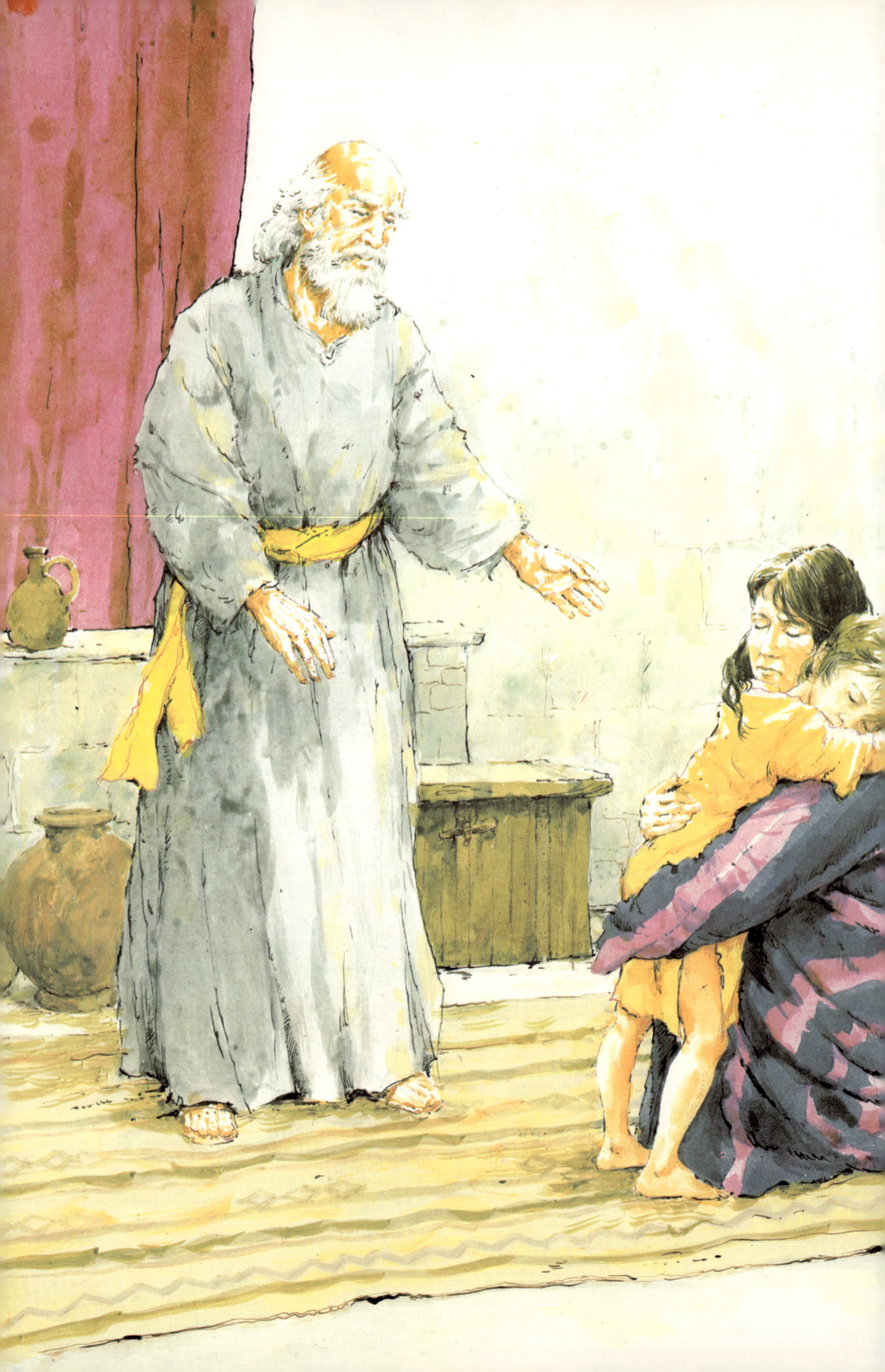

106
Gadael cartref
1 Samuel 2

Roedd Hanna yn llawen iawn pan ddeallodd ei bod yn mynd i gael baban! Rhoddodd yr enw Samuel ar ei bachgen bach, sy'n golygu 'ceisiwyd gan Dduw'. Roedd Hanna yn ei garu'n fawr iawn, ond nid oedd wedi anghofio ei haddewid i Dduw.

Pan ddaeth yn amser i'r teulu fynd i Seilo, dywedodd wrth Elcana:

'Ddof i ddim eleni. Pan fydd Samuel yn ddigon hen i'w fwydo a'i wisgo ei hun, fe awn ni gyda'n gilydd a mynd ag ef at Eli. Rhaid iddo aros yn y cysegr a dysgu gwasanaethu Duw, fel yr addewais.'

Pan ddaeth y diwrnod i'w rieni fynd ag ef i Seilo, cydiai Samuel yn dynn yn llaw ei fam. Roedd dagrau'n llosgi llygaid Hanna wrth iddi ollwng gafael ar y llaw fach gynnes a'i rhoi yn llaw arw Eli.

'Rwyf wedi'i addo i Dduw,' meddai wrth Eli. 'Os gweli di'n dda, cymer di ef a gofala amdano.'

Cyn iddynt adael Seilo, gweddïodd Hanna eto mewn bwrlwm o fawl, gan ddiolch i Dduw am roi Samuel iddi. Yna adref â hwy yn gyflym.

Bu Hanna'n cyfrif y misoedd tan yr ymweliad nesaf â Seilo, pan gâi weld Samuel eto. A fyddai'n ei chofio? A fyddai wedi tyfu llawer?

Byddai Hanna yn gweld Samuel unwaith y flwyddyn, a phob tro byddai'n mynd â chot hardd newydd iddo. Byddai'n ei gwneud fymryn yn fwy bob tro, am y byddai Samuel wedi tyfu oddi ar y flwyddyn flaenorol.

Daeth Eli yn hoff iawn o'i gynorthwywr bach. Fe'i dysgodd sut i helpu yn y cysegr, yn ogystal â dysgu iddo gyfraith Duw.

'Fe fuoch chi'n dda yn rhoi Samuel i Dduw ac i minnau,' arferai ddweud wrth Elcana a Hanna. 'Boed i Dduw eich bendithio trwy roi mwy o blant i chi.'

Atebwyd gweddi Eli. Gydag amser, cafodd Hanna dri mab arall a dwy ferch. Roedd hi'n brysur iawn nawr, ond nid anghofiodd am Samuel, y plentyn a geisiodd gan Dduw.

107
'Llefara, Arglwydd'
1 Samuel 3

Aeth y blynyddoedd heibio ac wrth i Eli heneiddio, aeth ei lygaid yn wannach. Gyda'r nos byddai'n cysgu yn ei ystafell ei hun a gadael Samuel wrth ymyl arch y cyfamod i wylio'r cysegr.

Un noson, deffrôdd Samuel wrth glywed ei enw. 'Samuel!'

Neidiodd ar ei draed a brysio i ystafell Eli.

'Ie, Eli,' meddai. 'Beth ga i nôl i ti?'

'Wnes i ddim galw, fy mab,' atebodd Eli. 'Dos yn ôl i dy wely.'

Aeth Samuel yn ei ôl ar flaenau ei draed, ond cyn iddo setlo yn ei wely clyd, clywodd y llais eto. 'Samuel!'

Allan ag ef o'r gwely mewn chwinciad ac i ystafell Eli eto. Ond ni wyddai Eli ddim am y peth.

Dywedodd wrtho am fynd yn ôl i'w wely.

'Samuel!' Daeth yr alwad y trydydd tro. Roedd Samuel yn sicr nad oedd yn breuddwydio. Unwaith eto aeth at Eli. Y tro hwn nid anfonodd Eli mohono i ffwrdd. Roedd wedi deall o'r diwedd beth oedd yn digwydd.

'Samuel,' meddai, 'rwy'n credu mai Duw sy'n dy alw. Dos yn ôl i'r gwely. Os bydd y llais yn galw eto, dywed, "Llefara, Arglwydd. Mae dy was yn gwrando." '

Gan ailadrodd y geiriau wrtho'i hun, aeth Samuel yn ôl i'w wely. Clustfeiniodd am y llais. Unwaith eto daeth y llais yn glir: 'Samuel!'

'Rwy'n gwrando, Arglwydd,' atebodd Samuel, 'wnei di siarad â mi?'

Pan glywodd Samuel beth oedd gan Dduw i'w ddweud, roedd yn drist ac yn syn. Nid oedd dau fab Eli yn ddynion da fel eu tad. Roeddynt yn torri cyfreithiau Duw ac yn lladrata'r rhoddion yr oedd y bobl yn eu cyflwyno i Dduw. Dywedodd Duw wrth Samuel nad oedd am adael i deulu Eli fod yn offeiriaid iddo.

Yn gynnar fore trannoeth daeth Eli i chwilio am Samuel.

'Beth ddywedodd Duw wrthyt ti?' gofynnodd.

Cochodd Samuel ac edrych i lawr. Nid oedd am ddweud y newydd trist wrth Eli.

'Dywed bob peth wrthyf,' mynnodd Eli.

Pan ddywedodd Samuel wrtho neges Duw, plygodd Eli ei ben.

'Mae Duw yn gwybod beth sy'n iawn a beth sy orau,' sibrydodd.

Wrth i Samuel dyfu, siaradodd Duw ag ef yn aml. Rhoddodd Duw negeseuon iddo ar gyfer pobl Israel. Dechreuodd pawb ddal sylw ar eiriau Samuel.

108
Trychineb
1 Samuel 4

Roedd y Philistiaid, hen elynion Samson, yn cryfhau eto. Buont yn ymladd yn erbyn Israel a'u curo. Roedd yr Israeliaid mewn anobaith, ond yna cafodd eu harweinwyr syniad.

'Gadewch inni gario arch cyfamod Duw gyda ni i'r frwydr nesaf,' oedd eu hawgrym.

'Os gwnawn hynny, bydd raid i Dduw ein helpu.' Roeddynt yn trin arch y cyfamod fel petai rhyw swyn yn perthyn iddi a fyddai'n dod â lwc dda iddynt.

Pan gariodd dau fab Eli yr arch allan o'r cysegr a gorymdeithio gyda hi ar flaen y gad, bloeddiodd yr holl filwyr mewn llawenydd. Clywodd y Philistiaid am hyn.

'Mae'n rhaid inni ymladd yn galed iawn y tro hwn,' meddent.

Ymladdodd y Philistiaid yn galed iawn, ac ennill. Lladdwyd meibion Eli a chipiwyd arch y cyfamod.

Yn Seilo, arhosai Eli am newyddion. Roedd e'n naw deg ac wyth oed, a bron yn ddall. Eisteddai ar sedd wrth ochr y ffordd gan wrando am sŵn traed.

Rhedodd un o filwyr yr Israeliaid yr holl ffordd o faes y gad a chyrraedd Seilo yr un diwrnod. Â'i wynt yn ei ddwrn, rhedodd yn ôl ac ymlaen ar hyd y ffordd â'r newydd ofnadwy fod y frwydr wedi'i cholli.

Dechreuodd pawb weiddi mewn ofn a galar.

'Beth sy'n digwydd?' galwodd Eli'n nerfus, a brysiodd y negeseuydd draw ato.

'Mae ein byddin wedi'i threchu'n llwyr,' meddai wrtho. 'Mae dy ddau fab wedi marw ac mae'r Philistiaid wedi cipio arch y cyfamod.'

Pan glywodd Eli fod arch y cyfamod – yr arch werthfawr y bu'n gofalu amdani cyhyd – yn nwylo'r gelyn, syrthiodd wysg ei gefn mewn braw a galar. Gan ei fod mor hen a thrwm, torrodd ei wddf a bu farw.

109
Digwyddiadau rhyfedd
1 Samuel 6

Roedd y Philistiaid wrth eu bodd. Credent eu bod wedi cael Duw Israel o fewn eu gafael am eu bod wedi cipio arch cyfamod Duw. Nawr, byddent yn rheoli Israel am byth.

Cymerasant yr arch aur i deml eu duw eu hunain, Dagon, a'i gosod wrth ochr ei ddelw.

Yn gynnar fore trannoeth daethant i deml Dagon. Cawsant fraw o weld delw Dagon yn gorwedd ar lawr o flaen arch y cyfamod. Codasant y ddelw yn ofalus, ond y bore wedyn roedd ar lawr eto o flaen yr arch. Y tro hwn roedd pen a dwylo'r ddelw wedi'u torri i ffwrdd ac yn gorwedd yn ymyl y drws.

Daeth ofn ar y Philistiaid. Rhaid fod Duw Israel yn fwy ac yn gryfach na Dagon. Yna, pan ddaeth salwch heintus i'w pobl, roeddynt yn sicr fod Duw yn eu cosbi. Penderfynwyd anfon yr arch yn ôl, gorau po gyntaf. Byddent yn teimlo'n ddiogel wedyn.

Rhwymwyd dwy fuwch wrth fen a llwytho arch y cyfamod arni. Nid oedd neb i yrru'r fen. Roeddynt wedi penderfynu gadael i'r buchod fynd eu ffordd eu hunain. Pe dilynent y ffordd i Israel, byddai hynny'n brawf mai Duw Israel oedd y tu ôl i'r cwbl.

Aeth y buchod ar eu hunion tuag at ffin Israel, er bod hynny'n golygu gadael eu lloi ar ôl. Roedd eu brefu i'w glywed o bell.

Roedd rhai o'r Israeliaid yn brysur yn medi yn y caeau, pan glywsant frefu'r buchod a gweld y fen yn cyrraedd. Pan welsant y llwyth gwerthfawr, dyma nhw'n neidio o lawenydd. Roedd arch cyfamod Duw yn ddiogel ar dir Israel unwaith eto.

110
'Rho frenin i ni!'

1 Samuel 7-8

Roedd pawb yn Israel yn adnabod Samuel ac yn ei garu. Roeddynt yn falch o'i gael yn farnwr arnynt. Samuel oedd y barnwr olaf a roddodd Duw i'r bobl.

Dywedodd Samuel wrth y bobl, 'Os ydych chi am fod yn rhydd o lywodraeth y Philistiaid, mae'n rhaid i chi ufuddhau i Dduw a dilyn ei gyfraith. Allwch chi ddim disgwyl i Dduw eich achub, os ydych yn gwasanaethu duwiau eraill.'

Gwrandawodd y bobl ar gyngor Samuel, gan addo dilyn ffyrdd Duw. Oherwydd hynny, cawsant nerth i wrthsefyll y Philistiaid.

Byddai Samuel hefyd yn helpu ac yn cynghori pawb a oedd mewn angen. Roedd ganddo bedair canolfan wahanol yn Israel. Bob blwyddyn byddai'n ymweld â phob lle yn ei dro, gan helpu datrys problemau a chwerylon. Roedd yn farnwr teg a gonest.

Wrth i Samuel heneiddio, dechreuodd y bobl ofyn beth fyddai'n digwydd ar ôl iddo farw.

'Mae angen brenin arnom,' meddent. Gwahoddwyd Samuel i gyfarfod mawr a dywedwyd wrtho am eu cynllun.

Roedd Samuel yn drist iawn. Credai fod y bobl yn dweud mewn gwirionedd nad oedd arnynt ei eisiau ef ragor. Dywedodd wrth Dduw sut yr oedd yn teimlo ac atebodd Duw:

'Y *fi* maen nhw'n ei wrthod fel eu harweinydd, Samuel, nid *ti*. Fi yw eu brenin, ond dydyn nhw ddim am imi reoli drostynt.'

Galwodd Samuel y bobl at ei gilydd er mwyn rhoi ateb iddynt. Yn gyntaf, rhoddodd rybudd difrifol. Roedd yn gwybod y byddai gan frenin rym mawr. Gallai wneud fel y mynnai.

'Os cewch chi frenin,' meddai Samuel, 'fe fydd yn cymryd eich holl eiddo. Fe fydd yn galw eich meibion i ymladd yn ei fyddin. Fe fydd yn cael eich merched i weithio yn ei balas. Fe fydd yn cymryd eich tir oddi arnoch ac yn mynnu rhan o'ch cnwd.'

'Ond rydyn ni eisiau brenin!' mynnodd y bobl. Yn eu dychymyg, gwelent reolwr dewr a fyddai'n arwain eu milwyr i'r gad. Ni feddylient am y brenhinoedd drwg a gwan a fyddai, o bosibl, yn eu rheoli.

'Gad iddyn nhw gael eu dymuniad,' meddai Duw wrth Samuel.

'O'r gorau,' meddai Samuel wrth y bobl, 'fe gewch chi eich brenin.'

Brenin cyntaf Israel

📖 111
Yr asynnod coll
1 Samuel 9

Ffermwr cyfoethog oedd Cis ac roedd yn perthyn i lwyth Benjamin. Enw ei fab oedd Saul. Gweithiai Saul ar y fferm gyda'i dad. Roedd yn ddyn ifanc, golygus, ac yn dal iawn.

'Saul!' gwaeddodd Cis un bore, 'mae'r asynnod ar goll! Dos ar unwaith gydag un o'r dynion i chwilio amdanynt!'

Heb oedi dyma Saul a'i was yn paratoi ychydig o fwyd ac yn cychwyn ar eu taith.

Chwiliasant ym mhob lle – tebygol ac annhebygol – gan alw ar yr asynnod wrth fynd. Daeth yr hwyr, a bu raid iddynt gysgu allan yn yr awyr agored. Fore trannoeth dyma nhw'n cychwyn eto. Nid oedd golwg ar yr asynnod coll yn un man.

Ar y trydydd bore ebe'r gwas yn ddiflas, 'Does dim bwyd ar ôl! Rhaid inni droi am adre.'

'Bydd fy nhad yn poeni mwy amdanom ni nag am yr asynnod erbyn hyn,' cytunodd Saul.

'Gad inni alw yn Rama yn gyntaf,' awgrymodd y gwas. 'Rydyn ni'n agos i'r lle, a dyna lle mae Samuel yn byw. Mae e'n ŵr Duw ac yn ddoeth. Efallai y bydd e'n gallu dweud ble mae'r asynnod.'

Roedd prysurdeb a chyffro mawr yn Rama. Ar yr union ddiwrnod hwnnw roedd Samuel wrthi'n cynnal gwledd ar gyfer pobl y dref.

Ar gyrion Rama, dyma Saul a'i was yn cwrdd â Samuel ei hun!

Cyn iddynt gael cyfle i ofyn dim, dywedodd Samuel, 'Peidiwch â phoeni am yr asynnod – maen nhw wedi'u cael yn ddiogel.'

Yna syllodd Samuel yn graff ar Saul.

'Rwyt ti'n berson arbennig iawn yn Israel,' meddai wrtho'n ddwys.

'Fi?' meddai Saul, gan chwerthin. 'Does dim byd arbennig amdana i! Dim ond ffermwr cyffredin yw fy nhad.'

Gwenodd Samuel a thewi. Roedd Duw wedi dweud wrtho y byddai Saul yn dod ac roedd wedi rhoi newyddion syfrdanol i Samuel am ddyfodol Saul.

'Nawr tyrd i'r wledd,' meddai Samuel, gan dywys y ddau ddyn i mewn. Daeth y cogydd â dwy saig o gig iddynt. Ar orchymyn Samuel, roedd wedi'u cadw'n boeth yn arbennig ar eu cyfer hwy. Dyna flasus oedd y pryd bwyd hwnnw!

📖 112
Y gyfrinach syfrdanol
1 Samuel 9-10

Y noson honno cysgodd Saul fel twrch ar y gwely yr oedd Samuel wedi'i baratoi iddo ar y to gwastad. Yn gynnar y bore wedyn, galwodd Samuel ef. Gwisgodd yn frysiog a mynd i lawr.

'Mae'n amser cychwyn!' cyhoeddodd Samuel. 'Fe ddof i gyda chi i gwr y dref.'

Wedi cyrraedd y cyrion, dywedodd Samuel wrth Saul am anfon y gwas o'u blaen. Roedd ganddo gyfrinach a oedd ar gyfer clustiau Saul yn unig.

Yna trodd at Saul a dweud, 'Mae Duw wedi dy ddewis di yn frenin cyntaf Israel.'

Wrth i Saul syllu'n syn, heb allu torri gair, cymerodd Samuel ffiol fach o olew a thaenellu ychydig ddiferion ar ben Saul. Dyna oedd yr arwydd fod Duw wedi dewis Saul i wneud rhywbeth arbennig iawn drosto. Eto ni allai Saul gredu newyddion Samuel.

'Bydd tri pheth yn digwydd i ti ar dy ffordd adref,' meddai Samuel wrtho. 'Pan ddigwyddant, bydd hynny'n dy helpu i gredu y bydd Duw yn cadw ei addewid i'th wneud di'n frenin.

'Yn gyntaf, fe gwrddi di â dau ddyn fydd yn dweud fod yr asynnod yn ddiogel. Nesaf, fe weli di rai dynion yn mynd â rhoddion at Dduw, a byddan nhw'n rhoi dwy o'u torthau i ti. Yn olaf, fe weli di dorf o bobl yn moli ac yn dawnsio ac yn canu cerddoriaeth i Dduw. Fe fyddi di mor hapus a chyffrous fel y byddi di'n ymuno yn y gân, gan ddawnsio a moli Duw hefyd.'

Ffarweliodd Samuel â Saul ac ymunodd Saul â'i was eto. Roedd yn dal wedi'i syfrdanu. Ond wrth fynd yn eu blaen, digwyddodd pob peth yn ôl gair Samuel. Dechreuodd Saul gredu yn yr addewid ryfeddol yr oedd wedi'i derbyn gan Dduw drwy Samuel.

Wedi cyrraedd ei gartref, daeth ewythr Saul allan i'w cyfarfod.

'Ble ar y ddaear ydych chi wedi bod?' gofynnodd.

'Yn chwilio am yr asynnod,' atebodd Saul. 'Pan fethon ni eu cael, aethom i weld Samuel.'

'Beth oedd gan hwnnw i'w ddweud?' gofynnodd ewythr Saul yn chwilfrydig.

'Fe ddywedodd fod yr asynnod wedi'u cael yn ddiogel,' atebodd Saul.

Ond ni ddywedodd wrth ei ewythr am y peth arall a oedd gan Samuel i'w ddweud. Byddai hynny'n gyfrinach nes i Samuel ddweud wrtho beth i'w wneud nesaf.

133

113
Saul, y brenin amharod
1 Samuel 10

Galwodd Samuel holl bobl Israel at ei gilydd. Yn gyntaf, cawsant wasanaeth arbennig i addoli Duw. Yna cyhoeddodd Samuel y byddai'n enwi'r brenin newydd. Nid oedd am ei enwi'n syth. Roedd am iddynt wybod mai Duw oedd wedi dewis y brenin hwn.

Yn gyntaf, allan o holl lwythau Israel, detholodd lwyth Benjamin. O lwyth Benjamin, neilltuodd un gangen. O'r gangen honno, dewisodd deulu Cis.

Arhosodd pawb yn ddisgwylgar a thawel wrth i Samuel ddewis un enw o deulu Cis.

'Saul fydd eich brenin!' cyhoeddodd.

Edrychodd pawb o gwmpas, yn awyddus i gael golwg ar eu brenin newydd o flaen pawb arall. Nid oedd neb yn gallu ei weld.

'Ble mae e?' dechreusant sibrwd. Ni allai Samuel, hyd yn oed, ei weld.

'Dewch! Gadewch inni edrych amdano!' awgrymodd rhywun, a dechreuodd pawb chwilio. O'r diwedd, gyda bloedd o fodlonrwydd, fe'i llusgwyd o'i guddfan. Roedd meddwl am sefyll o flaen yr holl bobl wedi codi'r fath fraw ar Saul nes iddo guddio o'r golwg y tu ôl i bentwr o offer ar gyrion y dorf.

Cafwyd bloeddiadau llawen yn awr wrth iddynt hanner ei lusgo a hanner ei gario at Samuel.

'Dyma'r dyn y mae Duw wedi'i ddewis!' cyhoeddodd Samuel.

'Hwrê! Hir oes i'r brenin!' gwaeddodd y bobl yn frwd.

Yna ysgrifennodd Samuel holl ddyletswyddau'r brenin newydd a'r brenhinoedd a fyddai'n ei ddilyn. Rhaid i frenhinoedd Israel fod yn wahanol i frenhinoedd eraill. Rhaid iddynt weithredu yn ôl gair Duw ac nid yn ôl eu mympwy eu hunain.

Aeth y bobl adref yn hapus ac yn llawn cyffro a dychwelodd Saul i fferm ei dad am ychydig eto.

114
Dechrau da
1 Samuel 11

Pan ddatganodd Samuel mai Saul fyddai'r brenin, nid oedd pawb yn fodlon ar y dewis. Roedd rhai Israeliaid yn ddibris o Saul ac yn ei ddirmygu.

'Pwy yw hwn i fod yn frenin arnom ni?' meddent.

Yn y cyfamser daeth byddin yr Ammoniaid, pobl a oedd yn byw yn agos i Israel, i ymosod ar ddinas Jabes.

'Peidiwch ag ymosod arnom, peidiwch da chi,' crefodd pobl Jabes. 'Gwnewch gytundeb heddwch yn lle hynny.'

'Fe arwyddwn ni gytundeb ar un amod,' atebodd yr Ammoniaid. 'A'r amod yw, fod eich holl ddinasyddion yn cael eu dallu yn eu llygaid de.'

Brawychwyd pobl Jabes yn enbyd. Ond gwyddent nad oeddynt yn ddigon cryf i wrthsefyll ymosodiad gan yr Ammoniaid.

'Rhowch saith diwrnod i ni,' plediasant. 'Os na ddaw rhywun i'n helpu ni, fe gytunwn â'ch telerau.'

Pan ddaeth Saul i mewn o'r caeau un diwrnod, clywodd ryw ddadwrdd mawr o leisiau yn llefain a chwyno. Roedd neges Jabes wedi cyrraedd ei dref. Heb wastraffu eiliad, anfonodd Saul orchmynion trwy holl Israel yn dweud wrth bob llwyth am anfon milwyr ato. Pe gwrthodent, byddai'n eu cosbi. Ymatebodd holl Israel ac anfonwyd milwyr i'r man cyfarfod a nodwyd.

Anfonodd Saul ateb i Jabes, gan ddweud wrth y dinasyddion y byddai cymorth yn dod erbyn trannoeth.

'Fe arwyddwn ni eich cytundeb chi yfory,' meddai pobl Jabes wrth frenin yr Ammoniaid. Cadwasant addewid Saul yn gyfrinach.

Y noson honno rhannodd Saul ei fyddin yn dair mintai ac aeth y tair i gyfeiriad Jabes. Gyda'r wawr dyma nhw'n ymosod yn sydyn ac yn annisgwyl ar y gelyn ac ennill buddugoliaeth fawr. Roedd cefnogwyr Saul yn llawen dros ben! Roeddynt am i Samuel ladd pawb nad oedd wedi dymuno cael Saul yn frenin.

'Na!' meddai Saul. 'Duw sy wedi rhoi'r fuddugoliaeth i ni heddiw. Does neb i gael ei ladd.'

'Fe awn ni a chyhoeddi Saul yn frenin unwaith eto,' awgrymodd Samuel. Erbyn hyn roedd pawb yn teimlo fod Saul wedi profi ei allu i reoli Israel.

Ac am bobl Jabes, nid anghofiodd yr un ohonynt garedigrwydd Saul a'i gymorth iddynt yn awr eu hangen.

115
Jonathan ddewr
1 Samuel 14

Daeth Saul yn arweinydd milwrol da. Pryd bynnag y byddai'r Philistiaid yn rhyfela yn eu herbyn, byddai'n arwain ei fyddin i'r gad.

Ond roedd gan y Philistiaid un fantais fawr. Roedd ganddynt ofaint a allai wneud arfau a'u trwsio'n fedrus. Gwnaethant yn sicr na châi'r Israeliaid gyfle i ddysgu'r sgiliau hynny. Mewn cyfnod o heddwch, byddent yn codi tâl am hogi offer gwaith yr Israeliaid, ond adeg rhyfel, byddent yn gwrthod hogi na thrwsio eu cleddyfau. Ar un adeg, Saul a'i fab Jonathan oedd yr unig Israeliaid â chleddyfau da ganddynt.

Roedd ofn mawr ar yr Israeliaid am na allent eu hamddiffyn eu hunain. Eisteddai Saul yng ngwersyll yr Israeliaid yn swrth a diobaith, gyda mintai o ddim ond chwe chant o ddynion. Roedd llawer wedi gadael ac ymuno â'r Philistiaid. Ni sylwodd ar Jonathan a'i was yn llithro ymaith.

Ar ben y bryn ar ochr draw'r dyffryn, codai dwy graig denau yn serth i'r awyr. Gwyddai'r ddau ddyn fod milwyr y Philistiaid rhwng y ddwy graig, yn cadw golwg ar lwybr cul y mynydd. Ar ochr arall y bryn roedd gwersyll y Philistiaid.

'Gad i ni ddringo i fyny!' awgrymodd Jonathan. 'Efallai y bydd Duw yn ein helpu i gipio'r llwybr.'

'O'r gorau,' atebodd ei was yn awyddus.

Dyma nhw'n rhedeg ar draws y dyffryn agored yng ngolwg milwyr y Philistiaid. Gwyddent fod llygaid craff wedi'u gweld.

'Hei, hogia!' galwodd milwyr y Philistiaid, 'dewch i fyny. Fe allwn ni ddysgu un neu ddau o bethau i chi!' Yna dyma nhw'n bloeddio chwerthin.

'Dyna'n union a wnawn ni! Dilyn fi!' meddai Jonathan wrth ei was, a dringasant y bryn mor fedrus â geifr. Nid oedd modd eu gweld bellach o'r llwybr uwchben.

Rhyw ddiog aros amdanynt a wnâi'r gelynion. Disgwylient weld dau lwfrgi arall, â'u dwylo uwch eu pennau, yn gofyn am drugaredd.

Yn sydyn ac yn ddirybudd ymddangosodd Jonathan a'i was o'r tu ôl i'r creigiau. Ac roedd gan Jonathan arfau! Gyda'i gilydd trechodd y ddau Israeliad wylwyr y Philistiaid a chipio'r llwybr.

Gwyliodd milwyr y Philistiaid mewn braw yn y gwersyll islaw. Rhaid mai dechrau ymosodiad mawr oedd hyn, meddylient. Ffoesant am eu bywyd. Gwelodd Saul a'i ddynion anhrefn y Philistiaid a chododd eu calonnau. 'Ar eu hôl!' ebe Saul, a gyrasant y Philistiaid ar ffo.

116
Saul yn anufuddhau
1 Samuel 13, 15

Daeth Saul yn ddyn cryf yn Israel. Ef oedd yr un a roddai'r gorchmynion yn awr. Ond roedd Samuel yn dal i ddweud wrth Saul beth i'w wneud. Ei waith ef oedd hysbysu Saul o orchmynion Duw a'i atgoffa am gyfreithiau Duw. Ond roedd Saul am fynd ei ffordd ei hun fwyfwy.

Un diwrnod, paratôdd Saul ei fyddin ar gyfer ymladd.

'Aros,' meddai Samuel wrtho. 'Paid â mynd i'r frwydr nes i mi ddod atat ti ymhen yr wythnos.'

Arhosodd Saul am yn agos i wythnos, ond ni chyrhaeddodd Samuel. Wedi colli ei amynedd yn lân, dechreuodd Saul drefnu pethau ei hun. Cyrhaeddodd Samuel cyn diwedd y saith diwrnod a gweld fod Saul wedi gwneud pethau na ddylai eu gwneud.

Nes ymlaen, bu Saul yn anufudd i gyfarwyddiadau Duw eto. Roedd gan Saul lawer o esgusodion am hyn, ond gwelodd Samuel nad oedd Saul yn fodlon gwrando ar Dduw.

Gwyddai Samuel pa mor bwysig oedd hi i frenin Israel ufuddhau i Dduw. Duw oedd gwir frenin Israel. Roedd brenin Israel i reoli ar ran Duw, ac nid ei fodloni ei hun.

'Saul,' meddai Samuel, 'dwyt ti ddim yn sylweddoli fod Duw am gael dy ufudd-dod di yn fwy na'r holl roddion y gallet ti eu rhoi iddo? Anufudd-dod i Dduw yw'r math gwaethaf o bechod. Mae gen i neges drist i ti oddi wrth Dduw. Am i ti anufuddhau iddo dro ar ôl tro, fydd dy feibion di ddim yn rheoli ar dy ôl. Bydd Duw yn codi brenin arall ar Israel, a fydd yn barod i'w ddilyn ac ufuddhau i'w gyfreithiau.'

Dafydd y llanc

📖 **117**
Dewis brenin newydd
1 Samuel 16

Roedd Samuel yn drist fod Saul wedi troi yn frenin anufudd.

Un diwrnod dywedodd Duw wrtho, 'Paid â gofidio rhagor am Saul. Eneinia'r dyn rwyf wedi'i ddewis yn frenin yn ei le. Dos i Fethlehem, lle mae Jesse'n byw. Fe ddewisais un o'i feibion i deyrnasu ar ôl Saul.'

'Alla i byth,' meddai Samuel. 'Os bydd Saul yn clywed, bydd yn fy lladd.'

'Does dim rhaid i Saul wybod,' meddai Duw. 'Trefna wledd ym Methlehem, a gwahodd holl deulu Jesse iddi.'

Roedd cyffro mawr ym Methlehem pan gyrhaeddodd Samuel i drefnu'r wledd. Cafodd pawb wahoddiad, gan gynnwys Jesse a'i holl deulu. Pan gamodd Jesse ymlaen i gyflwyno ei feibion, edrychodd Samuel yn graff ar Eliab, yr hynaf. Roedd yn olygus ac yn dal – yn debyg iawn i Saul pan oedd yn ifanc.

'*Rhaid* mai ef yw'r un y mae Duw wedi'i ddewis,' meddyliodd Samuel.

Ond dywedodd llais Duw y tu mewn iddo, 'Na, Samuel, nid dyna'r dyn a ddewisais. Edrych ar y tu allan yr wyt ti, ond rwyf i'n edrych ar feddyliau a theimladau. Calon person yw'r peth pwysicaf.'

Cyflwynodd Jesse ei feibion i Samuel fesul un, yn nhrefn oedran – saith dyn ifanc, golygus a chryf. Wrth i bob un gamu ymlaen, llamodd calon Samuel, ond bob tro dywedodd Duw, 'Na.'

Roedd Samuel mewn dryswch. Rhaid fod rhyw gamddeall yn rhywle.

'Ai dyma dy feibion i gyd?' gofynnodd i Jesse.

'Mae un arall, yr ieuengaf,' cyfaddefodd Jesse, 'ond mae ef yn y caeau gyda'r defaid.'

'Wnawn ni ddim dechrau'r wledd nes ei fod ef yma hefyd,' mynnodd Samuel.

Aeth rhywun ar frys i nôl Dafydd. Cyrhaeddodd â'i wynt yn ei ddwrn, yn dal i wisgo ei hen ddillad gwaith.

Roedd yntau hefyd yn edrych yn gryf a golygus. Roedd ei lygaid yn loyw ac roedd lliw haul iachus arno oherwydd ei waith yn y meysydd.

'Dyma'r dyn a ddewisais,' ebe llais Duw wrth Samuel. 'Eneinia ef yn frenin.'

Tynnodd Samuel ffiol fach o olew a thaenellu ychydig ddafnau ar ben Dafydd, gan sibrwd neges Duw wrtho.

Dim ond Dafydd oedd yn gwybod y byddai'n frenin ar Israel ryw ddiwrnod. Byddai llawer blwyddyn galed cyn y diwrnod hwnnw. Ond o hynny allan, bu Duw gyda Dafydd mewn ffordd arbennig.

118
Her y cawr
1 Samuel 17

Roedd y rhyfela rhwng yr Israeliaid a'r Philistiaid yn parhau. Gwersyllai'r ddwy fyddin ar ddau lethr a'r dyffryn rhyngddynt. Roedd tri mab hynaf Jesse ym myddin Saul, a dechreuodd Jesse boeni amdanynt.

'Dafydd!' galwodd ei dad un diwrnod. 'Dos i flaen y gad i weld a yw dy frodyr yn iawn. Dyma fara ffres iddyn nhw, a chaws i'w swyddogion. Bydd yn ofalus iawn a brysia'n ôl.'

Pan gyrhaeddodd Dafydd, gwelodd fod y ddwy ochr yn ymbaratoi ar gyfer brwydr. Yn sydyn, tawelodd y sŵn a'r siarad ac aeth pawb yn ddistaw. Yna taranodd llais mawr ar draws y distawrwydd.

Edrychodd Dafydd dros y dyffryn. Yn camu tuag atynt roedd y dyn mwyaf a welodd erioed. Roedd wedi'i arfogi'n barod i ryfel. O'i flaen cerddai Philistiad arall yn cario ei darian enfawr ac yn edrych yn fach iawn yn ei hymyl.

'Dewch ymlaen, Israeliaid!' bloeddiodd y cawr. 'Dewiswch bencampwr i ymladd â mi! Os bydd e'n ennill, fe wnawn ni eich gwasanaethu chi. Ond os enilla i, fe fyddwch chi yn gaethweision i ni!'

'Pwy yw y bostiwr yna?' gofynnodd Dafydd.

'Goliath yw hwnna,' eglurodd y milwyr. 'Mae'n dod yma bob bore a nos gyda'r her ofnadwy yna. Mae pawb wedi dychryn!' Ac yn wir, roedd milwyr yr Israeliaid i gyd yn llithro i ffwrdd i'w pebyll.

Daeth brodyr Dafydd draw.

'Nawr te, frawd bach,' dechreuodd Eliab, 'be wyt ti'n wneud yma? Fe ddylet ti fod yn gofalu am dy ddefaid ac yn meindio dy fusnes dy hun.'

'Wnes i ond gofyn beth oedd yn digwydd,' protestiodd Dafydd. 'Does gan neb yr hawl i herio pobl Dduw fel yna. Dydy Goliath ddim yn gryfach na'n Duw ni.'

Dywedodd rhywun wrth Saul am y gŵr ifanc a siaradai mor ddewr, a galwyd Dafydd i babell y brenin.

'F'arglwydd frenin,' meddai Dafydd wrth Saul, 'does dim angen i neb ofni'r Philistiad hwn. Fe ymladda i ag ef!'

'Ti?' gofynnodd Saul yn syn. 'Dim ond llanc wyt ti. Mae Goliath yn filwr proffesiynol. Beth sy'n peri i ti feddwl y gallet ti ennill?'

'Mae Duw ar ein hochr ni,' atebodd Dafydd yn hyderus. 'Efallai fy mod i'n ifanc, ond cefais ymarfer da fel bugail. Gyda help Duw rwyf wedi lladd llewod ac eirth wrth iddynt ymosod ar fy nefaid. Bydd Duw yn siŵr o'm helpu nawr.'

'O'r gorau,' cytunodd Saul, 'fe gei di ymladd â Goliath. A Duw a fyddo gyda thi!'

139

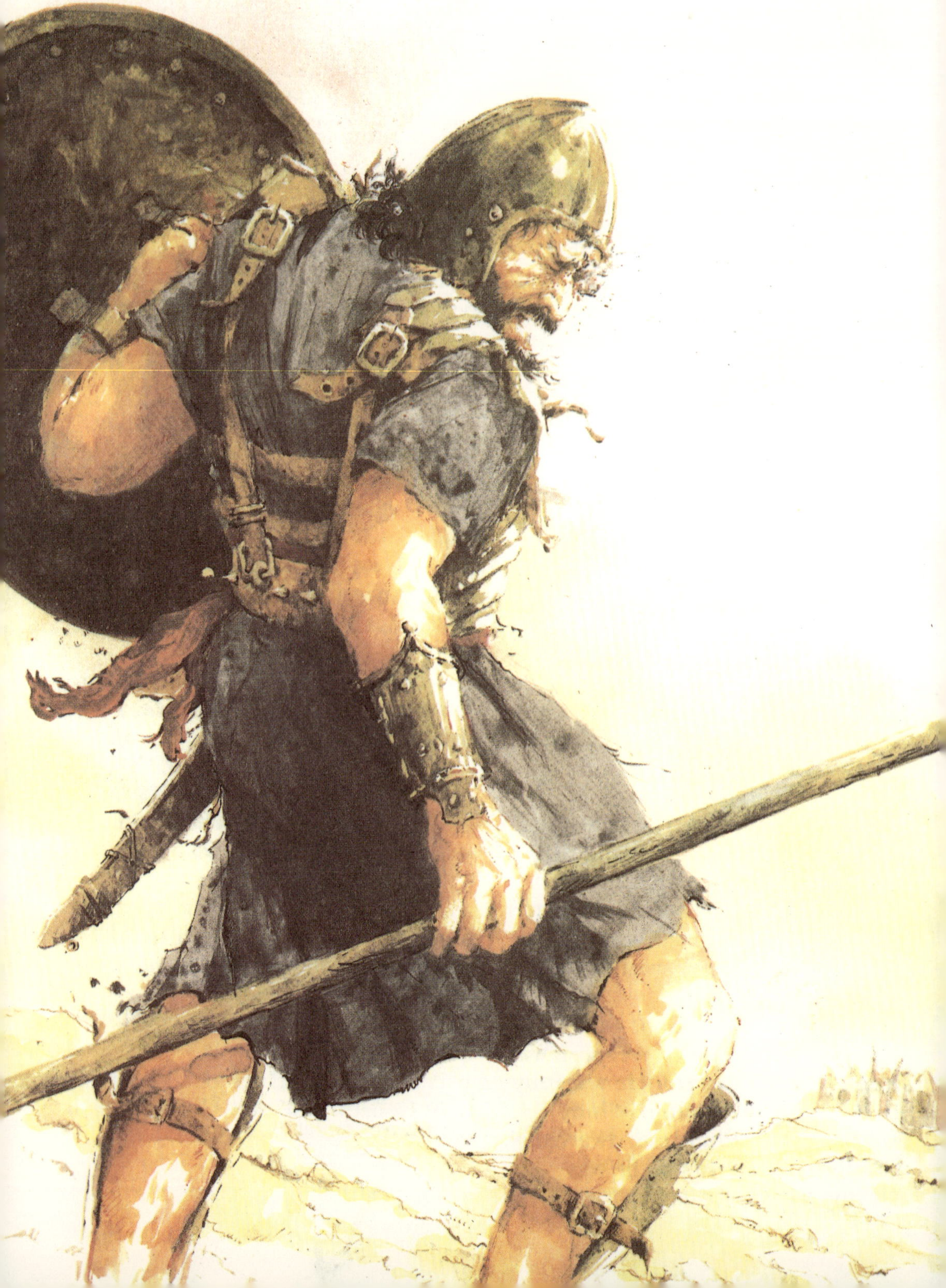

119
Lladd Goliath
1 Samuel 17

Craffodd Saul ar Dafydd o'i gorun i'w sawdl. Byddai raid iddo gael y wisg iawn i'w amddiffyn. Felly rhoddodd Saul ei helm bres ei hun ar ben Dafydd a'i wisgo â'i lurig ei hun. Ond erbyn i Dafydd wisgo'r cleddyf mawr, prin y gallai symud.

'Ddaw hi ddim fel hyn,' meddai, allan o wynt. 'Nid milwr ydw i, ac alla i ddim ymladd fel un. Rhaid i mi ddefnyddio arfau rwy'n gyfarwydd â nhw.'

Gwyliodd Saul yn anesmwyth wrth i Dafydd redeg i lawr at y nant gerllaw a dewis pum carreg lefn o blith y cerrig a oedd dan y dŵr. Rhoddodd hwy yn ei fag ac archwilio ei ffon dafl ledr. Yna aeth yn ei flaen i gyfarfod pencampwr y Philistiaid gyda'i ffon fugail yn ei law.

Camodd Goliath ymlaen gan weiddi ei her arferol. Ond yn lle gweld yr Israeliaid dychrynedig yn ffoi, gwelodd ddyn yn camu ymlaen i'w gyfarfod. Pan ddaeth corff main, diarfog Dafydd i'r golwg, llanwyd Goliath gan ddirmyg a llid.

'Sut y meiddi *di* ddod i ymladd â *mi*?' gwaeddodd yn gynddeiriog. 'I beth wyt ti eisiau'r ffon yna? Wyt ti'n meddwl mai ci ydw i? Tyrd yn nes ac fe rodda i dy gorff marw i'r adar ei bigo.' Yna dechreuodd felltithio Dafydd.

'Rwyt ti'n ymladd â mi gyda chleddyf a gwaywffon a nerth mawr,' galwodd Dafydd yn hy, 'ond rwyf i'n dod yn enw'r Arglwydd. Mae e'n gryfach nag unrhyw bencampwr. Rwyt ti wedi'i felltithio, ond bydd yn rhoi'r fuddugoliaeth i mi, er mwyn i bawb wybod mai ef yw'r gwir Dduw.'

Yna rhedodd Dafydd tuag at Goliath. Tynnodd garreg a'i rhoi yn ei ffon dafl. Hyrddiodd y garreg yn fedrus gan anelu'n berffaith.

Aeth y garreg trwy'r awyr fel mellten a tharo Goliath yng nghanol ei dalcen. Cafodd ei daro'n anymwybodol. Syrthiodd i'r llawr â'i gorff mawr ar led. Rhedodd Dafydd ato a chipio cleddyf Goliath a'i ladd.

Roedd y pencampwr mawr yn farw gelain. Ffodd y Philistiaid mewn dychryn o faes y gad.

120
Cenfigen y brenin
1 Samuel 16, 18

Nid oedd dilyn ei ewyllys ei hun yn lle ufuddhau i Dduw yn gwneud y brenin Saul yn hapus. Roedd yn gwybod nad oedd Duw gydag ef fel y bu unwaith. Dechreuodd gael pyliau o ddigalondid.

Un diwrnod eisteddai yn ei balas â'i ben yn ei blu, yn ddiflas a di-ddweud.

'Byddai cerddoriaeth yn codi dy galon,' meddai un o'i weision wrtho.

'Dos i nôl cerddor, felly,' meddai Saul.

Cofiodd rhywun fod mab ieuengaf Jesse, Dafydd, yn canu'r delyn yn dda.

'Dos i'w nôl e,' gorchmynnodd Saul.

Ufuddhaodd Jesse i orchymyn y brenin ar unwaith, a daeth Dafydd i'r llys. Roedd Saul yn falch o'i weld unwaith eto. Pan fyddai Saul mewn iselder, byddai Dafydd yn canu iddo ac yna teimlai Saul yn siriol unwaith eto.

Tra oedd Dafydd yn y llys, dysgodd fod yn filwr.

Roedd Saul yn falch o gael swyddog mor ddewr a llwyddiannus yn ei fyddin – nes iddo ddarganfod fod Dafydd yn dod yn fwy enwog a phoblogaidd nag ef ei hun.

Pan ddaeth Saul a Dafydd adref ar ôl ennill brwydr, daeth y merched allan i'w croesawu gyda dawns a chân. Gwrandawodd Saul ar eiriau eu cân: 'Lladdodd Saul ei filoedd, a Dafydd ei fyrddiynau!'

'Maen nhw'n credu fod y llanc hwn yn well milwr na mi!' meddai Saul wrtho'i hun. 'Byddant am ei goroni nesaf!' Dechreuodd cenfigen losgi o'i fewn.

Drannoeth teimlai Saul yn waeth nag erioed. Wrth i Dafydd ganu i'w gysuro, cydiodd Saul yn ei waywffon a'i hyrddio tuag ato. Fel mellten, neidiodd Dafydd o'r ffordd, a thrywanodd y waywffon y pared y tu ôl iddo.

Dwywaith y ceisiodd Saul ladd Dafydd a dwywaith y dihangodd. Nid oedd ofn Saul ar Dafydd, ond dechreuodd Saul ofni Dafydd fwyfwy. Gwelodd fod Duw gyda Dafydd yn awr fel y bu unwaith gydag ef.

121
Ffrindiau am oes
1 Samuel 18-19

Er gwaethaf casineb cynyddol Saul, roedd gan Dafydd un cyfaill da yn y llys – neb llai na mab y brenin ei hun, Jonathan.

Roedd Jonathan yntau yn filwr dewr a da, a chynhesodd ar unwaith at y llanc a oedd yn ddigon dewr i ymladd y pencampwr Goliath yn enw Duw. Teimlodd yn sicr y byddent yn ffrindiau. Ni ddaeth i feddwl Jonathan deimlo cenfigen tuag at y dyn ifanc hwn, a fyddai efallai yn difetha ei gyfle ei hun yn y llys.

'Gad inni addo bod yn ffrindiau doed a ddêl,' meddai Jonathan wrth Dafydd. Rhoddodd rai o'i bethau mwyaf gwerthfawr i Dafydd – ei gleddyf, ei fwa a'i wregys – fel arwydd y byddai eu cyfeillgarwch yn parhau am byth.

Tyfodd cenfigen Saul tuag at Dafydd yn rhyw fath ar wallgofrwydd. Ni allai feddwl am ddim byd ond sut i gael gwared arno.

'Rwy'n mynd i ladd Dafydd,' meddai wrth Jonathan a swyddogion y llys un diwrnod. Brysiodd Jonathan i ddod o hyd i Dafydd.

'Cadw allan o olwg y brenin,' rhybuddiodd. 'Rwyt ti mewn perygl mawr. Cadw o'r golwg nes i mi siarad â 'nhad. Gwnaf fy ngorau i geisio newid ei feddwl.'

Drannoeth, daeth Jonathan o hyd i'r brenin Saul ar ei ben ei hun.

'Paid â gwneud niwed i Dafydd!' plediodd ag ef. 'Meddylia am bob peth y mae wedi'i wneud yn dy wasanaeth di. Cofia sut y lladdodd Goliath. Rhoddodd Duw y fuddugoliaeth inni trwy law Dafydd. Fe fentrodd ei fywyd drosot ti lawer tro.'

Roedd Saul yn dawel am foment ac yna dywedodd, 'Rwyt ti'n iawn. Dyw Dafydd ddim yn haeddu marw. Rwy'n addo yn enw Duw na fydda i'n ei ladd.'

Roedd Jonathan yn ddiolchgar a theimlodd ryddhad. Dywedodd wrth Dafydd ei bod yn ddiogel iddo ddychwelyd i'r llys unwaith eto.

143

Dafydd yn cuddio

📖 122
Dianc gyda'r hwyr
1 Samuel 19

Daeth rhyfel arall, ac arweiniodd Dafydd y fyddin a threchu'r Philistiaid. Ond yn lle bod yn ddiolchgar, trodd cenfigen Saul at Dafydd yn gasineb ofnadwy.

Unwaith eto hyrddiodd ei waywffon at Dafydd pan oedd wrthi'n canu'r delyn. Yr un noson anfonodd Saul filwyr i amgylchynu tŷ Dafydd ac i aros yno amdano tan y bore.

'Ewch i mewn bryd hynny a'i ladd,' gorchmynnodd Saul. Ond roedd gan Dafydd gyfaill arall yn nheulu Saul. Roedd Michal, merch ieuengaf Saul, wedi syrthio mewn cariad â'r arwr ifanc dewr, Dafydd, ac wedi'i briodi.

'Rhaid i ti ddianc cyn y bore,' rhybuddiodd Michal ei gŵr. Rhoddodd help iddo ddringo i lawr o'r ffenestr. Yna trefnodd ei wely i edrych fel petai rhywun yn cysgu ynddo.

Yn y bore, rhuthrodd dynion Saul i mewn i'r tŷ, ond nid oedd Michal yn fodlon iddynt fynd i mewn i'w ystafell. 'Mae'n sâl,' meddai wrthynt. Felly dychwelodd y dynion at Saul.

'Ewch i'w nôl a dewch ag ef yma – y gwely a'r cwbl, os bydd raid!' bloeddiodd Saul.

Pan wthiodd y milwyr heibio i Michal ac i mewn i ystafell Dafydd, gwelsant nad person oedd y siâp yn y gwely o gwbl. Roedd Michal wedi'u twyllo ac roedd Dafydd wedi dianc.

Erbyn hynny roedd Dafydd yn ddigon pell i ffwrdd. Aeth i chwilio am Samuel, y dyn duwiol a oedd wedi dweud wrtho y byddai'n frenin ryw ddiwrnod. A fyddai'r diwrnod hwnnw byth yn dod?

📖 123
Arwydd y saeth
1 Samuel 20

Pan adawodd Dafydd Samuel, aeth yn ôl i weld ei ffrind Jonathan.

'Beth wnes i o'i le?' gofynnodd yn chwerw. 'Pam mae dy dad mor benderfynol o'm lladd?'

'Rwy'n siŵr na wnaiff niwed i ti,' atebodd Jonathan. 'Dof o hyd i'r gwir. Dyw e byth yn celu dim oddi wrthyf.'

'Sut y ca i wybod?' gofynnodd Dafydd. Roeddynt yn cerdded yn y caeau, lle nad oedd modd i neb sbïo arnynt.

'Cuddia yma nes i mi wybod beth yw teimladau fy nhad,' awgrymodd Jonathan. 'Fe ddof yn ôl cyn gynted â phosibl. Dof â'm bwa a'm saethau ac esgus fy mod yn ymarfer. Yn agos at y man hwn, fe saetha i saeth a galw ar fy ngwas i'w nôl. Os gwaeddaf, "Mae'r saeth yn agos iawn atat ti!", golyga hynny fod pob peth yn iawn. Ond os gwaeddaf, "Mae'r saeth yn bellach ymlaen!", fe fyddi mewn perygl. Ffo am dy fywyd.'

Gwahanodd y ddau ffrind. Teimlai Jonathan yn sicr y gallai berswadio ei dad fod Dafydd yn was ffyddlon iddo. Ond pan siaradodd â Saul, gwylltiodd y brenin.

'Sut y meiddiet ti ochri gyda Dafydd?' taranodd. 'Fe gaiff e farw!'

'Pam *dylai* fe farw?' ymbiliodd Jonathan. 'Pa ddrwg wnaeth e?'

Yna gwylltiodd Saul gymaint nes hyrddio ei waywffon at Jonathan. Brysiodd Jonathan o'r ystafell. Aeth am y caeau gyda'i was. Yn unol â'r cynllun, saethodd ei saeth ac yna gweiddi'n glir, 'Mae'r saeth yn bellach ymlaen!' Brysiodd y bachgen i'w nôl.

Yna anfonodd Jonathan y bachgen adref. Nid oedd neb arall yn y golwg, felly roedd yn ddiogel i Dafydd ddod o'i guddfan. Gwyddai'r ddau y byddai'n rhaid gwahanu.

'Un diwrnod fe fydd Duw yn dy wneud di'n frenin,' meddai Jonathan. 'Pan ddaw'r diwrnod hwnnw, bydd yn garedig wrthyf fi a'm teulu. Gad inni fod yn ffrindiau cywir am byth, a Duw a fyddo gyda thi bob amser.'

Prin y gallai Dafydd siarad gan dristwch. Ond addawodd y byddai bob amser yn ffyddlon i Jonathan. Yna dychwelodd Jonathan i'r palas. Ni wyddai Dafydd ble i fynd. Ond gwyddai fod yn rhaid iddo ddal i guddio, ymhell o'i gartref a'i gyfeillion.

124
Bwyd a chleddyf
1 Samuel 21

Pan ffarweliodd Dafydd â Jonathan, bu'n meddwl yn hir am rywle diogel i fynd. Nid oedd ganddo na bwyd nac arfau, ac ni allai fynd i'r palas neu i'w gartref i'w nôl.

Yn sydyn penderfynodd. Byddai'n ddiogel ymddiried yn offeiriaid Duw. Roeddynt yn byw yn y cysegr mewn lle o'r enw Nob, felly aeth Dafydd yno heb oedi.

Pan welodd Ahimelech yr offeiriad fod Dafydd yn dod, brysiodd allan i'w gyfarfod. Synnodd ei weld ar ei ben ei hun.

'Ble mae dy ddynion?' gofynnodd. Roedd ar Dafydd ofn dweud y gwir wrtho.

'Fe fydda i'n cwrdd â nhw yn nes ymlaen,' meddai. 'Rwyf ar neges frys dros y brenin. Gadewais mewn cymaint o frys nes imi ddod heb fwyd nac arfau. Fedri di fy helpu?'

'Does dim bara yma,' atebodd Ahimelech, 'dim ond y bara cysegredig sydd ar gyfer yr offeiriaid yn unig.'

'Rho hwnnw i mi,' plediodd Dafydd. 'Rwyf mewn angen mawr.'

'O'r gorau,' cytunodd Ahimelech, ac aeth i nôl y torthau.

'Oes gen ti gleddyf?' aeth Dafydd yn ei flaen. Gwenodd Ahimelech.

'Dydyn ni ddim yn cadw arfau yng nghysegr Duw,' meddai'n dawel, 'ond mae cleddyf Goliath yma. Rydym yn ei gadw yma i gofio am y fuddugoliaeth fawr a roddodd Duw i'r Israeliaid drwot ti.'

'Cleddyf gwych!' meddai Dafydd. 'Rho fe i mi, os gweli di'n dda.'

Tynnodd Ahimelech y cleddyf mawr a'i estyn yn ofalus i Dafydd.

Gyda bwyd, ac arf i'w amddiffyn, aeth Dafydd ar ei ffordd yn hapusach.

Ond nid Ahimelech oedd yr unig berson i weld Dafydd. Roedd rhywun arall yn gwylio ac yn gwrando.

📖 125
Hel clecs
1 Samuel 22

Bu Dafydd yn crwydro am sbel, ac yna sefydlodd ei bencadlys mewn ogof fawr. Roedd Dafydd yn arwr poblogaidd ac ymunodd pob math o bobl ag ef. Roedd rhai wedi'u cam-drin gan eu meistriaid, ac eraill mewn dyled. Ar y cychwyn criw digon diflas a chwynfanllyd oeddynt, ond cyn hir clymodd Dafydd hwy yn fintai o ddilynwyr dewr a ffyddlon.

Cwynai'r brenin Saul yn chwerw wrth ei swyddogion am na fedrai ddod o hyd i Dafydd.

'Rydych chi i gyd yn cynllwynio yn f'erbyn,' meddai. 'Does neb ohonoch chi'n fodlon dweud wrthyf ble mae Dafydd yn cuddio.'

Yna camodd Doeg, un o'i brif weision, ymlaen.

'F'arglwydd frenin,' meddai, 'mi fedra *i* roi gwybodaeth ddiddorol iti am Dafydd.'

Llonnodd wyneb Saul.

'Roeddwn i yn y cysegr yn Nob pan gyrhaeddodd Dafydd yno,' aeth Doeg yn ei flaen. 'Rhoddodd Ahimelech fwyd iddo i'w fwyta a chleddyf i'w arfogi.'

Roedd Saul yn wyllt gacwn.

'Anfonwch am Ahimelech – a holl offeiriaid Nob!' bloeddiodd.

Pan ddaethant gofynnodd Saul, 'Ahimelech, pam wyt ti'n cynllwynio gyda Dafydd yn f'erbyn i?'

Mynnodd Ahimelech na wyddai ddim am unrhyw gynllwyn. Roedd wedi helpu Dafydd heb amau dim, meddai, gan feddwl ei fod ar neges frys dros y brenin. Ond ni chredai Saul yr un gair.

'Fe gaiff yr holl offeiriaid hyn farw!' gwaeddodd.

Dim ond Doeg y clepgi a oedd yn barod i gyflawni'r dasg ofnadwy honno.

Dihangodd un offeiriad, sef Abiathar, mab Ahimelech, ac aeth yn syth at Dafydd. Pan glywodd Dafydd beth oedd wedi digwydd, teimlai gywilydd mawr.

'Y fi sydd ar fai fod dy holl deulu wedi marw,' cyffesodd. 'Dylwn fod wedi sylweddoli y byddai Doeg yn dweud wrth Saul. Aros di gyda mi, Abiathar, ac fe fyddi di'n ddiogel. Fe ofala Duw amdanom.'

126
Chwarae mig
1 Samuel 23-24

Symudai Dafydd a'i ddynion o'r naill guddfan i'r llall. Byddai rhywun yn siŵr o roi gwybod i Saul ble roedd Dafydd, ac yna byddai'r brenin a'i filwyr yn mynd ar ei ôl.

Un tro, tra oedd Dafydd yn cadw o'r golwg mewn anialdir sych, cafodd ei amgylchynu gan Saul a'i ddynion. Roedd Dafydd o fewn trwch blewyn i gael ei ladd pan ddaeth neges frys yn rhybuddio'r brenin am ymosodiad gan y Philistiaid. Brysiodd Saul a'i ddynion i ffwrdd. Roedd Dafydd yn ddiogel eto.

Symudodd Dafydd a'i ddynion i'r bryniau. Roedd y bryniau'n frith o ogofeydd i guddio ynddynt. Llifai dŵr ffres yn y ceunant islaw. Roedd yn anodd i Saul a'i ddynion, â'u harfogaeth drom, symud i fyny ac i lawr y bryniau mor heini â Dafydd a'i ddynion, â'u harfogaeth ysgafn.

Un diwrnod roedd Dafydd a'i ddynion ynghudd yng nghefn ogof fawr, pan glywsant ddynion Saul yn agosáu. Yna camodd Saul ei hun i mewn i'r ogof. Cuddiai'r haul disglair siâp y dynion a oedd yn llechu yn y tywyllwch y tu mewn.

'Lladda fe!' sibrydodd ei ddilynwyr wrth Dafydd, ond ysgydwodd ef ei ben. Heb yn wybod i'r brenin, cripiodd Dafydd ymlaen yn ddistaw a thorri darn o wisg laes Saul â'i gleddyf. Yna ciliodd yn ôl yn gyflym i'r cysgodion. Gadawodd Saul yr ogof heb sylweddoli beth oedd wedi digwydd. Rhuthrodd Dafydd ar ei ôl.

'F'arglwydd frenin!' galwodd arno.

Trodd Saul yn syn ac ymgrymodd Dafydd yn isel. 'Mae'n *rhaid* i ti gredu nawr nad ydw i am wneud niwed i ti,' plediodd Dafydd. 'Gallwn fod wedi dy ladd ychydig yn ôl petawn i am wneud. Edrych!' Daliodd ddarn o wisg Saul i fyny.

Teimlodd Saul gywilydd mawr a llifodd dagrau i lawr ei ruddiau.

'Rwyf wedi gwneud cam â thi,' cyfaddefodd. 'Un diwrnod fe fyddi di'n frenin, mi wn. Bydd garedig wrth fy nheulu bryd hynny.'

Yna aeth Saul adref yn drist.

Ond gwyddai Dafydd nad oedd teimladau Saul tuag ato wedi newid mewn gwirionedd, er ei ddagrau. Byddai'r erlid yn dechrau eto cyn bo hir.

127
Dŵr o ffynnon Bethlehem
2 Samuel 23

Roedd y criw anwar a oedd wedi ymuno â Dafydd yn ei ogof yn Adulam, erbyn hyn yn fintai gytûn a dewr. Roedd rhai yn arbennig o fedrus a gwrol, ac roeddynt oll yn ffyddlon tu hwnt i Dafydd. Byddent yn fodlon gwneud unrhyw beth dros yr arweinydd a oedd wedi rhoi gobaith a phwrpas newydd i'w bywydau.

Un diwrnod, teimlai Dafydd yn drist a hiraethus. O na ddeuai diwedd ar yr holl fisoedd blinedig o grwydro a chuddio rhag Saul! Dechreuodd feddwl am Fethlehem, cartref ei deulu a'r dref lle magwyd ef. Cofiodd am y caeau, a'r amser hapus pan ofalai am ddefaid ei dad. Dyna hyfryd oedd cael diod o ddŵr oer o'r ffynnon ar ddiwedd diwrnod poeth!

'O na allwn gael diod o ffynnon Bethlehem nawr!' meddai, rhyngddo ag ef ei hun.

Clywodd tri o ddynion dewraf Dafydd hynny. Gwnaent unrhyw beth dros Dafydd, petai raid.

Y pryd hwnnw roedd Bethlehem wedi'i meddiannu gan filwyr y Philistiaid. Ond nid oedodd y tri i ystyried y perygl. Gyda dewrder mawr, dyma nhw'n gwthio eu ffordd trwy rengoedd y gelyn. Yna, fel mellten, llanwasant y botel grwyn â dŵr o'r ffynnon a rhuthro'n ôl i ddiogelwch.

Pan gynigiodd y tri y dŵr i Dafydd, a phan sylweddolodd eu bod wedi mentro eu bywyd iddo gael ei ddymuniad, roedd yn llawn diolchgarwch ac yn llawn cywilydd hefyd.

Roedd yn gwybod na allai byth haeddu'r fath gariad ac ymroddiad. Byddai'n fai arno yfed y dŵr a allai fod wedi costio eu bywydau.

'Dim ond Duw sy'n ddigon da ac yn ddigon mawr i haeddu rhodd mor werthfawr gennych,' meddai wrthynt. 'Fe offrymwn ni'r dŵr iddo ef fel rhodd o gariad.'

Dafydd yr herwr

📖 **128**
Nabal y ffŵl
1 Samuel 25

Tra oedd Dafydd a'i ddynion ar ffo, yn cuddio rhag Saul, byddent yn gwarchod unrhyw fugeiliaid a phreiddiau a ddigwyddai fod gerllaw.

Roedd bwyd yn brin, ac felly pan gynhaliodd ffermwr cyfoethog o'r enw Nabal wledd, anfonodd Dafydd negeseuwyr ato.

'Mae Dafydd yn dy gyfarch,' meddent. 'Tra oedd dy fugeiliaid yn cneifio, buom yn gofalu amdanyn nhw a'th breiddiau. Nawr, gan dy fod yn cynnal gwledd, fe fyddem yn falch o unrhyw fwyd y gelli di ei sbario.'

Gwgodd Nabal.

'Pwy mae'r Dafydd yna'n meddwl yw e?' meddai'n gas. 'Dydw i ddim am wastraffu bwyd da ar gaethwas ar ffo a'i griw o ddihirod.'

Pan glywodd Dafydd ateb Nabal, aeth yn wyllt.

'Gwisgwch eich cleddyfau!' gorchmynnodd. 'Fe gaiff Nabal weld pwy yw Dafydd!'

Clywodd un o fugeiliaid Nabal ei ateb a rhuthrodd i ddweud wrth wraig Nabal, Abigail.

'Mae ein meistr wedi sarhau dynion Dafydd ar ôl eu holl garedigrwydd tuag atom,' meddai wrthi. 'Buont yn gofalu amdanom nos a dydd tra buom yn cneifio, a dyma sut mae Nabal yn eu gwobrwyo. Nawr efallai y bydd Dafydd yn ein lladd bob un!'

Ni wastraffodd Abigail eiliad. Casglodd dorthau o fara ffres, pentyrrodd gigoedd rhost a ffrwythau, a llanwodd boteli crwyn â gwin.

Llwythodd bob peth ar asynnod a chychwyn, a'i gwas yn arwain y ffordd. Ni ddywedodd yr un gair wrth ei gŵr.

Pan welodd hi Dafydd yn agosáu, disgynnodd oddi ar ei hasyn ac ymgrymu iddo.

'Paid â chymryd sylw o'm gŵr,' plediodd. 'Ystyr "Nabal" yw "ffŵl", a dyna yn union yw e. Paid â dial arnom oherwydd ei anghwrteisi, ond derbyn y rhoddion hyn â'n diolch.'

Roedd Dafydd wedi'i swyno gan eiriau doeth Abigail a'i phrydferthwch. Cymerodd y bwyd a rhoi ei lw na fyddai niwed yn dod i gartref Nabal.

Pan gyrhaeddodd Abigail yn ôl i'w thŷ, cafodd ei gŵr yn feddw a chwerylgar. 'Gwell peidio â dweud dim wrtho tan y bore pan fydd yn sobr,' meddyliodd.

Pan glywodd Nabal, cafodd gymaint o sioc a theimlo mor chwyrn fel y daeth salwch sydyn drosto. Roedd yr holl orfwyta a'r goryfed wedi gadael eu hôl hefyd. A deg diwrnod wedyn bu farw.

Nid anghofiodd Dafydd pa mor hawddgar a synhwyrol oedd Abigail, ac yn nes ymlaen fe'i priododd.

129
'Yfory byddi farw!'
1 Samuel 28

Pan fu farw Samuel yn hen ŵr, roedd Saul a Dafydd yn drist. Cofient fel y byddai bob amser yn dod â neges Duw atynt. Bu'r troeon olaf y cyfarfu Saul â Samuel yn rhai anhapus, ond eto roedd yn dal i deimlo'i golli.

Gwaethygodd hwyliau drwg Saul ac aeth i anobeithio. Pan baratôdd y Philistiaid ar gyfer rhyfel unwaith eto, teimlai'n llesg a diymadferth. Ni allai benderfynu beth i'w wneud, a phan geisiai ofyn i Dduw ni ddeuai unrhyw ateb. Roedd Duw wedi'i adael i fynd ei ffordd ei hun.

'O na fyddai Samuel yma i'm helpu!' meddyliodd.

Roedd dewiniaid yng Nghanaan a byddent yn galw ar ysbrydion y meirw am dâl. Roedd Saul wedi gwahardd y fath bobl yn Israel am nad oedd cyfraith Duw yn eu caniatáu. Ond yn awr, gwnaeth Saul ymholiadau a darganfod fod dewines yn byw yn Endor o hyd.

Byddai'n rhaid iddo fynd yn agos i'r gelyn i gyrraedd ati, felly newidiodd ei ddillad a'i olwg a theithio gyda'r nos.

Ofnai'r ddewines mai ysbïwyr oedd yr ymwelwyr ac y byddent yn dweud wrth y brenin amdani, a phan adnabu Saul daeth arswyd drosti.

'Wna i ddim niwed i ti,' addawodd Saul iddi, 'ond mae'n rhaid i ti alw ar ysbryd Samuel i mi.'

Ymhen tipyn dywedodd Saul, 'Dywed wrthyf beth rwyt ti'n ei weld.'

'Rwy'n gweld hen ŵr â mantell amdano,' atebodd y wraig.

Gwyddai Saul mai Samuel ydoedd.

'Be wna i?' gwaeddodd Saul arno. 'Mae Duw wedi fy ngadael.'

'Yna ni alla i dy helpu,' atebodd Samuel. 'Fe ddewisaist anufuddhau i Dduw a mynd dy ffordd dy hun. Yfory fe gei di a'th feibion eu lladd mewn brwydr.'

Roedd Saul eisoes yn wan gan flinder, newyn ac ofn, a phan glywodd y geiriau ofnadwy hyn, llewygodd. Gwnaeth y wraig iddo orwedd ac yna paratôdd fwyd iddo ef a'i ddynion. Bwytaodd Saul a gorffwys am ychydig. Yna, â'i draed fel plwm, aeth yn ôl at fyddin yr Israeliaid.

130
Ymuno â'r gelyn
1 Samuel 27-29

Wedi blynyddoedd hir o guddio rhag y brenin, roedd Dafydd, fel Saul, mewn anobaith.

'Yn hwyr neu'n hwyrach bydd Saul yn fy lladd,' meddai'n drist. 'Yr unig le diogel i mi yw ymysg ei elynion.'

Felly, am fwy na blwyddyn cyn i Saul ymweld â'r ddewines yn Endor, bu Dafydd yn byw yng ngwlad y Philistiaid.

Roedd Achis, un o frenhinoedd y Philistiaid, wedi cymryd at Dafydd. Credai y byddai Dafydd a'i ddynion yn gyfeillion defnyddiol, felly rhoddodd dref gaerog Siclag iddynt. Roeddynt yn byw yno gyda'u gwragedd a'u teuluoedd.

Aeth Dafydd ar ymgyrchoedd ysbeilio dros Achis a dychwelai gyda phob math o ysbail. Gadawodd i Achis feddwl mai ysbeilio Israel yr oedd, ond mewn gwirionedd roedd Dafydd yn ysbeilio'r cenhedloedd o gwmpas a oedd yn elynion i Israel.

Pan baratôdd y Philistiaid i ryfela yn erbyn Israel, gofynnodd Achis i Dafydd a'i ddynion ymladd fel ei warchodwyr personol. Cymerodd Dafydd arno ei fod yn barod i ymladd yn erbyn ei bobl ei hun.

Gadawodd Dafydd a'i ddynion eu teuluoedd yn Siclag a theithio i flaen y gad. Pan welodd arweinwyr eraill y Philistiaid filwyr Dafydd, cawsant fraw. 'Beth mae'r Israeliaid hyn yn ei wneud yma?' gofynasant i Achis.

'Does dim eisiau i chi boeni am Dafydd,' meddai Achis. 'Mae'n hollol ffyddlon i mi. Bydd yn ymladd yn dda drosom.'

'Choeliwn ni fawr!' meddai ei gyfeillion. 'Unwaith i'r frwydr ddechrau, bydd yn newid ochr ac yn ymladd dros ein gelyn. Anfon ef i ffwrdd ar unwaith!'

Yn gyndyn, galwodd Achis am Dafydd. 'Rwy'n ymddiried yn llwyr ynot ti,' meddai, 'ond nid yw'r arweinwyr eraill am dy dderbyn. Wnei di fynd â'th ddynion yn ôl i Siclag?'

Cymerodd Dafydd arno ei fod yn siomedig, ond mewn gwirionedd roedd yn ddiolchgar. Roedd Duw wedi ymyrryd, er na haeddai Dafydd hynny.

131
Colli popeth!
1 Samuel 30

Wedi dau ddiwrnod o deithio araf, cyrhaeddodd Dafydd a'i wŷr yn ôl i Siclag. Wrth agosáu gwelsant ryw arwyddion bach o fwg yn codi o'r ddinas a chariodd y gwynt arogl llosgi cryf i'w ffroenau. Dyma nhw'n dechrau rhedeg, gan ofni beth fyddai'n eu disgwyl ar ben eu taith.

Wedi cyrraedd, ni ddaeth yr un aelod o'r teulu i'w cyfarfod. Nid oedd yr un anifail i'w weld yn unlle. Syllodd y dynion ar weddillion Siclag gan weiddi'n ofer ar eu gwragedd a'u plant. Ni ddaeth yr un ateb. Rhaid fod ysbeilwyr wedi clywed eu bod oddi cartref yn rhyfela ac wedi ymosod ar Siclag ddiamddiffyn a chipio pob peth, gan adael i'r gaer losgi.

Yn flinedig ac yn llawn galar, dechreuodd y dynion wylo'n uchel. Wedi wylo nes llwyr ymlâdd, troesant ar Dafydd yn ddig a bygwth taflu cerrig ato. Roedd y dynion a fu'n ei ddilyn mor ffyddlon cyhyd, bellach wedi colli pob ffydd ynddo. I bob golwg nid oedd wedi dod â dim iddynt ond trychineb.

Roedd Dafydd mewn anobaith. Roedd Abiathar, yr offeiriad a ddihangodd rhag cael ei ladd gan Saul, gyda Dafydd o hyd.

'Abiathar, a wnei di siarad â Duw drosof, a gofyn iddo beth ddylwn ei wneud?' crefodd Dafydd.

'Dos ar ôl yr ysbeilwyr,' meddai Abiathar. 'Dyna neges Duw i ti.'

Cododd Dafydd ei galon. Anogodd ei ddynion i fynd ar ôl yr ysbeilwyr, pwy bynnag oeddynt. Roedd ei wŷr bellach yn barod i'w ddilyn eto. Ond wedi cyrraedd afon Besor, roedd rhai ohonynt yn rhy flinedig i fynd gam ymhellach.

'Arhoswch yma,' meddai Dafydd wrthynt yn garedig. 'Fe gewch ofalu am yr offer, fel y gall y lleill ohonom deithio'n ysgafnach a symud ynghynt.'

Felly arhosodd dau gant o'i wŷr ar ôl a chroesodd y lleill yr afon, gan frysio yn eu blaen.

153

132
Dod i'r adwy
1 Samuel 30

Wrth i Dafydd a'i bedwar cant o wŷr fynd yn eu blaen, daethant ar draws bachgen yn gorwedd ar fin y ffordd.

'Ydy e wedi marw?' gofynnodd un ohonynt.

'Dim ond wedi llewygu,' atebodd un arall. 'Eisiau bwyd sy arno.'

Aethant â'r bachgen at Dafydd a rhoi bwyd a dŵr iddo. Cyn hir roedd wedi codi ar ei eistedd ac yn bywiogi.

'Rwy'n teimlo'n well nawr,' meddai wrthynt. 'Doeddwn i ddim wedi bwyta ers tridiau.'

'O ble'r wyt ti'n dod?' gofynnodd Dafydd yn dyner.

'Eifftiad ydw i,' atebodd y bachgen, 'ond rwy'n gaethwas i un o'r Amaleciaid. Aeth fy meistr â mi gydag ef pan aethant i ysbeilio Siclag. Ond ar y ffordd yn ôl, fe es i'n sâl a gadawodd fi yma.'

Roedd Dafydd yn glustiau i gyd. Efallai y byddai gan y bachgen hwn yr union wybodaeth yr oedd ei hangen arnynt.

'Wyt ti'n gallu dangos i ni ble mae'r ysbeilwyr?' gofynnodd.

'Fe fydda i'n falch o fynd â chi atyn nhw,' atebodd y bachgen, 'os gwnewch chi addo peidio byth â'm dychwelyd at fy meistr.'

Roedd ofn yn ei lais.

Gan ddilyn arweiniad y bachgen, cychwynnodd y cwmni unwaith eto. Roeddynt yn fwy siriol yn awr. Roedd eu caredigrwydd wedi dod â gwobr annisgwyl iddynt.

O'r diwedd dyma nhw'n cyrraedd yr Amaleciaid. Roeddynt yn gorwedd hwnt ac yma ar y tir agored, yn bwyta ac yn yfed. Roeddynt mor sicr fod Dafydd ymhell i ffwrdd fel nad oeddynt hyd yn oed wedi trafferthu gosod gwylwyr.

Gwyliodd Dafydd yn dawel ac aros ei gyfle. Pan ddaeth y wawr, a'r Amaleciaid yn cysgu ar ôl eu gwledd, ymosododd Dafydd a'i wŷr.

Achubwyd pawb a phopeth roedd yr Amaleciaid wedi'i ddwyn – a llawer mwy hefyd. Dyna ddiolchgar oedd y gwragedd a'r plant o weld y dynion! Aeth pawb ar eu ffordd yn ôl i Siclag.

Pan gyraeddasant afon Besor, roedd eu partneriaid yn aros amdanynt.

'Fe gânt eu gwragedd a'u plant yn ôl, ond wnawn ni ddim rhannu dim o'r pethau da a enillwyd,' sibrydodd rhai o ddynion Dafydd.

'Fe rannwn ni bob peth â nhw,' mynnodd Dafydd. 'Duw sydd wedi rhoi'r fuddugoliaeth hon i ni. Mae pob peth sy gennym yn dod oddi wrtho ef. Beth bynnag, mae'r sawl sy'n gofalu am yr offer yn haeddu eu cyfran, lawn cymaint â'r sawl sy'n mynd i ymladd.'

Roedd pawb yn hapus yn awr a theimlai Dafydd yn well. Efallai y deuai ei helyntion i ben cyn bo hir.

133
Marw gyda'i gilydd
1 Samuel 31; 2 Samuel 1

Pan ailymunodd Saul â'i fyddin ar ôl ymweld â'r ddewines yn Endor, teimlai'n swp sâl gan ofn ac anobaith. Nid oedd yn syndod i fyddin Israel gael ei threchu drannoeth! Lladdwyd llawer o filwyr yr Israeliaid a ffodd Saul a'i feibion am eu bywyd. Daliodd y Philistiaid hwy a chawsant eu lladd.

Pan glywodd Israeliaid y trefi cyfagos y newydd ofnadwy, gadawsant eu cartrefi a ffoi mewn braw. Cerddodd y Philistiaid buddugol i mewn i'w dinasoedd a'u meddiannu.

Trannoeth daeth negesydd at Dafydd i Siclag â'r newydd am golli'r frwydr a marwolaeth Saul a Jonathan. Dyna drist oedd Dafydd i wybod fod ei ffrind gorau yn y byd wedi marw!

Cofiodd yr amserau da cyn i Saul genfigennu wrtho a mynd yn wallgof yn ei lid. Ni ddylai Saul a Jonathan fyth fynd yn angof. Lluniodd Dafydd alarnad er mwyn i bobl gael eu hatgoffa am byth am y ddau ŵr mawr yma:

'Ar fryniau Israel bu farw ein harweinwyr! Pa fodd y cwympodd y cedyrn!

'Saul a Jonathan, mor gariadus ac annwyl; gyda'i gilydd mewn bywyd, gyda'i gilydd mewn angau; yn gynt na'r eryrod, yn gryfach na'r llewod.

'Gorwedd Jonathan yn farw yn y bryniau. Galaraf amdanat, fy mrawd Jonathan; cu iawn fuost gennyf fi! Rhyfeddol oedd dy gariad tuag ataf, y tu hwnt i gariad gwragedd.

'Pa fodd y cwympodd y cedyrn ac y difethwyd arfau rhyfel!'

Dafydd y brenin

134
Hir oes i'r brenin Dafydd!
2 Samuel 2-5

Gan fod y brenin Saul wedi marw, roedd yn ddiogel i Dafydd ddychwelyd i Israel. Gofynnodd gyngor gan Dduw. Dywedodd Duw wrtho am fynd i'r de, i Hebron – dinas yn perthyn i Jwda, llwyth Dafydd ei hun. Cafodd groeso brwd yno a gwnaeth pobl Jwda ef yn frenin arnynt.

Yn y cyfamser ffodd Abner, cadfridog Saul, am ei fywyd i ogledd y wlad gan fynd ag Isboseth, unig fab byw Saul, gydag ef. Gwnaeth Abner ef yn frenin dros ogledd Israel.

Am gyfnod roedd dau frenin. Rheolai Dafydd yn y de ac Isboseth yn y gogledd.

Bu tipyn o ymryson rhwng Joab, cadfridog Dafydd, ac Abner, cadfridog Isboseth. Roedd y ddau am i'w frenin ei hun fod yn frenin ar Israel gyfan. Trefnodd y ddau ohonynt ornest rhwng deuddeg o wŷr gorau Dafydd a deuddeg o filwyr Isboseth i dorri'r ddadl.

Pan na fedrai'r naill ochr na'r llall gael y llaw drechaf, dechreuodd y ddwy fyddin ymladd yn ffyrnig. Parhaodd y brwydro am yn hir, ond yn araf deg cryfhaodd dynion Dafydd a gwanhaodd dynion Isboseth. Yn y diwedd gadawodd Abner ei ochr ei hun ac ymuno â Dafydd.

'Fe helpa i di i ennill Israel gyfan,' addawodd.

Roedd Dafydd yn falch o gymorth Abner, ond roedd Joab yn ei gasáu o hyd. Cyn hir cafodd Joab esgus i ladd Abner a lladdwyd Isboseth ei hun gan ddau o swyddogion ei fyddin. Nid oedd a wnelo Dafydd ddim â'r llofruddio hwn ac roedd yn drist iawn fod ei deyrnasiad wedi dechrau yn y fath fodd.

Erbyn hyn roedd saith mlynedd wedi mynd heibio er marw Saul. O'r diwedd gofynnodd holl lwythau Israel i Dafydd fod yn frenin arnynt. Daeth eu harweinwyr i Hebron ac yno ei gyhoeddi'n frenin ar holl Israel.

135
Dinas Dafydd – dinas Duw
2 Samuel 5-6

Gan fod Dafydd yn awr yn frenin ar Israel gyfan, dymunai gael prifddinas newydd. Jerwsalem fyddai'r lle gorau. Roedd yn dref gaerog, yn uchel ar grib y bryniau rhwng gogledd a de'r wlad. Roedd bryniau o amgylch y ddinas ar dair ochr ac ar y bedwaredd ochr roedd ganddi byrth enfawr.

Ond nid oedd Jerwsalem yn eiddo i Israel. Nid oedd yr Israeliaid wedi'i chipio pan ddaethant i Ganaan gyntaf. Penderfynodd Dafydd ei chipio nawr, ond edrychai'r bobl a oedd yn byw yno – y Jebusiaid – i lawr o'u cadarnle, gan wneud hwyl am ben cynlluniau Dafydd.

Os oedd Dafydd i lwyddo, byddai'n rhaid iddo gipio'r ddinas oddi wrth y Jebusiaid trwy gyfrwystra. Gwyddai fod twnnel yn rhedeg trwy'r bryn creigiog a'i fod yn cario dŵr i'r ddinas.

'A wnaiff rhywrai wirfoddoli i ddringo'r siafft ddŵr?' gofynnodd Dafydd.

Camodd rhai ymlaen yn awyddus.

Dringodd y dynion a gafodd eu dewis i fyny'r siafft a dod allan y tu mewn i furiau'r ddinas. Yna, ar eu hunion, dyma nhw'n datgloi'r pyrth, fel y gallai Dafydd a'i filwyr lifo i mewn ac ymosod yn ddirybudd ar y Jebusiaid.

Llwyddodd y cynllun. Daeth pawb i adnabod Jerwsalem fel dinas Dafydd.

Ond roedd Dafydd am iddi fod yn ddinas Duw hefyd. Penderfynodd y dylai arch cyfamod Duw, a esgeuluswyd am amser hir, gael ei dwyn i Jerwsalem.

Roedd gorymdaith fawr yn dilyn offeiriaid Duw pan ddaethant â'r arch werthfawr i'w chartref newydd. Roedd Dafydd ar y blaen, yn canu ac yn dawnsio gan lawenydd a diolchgarwch i Dduw.

Ar ôl i'r orymdaith ddilyn y ffordd droellog i fyny'r llethr serth ac i mewn i'r ddinas, gosodwyd arch y cyfamod yn ofalus mewn pabell arbennig. Yna dywedodd Dafydd wrth ei weision am rannu bwyd, i bawb gael mwynhau picnic mawr.

Edrychodd Michal merch Saul – y wraig a oedd unwaith wedi caru Dafydd yn fawr – allan o'i hystafell ar y dathliadau. Ni churodd ddwylo na chanu. Credai ei fod yn warth o beth fod y brenin yn anghofio'i urddas ac yn dawnsio gyda'r bobl gyffredin.

Pan ddaeth y dydd i ben, cyfarfu â Dafydd.

'Roeddet ti'n ymddwyn fel ynfytyn!' meddai wrtho'n ddirmygus.

'Nid fy mawredd i sy'n bwysig,' atebodd Dafydd. 'Roeddwn i am foli a gogoneddu Duw.'

136
Dymuno tŷ i Dduw
2 Samuel 7

Daeth heddwch a hapusrwydd i Israel yn awr. Wedi i Dafydd ddangos ei fod yn ddigon cryf i yrru'r Philistiaid yn ôl i'w gwlad eu hunain, ni chafodd unrhyw drafferth pellach ganddynt.

Roedd Dafydd wedi ymgartrefu'n dda yn ei brifddinas newydd, Jerwsalem. Roedd Hiram, brenin Tyrus, wedi anfon coed o gedrwydd enwog Libanus, yn ogystal â gweithwyr medrus, er mwyn codi palas hardd i Dafydd.

Ond dechreuodd Dafydd deimlo cywilydd o'i foethusrwydd wrth weld arch cyfamod Duw o hyd mewn pabell.

'Dyma fi,' meddai, 'yn byw yn gysurus yn fy mhalas o gedrwydd, tra bod arch cyfamod Duw mewn pabell. Hoffwn adeiladu teml wych i Dduw.'

Dywedodd wrth Nathan y proffwyd am ei gynllun.

'Gwych!' meddai Nathan yn frwdfrydig. 'Dos ymlaen â'th gynllun!'

Ond llefarodd Duw wrth Nathan y noson honno ac yn y bore daeth at y brenin gyda neges wahanol.

'F'arglwydd frenin,' meddai, 'mae Duw wedi dweud wrthyf nad yw am i ti adeiladu teml iddo. Nid yw Duw erioed wedi gofyn am y fath adeilad. Mae e bob amser wedi symud gyda'i bobl Israel, i fod gyda nhw ble bynnag y byddent. Ond bydd Duw yn fodlon i fab i ti adeiladu teml iddo.'

Roedd golwg siomedig ar Dafydd, ond aeth Nathan ymlaen:

'Mae gen i newydd da i ti hefyd. Mae Duw am wneud rhywbeth i tithau. Mae'n addo y bydd dy feibion di, a'u meibion nhw ar eu hôl, yn frenhinoedd ar Israel am byth. Ni ddaw dy deyrnas di byth i ben.'

Ar ôl i Nathan fynd, aeth Dafydd i'r babell lle roedd arch y cyfamod a diolch i Dduw o galon lawen.

Meddyliodd am Saul, na chafodd ei feibion fod yn frenhinoedd ar ei ôl, a theimlodd yn llawen fod Duw wedi dewis ei deulu ef yn frenhinoedd dros byth. Roedd wedi gobeithio gwneud rhywbeth dros Dduw, ond yn lle hynny roedd Duw wedi gwneud rhywbeth mawr a rhyfeddol drosto ef.

137
Dafydd yn cadw ei addewid
2 Samuel 9

Nid anghofiodd Dafydd am Jonathan, ei gyfaill mawr, a laddwyd gan y Philistiaid. Cofiodd hefyd ei addewid, y byddai'n gofalu am deulu Jonathan ar ôl dod yn frenin. Yn y cyfnod hwnnw byddai brenin newydd fel arfer yn lladd teulu ei wrthwynebydd, ond gwnaeth Dafydd yn hollol fel arall.

'Oes unrhyw un o deulu Saul eto'n fyw?' gofynnodd i'w weision. 'Rwyf am fod yn garedig wrtho er mwyn Jonathan.'

Anfonodd gweision Dafydd am Siba, a fu'n was yn llys Saul, a gofynnodd Dafydd yr un cwestiwn iddo.

'Oes, f'arglwydd frenin,' atebodd Siba, 'mae mab Jonathan eto'n fyw. Ei enw yw Meffiboseth. Ond fyddet ti ddim am ei gael yma yn y palas. Ni fyddai'n gallu dy wasanaethu di oherwydd ni all gerdded.'

'Tyrd ag ef yma ar unwaith!' gorchmynnodd Dafydd.

Roedd Meffiboseth wedi tyfu erbyn hyn, ond bachgen pum mlwydd oed ydoedd pan laddwyd ei daid, Saul, a'i dad, Jonathan. Pan glywodd ei famaeth y newydd ofnadwy, ffodd o'r palas mewn braw, gan gario'r bachgen bach. Yn ei brys gollyngodd Meffiboseth, gan niweidio ei ddwy droed gymaint fel na cherddodd byth wedyn.

Pan gyrhaeddodd Siba a gofyn i Meffiboseth fynd i'r palas, ofnai y byddai Dafydd am ei ladd. Ond rhaid oedd ufuddhau i orchymyn y brenin a mynd i Jerwsalem.

Cafodd gymorth i fynd i mewn at y brenin. Craffodd Dafydd arno. Gobeithiai weld tebygrwydd rhyngddo a'i ffrind annwyl, Jonathan, ond yn lle hynny gwelodd wyneb yn llawn ofn.

'Paid ag ofni, Meffiboseth,' meddai Dafydd yn dyner. 'Rwyf am roi yn ôl i ti yr holl dir a oedd yn eiddo i'th daid, Saul. O hyn allan bydd Siba'n was i ti, ac ef fydd yn ffermio'r tir ar dy ran. Rwyf am i ti fyw yma yn y palas gyda mi a bwyta wrth fwrdd y brenin.'

'Dydw i ddim yn haeddu dy garedigrwydd,' atebodd Meffiboseth a'i lais yn crynu. 'Byddaf yn dda i ddim i ti.'

Ond dywedodd Dafydd, 'Fe fyddi bob amser yn annwyl i mi, er mwyn Jonathan.'

Methiannau Dafydd

138
Bathseba hardd
2 Samuel 11

Y gwanwyn oedd hi. Aeth Joab, cadfridog Dafydd, gyda'i filwyr i ryfel, ond arhosodd y brenin gartref yn gyfforddus.

Yn hwyr un prynhawn deffrôdd Dafydd ar ôl gorffwys ar ei wely a dringodd i'w ystafell haf ar do'r palas. Byddai'r awelon ysgafn yno yn gymorth i leddfu tipyn ar y gwres, ac oddi yno gallai edrych dros holl ddinas Jerwsalem.

Wrth iddo edrych, sylwodd ar ryw brysurdeb yng nghwrt tŷ cyfagos. Roedd gwraig yn ymdrochi ac roedd hi'n brydferth iawn.

Syllodd Dafydd arni, a mwyaf i gyd yr edrychai, mwyaf i gyd y dymunai ei chael yn wraig iddo.

Galwodd am negesydd i holi pwy ydoedd. Brysiodd y gwas i ffwrdd. 'Enw'r wraig yw Bathseba,' meddai wrth y brenin ar ôl dychwelyd. 'Mae hi'n wraig i Ureia, un o'th filwyr ffyddlon sydd i ffwrdd yn y rhyfel gyda Joab.'

'Tyrd â hi yma ar unwaith,' gorchmynnodd Dafydd.

Nid oedodd am funud i feddwl am Ureia, a oedd wedi gadael cysur ei gartref i ymladd dros y brenin. Ni feddyliodd am gyfraith Duw sy'n dweud, 'Na odineba'. (Ystyr godinebu yw dwyn gwraig neu ŵr rhywun arall.) Roedd Dafydd am gael ei ddymuniad ei hun.

Wedi i Bathseba gyrraedd y palas, gorweddodd Dafydd gyda hi. Yna aeth Bathseba adref.

Rhai wythnosau wedyn anfonodd Bathseba neges at y brenin i ddweud ei bod yn disgwyl plentyn. Roedd Dafydd yn gwybod mai ei blentyn ef ydoedd. Cyn bo hir byddai pawb yn dyfalu ei fod wedi dwyn gwraig Ureia tra oedd Ureia'n bell oddi cartref.

Rhaid oedd meddwl yn gyflym am gynllun i guddio ei fai, fel na ddeuai Ureia byth i wybod.

139
Y naill ddrwg yn arwain at y llall
2 Samuel 11

'Pe byddai Ureia gartref gyda'i wraig,' meddyliodd Dafydd, 'yna ni fyddai neb yn dod i wybod beth wnes i.'

Felly anfonodd neges frys at Joab, ei gadfridog, yn dweud wrtho am anfon Ureia adref. Pan gyrhaeddodd Ureia, aeth yn syth at y brenin. Buont yn siarad am hynt a helynt y rhyfel.

Yna dywedodd Dafydd, 'Dos yn ôl at dy wraig yn awr a threulia amser gyda hi cyn i ti ddychwelyd i'r rhyfel.'

Ond nid aeth Ureia adref. Fore trannoeth, roedd Dafydd yn siomedig pan glywodd fod Ureia wedi treulio'r noson wrth byrth y palas gyda milwyr y brenin, yn hytrach na mynd adref.

'Pam nad est ti adref at dy wraig?' gofynnodd Dafydd iddo.

'Pam y dylwn i gysgu mewn cysur a'r fyddin yn cysgu allan dan y lleuad?' atebodd Ureia.

Er gwaethaf holl ymdrechion Dafydd, treuliodd Ureia'r noson wedyn hefyd wrth fynedfa'r palas. Sylweddolodd Dafydd fod ei gynllun i ddod ag Ureia a Bathseba at ei gilydd wedi methu. Roedd Ureia'n filwr rhy dda a ffyddlon.

'O'r gorau,' meddyliodd Dafydd, 'does dim amdani ond cael gwared ar Ureia.'

Anfonodd neges at Joab.

'Rho Ureia ym mlaen y gad, yna cilia a'i adael yno i gael ei ladd.' Rhoddodd y llythyr i Ureia i fynd ag ef at ei gadfridog.

Trefnodd Joab ar unwaith i wneud yn ôl gorchymyn Dafydd.

Gosododd filwyr lle roedd y gelynion ar eu cryfaf a rhoddodd Ureia yn eu plith.

Lladdwyd Ureia ynghyd â llawer milwr dewr arall ym myddin Dafydd.

Yna anfonodd Joab negesydd i hysbysu Dafydd am y frwydr.

'Os yw'r brenin yn ddig fod cynifer o'i ddynion gorau wedi marw,' meddai wrth y negesydd, 'dywed wrtho fod Ureia wedi'i ladd hefyd.'

Pan welodd Dafydd fod ei gynllun wedi llwyddo, roedd yn falch. Roedd Ureia wedi marw. Ni allai ofyn cwestiynau bellach. Yn awr gallai briodi Bathseba.

140
Yr oen bach swci
2 Samuel 12

Priododd Dafydd â Bathseba a ganwyd mab bach iddynt. Os oedd rhywun yn y palas wedi amau pa mor ddrwg y bu Dafydd yn ymddwyn, ni ddywedodd neb yr un gair.

Yr adeg honno byddai brenhinoedd yn dilyn eu chwantau eu hunain, gan gymryd pob peth yr oedd arnynt ei eisiau. Ond roedd raid i Dafydd ddysgu fod brenin Duw i fod yn wahanol. Nid oedd ef i'w fodloni ei hun. Rhaid oedd iddo ufuddhau i gyfraith Duw fel pawb arall.

Anfonodd Duw y proffwyd Nathan at Dafydd. (Proffwyd yw un sy'n siarad ar ran Duw.) Daeth Nathan â neges Duw at y brenin.

'Roedd dau ddyn yn byw yn yr un dref,' dechreuodd Nathan, 'un cyfoethog iawn ac un tlawd iawn. Roedd gan y dyn cyfoethog lawer iawn o ddefaid, ond dim ond un oen bach oedd gan y dyn tlawd. Roedd wedi'i fagu er pan oedd yn fach. Dilynai'r oen ef i bob man a byddai'n eistedd yn ei gôl pan fyddai'n bwyta. Roedd y dyn tlawd yn ei drin fel ei blentyn ei hun.

'Un diwrnod cafodd y dyn cyfoethog ymwelwyr. Yn lle anfon ei weision i ladd un o'i ddefaid ei hun, gorchmynnodd iddynt ladd oen bach annwyl y dyn tlawd ar gyfer cinio'r ymwelwyr.'

Roedd y fath weithred greulon a difeddwl yn atgas gan Dafydd.

'Mae'r dyn hwnnw'n haeddu marw!' gwaeddodd.

Yn dawel pwyntiodd Nathan at y brenin.

'*Ti* yw'r dyn hwnnw!' meddai. 'Fe gymerodd Duw di pan oeddet yn fugail a'th wneud yn frenin ar ei holl bobl. Fe roddodd i ti bob dim y gallet ti ei ddymuno – palas, gwragedd, plant. Petaet ti am gael mwy, byddai Duw wedi'i roi iti. Eto roedd raid i ti gymryd yr unig beth gwerthfawr oedd gan Ureia – ei wraig. Fe dorraist gyfreithiau Duw, heb ddangos na charedigrwydd na thrugaredd. O achos hynny, mae Duw yn dweud y bydd tristwch a helynt yn dod i'th deulu *di* hefyd.'

'Mae'n wir,' meddai Dafydd yn dawel, gan blygu ei ben. 'Rwyf wedi pechu yn erbyn Duw.'

'Mae Duw yn maddau i ti,' meddai Nathan wrtho. 'Ni fyddi farw. Ond fe fydd y plentyn a gefaist gan Bathseba *yn* marw.'

Yna gadawodd Nathan y palas.

141
Helyntion teuluol
2 Samuel 13

Torrodd Dafydd ei galon pan aeth bachgen bach Bathseba yn sâl a marw, ond gydag amser cafodd Bathseba fab arall o'r enw Solomon.

Roedd gan Dafydd lawer o blant eraill am fod ganddo nifer o wragedd. Wrth iddynt dyfu, bu cenfigen ac ymryson yn eu plith. Pa fab fyddai'r brenin nesaf? Fel arfer y mab hynaf fyddai'n dilyn ei dad, ond roedd gan frenin yr hawl i ddewis un arall petai'n dymuno.

Bu llawer o ffraeo yn nheulu Dafydd. Pan wnaeth Amnon, mab hynaf Dafydd, gam-drin ei hanner chwaer, Tamar, roedd Absalom, ei brawd llawn hi, yn ynfyd.

Dylai Dafydd, fel brenin a phenteulu, fod wedi cosbi Amnon. Ond ni ddisgyblodd ef, am nad oedd yn ddigon llym gyda'i blant. Felly penderfynodd Absalom gosbi Amnon.

Crefodd am ganiatâd Dafydd i wahodd Amnon i wledd allan yn y wlad. Ar y dechrau roedd Dafydd yn gyndyn i roi ei ganiatâd, gan ei fod yn hanner disgwyl helynt. Ond yn y diwedd ildiodd, ac aeth tywysogion y palas i gyd i barti Absalom.

Rhoddodd Absalom orchmynion cyfrinachol i'w weision ymlaen llaw.

'Gwnewch yn siŵr fod Amnon yn meddwi,' meddai wrthynt, 'yna lladdwch e!'

Ar ganol y rhialtwch, cyflawnodd y gweision orchmynion eu meistr.

Bu cynnwrf sydyn a daeth braw ar bawb. Neidiodd meibion eraill Dafydd ar eu mulod a chychwyn am adref mewn dychryn.

Cyn bo hir rhuthrodd gwas at Dafydd a'i wyneb yn wyn fel y galchen, i adrodd rhyw si rhyfedd a oedd eisoes wedi cyrraedd y palas.

'F'arglwydd frenin!' meddai, 'mae dy *holl* feibion wedi'u lladd gan Absalom!'

Brysiodd rhywun a fu yn y wledd i ddweud yr hanes iawn, a thoc wedyn cyrhaeddodd meibion Dafydd eu hunain ac adrodd y cyfan.

Wylodd Dafydd yn chwerw am fod Amnon, ei fab cyntaf-anedig, wedi marw.

Yn y cyfamser dihangodd Absalom o Israel a ffoi i Gesur, at deulu ei fam.

163

Gwrthryfel Absalom

142
'Tyrd adref, Absalom!'
2 Samuel 14

Aeth dwy flynedd heibio a hiraethai Dafydd am weld Absalom eto. Ond ni allai anghofio llofruddiaeth Amnon. Roedd Joab, a oedd yn gyfaill agos i Dafydd yn ogystal â bod yn gadfridog iddo, wedi dyfalu sut y teimlai'r brenin. Meddyliodd am ffordd i berswadio Dafydd i alw Absalom yn ôl i Jerwsalem.

Anfonodd Joab am wraig a allai actio'n fedrus ac esboniodd wrthi beth i'w wneud.

Roedd cyfle i unrhyw un yn Israel a oedd am gael cyfiawnder i ddod at y brenin a gofyn iddo wrando ar ei achos. Felly nid oedd yn syndod gan Dafydd weld gwraig drist a phryderus ei golwg yn dod ato.

'Wnei di fy helpu, f'arglwydd frenin?' crefodd y wraig. 'Mae fy ngŵr wedi marw ond roedd gen i ddau fab i'm helpu ac i ofalu amdanaf. Yna bu ffrae ofnadwy a lladdodd y naill fab y llall. Nawr mae fy mherthnasau yn dweud fod yn rhaid imi roi fy mab arall iddyn nhw, fel y gallant ei roi i farwolaeth am lofruddio. Alla i ddim goddef ei golli! Fe yw'r cwbl sy gen i!'

Teimlodd y brenin Dafydd yn drist iawn dros y wraig.

'Rwy'n addo na chaiff neb wneud niwed iddo,' meddai.

Wedi seibiant bach aeth y wraig yn ei blaen yn fwy hyderus.

'Arglwydd frenin, os dyna sut wyt ti'n teimlo, pam na wnei di anfon am dy fab dithau, Absalom, a maddau iddo? Mae pawb yn hiraethu am ei gael yn ôl.'

Dyfalodd Dafydd beth oedd ar droed.

'Dywed y gwir wrthyf,' mynnodd. 'Ai Joab sydd wedi trefnu i ti ddod a dweud hyn?'

Cyfaddefodd y wraig ei bod wedi creu'r stori ar orchymyn Joab.

Yn nes ymlaen, anfonodd Dafydd am Joab.

'O'r gorau,' cytunodd, 'fe gei di anfon am Absalom. Chaiff e mo'i ladd. Ond rwy'n gwrthod ei weld.'

Anfonodd Joab am Absalom. Dychwelodd i Jerwsalem a byw yn ei dŷ ei hun.

143
Ennill poblogrwydd
2 Samuel 14-15

Roedd Absalom yn falch o fod yn ôl yn Jerwsalem. Roedd ganddo gynlluniau mawr ar gyfer y dyfodol.

Gwyddai mai ef oedd y dyn mwyaf golygus yn yr holl wlad ac roedd yn arbennig o falch o'i wallt hardd. Dim ond un waith y flwyddyn y byddai'n ei dorri.

Roedd am fod yn frenin. Ond tra gwrthodai ei dad ei dderbyn i'r palas, nid oedd gobaith iddo gael ei ddewis fel y brenin nesaf.

Arhosodd ddwy flynedd i Dafydd newid ei feddwl ac yna, yn ddiamynedd, anfonodd am Joab.

'Beth yw diben byw yn Jerwsalem os nad yw'r brenin yn fodlon fy ngweld i?' gofynnodd yn chwerw. 'Waeth iddo gymryd fy mywyd, os yw e'n credu mai dyna fy haeddiant.'

Ailadroddodd Joab eiriau Absalom wrth y brenin.

'Fe wna i ei weld,' cytunodd Dafydd.

Plygodd Absalom yn isel o flaen y brenin, ond cusanodd Dafydd ei fab yn serchus ac aeth y newydd ar led yn gyflym fod Dafydd wedi cymodi ag Absalom eto.

'Pwy a ŵyr,' meddai'r bobl, 'efallai mai Absalom fydd y brenin nesaf.'

Roedd holl fryd Absalom ar fod yn frenin, ond nid oedd am aros nes i'w dad farw. Prynodd gerbyd gwych a cheffylau, ac roedd ganddo hanner cant o weision i weini arno ble bynnag yr âi. Edrychai'n ddyn pwysig iawn.

Yna ceisiodd ei wneud ei hun yn fwy poblogaidd na Dafydd. Bob bore byddai'n sefyll wrth borth y ddinas ac yn siarad yn garedig â phawb a ddeuai i gael cyfweliad â'r brenin, gan holi eu henwau a'u problemau. Yna dywedai'n gyfeillgar:

'Mae'n amlwg mai ti sy'n iawn. Y trueni yw y bydd y brenin yn llawer rhy brysur i ymdrafferthu â thi. O na fyddai'n f'apwyntio i yn farnwr!'

Dechreuodd pobl feddwl cystal brenin fyddai Absalom. Roedd mor gyfeillgar ac mor deg ei ffordd. Ac yn olygus hefyd!

Am bedair blynedd aeth Absalom ati i ennill serch y bobl. Yna, pan dybiai fod yr amser iawn wedi dod, aeth i Hebron, a fu unwaith yn brifddinas i Dafydd, a chynllunio i godi byddin. Anfonodd negeseuon dirgel at arweinwyr holl lwythau Israel, gan ddweud: 'Pan glywch yr utgyrn, gweiddwch "Absalom sydd frenin!"'

144
Y brenin Dafydd yn gadael Jerwsalem
2 Samuel 15

Y person olaf un i glywed am gynllwynion Absalom oedd y brenin Dafydd ei hun. Yn y diwedd magodd rhywun ddigon o blwc i ddweud wrtho.

'Arglwydd frenin, mae'r holl bobl yn dechrau ochri gydag Absalom. Mae e'n bwriadu ei gyhoeddi'i hunan yn frenin.'

Heb oedi ceisiodd Dafydd ddarganfod pwy oedd cefnogwyr Absalom. Er tristwch iddo, deallodd fod hyd yn oed Ahitoffel, ei gyfaill agos a'i brif gynghorydd, wedi ymuno ag Absalom.

'Fe adawn ni Jerwsalem ar unwaith,' meddai wrth ei weision. 'Os arhoswn yma, bydd Absalom a'i fyddin yn cyrraedd a bydd tywallt gwaed ofnadwy yn y ddinas.'

Arweiniodd Dafydd ei ddilynwyr i lawr o'r ddinas dros afon Cidron ac allan o Jerwsalem. Roedd yn ymddangos fod pawb wedi'i fradychu, ond cynhesodd ei galon wrth i rai ffrindiau ffyddlon ddechrau ymuno ag ef.

Ymunodd Abiathar yr offeiriad ag ef, ynghyd â'i gyd-offeiriad, Sadoc. Daeth ef ag arch aur cyfamod Duw gydag ef.

'Ewch ag arch y cyfamod yn ôl i Jerwsalem i'w lle priodol,' meddai'r brenin wrthynt. 'Pwy a ŵyr? Efallai y daw Duw â fi hefyd yn ôl yn ddiogel.'

Yna pwyntiodd at y llanc Jonathan, mab Abiathar, ac at Ahimaas, mab Sadoc.

'Ewch chithau'n ôl hefyd,' meddai wrthynt. 'Cewch fod yn ysbïwyr i mi a dod â newydd am bob peth sy'n digwydd.'

Yn araf, trodd yr offeiriaid yn ôl gyda'u llwyth gwerthfawr, ac aeth Dafydd ar ei ffordd â dagrau yn ei lygaid. Aeth yr orymdaith fach drist i gyfeiriad yr Iorddonen. Ar y ffordd buont yn gorffwys am ychydig. Roeddynt wedi blino a'u calonnau'n drwm.

Ar ben y bryn nesaf, roedd ffrind arall yn disgwyl. Husai oedd hwnnw, cynghorydd arall Dafydd yn y llys.

'Husai,' meddai Dafydd yn ddifrifol, 'y ffordd orau i ti fy helpu yw mynd yn ôl i Jerwsalem. Cymer arnat dy fod ar ochr Absalom. Gwranda'n ofalus ar gyngor Ahitoffel iddo – mae'n siŵr o fod yn gyngor da. Yna ceisia berswadio Absalom i beidio â'i ddilyn, ond i wneud fel arall. Dywed wrth Sadoc ac Abiathar am y cynllun. Bydd eu meibion yn dod â'r newydd i mi.'

145
Ystrywiau ac ysbïwyr
2 Samuel 17

Cyrhaeddodd Absalom Jerwsalem mewn rhwysg mawr. Daeth ag Ahitoffel, cyn-gynghorydd Dafydd, gydag ef. Synnodd Absalom o weld cynghorydd arall Dafydd, Husai, yn aros amdano. Ond ni ddaeth i'w feddwl fod Husai o hyd yn ffyddlon i Dafydd.

Toc awgrymodd Ahitoffel gynllun.

'Gad i mi ddewis byddin ac ymosod ar Dafydd heno,' meddai. 'Bydd ef a'i ddynion wedi blino ac yn ddigalon. Gallem gael buddugoliaeth gyflym.'

Oedodd Absalom am foment.

'Rhaid i mi ofyn barn Husai,' meddai.

Pan glywodd Husai gynllun Ahitoffel, gwyddai ei fod yn un da. Ni fyddai amser gan Dafydd i baratoi i frwydro petai ymosodiad yn dod ar unwaith. Rywsut roedd yn rhaid rhwystro Absalom rhag gweithredu fel hyn.

'Y tro hwn mae Ahitoffel wedi rhoi cyngor drwg,' dechreuodd. 'Ti ddylai arwain Israel i fuddugoliaeth. Bydd y bobl yn heidio o bob cwr o'r wlad i ymladd yn dy fyddin di. Unwaith y cesgli di fyddin, fe elli di eu harwain.'

Er y byddai'n cymryd amser i'w weithredu, roedd y cynllun hwn wrth fodd Absalom. Roedd yn berson balch ac roedd am gael y clod iddo'i hun.

'Fe ddilyna i gyngor Husai,' cyhoeddodd yn fawreddog.

Adroddodd Husai y newydd wrth Sadoc ac Abiathar. Aeth morwyn â'r neges at eu dau fab. Ond gwelodd llanc hwy yn sibrwd gyda'i gilydd, ac aeth i sôn am ei amheuon wrth Absalom.

Ffodd Jonathan ac Ahimaas i gartref dau o gefnogwyr ffyddlon Dafydd. Yno cuddiwyd hwy mewn pydew sych a rhoi'r caead drosto. Taenodd y wraig rawn ar ei ben i'w guddio. Pan gyrhaeddodd dynion Absalom a gofyn am yr ysbïwyr, dywedodd ffrindiau Dafydd eu bod wedi croesi'r afon.

Cyn gynted ag y gadawodd gweision Absalom, dringodd Jonathan ac Ahimaas o'u cuddfan a rhedeg i roi newyddion Husai i Dafydd.

146
Angau yn y coed
2 Samuel 17-18

Pan glywodd Dafydd neges y ddau ysbïwr, arweiniodd ei ddynion ar frys dros afon Iorddonen. Aethant tua dinas Mahanaim i'r gogledd-ddwyrain.

Roeddynt wedi blino ac ar lwgu wedi'r gwersylla yn yr anialwch. Dyna ddiolchgar oeddynt, felly, o weld cefnogwyr Dafydd yn aros amdanynt gyda blancedi cynnes a bwyd da – cig a llysiau, mêl, caws a hufen – ar eu cyfer.

Wedi bwyta a chysgu'n dda, roeddynt yn barod i wynebu unrhyw elyn. Rhoddodd Dafydd drefn ar ei filwyr gan addo eu harwain i'r gad. Ond crefodd yr arweinwyr arno i aros yn y ddinas.

'Rwyt ti'n rhy werthfawr i beryglu dy fywyd mewn brwydr,' meddent. Cytunodd Dafydd yn gyndyn. Wrth eu gwylio'n mynd, clywodd pawb ef yn dweud wrth yr arweinwyr, 'Byddwch yn dyner wrth Absalom! Peidiwch â pheri niwed iddo, er fy mwyn i.'

Erbyn hyn roedd Absalom wedi cynnull byddin ac wedi croesi'r Iorddonen. Dechreuodd y frwydr. Yn araf bach dechreuodd milwyr Dafydd ennill tir a gyrru dynion Absalom yn ôl.

Digwyddodd i rai o ddynion Dafydd ddod ar draws Absalom ei hun yn marchogaeth ei ful o dan y coed. Wrth garlamu i ffwrdd, fe drawodd yn erbyn cangen derwen fawr a oedd yn hongian i lawr, a daliwyd ei ben yn dynn yn y canghennau. Carlamodd y mul ofnus i ffwrdd, gan adael ei feistr ynghrog rhwng nef a daear, yn hanner ymwybodol.

Brysiodd un o'r dynion i ddweud wrth Joab.

'Pam na leddaist ti ef?' gofynnodd Joab. 'Fe fyddwn wedi rhoi gwobr fawr i ti.'

'Ar ôl yr hyn a ddywedodd y brenin, fyddwn i ddim yn lladd Absalom am y byd,' atebodd y milwr.

Neidiodd Joab ar ei geffyl a mynd i chwilio am Absalom. Roedd yn dal i hongian o'r goeden, a'i wallt hardd wedi'i glymu'n dynn ynddi. Heb betruso, lladdodd Joab a'i filwyr ef.

Yna canodd Joab ei utgorn a galw ei fyddin ynghyd. Gan fod Absalom wedi marw, roedd y gwrthryfel yn erbyn Dafydd ar ben.

'Ga i redeg at y brenin gyda'r newydd am y fuddugoliaeth?' gofynnodd Ahimaas yn awyddus.

Ond ofnai Joab y gallai Dafydd fod yn ddig wrth unrhyw negesydd a ddeuai â'r newydd am farwolaeth Absalom, felly yn lle hynny, anfonodd gaethwas i Mahanaim.

'Rwy i'n mynd hefyd!' mynnodd Ahimaas. Felly cychwynnodd y ddau redwr chwim ar eu taith.

📖 147
Dychwelyd yn fuddugoliaethus
2 Samuel 18-19

Arhosodd Dafydd wrth borth y ddinas, yn disgwyl yn ddiamynedd am newydd o'r frwydr.

'Mae rhywun yn dod!' galwodd y gwyliwr, 'ac mae ail redwr heb fod ymhell y tu ôl iddo.'

Ahimaas oedd y cyflymaf o'r ddau. Ef a gyrhaeddodd gyntaf, yn chwys i gyd a'i wynt yn ei ddwrn. Taflodd ei hun ar lawr o flaen y brenin.

'Clod i Dduw!' meddai, yn brin o anadl, 'fe gest ti'r fuddugoliaeth!'

Y cwbl a allai Dafydd ei ddweud oedd, 'Beth am Absalom? Ydy e'n ddiogel?'

'Roedd cythrwfl mawr,' meddai Ahimaas yn dawel. 'Dydw i ddim yn gwybod yr holl hanes.'

Gyda hynny cyrhaeddodd yr ail redwr.

'Beth yw'r newyddion am Absalom?' gofynnodd Dafydd yn bryderus.

'Cafodd yr hyn y mae holl elynion y brenin yn ei haeddu,' atebodd y caethwas.

Gwyddai Dafydd yn awr fod Absalom wedi marw. Cerddodd ymaith yn araf gan lefain drosodd a throsodd: 'O Absalom, fy mab, fy mab! O na fuaswn i wedi marw drosot ti, fy mab, Absalom!'

Ni feiddiai neb ddathlu'r fuddugoliaeth, a'r brenin mor drist.

O'r diwedd aeth Joab at Dafydd.

'Dwyt ti ddim yn deg â'th filwyr,' meddai. 'Byddan nhw'n meddwl y byddai'n well gennyt ti eu bod *nhw* yn farw a bod *Absalom* yn fyw ac yn iach. Tyrd i ddiolch iddynt a llawenhau gyda nhw!'

Roedd Dafydd yn gwybod y byddai'n rhaid iddo anghofio ei ofid a chalonogi ei ddilynwyr ffyddlon. Cyn hir daeth pobl Israel – a oedd unwaith wedi ochri gydag Absalom – i wahodd Dafydd i fod yn frenin arnynt eto, a dychwelodd Dafydd yn fuddugoliaethus i Jerwsalem.

169

Oes aur Solomon

📖 148
Y brenin newydd
1 Brenhinoedd 1

Roedd y brenin Dafydd yn heneiddio. Ni allai farchogaeth gyda'i filwyr yn awr, na gwrando ar gwynion ei bobl. Arhosai yn ei ystafell ei hun, yn ei wely, wedi'i lapio mewn blancedi am ei fod yn teimlo mor oer.

Y tu allan i'w ystafell roedd pobl yn siarad ac yn cynllunio. Pwy fyddai'r brenin nesaf? Gan fod Absalom wedi marw, Adoneia oedd y mab hynaf. Roedd yntau'n olygus ac yn uchelgeisiol. Roedd Abiathar yr offeiriad a Joab, cadfridog Dafydd, yn gefnogol iddo. Felly penderfynodd Adoneia gael ei goroni ar unwaith.

'Fe gawn ni wledd o ddathlu,' cyhoeddodd wrth ei ddilynwyr, 'ac fe gaiff pawb wahoddiad. Yna fi fydd y brenin.'

'Paid â gwahodd dy frawd Solomon,' cynghorodd ei ffrindiau, 'na Nathan y proffwyd na Sadoc yr offeiriad.' Roeddynt yn gwybod fod Nathan a Sadoc am i Solomon fod yn frenin.

Clywodd Nathan am gynllwyn Adoneia a brysiodd i weld mam Solomon, Bathseba.

'Dos yn syth at y brenin Dafydd,' meddai wrthi. 'Dywed wrtho beth sy'n digwydd a'i atgoffa o'i addewid i ti y byddai Solomon yn frenin ar ei ôl.'

Pan gafodd Bathseba fynd i mewn at y brenin, ymgrymodd yn isel o'i flaen. Wedi iddi ddweud wrtho am gynllun Adoneia, cyrhaeddodd Nathan â'r un stori.

Addawodd Dafydd i Bathseba y byddai'n cadw ei addewid ac yn coroni Solomon.

'Rhowch Solomon ar fy mul brenhinol fy hun,' gorchmynnodd, 'a'i arwain trwy'r ddinas. Gadewch i Sadoc yr offeiriad ei eneinio'n frenin. Yna seiniwch yr utgorn a dywedwch, "Henffych, y brenin Solomon!" '

Dilynwyd gorchmynion y brenin ar unwaith.

Roedd Adoneia a'i ffrindiau yn dal wrthi'n gwledda pan glywsant ganiad yr utgorn a bloeddio hapus y dyrfa wrth i'r brenin newydd farchogaeth trwy'r ddinas. Gwyddent fod eu cynllun wedi methu. Solomon oedd y brenin newydd, ar orchymyn Dafydd ei hun.

149
Breuddwyd Solomon
1 Brenhinoedd 3

Cyn i Dafydd farw rhoddodd lawer o gynghorion da i Solomon. Atgoffodd ef y dylai gadw cyfreithiau Duw uwchlaw pob peth arall.

Wedi marw Dafydd daeth holl gyfrifoldeb rheoli'r bobl ar ysgwyddau Solomon.

Un diwrnod ymwelodd â Gibeon i weddïo ac i offrymu rhoddion i Dduw. Gyda'r nos cafodd freuddwyd. Ymddangosodd Duw iddo a dweud: 'Beth hoffet ti ei gael gen i, Solomon?'

Gwyddai Solomon yn syth beth hoffai ei gael yn fwy na dim.

'Os gweli di'n dda, O Dduw,' gweddïodd, 'rho ddoethineb i mi. Rwy'n ifanc a dibrofiad. Ni allaf reoli holl bobl Israel heb dy gymorth di.'

Roedd ateb Solomon yn boddhau Duw yn fawr.

'Fe allet ti fod wedi gofyn am gyfoeth neu hir oes, neu farwolaeth dy elynion,' meddai Duw wrtho. 'Yn lle hynny rwyt ti wedi ceisio doethineb. Fe gei di ddoethineb gen i i reoli ac i farnu'n deg. Ti fydd y dyn doethaf a fu erioed.

'Ar ben hynny fe roddaf i ti'r pethau hynny na ofynnaist amdanynt. Fe fyddi di'n gyfoethog a bydd pawb yn dy barchu. Ac os byddi di'n ufudd, gan gadw fy nghyfraith, fe gei di hir oes.'

Deffrôdd Solomon a sylweddoli mai breuddwyd ydoedd. Ond gwyddai yr un pryd fod Duw *wedi* siarad ag ef. Cafodd gysur o wybod y byddai Duw yn ei helpu i fod yn frenin da.

150
Penderfyniadau doeth
1 Brenhinoedd 3

Atebodd Duw weddi Solomon a rhoi doethineb iddo. Cyfansoddodd dair mil o ddywediadau doeth (diarhebion yw'r enw arnynt) ac ysgrifennodd dros fil o gerddi. Roedd yn gwybod popeth am anifeiliaid ac adar, pysgod a phlanhigion a blodau. Aeth sôn am ei ddoethineb dros yr holl fyd.

Rhoddodd Duw hefyd allu i Solomon ddelio â holl faterion y llys.

Fel gyda Dafydd o'i flaen, daeth llawer o'i ddeiliaid i ofyn i'r brenin glywed eu hachos.

Un diwrnod daeth dwy wraig ato. Cawsant fynd i'r ystafell lle roedd gorsedd y brenin. Wrth fynd i mewn ceisiodd un gipio bwndel o freichiau'r llall, ond dechreuodd y bwndel grio a sgrechian! Baban oedd yno!

Aeth gwas â'r baban i'w fagu tra adroddodd y ddwy wraig eu hanes wrth y brenin.

'Rydyn ni'n byw gyda'n gilydd,' dechreuodd y gyntaf, 'ac ychydig yn ôl cafodd y ddwy ohonom fabanod. Fe gafodd fy maban i ei eni ddau ddiwrnod cyn y llall.

'Un noson fe orweddodd hi ar ei baban trwy ddamwain a bu farw. Tra oeddwn i'n cysgu, cymerodd fy maban i o'm hochr a rhoi ei baban marw yn ei le. Pan ddihunais, gwelais fod y baban wrth fy ochr yn farw. Pan edrychais arno wedyn, sylweddolais nad fy maban i oedd yno o gwbl, ond ei baban hi!'

Torrodd y wraig arall ar ei thraws. Roedd hi o'i cho'.

'Dy faban di oedd yr un marw,' meddai. 'Fy maban i yw'r un byw. Mae dy faban di wedi marw!'

Gadawodd y brenin iddynt weiddi a ffraeo am ychydig bach. Yna meddai wrthynt:

'Mae'r ddwy ohonoch chi'n hawlio'r baban hwn, felly.'

'Ydym!' gwaeddodd y ddwy gyda'i gilydd.

'Dewch â chleddyf!' gorchmynnodd y brenin.

Daeth rhywun â chleddyf a dywedodd Solomon wrth un o'i weision: 'Gan fod y ddwy fam yma yn dweud mai eu baban nhw yw e, torrwch y baban yn ddau a rhoi hanner yr un i'r naill a'r llall.'

Yn syth gwaeddodd mam iawn y baban, 'Peidiwch â'i ladd! Gwell gen i ei bod hi'n ei gael na hynny!'

Ond meddai'r wraig arall, 'Ewch ymlaen – gwnewch fel y dywedodd y brenin! Mae'n deg!'

'Arhoswch!' taranodd Solomon. 'Peidiwch â niweidio'r baban. Roeddwn i am weld pwy oedd y wir fam. Mae'r baban yn perthyn i'r un sydd am achub ei fywyd. Rhowch y baban iddi hi.'

Clywodd pawb yn Jerwsalem am achos y baban a'r ddwy fam. Rhaid fod eu brenin yn ddoeth iawn i allu meddwl am gynllun mor dda i gael gafael ar y gwir.

151
Gogoniant Solomon
1 Brenhinoedd 4,7,9,10

Cadwodd Duw ei addewid i roi cyfoeth i Solomon yn ogystal â doethineb. Roedd teyrnas Israel yn fwy nag y byddai byth wedyn, gan fod Dafydd wedi gyrru yn ôl hen elynion Israel, y Philistiaid, a llawer o rai eraill. Roedd pawb yn hapus ac yn llwyddo pan ddaeth Solomon yn frenin.

Dechreuodd Solomon adeiladu

palas gwych iddo'i hun. Cymerodd dair blynedd ar ddeg i'w gwblhau. Cadwyd cannoedd o weithwyr wrthi'n brysur yno, yn naddu meini cain ac yn cerfio coed cedrwydd i wneud nenfydau a phaneli i'r waliau.

Roedd neuadd yr orsedd yn ysblennydd iawn. Yno y byddai'r brenin yn derbyn ei ddeiliaid a'r holl ymwelwyr o wledydd eraill a ddeuai yno i edmygu'r cwbl.

Roedd chwech o risiau yn esgyn at yr orsedd lle byddai Solomon yn eistedd i weinyddu barn. Ar bob pen i bob gris safai llew cerfiedig. Roedd yr orsedd ei hun o ifori ac wedi'i gorchuddio ag aur coeth, ac roedd troedfainc aur ar gyfer traed y brenin. Roedd llew cerfiedig ar ddwy fraich yr orsedd a phen tarw wedi'i gerfio ar y cefn. Ni welsai neb ddim byd tebyg iddi o'r blaen!

Pan âi'r ymwelwyr i'r neuadd wledda, bwytaent o blatiau aur ac yfed o gwpanau aur. Câi pentyrrau o fwyd ei baratoi bob dydd ar gyfer bwrdd y brenin. Bu'n rhaid i bobl Israel gymryd eu tro i ddarparu'r holl fwyd yr oedd ei angen ar y palas.

Roedd Solomon yn hoff iawn o geffylau ac adeiladodd stablau enfawr.

Adeiladodd lynges hefyd, a hwyliai gyda llynges brenin Tyrus.

Bob tair blynedd byddai'r llongau'n dychwelyd o'u mordeithiau hir, gan ddwyn trysorau prin a gwerthfawr i'r brenin. Daethant â pheunod ac epaod a mwncïod i chwarae yng ngerddi'r palas, ac aur, arian ac ifori i addurno'r palasau a adeiladodd Solomon ar ei gyfer ef ei hun ac ar gyfer ei wragedd niferus.

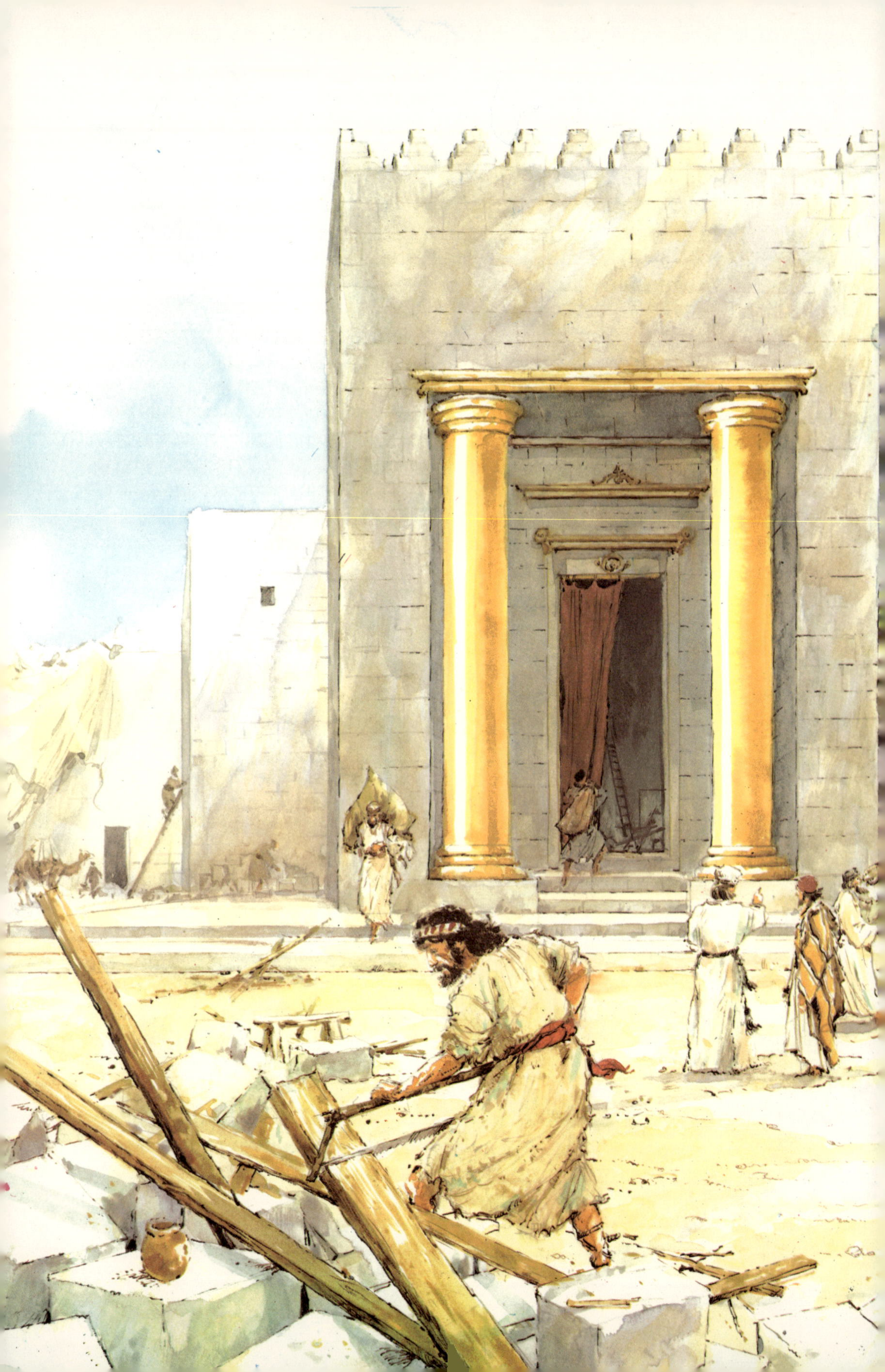

152
Adeiladu teml i Dduw
1 Brenhinoedd 5,7,8; 1 Cronicl 22,29

Pan oedd Dafydd yn frenin, roedd am godi teml i Dduw. Ond roedd Duw wedi dweud mai Solomon ei fab fyddai'r un i'w hadeiladu. Felly cynllunio a pharatoi yn unig a wnaeth Dafydd.

Galwodd Dafydd arweinwyr Israel at ei gilydd. 'Rhaid i'r deml y bydd Solomon yn ei hadeiladu fod yn un wir ysblennydd,' meddai, 'oherwydd teml i Dduw fydd hi. Rwyf i wedi rhoi aur, arian, marmor a meini gwerthfawr ar gyfer yr adeiladu. A wnaiff rhywun arall gyfrannu hefyd?'

Daeth y bobl â rhoddion o bob math yn llawen. Dywedodd Dafydd wrth Solomon ble i adeiladu'r deml a rhoddodd gynlluniau iddo ar gyfer yr adeiladu.

O'r diwedd daeth yn bryd dechrau ar y gwaith.

Ysgrifennodd Solomon at hen gyfaill Dafydd, y brenin Hiram o Tyrus, i ofyn am gedrwydd da o goedwigoedd Libanus. Roedd Hiram yn falch o gael helpu. Torrodd ei weision y coed a rhwymo'r boncyffion yn rafftiau, a'u hanfon i lawr ar hyd yr arfordir, i fan y gallai gweision Solomon eu tynnu i'r lan.

Cyflogodd Solomon gannoedd o weithwyr, heb sôn am adeiladwyr medrus a chrefftwyr. Torasant y cerrig mawr ar gyfer y deml a'u naddu yn y chwarel, ymhell o dan ddaear, fel na fyddai sŵn y morthwylion yn aflonyddu ar dawelwch safle'r deml gysegredig.

Buont wrthi am saith mlynedd – yn torri'r cerrig, yn llifio, yn morthwylio, yn cerfio, yn toddi a mowldio metalau.

O'r diwedd roedd y deml â'i holl ddodrefn yn barod. Roedd yn hardd dros ben. Cludodd y Lefiaid arch y cyfamod o'i phabell i'r cysegr sancteiddiaf yn y deml newydd. Wrth iddynt ei gosod i lawr yn ofalus, bloeddiodd y dyrfa fawr. Canodd y cerddorion, seiniodd yr utgyrn a dechreuodd pawb ganu.

'Molwch yr Arglwydd, canys da yw, a'i gariad sydd yn dragwyddol!'

Yn sydyn, llanwyd y deml â golau disglair, mwy disglair o lawer nag aur y deml. Roedd cwmwl gogoniant Duw wedi dod i orffwys arni. Llanwyd Solomon â rhyfeddod ac â diolchgarwch i Dduw. Gwyddai fod Duw yn llawer rhy fawr i fyw mewn unrhyw adeilad. Ond roedd Duw wedi dangos ei fod wedi derbyn rhodd ei bobl ac y byddai gyda hwy i'w bendithio ac i wrando eu gweddïau.

175

153 Ymweliad brenhines Seba

1 Brenhinoedd 10

Ymhell o Israel, ar ben draw'r ffyrdd marchnata hynafol, rheolai brenhines yn nheyrnas Seba – gwlad Yemen erbyn heddiw.

Daeth ymwelwyr i'w phalas â hanesion am frenin mawr a chyfoethog o'r enw Solomon. Roedd yn enwog yn fwy na dim am ei ddoethineb mawr.

O'r diwedd penderfynodd y frenhines fynd i Israel i gwrdd â'r brenin Solomon. Roedd am weld drosti hi ei hun a oedd y brenin hwn mor fawr a doeth â'r sôn amdano.

Dywedodd wrth ei gweision am lwytho'r camelod â phentyrrau o'r perlysiau prin yr oedd ei gwlad yn enwog amdanynt. Paratôdd roddion gwerthfawr ar gyfer y brenin.

Pan oedd popeth yn barod, cychwynnodd y rhes camelod gyda'r frenhines yn y blaen. Wedi cyrraedd o'r diwedd, cafodd ei harwain i mewn i neuadd orsedd y brenin. Prin y gallai gredu ei llygaid! Y fath gyfoeth a gwychder! A chynifer o weision!

Yna dechreuodd brenhines Seba holi Solomon – y cwestiynau mwyaf anodd y gallai feddwl amdanynt. Holodd ef am bob peth a oedd yn benbleth iddi a'r pethau yr oedd yn dyheu am eu deall. Atebodd yntau bob un o'i chwestiynau. Nid oedd dim fel petai'n rhy anodd i Solomon. Rhyfeddai'r frenhines!

'Mae'r holl hanesion amdanat ti'n wir!' meddai. 'Roeddwn yn credu eu bod nhw'n gor-ddweud, ond gwelaf yn awr na ddywedodd fy ymwelwyr yr hanner am dy gyfoeth a'th ddoethineb di. Gwyn eu byd dy weision. Mawr yw eu braint, yn cael gwrando arnat ti bob amser!'

Rhoddodd y frenhines ei hanrhegion i Solomon, a mwy o beraroglau nag a gawsai ef erioed o'r blaen.

Cychwynnodd brenhines Seba ar ei thaith hir yn ôl i'w gwlad, wedi'i bodloni y tu hwnt i bob disgwyl.

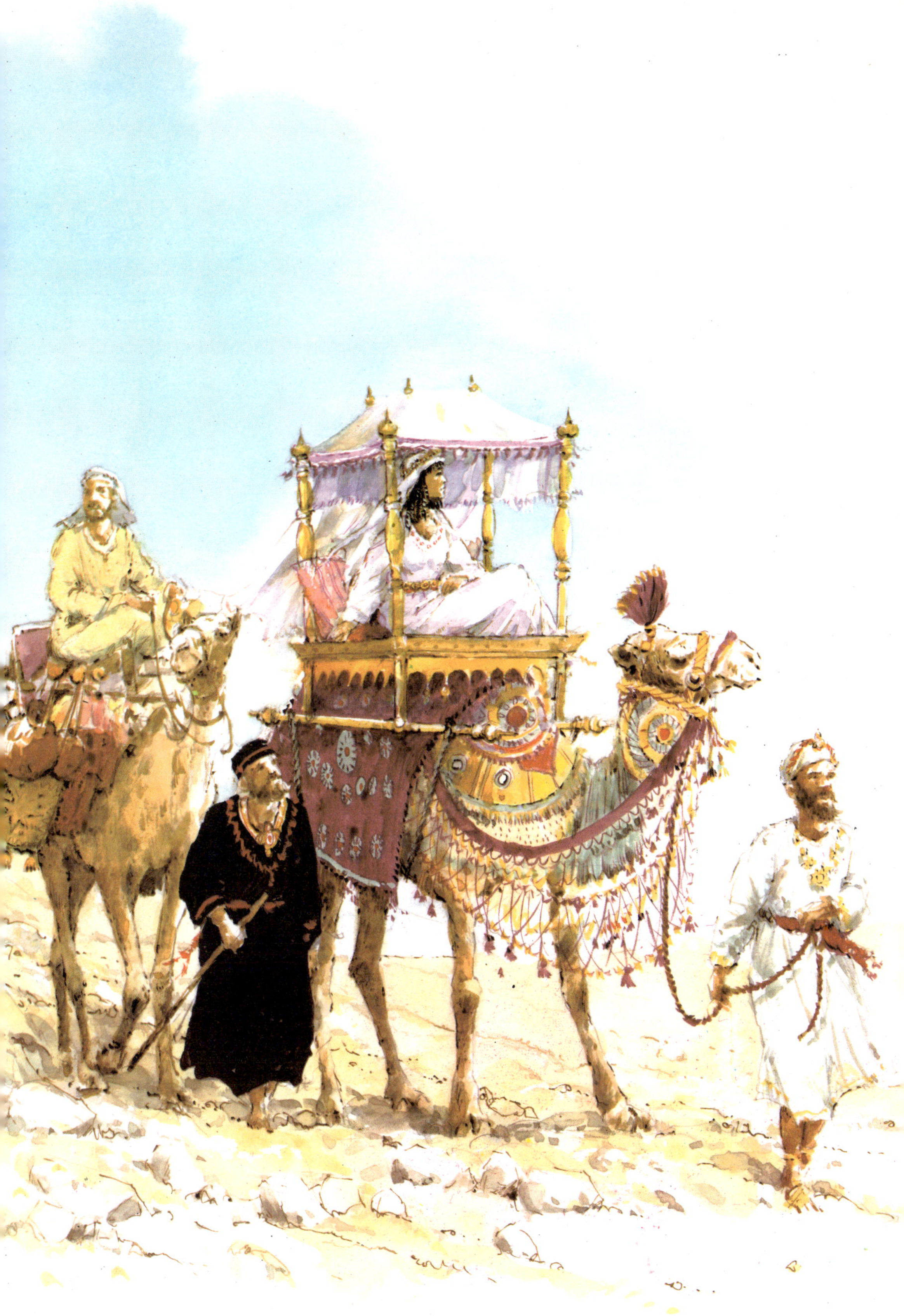

Rhannu'r deyrnas

📖 154
Pechodau Solomon
1 Brenhinoedd 11

Roedd Solomon yn frenin mawr a doeth ac roedd ei lys yn gyfoethog ac ysblennydd. Adeiladodd lawer o balasau heirdd yn ogystal â'r deml fawr yn Jerwsalem. Llifai arian i drysordy Solomon bob blwyddyn. Daeth peth o'r arian drwy farchnata â gwledydd eraill a pheth ohono o'r trethi a dalai'r bobl.

Ond gwariai Solomon lawer mwy o arian nag a enillai. Pan âi i ddyled, byddai'n trethu'r bobl yn drwm iawn. Pan fyddai angen gweithwyr i adeiladu ei balasau ac atgyweirio ei ddinas, byddai'n anfon swyddog o'r llys i orfodi dynion i ddod i wneud y gwaith yn ddi-dâl.

Felly roedd llawer o bobl Israel yn dlawd ac yn anhapus yn ystod teyrnasiad Solomon.

Roedd Duw yn ddig wrth Solomon am gam-drin y bobl oherwydd ei drachwant, ac am iddo wneud llawer o bethau eraill yr oedd Duw wedi'u gwahardd.

Priododd Solomon lu o wragedd o wledydd eraill a daethant â'u crefyddau eu hunain i'w canlyn. Yn lle dysgu ei wragedd i adnabod y gwir Dduw, cododd Solomon demlau ar gyfer delwau eu duwiau hwy. Wrth fynd yn hŷn, dilynodd eu ffyrdd. Nid arhosodd yn ffyddlon i Dduw, yr un a oedd wedi rhoi'r holl ddoethineb a'r holl gyfoeth iddo.

Roedd Duw yn drist. Hiraethai am weld Solomon yn ffyddlon iddo, fel Dafydd o'i flaen.

'Solomon,' meddai Duw, 'addewais roi teyrnas Israel i ti a'th ddisgynyddion, ac fe addewaist ufuddhau i mi a'm gwasanaethu'n gywir. Torraist dy ran di o'r cytundeb.

'Fe ddylwn gymryd y deyrnas gyfan oddi wrthyt. Gan imi addo i Dafydd dy dad, gadawaf ran fach o'r deyrnas i'th deulu ei rheoli am byth. Ond fe golli di ddeg allan o ddeuddeg llwyth Israel. Cânt eu rhoi i ŵr arall a ddaw yn frenin ar ôl iti farw.'

📖 155
Newyddion syfrdanol
1 Brenhinoedd 11

Wrth i'r brenin Solomon gerdded o gwmpas Jerwsalem yn cadw golwg ar y gweithwyr a oedd yn trwsio'r waliau, sylwodd ar ŵr ifanc a weithiai'n arbennig o galed.

'Beth yw dy enw di?' gofynnodd y brenin.

'Jeroboam,' atebodd y gŵr ifanc.

Aeth y brenin at y pen-gweithiwr a dweud, 'Mae Jeroboam yn weithiwr da. Gwna ef yn arolygwr ar y gwaith.'

Roedd Jeroboam yn falch o'i ddyrchafiad. Roedd yn awyddus i wneud yn dda.

Un diwrnod, wrth gerdded adref o'r gwaith ar hyd ffordd dawel yn y wlad, gwelodd y proffwyd Aheia yn dod ato, â mantell newydd sbon amdano.

Heb ddweud gair, safodd Aheia a dechrau rhwygo ei fantell yn ddarnau. Cafodd Jeroboam sioc. Roedd mentyll newydd yn costio'n ddrud ac roedd proffwydi fel arfer yn eithaf tlawd.

Yna estynnodd Aheia ddarnau'r fantell fesul un i Jeroboam nes bod ganddo ddeg darn. Nid oedd ond dau ddarn o'r fantell ar ôl yn llaw'r proffwyd.

'Jeroboam,' meddai Aheia, 'dyma'r hyn a wna Duw. Bydd yn cymryd y deyrnas oddi ar deulu Solomon a'i rhoi i ti.'

Edrychodd Jeroboam ar y ddau ddarn o ddefnydd a oedd ar ôl yn llaw Aheia.

'Ie,' esboniodd Aheia, 'bydd Duw yn cadw dau lwyth fel etifeddiaeth i feibion Solomon.' Pwyntiodd at y deg darn. 'Bydd y deg llwyth arall yn perthyn i ti. Nawr, Jeroboam, dysg wers oddi wrth gamgymeriadau Solomon. Mae Duw yn cymryd y deyrnas oddi ar ei deulu am nad yw e'n ufudd i Dduw mwyach, nac yn ei addoli. Gwna'n siŵr dy fod *ti* yn ufuddhau ac yn gwasanaethu Duw. Yna byddi'n llwyddo a bydd dy feibion yn llywodraethu ar dy ôl.'

Cerddodd Aheia ymaith ar unwaith, gan adael Jeroboam yn syfrdan, â'r deg darn o hyd yn ei law. A allai hyn fod yn wir? Nid oedd erioed wedi breuddwydio am fod yn frenin. Ond os dyna oedd yn mynd i ddigwydd, pam aros nes i Solomon farw?

Dechreuodd gynllunio a chynllwynio i gipio'r orsedd, ond daeth Solomon i wybod. Penderfynodd ladd Jeroboam, ond cyn y gallai ei ddal, roedd Jeroboam wedi ffoi i'r Aifft. Fe ddeuai ei gyfle pan fyddai Solomon wedi marw.

156
Dewis anodd
1 Brenhinoedd 12

Bu Solomon yn frenin ar Israel am ddeugain mlynedd. Wedi iddo farw, daeth ei fab Rehoboam i'r orsedd.

Tra oedd pawb wrthi'n paratoi ar gyfer y coroni, brysiodd Jeroboam yn ôl o'r Aifft, lle yr oedd wedi ffoi rhag Solomon.

Cafodd groeso gan arweinwyr llwythau gogledd Israel.

'Rydyn ni am anfon cynrychiolwyr at y brenin newydd,' meddent wrtho. 'A wnei di fynd a siarad drosom?

'Rydyn ni am ofyn i Rehoboam fod yn fwy tyner a charedig na'i dad. Allwn ni ddim dioddef rhagor o'r trethi caled a'r gwaith gorfodol yr oedd Solomon yn eu hawlio gennym!'

'Gadewch y cyfan i mi,' meddai Jeroboam. 'Fe siarada i ar eich rhan.'

Cafodd Jeroboam a'r grŵp bach o'r gogleddwyr eu tywys i mewn at y brenin.

'F'arglwydd frenin,' dechreuodd Jeroboam, 'cawsom ein trin yn galed gan dy dad, y brenin Solomon. Gwnaeth fywyd yn faich i ni. Gwnaeth i ni dalu trethi trymion a'n gorfodi i weithio'n galed iddo heb dâl.

'Os gwnei di addo ein trin yn garedig ac ysgafnhau ein baich, fe fyddwn yn ffyddlon i ti.'

'Rhowch dridiau i mi feddwl am y peth,' atebodd Rehoboam. 'Yna dewch yn ôl ac fe gewch fy ateb.'

157
Y wlad ranedig
1 Brenhinoedd 12

Ni wyddai Rehoboam sut i ateb Jeroboam a'i ddilynwyr. Yn gyntaf, gofynnodd i'r hynafgwyr a oedd wedi arfer cynghori ei dad, y brenin Solomon.

'Be wna i? Bod yn frenin llym a cheisio rhwystro'r bobl rhag codi yn fy erbyn, neu eu rheoli'n fwy caredig nag a wnaeth fy nhad?'

Atebodd yr hynafgwyr, 'Bydd yn garedig wrth y bobl. Ysgafnha eu baich. Yna byddant yn ffyddlon i ti.'

Wedyn gofynnodd Rehoboam yr un cwestiwn i'r gwŷr llys a oedd o'r un oed ag ef. Cafodd ateb gwahanol iawn ganddynt.

'Dywed wrth y bobl nad oedd llymder Solomon yn ddim o'i gymharu â'r ffordd y byddi di'n eu trin,' oedd eu cyngor. 'Rheola nhw â gwialen haearn – â rheolaeth mor dynn fel na fyddant yn gallu gwrthryfela.'

Ym marn Rehoboam roedd y cyngor hwn yn well na chyngor yr hynafgwyr. Pan gyrhaeddodd Jeroboam a'i ddirprwyaeth, meddai wrthynt: 'Doedd fy nhad i ddim hanner mor llym ag y bydda i gyda chi.'

Ni wnaeth geiriau Rehoboam ddychryn y bobl ac ennill eu hufudd-dod, fel y gobeithiai.

Pan adroddodd Jeroboam neges Rehoboam i'r bobl, gwaeddasant: 'I ffwrdd â Rehoboam! I ffwrdd â theulu Dafydd!'

Clywodd Rehoboam am y gwrthryfel ac anfonodd swyddog o'r enw Adoram i'w cosbi. Roedd pawb yn adnabod Adoram ac yn ei gasáu. Ef oedd y dyn a arferai hel y gweithwyr at ei gilydd a'u gorfodi i weithio dros Solomon.

Hyrddiodd y dorf gerrig ato a'i ladd. Yna dyma nhw'n galw am Jeroboam a gofyn iddo fod yn frenin arnynt.

Ond arhosodd Jwda a Benjamin, y ddau lwyth yn y de, yn deyrngar i Rehoboam. Un o lwyth Jwda oedd Dafydd. Roeddynt wedi'i garu ef, ac roeddynt yn gefnogol i'w ŵyr hefyd.

Bellach roedd y wlad wedi'i rhannu'n ddwy, gyda dau frenin gwahanol. Roedd Jeroboam yn frenin ar ddeg llwyth. Enw ei deyrnas ef oedd Israel (yr enw ar y wlad gyfan gynt). Jwda oedd enw teyrnas Rehoboam yn y de.

181

Helyntion yn Israel

📖 158
Methiant Jeroboam
1 Brenhinoedd 12,14

Roedd Jeroboam wrth ei fodd o fod yn frenin dros y rhan fwyaf o hen deyrnas Solomon. Ond roedd Jerwsalem, y brifddinas a safle'r deml, yn Jwda, lle roedd Rehoboam, mab Solomon, yn para'n frenin.

Âi'r holl Israeliaid i'r deml o leiaf unwaith y flwyddyn i addoli Duw.

'Rhaid i mi rwystro fy mhobl rhag mynd i Jerwsalem,' penderfynodd Jeroboam, 'neu efallai y bydd Rehoboam yn eu hennill yn ôl.'

Gorchmynnodd wneud dau lo aur. Yna adeiladodd ddau gysegr iddynt ar ddau ben eithaf ei deyrnas. Apwyntiodd offeiriaid nad oedd yn perthyn i lwyth Lefi, y llwyth yr oedd Duw wedi'u neilltuo i'w wasanaeth arbennig. Pan osodwyd y lloi aur yn y ddau gysegr, cyhoeddodd Jeroboam i'r bobl, 'Dyma eich duwiau a ddaeth â chi allan o'r Aifft.'

Bob blwyddyn byddai dathliad arbennig yn y ddau gysegr.

Trodd pobl Israel eu cefn yn fuan iawn ar addoli'r gwir Dduw. Aethant i ddilyn arferion drwg a chreulon y bobl a oedd yn byw yn y wlad cyn yr Israeliaid ac a oedd yn addoli Baal.

Un diwrnod aeth mab Jeroboam yn sâl.

'Dos i weld Aheia,' meddai Jeroboam wrth ei wraig. 'Fe yw'r proffwyd a ddywedodd wrthyf y byddwn yn frenin. Newid dy olwg i guddio pwy wyt ti a gofyn iddo a fydd ein mab yn gwella.'

Newidiodd gwraig Jeroboam ei dillad crand a chychwynnodd i weld Aheia, gan fynd â rhoddion o fara, cacennau a mêl iddo. Roedd Aheia yn hen iawn a'i olwg wedi pallu, ond roedd Duw wedi dweud wrtho ei bod yn dod.

Cyn gynted ag y clywodd sŵn traed, galwodd Aheia, 'Tyrd i fewn, wraig Jeroboam. Fe wn i pwy wyt ti, felly pam wyt ti'n cymryd arnat dy fod yn rhywun arall?'

Yna dywedodd Aheia wrthi beth yr oedd Duw yn ei feddwl am ymddygiad Jeroboam.

'Dywed wrth dy ŵr,' meddai, 'fod Duw yn dweud: "Cymerais y deyrnas oddi wrth deulu Dafydd a'i rhoi i ti. Eto buost yn anufudd i mi, a pheri i'm pobl anufuddhau hefyd, trwy wneud delwau iddynt eu haddoli." Nawr fe ddaw cosb Duw ar dy deulu oll.'

159
Ahab a'i frenhines ddrwg
1 Brenhinoedd 14,15

Gydag amser, digwyddodd pob peth a ddywedodd Duw wrth Jeroboam trwy Aheia. Pan fu farw Jeroboam, daeth un o'i feibion i'r orsedd, ond ni fu'n frenin yn hir. Cafodd ei lofruddio gan rywun a oedd am fod yn frenin. Hawliodd hwnnw'r orsedd a lladd pob un o deulu Jeroboam. Ond pan fu farw'r brenin newydd, lladdwyd ei fab yntau gan un o'i swyddogion, a chipiodd hwnnw yr orsedd iddo'i hun. Roedd y palas yn llawn ysbïwyr, cynllwynion, bygythiadau a llofruddiaethau.

Un diwrnod defnyddiodd Omri, un o swyddogion y fyddin, ei filwyr i'w helpu i ddod yn frenin. Roedd yn ddyn clyfar a daeth yn frenin grymus. Aeth y sôn amdano ar led am ei fod yn frenin mor gryf.

Adeiladodd ddinas Samaria yn brifddinas newydd i Israel. Ond nid oedd yn gwasanaethu Duw. Dilynodd y grefydd gau yr oedd Jeroboam wedi'i sefydlu yn y ddau gysegr.

Pan fu farw Omri daeth ei fab, Ahab, yn frenin. Ond yn fuan iawn daeth yn amlwg pwy oedd *gwir* reolwr Israel – gwraig Ahab, y frenhines Jesebel, a oedd yn dywysoges o wlad Sidon. Pan ddaeth i Israel, daeth â channoedd o broffwydi Baal gyda hi. Cododd Ahab deml hardd i Baal yn Samaria.

Roedd Jesebel yn benderfynol o gael gwared ar addoliad Duw Israel. Lladdodd holl broffwydi Duw a oedd o fewn ei chyrraedd.

Edrychai fel pe byddai pobl Israel yn anghofio popeth am Dduw yn fuan iawn, gan addoli duwiau Baal yn unig. Ni fyddent yn cadw gorchmynion da Duw mwyach, nac yn cofio'r gofal tyner dros eraill sydd yn rhan o'i gyfraith.

Ond roedd Duw o hyd wrth y llyw. Roedd wedi dewis un gŵr arbennig – Elias – i ddangos i'r bobl mai ef oedd y gwir Dduw o hyd, ac i'w dwyn yn ôl ato ef.

Roedd Elias yn byw allan yn y wlad ac yn gwisgo dillad gwladwr. Nid oedd yn fonheddig ei ymddygiad fel gwŷr y llys. Ond roedd yn broffwyd nad ofnai ddweud neges Duw wrth y brenin ei hun. Ac roedd yn benderfynol, gyda chymorth Duw, o sefyll yn gadarn dros yr hyn oedd yn iawn.

183

160
Y sychdwr hir
1 Brenhinoedd 17

Un diwrnod, aeth Elias, proffwyd Duw, yn hy at y brenin Ahab a dweud, 'Yn enw Duw, rwy'n dweud wrthyt na fydd na gwlith na glaw yn y wlad am dros ddwy flynedd. Fydd dim yn disgyn nes i mi ddweud y gair. Fe gei di weld mai fy Nuw i yw'r gwir Dduw. Ef sydd ben o hyd yn Israel.'

Mewn gwlad mor boeth a sych, roedd glaw yn werthfawr dros ben. Pan beidiodd y glaw, dechreuodd y grawn ifanc a'r llysiau gwyrdd wywo a chrino. Aeth y bwyd yn brin.

Roedd y Baal a addolai Jesebel yn dduw a oedd i fod i roi glaw. Ond er yr holl weddïo arno, ni chafwyd yr un diferyn. Roedd Ahab a Jesebel yn ddig iawn wrth Elias. Byddent wedi hoffi ei ladd.

'Dos i ymyl nant Cerith, yr ochr draw i'r Iorddonen, i guddio oddi wrth y brenin' meddai Duw wrth Elias. 'Trefnaf i gigfrain dy fwydo.'

Gwnaeth Elias hynny. Bu'n yfed o'r nant ac yn disgwyl fore a hwyr i'w ymwelwyr rhyfedd gyrraedd gyda'i frecwast a'i ginio. Ehedai'r cigfrain mawr du ato, gyda chig a bara yn eu pigau. Bwytaodd Elias y bwyd yn ddiolchgar.

Disgleiriai'r haul yn danbaid o hyd. Nid oedd sôn am law. Dechreuodd y nant sychu, nes bod ei gwely yn y diwedd heb ddiferyn o ddŵr ynddo.

'Elias,' meddai Duw, 'mae'n bryd i ti adael y lle hwn a mynd i Sareffta. Cei di dy fwydo gan weddw sy'n byw yno.'

Cerddodd Elias tua'r gogledd, y tu hwnt i wlad Israel, ac i mewn i Sidon, gwlad y frenhines ddrwg Jesebel.

Ar gyrion Sareffta gwelodd wraig yn ei phlyg yn casglu coed tân. Gwyddai ar unwaith mai hon oedd y wraig yr oedd Duw wedi sôn wrtho amdani.

📖 161
Digon o fwyd
1 Brenhinoedd 17

Cerddodd Elias draw at y wraig a oedd yn casglu coed tân. Sythodd i edrych arno.

'Wnei di nôl diod o ddŵr i mi, os gweli'n dda?' gofynnodd Elias.

Roedd y sychdwr wedi cyrraedd Sidon ac roedd bwyd a dŵr yn brin yno hefyd. Ond rhoddodd y wraig ei basged i lawr a chychwyn yn garedig i nôl diod.

'Wnei di ddod ag ychydig o fara hefyd?' galwodd Elias ar ei hôl.

Trodd y wraig yn ôl, gan ysgwyd ei phen yn drist. 'Mae'n ddrwg gen i,' meddai, 'alla i ddim. Roeddwn yn hel y coed tân yma er mwyn paratoi'r pryd olaf a gaiff fy mab a minnau. Y cwbl sy gen i'n weddill yn y tŷ yw mymryn o flawd yn y celwrn a diferyn o olew yn y stên – dim ond digon i wneud torth fach. Wedi bwyta honno, byddwn yn marw o newyn.'

'Paid ag ofni,' meddai Elias, 'ond gwna fel y dywedais. Gwna dorth fach i mi yn gyntaf, yna defnyddia'r gweddill i wneud un i ti ac i'th fab. Mae Duw yn addo, tra bydd y sychdwr, na fydd y celwrn heb flawd ynddo na'r stên heb olew ynddi.'

Credodd y wraig eiriau Elias a brysiodd i wneud fel y dywedasai.

Daeth addewid Duw yn wir.

Arhosodd Elias gyda'r weddw a'i mab, fel y dywedasai Duw wrtho, a phob dydd roedd ganddi ddigon o flawd ac olew i wneud bara ar gyfer y diwrnod hwnnw. Drannoeth roedd digon yno i wneud torth ffres. Bu digon i fwydo'r tri tra parhaodd y sychdwr.

Elias yn herio Baal

📖 **162**

Gornest ar y mynydd
1 Brenhinoedd 18

Aeth tair blynedd heibio heb ddiferyn o wlith na glaw a dechreuodd y brenin Ahab anobeithio'n llwyr. Un bore cychwynnodd allan gydag Obadeia, ei oruchwyliwr. Un a oedd yn dal i garu Duw a'i wasanaethu oedd Obadeia, a bu'n gyfaill cywir i broffwydi Duw.

'Fe awn i bob cwr o'r wlad,' meddai'r brenin, 'i weld beth yw cyflwr pob nant ac afon. Cawn weld a fydd digon o ddŵr i'n ceffylau a'n mulod. Os na fydd, bydd raid eu lladd i gyd. Dos di'r ffordd yna ac fe af i'r ffordd acw.'

Dechreuodd Obadeia ar y chwilio. Roedd ganddo dipyn o waith cerdded!

Rhai oriau'n ddiweddarach cododd ei olwg ac, er mawr syndod iddo, gwelodd Elias yn sefyll yn union o'i flaen! Prin y gallai Obadeia gredu ei lygaid!

'Rwyf am i ti ddod â'r brenin Ahab yma,' meddai Elias.

'Mae'r brenin wedi bod yn chwilio amdanat ti ym mhob man,' meddai Obadeia. 'Os dof i ag ef yn ôl yma a thithau wedi diflannu, bydd yn wyllt gacwn!'

'Fe fydda i yma, paid â phoeni,' addawodd Elias.

Pan welodd Ahab Elias, siaradodd yn anghwrtais ag ef.

'Ti sy 'na, felly,' meddai. 'Yr un sy

wedi dod â'r holl drafferth yma arnom.'

'Nid fy mai *i* yw hynny,' meddai Elias wrth y brenin. '*Ti* sy wedi troi cefn ar Dduw a dilyn Baal.

'Yn awr, galw bobl Israel i ben mynydd Carmel. Tyrd â holl broffwydi Baal hefyd. Fi yw'r unig broffwyd i Dduw nad yw wedi'i ladd gan Jesebel. Ond fe safaf dros Dduw yn eu herbyn nhw i gyd.'

📖 163
Duw yn anfon tân
1 Brenhinoedd 18

Galwodd y brenin Ahab yr holl bobl at ei gilydd, yn ôl cais Elias.

Safodd y bobl yno, yn ceisio dyfalu beth fyddai'n digwydd nesaf. Camodd Elias ymlaen i siarad â nhw.

'Pryd ydych chi, bobl Israel, yn mynd i beidio â gwamalu a phenderfynu'r naill ffordd neu'r llall?' gofynnodd. 'Penderfynwch pwy yw'r gwir Dduw a gwasanaethwch ef. Os

Baal yw'r gwir Dduw, yna gwasanaethwch ef â'ch holl galon. Ond os fy Nuw *i*, Duw Israel, yw'r unig wir Dduw, yna rhowch eich holl ffydd ynddo a'ch holl ufudd-dod iddo. Allwch chi ddim gwasanaethu Duw *a* Baal. Heddiw fe gawn ornest i weld pwy yw'r gwir Dduw.'

Yna trodd Elias at broffwydi Baal. 'Adeiladwch allor i Baal,' meddai wrthynt. 'Gosodwch goed arni ac yna aberth i Baal ar ben y coed. Ond peidiwch â chynnau tân. Gofynnwch i Baal anfon tân i losgi ei aberth.'

Duw y glaw a'r storm oedd Baal. Dylai *ef* o bawb allu anfon mellt i losgi'r aberth.

Aeth proffwydi Baal ati i baratoi'r allor a'r aberth yn ofalus. Yna dechreusant weddïo am i dân ddisgyn a'i losgi. Gwyliodd y bobl mewn distawrwydd.

Ni ddigwyddodd dim.

Roedd hi'n gyfyng ar y proffwydi a throdd eu gweddïau yn sgrechian a bloeddio. Dechreusant ddawnsio'n wyllt o amgylch yr allor gan rwygo eu gwallt ac ymbil ar Baal i'w gwrando.

Aeth Elias ati i'w pryfocio.

'Efallai fod Baal yn brysur,' awgrymodd. 'Neu efallai ei fod wedi mynd i gysgu. Ceisiwch ei ddeffro!'

Er eu holl weiddi gwyllt a'u neidio, ni ddigwyddodd dim. O'r diwedd roeddynt ar lawr wedi llwyr ymlâdd ac anobeithio.

Yna galwodd Elias ar y bobl i ddod yn nes. Yn gyntaf trwsiodd allor Duw— yr allor a fu'n sefyll unwaith ar y mynydd, ond a oedd bellach wedi dadfeilio. Rhoddodd goed a chig yr aberth arni, ac yna cloddio ffos o'i hamgylch.

'Dewch â dŵr a'i dywallt dros yr aberth,' gorchmynnodd.

Daethant â chostreli mawr o'r dŵr prin, nes bod yr aberth, y pren a'r allor i gyd yn diferu.

'Rhagor eto,' meddai Elias.

Erbyn gorffen, llifai'r dŵr oddi ar yr allor i'r ffos oddi tani. Roedd yn amlwg i bawb fod gan Elias dasg lawer anos nag a gafodd proffwydi Baal. Byddai'r holl ddŵr yn diffodd unrhyw dân.

Dechreuodd Elias weddïo.

'O Dduw, ti yw Duw Abraham, Isaac a Jacob. Dangos heddiw trwy anfon tân mai ti sydd Dduw yn Israel.'

Yr eiliad nesaf gwelodd y dorf fflamau yn goleuo'r allor. Mewn amrantiad, yswyd yr aberth gan dân. Llosgwyd y coed, a hyd yn oed gerrig yr allor, gan fflam eiriasboeth. Sychwyd y dŵr yn y ffos a llosgwyd y tir o'i chwmpas.

Safai'r bobl mewn syndod. Syrthiasant ar eu hwyneb a gweiddi, 'Yr Arglwydd sydd Dduw! Ef yw'r unig Dduw!'

Er mwyn ceisio gwared Israel rhag crefydd lwgr a chreulon Baal, gorchmynnodd Elias iddynt ddal proffwydi Baal a'u lladd.

164
Y cymylau'n crynhoi
1 Brenhinoedd 18

Roedd y brenin Ahab wedi'i siglo'n ofnadwy. 'Dos i fwyta nawr,' meddai Elias wrtho, 'daw'r glaw cyn bo hir.'

Aeth y bobl adref yn dawel, ond dringodd Elias a'i was i ben y mynydd.

Penliniodd Elias a phlygu ei ben yn isel i weddïo ac i wrando ar Dduw. Yna dywedodd wrth ei was am fynd i edrych tua'r môr.

'Does yna ddim i'w weld,' meddai'r gwas pan ddaeth yn ôl.

'Edrych eto,' meddai Elias.

Ar orchymyn Elias, gwnaeth y gwas hynny chwe gwaith i gyd. A phob tro ni welai unrhyw beth anghyffredin. Ond y seithfed tro daeth yn ôl a dweud wrth ei feistr,

'Rwy'n gallu gweld cwmwl bach ar y gorwel, tua'r un maint â chledr llaw dyn.'

Yna safodd Elias ar ei draed.

'Dos i ddweud wrth Ahab am frysio adref os yw am gyrraedd yno cyn y glaw,' meddai.

Erbyn hyn roedd Ahab wedi dysgu credu geiriau Elias. Roedd y cymylau eisoes yn dechrau crynhoi. Dechreuodd y gwynt chwythu. Roedd yr awyr yn ddu ac yn drwm gan law. Cychwynnodd Ahab ar frys.

Yn sydyn teimlodd Elias yn llawn o nerth Duw. Roedd yn llawen oherwydd y cyfan yr oedd Duw wedi'i wneud y diwrnod hwnnw. Cododd ei wisg laes a'i rhoi yn ei wregys lledr ac yna dechreuodd redeg.

Roedd palas Ahab yn Jesreel – taith dair awr mewn cerbyd o Garmel – ond rhedodd Elias o flaen ceffylau chwim Ahab, yr holl ffordd at byrth y ddinas.

Elias, negesydd Duw

📖 165
Perygl!
1 Brenhinoedd 19

Cyrhaeddodd y brenin Ahab yn ôl i'w balas yn Jesreel a dweud yr hanes i gyd wrth Jesebel. Pan glywodd am yr hyn a wnaeth Elias i'w phroffwydi Baal, roedd yn gynddeiriog. Creodd helynt a therfysg ac yna anfonodd was â neges i Elias.

'Dywed wrth y dyn yna,' gwaeddodd, 'y bydda i wedi gwneud yr union beth iddo ef ag y gwnaeth ef i'm proffwydi i, erbyn yr amser hwn yfory. Boed i'r duwiau fy nharo'n farw os na chadwaf f'addewid!'

Pan glywodd Elias eiriau'r frenhines ddig, suddodd ei galon. Y diwrnod cynt, yn llawn dewrder, roedd wedi dangos i bobl Israel a'u brenin llwfr mai Duw yn unig oedd yn fawr. Ond sut y gallai eu tywys yn ôl at y gwir Dduw tra rheolai Jesebel?

Heb aros eiliad, cychwynnodd Elias am y de, i wlad Jwda. Teithiodd am ddiwrnod cyfan drwy wlad sych ac anial. Yna, yn boeth ac wedi blino'n lân, eisteddodd yng nghysgod coeden unig. Dymunai gael marw.

'Beth yw'r pwynt, Dduw?' gofynnodd. 'Does fawr o ddiben i'r hyn rwyf wedi ceisio'i wneud. Gad i mi farw!'

Wedi llwyr ymlâdd, syrthiodd i gysgu.

Yn sydyn, teimlodd gyffyrddiad ar ei ysgwydd. Deffrôdd i glywed llais yn dweud, 'Cymer rywbeth i'w fwyta!'

Er mawr syndod iddo, gwelodd Elias dorth o fara a ffiolaid o ddŵr yn ei ymyl. Bwytaodd yn awchus, ac yna gorwedd i gysgu eto.

Deffrôdd y llais ef yr ail waith. 'Cod, a chymer rywbeth i'w fwyta, neu bydd y siwrnai'n ormod i ti.'

Erbyn hyn roedd Elias yn gwbl effro. Roedd wedi atgyfnerthu ar ôl cysgu a bwyta'r bwyd a'r ddiod a ddarparwyd mor rhyfeddol ar ei gyfer. Gwyddai fod Duw *yn* gofalu amdano. Roedd wedi anfon ei Negesydd Arbennig i'w galonogi a'i gryfhau.

Bu'r bwyd hwnnw'n ddigon i gynnal Elias am amser hir. Teithiodd ymlaen nes dod at fynydd Sinai. Hwn oedd y mynydd sanctaidd lle roedd Duw wedi siarad â'u harweinydd mawr, Moses, ac wedi gwneud cyfamod â phobl Israel, pan waredodd hwy o'r Aifft.

166
Y llef ddistaw, fain

1 Brenhinoedd 19

Pan gyrhaeddodd Elias fynydd Sinai, roedd yn tywyllu. Aeth i mewn i ogof yn y mynydd i aros yno dros nos. Ond yn y tywyllwch siaradodd Duw ag ef.

'Beth wyt ti'n wneud yma, Elias?' gofynnodd Duw.

Dywedodd Elias wrth Dduw yn union sut y teimlai.

'Dim ond y fi sydd ar ôl ar dy ochr di,' meddai. 'Mae Jesebel wedi lladd dy broffwydi i gyd, ac mae dy bobl wedi troi cefn arnat ac yn addoli Baal.'

Ar ôl i Elias orffen siarad, chwythodd gwynt ffyrnig heibio i geg yr ogof. Roedd yn debyg i feddyliau gwyllt a theimladau cryf Elias ei hunan. Ond nid oedd Duw yn y gwynt.

Tawelodd y gwynt a theimlodd Elias y llawr yn crynu oddi tano. Cododd y ddaear wrth i ddaeargryn ysgwyd sylfeini'r mynydd. Ond nid oedd Duw yn y daeargryn.

Yna gwelodd Elias ryw gochni'n gloywi'r lle. Dechreuodd y llwyni sych fflamio wrth i dân ymledu'n gyflym ar draws y mynydd-dir. Ond nid oedd Duw yn y tân.

Ar ôl y tân clywodd Elias lef ddistaw, fain. Mewn parchedig ofn a rhyfeddod, taenodd Elias ei fantell dros ei wyneb ac aeth allan yn araf o'r ogof, i sefyll yn yr awyr agored i wrando ar Dduw.

'Beth wyt ti'n wneud yma, Elias?' gofynnodd Duw iddo yr eildro.

Arllwysodd Elias ei ofid am yr ail waith.

'Elias,' meddai Duw, 'nid ti yw'r unig berson yn Israel sy'n fy ngharu ac yn fy ngwasanaethu. Mae yna saith mil o bobl eraill sy'n ffyddlon i mi ac yn gwrthod addoli Baal.'

Yna dywedodd wrtho beth i'w wneud nesaf. Nid oedd ei waith dros Dduw ar ben eto. Dywedodd Duw wrtho hefyd, 'Dos ac eneinia Eliseus i fod yn broffwyd ar dy ôl di.'

Sylweddolodd Duw fod angen ffrind ar Elias a rhywun i'w helpu. Eliseus fyddai'r dyn i fod yn gyfaill iddo ac i barhau ei waith pan fyddai Elias wedi mynd.

191

167
Gwinllan Naboth
1 Brenhinoedd 21

Roedd y brenin Ahab yn mwynhau byw yn ei balas haf yn Jesreel. Roedd wrth ei fodd yn cerdded drwy erddi'r palas, yn eu hedmygu ac yn cynllunio beth i'w wneud nesaf. Drws nesaf i ardd y brenin roedd darn o dir yn perthyn i ddyn o'r enw Naboth. Roedd wedi'i droi yn winllan. Tyfai Naboth resi o winwydd ac yr oedd wedi tyllu cafn lle sathrai'r grawnwin aeddfed i wneud gwin.

'O na fuasai gen i'r darn tir yna, i'w gydio yn f'un i,' ochneidiodd Ahab. 'Gallwn ei droi yn ardd lysiau hyfryd.'

Ymhen ychydig meddyliodd, 'Pam na ddylwn ei gael?' ac anfonodd am Naboth.

'Rwyf am gael dy ddarn tir di i'w gydio yn f'un i,' meddai wrtho. 'Rwy'n fodlon rhoi darn arall o dir i ti, neu dalu swm da o arian i ti amdano.'

Ond ysgydwodd Naboth ei ben yn syth.

'Flynyddoedd yn ôl,' meddai, 'pan oedd Josua yn rhannu'r wlad rhwng y llwythau, rhoddwyd y tir hwn i'm tadau. Fe drosglwyddwyd y tir i mi ganddyn nhw a rhaid i minnau ei adael i'm meibion i ar f'ôl. Duw a roddodd y tir hwn i mi ac na ato Duw i mi ei werthu i ti am bris yn y byd.'

Roedd Ahab yn ddig a siomedig.

Pan alwyd ef i ginio gan ei was, meddai'n flin, 'Dydw i ddim eisiau bwyd!'

Aeth i orwedd ar ei wely a phwdu, gan droi ei ben at y pared a gwrthod siarad.

Daeth Jesebel i chwilio amdano.

'Beth yn y byd sy'n bod?' gofynnodd. 'Pam wyt ti mor ddiflas?'

Yn araf cododd Ahab ar ei eistedd.

'Ar Naboth mae'r bai,' cwynodd. 'Rwyf am gael ei winllan ac mae'n gwrthod ei rhoi i mi.'

Chwarddodd Jesebel.

'Ai ti yw'r un sydd i fod yn frenin?' meddai'n brofoclyd. 'Beth yw'r pwynt bod yn frenin, os na elli di gael yr hyn rwyt ti'n ei ddymuno? Gad y cwbl i mi! Tyrd, cod dy galon!'

168
Y brenin yn cael ei ffordd
1 Brenhinoedd 21

Rhoddodd Jesebel ei meddwl ar waith. Os nad oedd Naboth yn fodlon gwerthu ei dir, byddai'n rhaid iddi gael gwared arno ef a'i deulu. Yna câi Ahab yr hyn a ddymunai. Heb wastraffu amser ysgrifennodd lythyr at brif ddinasyddion Jesreel. Arwyddodd ef yn enw'r brenin a seliodd ef â'i sêl.

'Cyhoeddwch ddydd gŵyl i bawb,' ysgrifennodd, 'a galwch bawb ynghyd. Gofalwch fod Naboth yno a gosodwch ef i eistedd mewn lle amlwg. Yna talwch arian i rai dihirod ddweud eu bod wedi clywed Naboth yn melltithio Duw a'r brenin. Gosodwch ef ar brawf am y troseddau hyn, ac wedi'i ddyfarnu'n euog, lladdwch ef.'

Roedd cyngor y ddinas yn ofni'r frenhines. Dyma nhw'n brysio i ufuddhau i'w gorchymyn. Cyn hir, daeth neges i'r palas: 'Mae Naboth a'i feibion yn farw.' Darllenodd Jesebel y neges gyda bodlonrwydd mawr. Yna, aeth yn syth at Ahab.

'Gelli di gael dy ddarn bach gwerthfawr o dir,' meddai wrtho. 'Mae Naboth wedi marw.'

Roedd Ahab wrth ei fodd. Meddiannodd ei dir newydd ar unwaith.

Ond roedd Duw wedi gweld y cyfan, ac anfonodd Elias i siarad â'r brenin.

Syrthiodd wyneb Ahab pan welodd Elias.

'Fy hen elyn!' meddai'n sarrug. 'Wyt ti wedi dod i ddweud y drefn wrthyf eto?'

'Ydw,' atebodd Elias yn ddifrifol. 'Rwyf wedi dod â neges i ti oddi wrth Dduw. Rwyt ti wedi ymroi i wneud drwg a thorri cyfraith Duw drwy gydol dy fywyd. Nawr rwyt ti wedi cyflawni gweithred ofnadwy. Rwyt ti wedi lladd dyn dieuog trwy drais. Rwyf yn dy rybuddio yn awr. Daw marwolaeth sydyn ac erchyll i ti ac i'th wraig ddrwg, Jesebel, ac ni fydd dy feibion yn teyrnasu ar dy ôl di yn Israel.'

Wedi i Elias fynd, teimlai Ahab gywilydd mawr. Gwyddai fod Jesebel wedi gwneud drwg a bod yn rhaid iddo yntau rannu'r bai. Tynnodd ei ddillad brenhinol a gwisgo sachliain. Ni fwytaodd fwyd moethus y palas. Aeth o gwmpas yn edrych yn brudd a thrist. Roedd am ddangos pa mor flin ydoedd am ei weithred ddrwg.

Sylwodd Duw ar ymddygiad Ahab.

'Mae Ahab yn flin ganddo am yr hyn a wnaeth,' meddai wrth Elias. 'Felly wna i mo'i gosbi ar hyn o bryd. Ond nid yw ei deulu'n gymwys i fod yn frenhinoedd ar Israel.'

169
Taith olaf Elias
2 Brenhinoedd 2

Roedd Elias yn falch o gael Eliseus i'w helpu ac i fod yn gyfaill agos iddo. Credai Eliseus mai Elias oedd y dyn mwyaf rhyfeddol a welodd erioed. Fe garai fod hanner mor ddewr a da â'i feistr. Nid ofnai Elias y brenin na'r bobl. Safai dros Dduw a thros gyfiawnder, gan beryglu hyd yn oed ei fywyd.

Ond yn awr roedd yn heneiddio ac roedd Duw wedi dweud y byddai ei fywyd drosodd yn fuan. Rhaid iddo drosglwyddo ei waith i Eliseus.

Wrth i'r ddau ohonynt gydgerdded ryw ddiwrnod, teimlai Eliseus ym mêr ei esgyrn mai hwn oedd y dydd y byddai'n ffarwelio ag Elias. Ond roedd Elias yn fud, felly ni ddywedodd yntau yr un gair.

Wedi cyrraedd Gilgal, siaradodd Elias. 'Aros di yma,' meddai wrth Eliseus. 'Dywedodd Duw wrthyf am fynd i Fethel.'

'Yna rwyf innau'n dod,' atebodd Eliseus. 'Dydw i ddim yn mynd i'th adael yn awr.'

Wrth iddynt gyrraedd Bethel,

brysiodd nifer o broffwydi i'w cyfarfod.

'Wyt ti'n gwybod y bydd Duw yn cymryd dy feistr oddi wrthyt heddiw?' sibrydent wrth Eliseus.

'Rwy'n gwybod,' meddai Eliseus, 'ond dydw i ddim am siarad am y peth.' A phrysurodd ar ôl Elias.

Wedi cyrraedd Bethel, meddai Elias wrth Eliseus, 'Aros yma. Mae Duw wedi dweud wrthyf am fynd ymlaen i Jericho.' Ond unwaith eto gwrthododd Eliseus adael ei feistr.

Yn Jericho daeth criw arall o broffwydi allan i'w cyfarfod, gan rybuddio Eliseus eto y byddai Elias yn ei adael y diwrnod hwnnw.

'Aros yma,' gorchmynnodd Elias y drydedd waith. 'Dywedodd Duw wrthyf am fynd at yr Iorddonen.'

Ond roedd Eliseus yn benderfynol o lynu wrth ei feistr, felly cydgerddodd y ddau yn eu blaen. Pan ddaethant at lan yr afon, tynnodd Elias ei fantell oddi amdano, ei phlygu, a'i defnyddio i daro'r dŵr. Ar unwaith gwahanodd y dŵr gan adael llwybr yn y canol.

Croesodd y ddau i'r ochr draw.

170
Y cerbyd tanllyd
2 Brenhinoedd 2

Wedi cyrraedd ochr draw'r afon, gofynnodd Elias i Eliseus,

'A garet ti ofyn i mi am unrhyw beth cyn i mi fynd?'

Atebodd Eliseus yn eiddgar, 'Hoffwn etifeddu dy fawredd a'th nerth, fel pe bawn i'n fab hynaf i ti.'

Oedodd Elias am eiliad.

'Mae hynny'n gais anodd,' cyfaddefodd, 'ond os gweli di fi'n cael fy nghymryd oddi wrthyt, fe gei di dy ddymuniad.'

Aethant ymlaen yn araf gan sgwrsio. Yna, yn sydyn, gwelodd Eliseus gerbyd tanllyd, yn cael ei dynnu gan geffylau tanllyd, yn disgyn tua'r ddaear ac yn ei wahanu oddi wrth ei feistr. Syllodd heibio i'r cerbyd, yn benderfynol o gadw ei olwg ar Elias. Wrth iddo edrych, cipiwyd Elias gan gorwynt i fyny i'r wybren las.

'Fy nhad! fy nhad!' galwodd Eliseus. 'Broffwyd mawr Israel – paid â'm gadael!' Ond gwyddai'n iawn na fyddai'n gweld ei feistr annwyl byth eto.

Safodd yno'n stond am ysbaid, wedi ymgolli mewn tristwch a rhyfeddod. Yna wrth edrych i lawr, gwelodd fantell Elias yn gorwedd wrth ei draed, lle yr oedd wedi disgyn oddi ar ysgwyddau Elias.

Cododd Eliseus hi. Yna troediodd yn araf yn ôl at afon Iorddonen. Safodd ar y lan. A oedd wedi cael ei ddymuniad, tybed? Plygodd y fantell, fel y gwnaeth Elias, a'i defnyddio i daro'r dŵr. Gwahanodd y dŵr fel y gwnaeth i Elias.

Roedd proffwydi Jericho yn dal i aros yr ochr draw, yn llawn chwilfrydedd. Pan welsant y dŵr yn gwahanu i Eliseus, dyma nhw'n edrych ar ei gilydd a dweud, 'Mae Eliseus wedi cael nerth Elias.'

Israel a Jwda

📖 171
Y proffwyd geirwir
1 Brenhinoedd 22

Er pan ymrannodd cenedl Israel yn ddwy, bu rhyfel yn aml rhwng teyrnasoedd Israel a Jwda. Ond cafwyd cyfnod o heddwch ar ôl i ferch brenin Ahab briodi mab brenin Jehosaffat o Jwda.

Un diwrnod daeth Jehosaffat i ddinas Samaria i ymweld ag Ahab.

'Wnei di fy helpu i adennill Ramoth Gilead oddi wrth fy hen elyn, Syria?' gofynnodd Ahab iddo. Roedd Ahab wedi brwydro llawer yn erbyn Syria, y wlad i'r gogledd o Israel.

Cytunodd Jehosaffat. 'Fe wna i a'm byddin dy helpu,' meddai. Ond am ei fod yn caru Duw ac yn ei wasanaethu, ychwanegodd, 'Gad i ni yn gyntaf ofyn cyngor Duw.'

Cytunodd Ahab a galwodd lys y proffwydi ynghyd. Roedd cannoedd ohonynt, a'r rheini'n byw yn fras ar arian y brenin. Roeddynt yn barod bob amser i ddweud wrth Ahab yr hyn yr oedd am ei glywed.

Eisteddodd y ddau frenin mewn rhwysg wrth byrth y ddinas, a gwyliai tyrfa wrth i Ahab ofyn i'w broffwydi, 'Ydych chi'n cytuno y dylen ni fynd i adennill Ramoth Gilead?'

'Ydyn!' meddent yn frwd. 'Bydd Duw yn ei rhoi yn ôl i ti!'

Ni thwyllwyd Jehosaffat gan y gau broffwydi hyn.

'Onid oes gennyt ti broffwyd arall a ddaw â gwir neges Duw i ti?' gofynnodd.

'Mae Michea ar gael,' cyfaddefodd Ahab, 'ond mae'n gas gen i'r dyn! Mae e bob amser yn proffwydo gwae.'

'Paid â siarad fel yna,' meddai Jehosaffat. 'Rydyn ni am glywed gair Duw.'

Aeth swyddog i chwilio am Michea, gan adael gweddill y proffwydi yn prancio o gwmpas yn gyffrous. Roedd un proffwyd, o'r enw Sedeceia, wedi gwneud cyrn haearn peryglus yr olwg ac roedd yn twlcio â nhw fel hwrdd cynddeiriog.

'Dyma sut y byddi di'n ennill!' gwaeddai Sedeceia.

Wrth i'r swyddog ddod â Michea at y ddau frenin, cynghorodd ef, 'Gwna fel y proffwydi eraill a dywed wrth eu mawrhydi eu bod yn mynd i ennill.'

'Tyngaf ger bron Duw i ddweud y gwir,' oedd ateb Michea.

'A awn ni i frwydro yn erbyn Ramoth Gilead, Michea?' gofynnodd Ahab.

Edrychodd Michea ar y proffwydi swnllyd, cyffrous, ac atebodd â thinc gwatwarus yn ei lais, 'Ewch ymlaen – ymosodwch!'

'Dywed y gwir, Michea!' gorchmynnodd Ahab.

Newidiodd llais Michea. Yn araf ac yn drist dywedodd, 'Os ewch chi i frwydro, caiff y bobl eu gyrru ar ffo ar draws y bryniau, fel defaid heb fugail ganddynt. Rwy'n gweld y fyddin gyfan yn cael ei threchu.'

172
Marwolaeth Ahab
1 Brenhinoedd 22

Distawodd pawb mewn braw wedi iddynt glywed geiriau proffwydol Michea. Yna dechreuodd y sŵn.

'Fe ddwedais i wrthyt ti!' meddai Ahab yn wyllt wrth Jehosaffat. 'Nid yw Michea byth yn dod â newyddion da i mi!'

Gwaeddodd y proffwydi eraill yn ddig ar Michea.

'Sut y meiddi di esgus gwybod neges Duw!' bloeddiodd Sedeceia. Gollyngodd y cyrn haearn gyda chlec a rhoi cernod gas i Michea.

'Cymerwch Michea i'r ddalfa!' gorchmynnodd Ahab. 'Taflwch ef i'r carchar a rhowch iddo fara a dŵr yn unig nes dof yn ôl!'

'Os dychweli, yna ni lefarodd Duw drwof i,' atebodd Michea yn ddwys.

Fore trannoeth, paratôdd y ddau frenin i fynd i ryfel. Er mwyn ceisio ei ddiogelu ei hun, gwisgodd Ahab fel milwr cyffredin, gan adael i Jehosaffat fynd yn ei wisg frenhinol.

Cyn dechrau brwydro, rhoddodd cadfridog y Syriaid orchymyn. 'Lladdwch y brenin Ahab. Ef yw'r un sy'n bwysig i ni.'

Pan welodd y Syriaid wisgoedd brenhinol Jehosaffat, credasant mai Ahab oedd yno. Ond wrth iddynt ddod yn nes a gweld eu camgymeriad, cafodd Jehosaffat ddianc o'u gafael.

Ond, ar antur, dyma saeth un o filwyr Syria yn bwrw Ahab. Aeth trwy ei lurig a'i glwyfo'n ddrwg.

Eisteddodd drwy'r dydd, a'i bwys ar ochr ei gerbyd, yn calonogi ei filwyr. Ond gyda'r hwyr bu farw.

Roedd byddin Israel ar chwâl. Gorchmynnwyd iddynt droi am adref, wedi'u trechu. Roedd eu brenin wedi marw.

📖 173
Canu am fuddugoliaeth
2 Cronicl 20

Roedd y brenin Jehosaffat wedi dychryn trwyddo. Daeth y newydd i'w balas yn Jerwsalem fod tair gwlad elyniaethus wedi ymuno â'i gilydd i frwydro yn erbyn Jwda. Roeddynt eisoes wedi gorchfygu un o'i drefi. Cyn hir byddent yn ymosod ar y brifddinas ei hun.

Galwodd y brenin ar bawb i ddod i Jerwsalem. Daeth yr holl deuluoedd yno ar frys a thyrru i gyntedd y deml, lle y disgwyliai'r brenin amdanynt.

Y Lefiaid a safai nesaf at y brenin. Eu gwaith hwy oedd gofalu am y deml, a threfnu'r gerddoriaeth a'r mawl i Dduw a gaed yno.

Gwyddai Jehosaffat nad oedd ei fyddin yn ddigon cryf i drechu'r gelynion. Gerbron yr holl bobl gofynnodd i Dduw eu helpu.

'O Dduw,' gweddïodd, 'ti sy'n rheoli'r byd cyfan. Mae'n argyfwng arnom. Mae gelynion yn dod i ddwyn oddi arnom y tir a roddaist ti i ni, ac ni allwn eu gorchfygu ein hunain. Cymorth ni!'

Yna daeth un o'r Lefiaid ymlaen gyda gair oddi wrth Dduw.

'F'arglwydd frenin, a phawb oll,' meddai. 'Mae Duw yn dweud wrthych am beidio ag ofni. Ni fydd raid i chi ymladd o gwbl. Cychwynnwch i'r frwydr yfory a bydd Duw yn rhoi'r fuddugoliaeth i chi.'

Pan glywsant hyn, ymgrymodd y brenin a'r bobl mewn addoliad diolchgar gerbron Duw. Torrodd y Lefiaid allan i ganu:

'Molwch yr Arglwydd! Diolchwch i'r Arglwydd!'

Yn gynnar fore trannoeth galwodd Jehosaffat ei filwyr ynghyd.

'Wŷr Jwda, ymddiriedwch yn Nuw,' meddai wrthynt. 'Credwch ei air ef.'

Yna gorchmynnodd i gantorion y deml ymdeithio ar flaen y gad. Wrth iddynt ymdeithio, canai'r Lefiaid:

'Molwch yr Arglwydd! Mae ei gariad yn parhau hyd byth!'

Tra oeddynt eto ar eu ffordd, cododd rhyw ofn ymysg byddinoedd y gelyn a dyma nhw'n dechrau ymladd yn ffyrnig yn erbyn ei gilydd.

Pan gyrhaeddodd byddin Jwda, yr unig beth a welsant oedd cyrff marw! Casglodd Jehosaffat a'i wŷr yr ysbail a adawyd ar faes y gad, ac yna ymdeithio'n ôl yn fuddugoliaethus i Jerwsalem. Daethant i'r deml yng nghanol sain symbalau ac utgyrn.

Cyn bo hir roedd pawb yn gwybod fod Duw wedi rhoi'r fuddugoliaeth i'w bobl yn erbyn eu gelynion. Roedd wedi'u hachub heb iddynt orfod gwneud dim.

Hanesion am Eliseus

📖 **174**
Datrys problem
2 Brenhinoedd 4

Gan fod Elias wedi mynd, Eliseus oedd yn mynd ymlaen â gwaith Duw yn nheyrnas Israel yng ngogledd y wlad. Roedd Eliseus yn wahanol iawn i'w feistr. Cymeriad cryf a garw oedd Elias. Roedd pobl braidd yn ofnus ohono, er eu bod yn edmygu ei ddewrder a'i ddaioni. Cymeriad addfwyn oedd Eliseus a charai pawb ef. Gallent ddweud eu cwyn wrtho.

Un diwrnod, daeth gwraig ofidus yr olwg i'w weld. 'Syr,' meddai, 'mae fy ngŵr wedi marw. Roedd yn caru ac yn gwasanaethu Duw, ac yn aelod o un o ysgolion y proffwydi. Nawr rwyf mewn trafferth ofnadwy am fod arno ddyled. Os na allaf ei ad-dalu, mae'r benthyciwr yn dweud y bydd yn cymryd y ddau fab sydd gen i a'u gwneud yn gaethweision. Ond does gen i ddim arian. Wnei di fy helpu, os gweli di'n dda?'

Proffwyd tlawd oedd Eliseus hefyd. Ni allai ef dalu dyled y wraig.

'Ys gwn i sut y gallaf dy helpu?' meddai. Yna awgrymodd Duw rywbeth wrtho.

'Oes gennyt ti unrhyw beth ar ôl yn y tŷ?' gofynnodd Eliseus.

'Dim ond ystenaid o olew – dyna i gyd,' atebodd y wraig.

'Fe wnaiff hynny'r tro,' meddai Eliseus. 'Gofyn i'th gymdogion a'th ffrindiau am gael benthyg unrhyw lestri gwag sydd ganddynt. Gofala gasglu cynifer ag y gelli. Dos â nhw adref, ac wedi i ti a'th feibion fynd i mewn i'r tŷ a chau'r drws, cymer yr ystên a dechreua arllwys yr olew i'r llestri benthyg.'

Gwnaeth y weddw fel y dywedodd Eliseus. Wedi casglu nifer dda o lestri, dechreuodd eu llenwi ag olew. Cariai ei meibion y llestri llawn allan o'r ffordd ac estyn rhagor o rai gwag iddi. Roedd fel petai'r cyflenwad olew yn mynd i bara am byth!

O'r diwedd, pan alwodd, 'Dewch â llestr arall i mi,' atebodd y bechgyn, 'Does dim rhagor i'w cael.'

Y funud honno sylwodd fod yr ystên yn wag. Nid oedd diferyn o olew ar ôl ynddi. Prysurodd yn ôl at Eliseus i ddweud am y peth rhyfeddol a oedd wedi digwydd.

'Dos a gwertha'r olew,' meddai Eliseus. 'Yna, wedi talu dy ddyled, bydd gennyt ti ddigon o arian dros ben i fyw arno.'

📖 175
Ystafell iddo'i hun
2 Brenhinoedd 4

Nid oedd Eliseus yn byw yn yr un man o hyd. Teithiai ar hyd y wlad yn dysgu ac yn helpu'r bobl.

Un diwrnod, tra oedd yn ymweld â Sunem, cafodd wahoddiad i ginio gan wraig i ffermwr cyfoethog.

'Tyrd yma i gael pryd o fwyd bob tro y byddi di'n ymweld â Sunem,' meddai'n groesawgar. Felly byddai Eliseus yn galw yno'n aml i weld ei gyfeillion newydd ac i gael bwyd.

Ar ôl iddo adael un tro, dywedodd y wraig wrth ei gŵr: 'Mae'r proffwyd yn ymweld â Sunem yn aml. Beth am i ni godi ystafell arall er mwyn iddo gael lle iddo'i hun?'

'Popeth yn iawn,' atebodd ei gŵr.

Aeth y wraig ati i osod pobl ar waith. Trefnodd i adeiladydd godi ystafell ar do gwastad y tŷ. Rhoddodd archeb i'r saer am fwrdd a chadair a gwely i'w rhoi yn yr ystafell. Cafodd lamp ar gyfer y bwrdd.

Y tro nesaf y daeth Eliseus yno, dangosodd ei ystafell newydd iddo. Roedd Eliseus wrth ei fodd o gael rhywle lle gallai weddïo ac astudio yn ogystal â chysgu.

'Hoffwn gael ffordd i dalu'n ôl i'r wraig hon am ei holl garedigrwydd,' meddai wrth Gehasi, ei was. 'Ond mae'n gyfoethog a heb angen dim arni.'

Wrth wrando ar sgwrsio'r gweision, roedd Gehasi yn gwybod fod y wraig am gael un peth yn fawr iawn.

'Mae hi am gael mab,' meddai wrth ei feistr.

Roedd Eliseus yn sicr y byddai Duw yn gwrando ei weddi ac yn rhoi plentyn i'r wraig, petai'n gofyn iddo.

'Tyrd â hi yma,' meddai wrth Gehasi. Yn fuan dychwelodd y gwas gyda'r wraig. Safodd yn y drws i glywed neges y proffwyd.

'Yr amser yma'r flwyddyn nesaf,' meddai Eliseus wrthi, 'fe fyddi di'n cario dy fab bach dy hunan yn dy freichiau.'

Prin y gallai'r wraig gredu ei chlustiau gan lawenydd.

176
Diwrnod ofnadwy
2 Brenhinoedd 4

Pan anwyd ei mab bychan yn unol â geiriau Eliseus, roedd y wraig o Sunem uwchben ei digon. Cymerodd ofal mawr o'i baban. Nid oedd dim yn ormod iddi ei wneud drosto. Nawr pan ddeuai Eliseus ar ei ymweliadau, byddai'n rhaid iddo edmygu dant newydd y baban neu ei wylio'n cymryd ei gamau cyntaf, bregus. Wrth i'r bachgen fynd yn hŷn, carai ei dad gael ei gwmni pan fyddai wrth ei waith.

'Tyrd gyda mi i'r caeau heddiw,' meddai wrtho un bore. 'Fe gei di helpu gyda'r cynhaeaf.'

Roedd ei fam mor falch ohono wrth ei weld yn cychwyn allan yn llaw ei dad!

Am ychydig rhedodd y bachgen o gwmpas yn llawen yng nghanol y medelwyr, yn casglu ei ysgub fach ei hun o haidd. Ond yn sydyn dechreuodd weiddi ar ei dad, 'Fy mhen! Fy mhen! Mae'n brifo'n ofnadwy!'

Edrychai ei dad mewn braw o weld y gwrid yn ei wyneb bach.

'Dos ag e'n syth adref at ei fam!' gorchmynnodd i un o'r gweision.

Aeth ei fam â'r plentyn i'r ystafell fwyaf cysgodol yn y tŷ, a'i fagu'n dyner yn ei chôl fel y gwnâi pan oedd yn faban. Ond am hanner dydd bu farw'r bachgen.

Heb ddweud gair wrth neb, cariodd hi'r corff bychan i fyny'r grisiau, ei osod ar wely Eliseus a chau'r drws. Yna galwodd am ei gŵr. Ni ddywedodd beth oedd wedi digwydd, dim ond gofyn am was ac asen, iddi gael mynd i weld Eliseus.

'Pam wyt ti eisiau gweld y proffwyd heddiw?' gofynnodd ei gŵr. Ond nid atebodd. Nid oedd am siarad â neb heblaw Eliseus ynglŷn â'r hyn a oedd wedi digwydd.

'Gwna i'r asen fynd mor gyflym â phosibl,' meddai wrth y gwas. A chychwynnodd y ddau.

177
Yn fyw eto
2 Brenhinoedd 4

Cyn i'r wraig gyrraedd pen ei thaith, roedd Eliseus wedi'i hadnabod.

'Edrych!' meddai wrth Gehasi, ei was, 'Dacw'r wraig o Sunem. Brysia i'w chyfarfod, a hola a oes rhywbeth o'i le.'

Aeth Gehasi ar frys.

'Ydy popeth yn iawn?' gofynnodd â'i wynt yn ei ddwrn. Ond prysuro ymlaen at Eliseus ei hun a wnaeth y wraig, heb adrodd ei helynt wrth y gwas.

Ceisiodd Gehasi ei rhwystro rhag poeni'r proffwyd ond dywedodd Eliseus, 'Gad lonydd iddi. Mae hi'n ofidus iawn. Mae rhywbeth mawr wedi digwydd, ond nid yw Duw wedi dweud wrthyf beth sy'n bod.'

Cyn gynted ag y daeth at Eliseus, rhannodd y wraig ei gofid ag ef.

'Pam wnest ti godi fy ngobeithion drwy ofyn i Dduw roi mab i mi?' gofynnodd. 'Nawr mae wedi marw. Sut y gallet ti ganiatáu hynny?'

Trodd Eliseus at Gehasi.

'Cymer fy ffon,' meddai, 'a dos yn syth i Sunem. Gosod hi ar y plentyn. Brysia! Paid ag aros i gyfarch neb!'

'Dydw i ddim yn mynd i'th adael di,' meddai'r wraig yn ei dagrau.

'Awn yn ôl gyda'n gilydd,' meddai Eliseus yn dawel.

Cyn iddynt gyrraedd, gwelsant Gehasi yn dod yn ôl.

'Mae ar ben,' meddai gan roi'r ffon yn ôl i Eliseus. 'Ddigwyddodd dim byd. Does dim bywyd yn y plentyn.'

Ar ôl cyrraedd tŷ'r wraig, aeth Eliseus yn syth i'w ystafell. Yno, ar ei wely, gorweddai'r plentyn.

Caeodd Eliseus y drws yn dawel. Gweddïodd ar Dduw yn gyntaf. Yna gorweddodd yn dyner ar gorff y plentyn, gan osod ei lygaid ar lygaid y bachgen, ei ddwylo ar ddwylo'r bachgen, a'i geg ar geg y bachgen. Yn araf teimlodd y corff oer yn cynhesu rywfaint.

Cododd Eliseus a cherdded o amgylch yr ystafell. Yna gorweddodd drosto'r eilwaith, gan anadlu awyr gynnes i mewn i'r bachgen marw.

Yn sydyn tisiodd y bachgen sawl gwaith ac yna agor ei lygaid led y pen.

'Gehasi, dos i nôl ei fam!' galwodd Eliseus.

'Dyma dy fab!' meddai Eliseus wrthi.

Cododd ei fam ef i'w breichiau. Roedd dagrau yn ei llygaid. Gwenodd y bachgen arni. Roedd yn fyw!

203

178
Y gaethferch ifanc
2 Brenhinoedd 5

Dechreuodd y Syriaid ymosod ar Israel unwaith eto. Byddent yn mynd ar gyrchoedd dros y ffin, gan gipio popeth o fewn eu gafael, ac yna'n brysio adref. Un diwrnod dyma nhw'n dal merch ifanc a'i rhoi hi i'w cadfridog, Naaman.

Roedd Naaman yn filwr ardderchog, ac yn uchel ei barch yng ngolwg brenin Syria. Roedd wedi ennill sawl buddugoliaeth bwysig yn erbyn Israel.

Edrychai'r ferch ifanc o Israel yn gryf ac yn iach, a phenderfynodd Naaman fynd â hi adref yn anrheg i'w wraig.

Daeth y ferch i arfer yn fuan â'i ffordd newydd o fyw. Gwyddai ei bod yn ffodus o'i chymharu â'r rhan fwyaf o gaethweision. Roedd ganddi feistres garedig a chartref da.

Un diwrnod dechreuodd ei meistres siarad â hi mewn llais trist.

'Wyddost ti fod dy feistr yn wael?' gofynnodd iddi. 'Mae'n dioddef o glefyd croen ofnadwy nad oes gwella arno. Dim ond gwaethygu wnaiff e.'

Yn syth cofiodd y ferch am Eliseus, y proffwyd o'i gwlad ei hun a oedd wedi gwneud cynifer o bethau rhyfeddol gyda help Duw.

'O na fuasem yn Israel!' meddai. 'Gallai fy meistr fynd at y proffwyd. Byddai ef yn ei wella!'

Adroddodd ei wraig eiriau'r gaethferch wrth Naaman, a dyma Naaman yn eu hadrodd wrth frenin Syria.

'Gwnaf bopeth yn fy ngallu i'th wella,' meddai'r brenin. 'Ysgrifennaf lythyr at frenin Israel a'th anfon di ato gydag anrhegion ac arian yn rhodd am dy iacháu.'

Pan ddaeth Naaman i ddinas Samaria gyda'i feirch a'i gerbydau, cafodd brenin Israel fraw. Darllenodd y llythyr:

'Cyflwynaf Naaman, cadfridog fy myddin, i ti. Rwyf am i ti ei iacháu o'r clefyd sydd arno.'

'Pwy mae e'n feddwl ydw i?' meddai'r brenin. 'Fedra *i* ddim iacháu Naaman. Ond os gwrthodaf, bydd hynny'n rhoi esgus iddo ddod i ryfela yn f'erbyn!'

Adroddodd rhywun yr hanes wrth Eliseus. Anfonodd yntau neges yn syth at y brenin.

'Anfon Naaman ataf i,' meddai. 'Caiff wybod fod yna broffwyd i Dduw yn Israel.'

204

179
Iacháu Naaman
2 Brenhinoedd 5

Cyrhaeddodd Naaman dŷ Eliseus gan ddisgwyl i rywbeth rhyfeddol a chyffrous ddigwydd. Dychmygai'r proffwyd yn dod allan i'w gyfarfod, yn chwifio'i ddwylo uwch ei ben ac yn adrodd rhyw eiriau hud.

Ond, i bob golwg, nid oedd Eliseus wedi sylwi ar y ceffylau gwych a'r cerbydau hardd a oedd wedi sefyll o flaen ei dŷ. Yr unig beth a wnaeth oedd anfon ei was at Naaman gyda'r neges hon: 'Dos i ymolchi saith o weithiau yn yr Iorddonen ac fe fyddi di'n iach.'

Neidiodd Naaman yn ôl i'w gerbyd a gorchymyn i'w feirch garlamu oddi yno ar ras. Roedd wedi colli ei dymer yn lân.

'Pam y dylwn i ymolchi yn eu hafon nhw?' meddai'n ddig. 'Mae gennym ni afonydd llawer glanach yn Syria.'

Ond meddai un o'i weision wrtho'n dyner: 'Pe bai wedi gofyn i ti wneud rhywbeth anodd, fe fyddet ti wedi'i wneud yn llawen. Pam na wnei di fel y gofynnodd, gan fod y dasg yn un mor hawdd?'

Daeth Naaman ato'i hun. Chwarddodd wrth sylweddoli mai dim ond ei falchder a oedd yn ei rwystro. Dringodd o'i gerbyd ac aeth i ymolchi seithwaith yn yr afon. Yna edrychodd ar ei gorff. Roedd ei groen cyn iached â chroen baban.

Llanwyd Naaman o lawenydd. Aethant yn ôl unwaith eto at Eliseus. Y tro hwn daeth y proffwyd ei hun i gwrdd â'i ymwelydd pwysig.

'Dy Dduw di yw'r unig wir Dduw,' meddai Naaman wrtho. 'Rwyf innau am ei addoli.' Yna cynigiodd arian ac anrhegion drud i Eliseus.

'Chymera i ddim byd oddi wrthyt ti,' meddai Eliseus. 'Gwas yr Arglwydd wyf i. Ef sydd wedi dy iacháu.'

Ond yr oedd Gehasi, gwas Eliseus, yn gwrando ac yn credu fod ei feistr yn ffôl iawn yn gwrthod y fath gyfoeth. Wedi i Naaman a'i osgordd ymadael, cychwynnodd ar eu hôl. Fe gâi rywbeth iddo'i hun.

'Esgusodwch fi,' meddai wrth Naaman, 'ond mae rhyw broffwydi tlawd newydd gyrraedd tŷ fy meistr. A gaiff e ychydig arian wedi'r cwbl, i'w roi iddyn nhw?'

Rhoddodd Naaman rodd hael yn llawen i Gehasi. Aeth Gehasi a'i drysor adre'n llechwraidd ac yna aeth at Eliseus fel pe na bai dim wedi digwydd.

'Ble rwyt ti wedi bod?' gofynnodd Eliseus.

'Ddim yn unman!' meddai Gehasi.

'Gehasi,' atebodd Eliseus yn llym. 'Rwy'n gwybod am y cyfan a wnest ti. Gwn am dy drachwant a'th gelwyddau. Dy gosb fydd dioddef o'r union glefyd a oedd ar Naaman.'

180
Llygaid i weld
2 Brenhinoedd 6

Roedd Israel a Syria'n rhyfela unwaith eto. Ond rywsut roedd pethau'n mynd o chwith i frenin Syria. Roedd rhywun yn datgelu ei gynlluniau mwyaf cyfrinachol i frenin Israel.

'Mae'n rhaid fod ysbïwr yn y palas,' cwynodd.

'Mae pawb yma'n ffyddlon i ti,' meddai ei swyddogion. 'Y proffwyd Eliseus sy'n dweud wrth ei frenin am bopeth sy'n digwydd.'

'Yna anfonwch y fyddin i ddal Eliseus!' gorchmynnodd y brenin.

Anfonwyd byddin gref o Syria i Dothan, lle roedd Eliseus yn byw.

Fore trannoeth, pan aeth gwas Eliseus i godi dŵr, cafodd fraw. Roedd y dref wedi'i hamgylchynu gan filwyr y gelyn. Rhedodd i ddweud y newydd drwg wrth Eliseus.

'Beth ar y ddaear wnawn ni?' gofynnodd, wedi dychryn yn lân.

'Paid ag ofni,' meddai Eliseus, 'Mae mwy yn ymladd o'n plaid ni nag o blaid y gelyn.' Yna gweddïodd Eliseus, 'O Dduw, wnei di agor llygaid y llanc?'

Pan edrychodd y gwas eilwaith, gwelodd fod y bryniau oddi amgylch yn llawn ceffylau a cherbydau tanllyd.

Roedd angylion Duw yn gwarchod Eliseus a'i was.

Pan nesaodd y Syriaid i ymosod, gweddïodd Eliseus eto, 'O Dduw, wnei di gau llygaid y dynion hyn?'

Yn sydyn sylweddolodd milwyr Syria eu bod yn ddall. Aeth Eliseus atynt a chynnig eu harwain. Aeth â hwy yn syth at frenin Israel!

Ni ofynnodd Eliseus i Dduw adfer eu golwg nes eu bod yn ddiogel y tu mewn i furiau dinas Samaria.

Roedd brenin Israel wrth ei fodd. Roedd y gelyn ar ei drugaredd.

'Ga i eu lladd nhw i gyd?' gofynnodd yn gyffrous i Eliseus.

'Ddim ar unrhyw gyfrif!' meddai Eliseus. 'Rho bryd o fwyd iddyn nhw a'u hanfon adref.'

Synnodd y milwyr crynedig pan gawsant wledd frenhinol gan eu gelynion! Aethant adref yn meddwl yn wahanol iawn am bobl Israel. Ni fu cyrchoedd yn erbyn Israel wedi hynny.

181
Newyn yn y wlad
2 Brenhinoedd 6-7

Ymhen amser, daeth brenin Syria a'i fyddin gyfan ac ymosod ar Samaria, prifddinas Israel. Codwyd eu gwersyll y tu allan i'r muriau, a buont yn atal popeth rhag mynd i mewn ac allan o'r ddinas.

Cyn hir aeth y bwyd yn brin yn ninas Samaria. Nid oedd dim ar ôl i'w brynu. Roedd y bobl gyfoethog yn gorfod talu arian mawr hyd yn oed am ben asyn i'w goginio. Nid oedd gan y tlodion ddim i'w wneud ond newynu.

Cerddai'r brenin o amgylch y muriau yn siarad â'r bobl. Pan welodd mor fawr oedd eu hangen, aeth yn ofidus iawn.

'Ar Eliseus mae'r bai!' meddai. 'Mi ladda i ef!'

Eisteddai Eliseus yn ei dŷ. Roedd yn gwybod yn union beth oedd ym meddwl y brenin. Arhosodd i ddisgwyl ei ymwelydd brenhinol.

'Duw sydd wedi dod â'r helbul hwn arnom,' cwynodd y brenin wrth Eliseus. 'Pam na *wnaiff* e rywbeth?'

'Rwy'n addo i ti,' meddai Eliseus wrth y brenin, 'erbyn yr amser yma yfory, meddai Duw, bydd y gwenith a'r haidd gorau ar werth yn Samaria am y bumed ran o'r pris a dalsoch chi am y sothach sydd ar werth heddiw.'

Dechreuodd prif swyddog y brenin chwerthin yn uchel.

'Ni allai hynny ddigwydd hyd yn oed petai Duw yn anfon haidd yn gawod o'r nefoedd!' meddai.

Edrychodd Eliseus arno'n ddwys.

'Bydd yr hyn a ddywedodd Duw *yn* digwydd,' addawodd. 'Cei di ei weld â'th lygaid dy hun. Ond am nad wyt ti'n credu y gall Duw ei wneud, ni chei fwyta dim o'r bwyd.'

📖 182
Newyddion da!
2 Brenhinoedd 7

Roedd yna bedwar dyn y tu allan i furiau Samaria a oedd yn waeth eu byd hyd yn oed na'r trigolion y tu mewn. Ni châi'r Israeliaid hyn fynd i mewn i'r ddinas am eu bod yn dioddef o glefyd croen difrifol.

'Byddwn yn marw o newyn,' meddai un ohonynt.

'Fyddai hi ddim tamaid yn well arnom y tu mewn i'r ddinas,' meddai'r ail.

'Pam nad awn ni at y Syriaid?' awgrymodd y trydydd. 'Mae'n bosibl y cawn ein lladd yn y fan a'r lle, ond efallai y cawn ni fwyd ganddyn nhw.'

'Allai hi ddim bod yn waeth arnom,' cytunodd y pedwerydd, 'ac efallai y gwnawn ni arbed ein bywydau.'

Roedd yn dechrau tywyllu pan gychwynnodd y pedwar tua gwersyll y Syriaid. Troedient yn wyliadwrus, gan obeithio cwrdd â milwr cyfeillgar o Syria. Ond ni welsant ac ni chlywsant yr un dyn byw.

Yn betrusgar dyma nhw'n edrych i mewn i'r babell gyntaf ar gwr y gwersyll. Nid oedd yr un Syriad yno. Ond roedd digon o fwyd a diod ar y bwrdd. Buont yn bwyta'n awchus nes cael eu llenwi. Yna, daethant allan o'r babell ac edrych i mewn i'r nesaf. Roedd honno hefyd yn wag.

Gan eu bod wedi bwyta eisoes, dechreusant sylwi yn awr ar yr holl bethau eraill a oedd yn gorwedd yno – arian ac aur, a gwisgoedd drud.

Dechreusant guro dwylo'n wyllt wrth sylweddoli fod y gwersyll cyfan yn wag! Gallent gymryd unrhyw beth a fynnent.

Yna safodd un ohonynt.

'Arhoswch,' meddai, 'ddylen ni ddim ymddwyn fel hyn. Mae gennym newydd da i bobl Samaria ac yr ydym yn ei gadw i ni'n hunain.'

Troesant yn ôl ar frys i'r ddinas i ddeffro'r gwylwyr. Cododd y brenin o'i wely pan glywodd yr holl stŵr. Ar y cyntaf ni chredai stori'r pedwar dyn.

'Cynllwyn yw hyn!' meddai. 'Mae'r Syriaid am ein denu ni allan, er mwyn gorchfygu'r ddinas.'

Ond cytunodd i anfon nifer bach o filwyr i archwilio'r gwersyll. Cafodd y milwyr bopeth yn union fel y dywedasai'r pedwar. Roedd Duw wedi achub Israel. Credasai'r Syriaid iddynt glywed sŵn byddin fawr yn dod yn eu herbyn, a ffoesant am eu bywydau.

Roedd gair Duw drwy'r proffwyd Eliseus wedi dod yn wir.

Daethpwyd â bwyd Syria i'w werthu wrth borth y ddinas. Gorchmynnodd y brenin i'w brif swyddog reoli'r tyrfaoedd a ddeuai yno i brynu. Ond yn y wasgfa wyllt i gael bwyd, cafodd ei fwrw i'r llawr a bu farw.

209

Trafferthion yn Jwda ac Israel

📖 183
Eneinio yn y dirgel
2 Brenhinoedd 9

Roedd Ahab brenin Israel wedi marw, ond roedd ei wraig ddrwg, Jesebel, yn dal yn fyw. Nid oedd y brenin Joram, eu mab, damaid yn well na'i rieni.

Dywedodd Duw wrth Eliseus fod yr amser wedi dod i roi terfyn ar deyrnasiad y teulu drygionus hwn. Galwodd Eliseus broffwyd ifanc ato.

'Cymer y ffiol olew hon,' meddai, 'a dos i'r gwersyll milwrol. Chwilia am Jehu, un o swyddogion y fyddin. Wedi i ti fynd ag ef i babell o'r neilltu, eneinia ef yn frenin. Yna dos oddi yno a ffo am dy fywyd.'

Gwyddai Eliseus beth fyddai'n digwydd i'r proffwyd pe bai'r brenin Joram yn darganfod beth yr oedd wedi'i wneud.

Cyrhaeddodd y gwersyll a chael y swyddogion yn eistedd allan yn yr awyr agored yn trafod cynlluniau milwrol.

'Mae gen i neges i ti, syr,' meddai wrth Jehu.

Wedi i Jehu fynd ag ef i mewn i'r babell, dyma'r proffwyd yn ei eneinio ag olew ac yn datgan, 'Mae Duw yn dy gyhoeddi di'n frenin ar Israel.'

Yna ffodd y proffwyd ar frys. Aeth Jehu'n ôl at y swyddogion eraill â'i ben yn chwyrlïo.

'Ydy popeth yn iawn?' gofynasant. 'Beth oedd gan y ffŵl yna i'w ddweud?'

'Fi yw'r brenin newydd,' meddai Jehu wrthynt.

Cododd bloedd o gyfarchion. Taenodd y swyddogion eu mentyll ar y ris uchaf a gwneud i Jehu sefyll arni.

'Jehu sydd frenin!' gwaeddasant.

📖 184
Gyrrwr gwyllt
2 Brenhinoedd 9

Ni wastraffodd Jehu yr un eiliad. Aeth ef a'i ddilynwyr i'w cerbydau a gyrru ar frys tua Jesreel.

Roedd y brenin Joram yn gorffwys yn dawel yn ei balas haf yn Jesreel. Roedd wedi'i glwyfo mewn brwydr wrth ymladd yn erbyn Syria gyda chymorth ei nai, y brenin Ahaseia o Jwda.

Safai gwyliwr ar y tŵr wrth borth y ddinas. Gwelodd fintai Jehu yn dod yn

unwaith,' gorchmynnodd Joram. Yna, yng nghwmni y brenin Ahaseia o Jwda, marchogodd i gyfarfod â Jehu.

'Wyt ti'n dod mewn heddwch?' galwodd Joram wrth i'w cerbydau gydgyfarfod.

'Sut y gellir cael heddwch tra dy fod ti a'th fam, Jesebel, yn teyrnasu yn Israel?' atebodd Jehu.

'Brad yw hyn, Ahaseia!' gwaeddodd Joram.

Troesant eu cerbydau'n gyflym i ddychwelyd i Jesreel. Ond anelodd Jehu saeth tuag at Joram a'i gollwng â'i holl nerth. Trawodd ef yn ei gefn a threiddio i'w galon a'i ladd yn y fan a'r lle. Yna dyma Jehu yn ymlid a lladd Ahaseia, brenin Jwda, hefyd.

Brysiodd negesydd i ddweud wrth Jesebel fod Jehu wedi lladd ei mab.

Cribodd ei gwallt a'i osod yn drefnus, colurodd o gwmpas ei llygaid a safodd yn un o ffenestri llofft y palas i ddisgwyl am Jehu. Cyn hir cyrhaeddodd yn ei gerbyd.

'Llofrudd dy frenin!' gwaeddodd Jesebel arno. 'Beth wyt ti'n wneud yma?'

Nid atebodd Jehu.

'Oes yna rywun acw sydd o'm plaid i?' galwodd, gan edrych i fyny.

Ymddangosodd pen neu ddau yn y ffenestr.

'Taflwch hi i lawr!' gorchmynnodd mewn llais uchel. Gafaelodd rhai o weision y palas yn Jesebel a'i thaflu drwy'r ffenestr. Bu farw ar unwaith.

Ni ddangosodd Jehu, y brenin newydd, unrhyw drugaredd. Lladdodd bob aelod o deulu Ahab a llawer o bobl eraill hefyd.

Credai mai ei waith fel gwas Duw oedd cael gwared ar bob un o addolwyr Baal yn Israel. Ond nid oedd Duw yn fodlon ar ddial llym a chreulon Jehu.

y pellter ac aeth i ddweud wrth y brenin. 'Anfon negesydd i weld ai cyfeillion neu elynion sydd yno,' gorchmynnodd Joram.

Neidiodd y negesydd ar gefn ei geffyl a charlamu tuag atynt. Ond gwrthodai Jehu ddweud dim wrtho.

Cyn bo hir dyma'r gwyliwr ar y tŵr yn gweiddi, 'Rwy'n gwybod pwy sy'n dod! Dim ond un dyn sy'n gyrru mor wyllt â hynny – Jehu!'

'Paratowch fy ngherbyd ar

185
Cuddio brenin
2 Brenhinoedd 11

Athaleia, merch Jesebel, oedd y fam frenhines yn Jwda. Pan glywodd fod Jehu wedi lladd ei mab ifanc, y brenin Ahaseia, ni wastraffodd amser yn galaru. Trefnodd gipio'r orsedd iddi hi ei hun trwy orchymyn lladd y teulu brenhinol i gyd.

Am chwe blynedd ofnadwy, teyrnasodd Athaleia ar Jwda, gan ddysgu'r bobl i addoli Baal.

Ond arbedwyd un tywysog bach rhag gorchymyn creulon y frenhines. Joas oedd hwnnw, baban bach Ahaseia. Cipiwyd ef ymaith gan ei fodryb, Jehoseba, a'i guddio mewn lle na fyddai ei nain, Athaleia, byth yn chwilio amdano, sef yn nheml Dduw. Roedd Jehoseba yn briod â Jehoiada, offeiriad pwysig yn y deml.

Gydag amser tyfodd y baban yn fachgen, ond cadwyd y gyfrinach yn glòs. Yna, pan oedd yn saith oed, penderfynodd ei ewythr a'i fodryb ei bod yn amser i'w goroni'n frenin.

Galwodd Jehoiada warchodlu'r palas a'r deml ynghyd, a gwnaeth iddynt dyngu llw i gadw cyfrinach. Yna dangosodd y tywysog bach iddynt. Roeddynt oll yn barod i helpu i'w wneud yn frenin. Nid oedd neb yn hoffi Athaleia ddrwg ac offeiriaid Baal.

Byddai'r gwarchodlu yn cael ei newid ar yr un amser bob dydd. Dewisodd Jehoiada'r amser hwnnw fel bod mwy ohonynt yno i helpu. Gorchmynnodd i rai milwyr sefyll wrth y palas, eraill wrth borth y ddinas, ac eraill wrth y deml i warchod Joas.

Pan oedd pob milwr yn ei le, arweiniodd Jehoiada y bachgen allan a gosod y goron ar ei ben. Rhoddodd gopi o gyfraith Duw yn ei ddwylo. Yna cyhoeddodd:

'Wele eich brenin!'

Dyma'r dyrfa a oedd wedi crynhoi ynghyd, yn curo dwylo ac yn dechrau gweiddi:

'Hir oes i'r brenin!'

Clywodd Athaleia'r sŵn a phrysurodd i'r deml. Bwriodd un olwg ar y bachgen bach yn sefyll yno â'r goron ar ei ben a gwyddai iddi gael ei bradychu.

'Brad!' gwaeddodd.

Ond ni ddaeth neb i'w hamddiffyn. Roedd pawb yno yn falch fod ei theyrnasiad drwg wedi dod i ben.

Nes iddo dyfu'n ddyn, bu ei ewythr, Jehoiada, yn cynorthwyo Joas i deyrnasu'n deg ac yn ufudd i Dduw. Bu'r ddinas yn ddedwydd ac mewn heddwch, am fod brenin da unwaith eto ar orsedd Jwda.

186
Lladron a thwyllwyr!
Amos

Wedi i Jehu brenin Israel farw, teyrnasodd ei fab a'i ŵyr ar ei ôl. Ond ei orwyr, Jeroboam yr Ail, a wnaeth deyrnas Israel yn gryf unwaith eto.

Teyrnasodd am ddeugain mlynedd. Ond nid oedd yn ymddiried yn Nuw nac yn ufuddhau iddo, ac yr oedd llawer o'i le yn y wlad.

Anfonodd Duw Amos i atgoffa pobl Israel o'i gyfraith ac i'w rhybuddio i newid eu ffyrdd. Bugail defaid yn byw yn Jwda, teyrnas y de, oedd Amos. Pan deithiodd i deyrnas Israel, aeth â gwlân gydag ef i'w werthu.

Safodd Amos yn y farchnad ym Methel gan ddweud wrth y bobl beth yr oedd Duw yn ei feddwl ohonynt.

'Rydych chi'r marchnatawyr yn

twyllo'ch cwsmeriaid,' galwodd yn groch. 'Rydych chi'n pwyso nwyddau'n annheg, gan roi rhy ychydig i'r bobl am eu harian. Mae'ch prisiau mor uchel fel na all y tlodion brynu llawer, ac yr ydych yn gwerthu sothach iddynt yn lle'r grawn da sy'n cael ei arddangos ar eich stondinau. Pan fydd person yn methu talu, rydych chi'n ei gymryd yn gaethwas, neu yn cymryd ei fantell a'i adael i rynnu yn y nos. Wnaiff Duw ddim dioddef ein gweld yn trin ein gilydd fel hyn!'

Cafodd Amos gip ar wraig gyfoethog yn troedio rhwng y stondinau. Roedd ganddi wisg ddrud ac roedd arogl ei phersawr costus yn llenwi'r lle.

'Rydych chi'r gwragedd ar fai hefyd,' meddai. 'Rydych chi'n gwneud i'ch gwŷr ladrata a thwyllo, er mwyn i chi gael arian i'w wario ar winoedd a dillad crand. Rydych chi'r cyfoethogion yn segura drwy'r dydd, tra bod eich caethweision yn llafurio'n galed. Mae Duw yn gorchymyn i chi fod yn deg a charedig.

'Gwrandewch, bobl Israel! Mae Duw am weld cyfiawnder yn y llysoedd. Ar hyn o bryd, nid yw neb yn cael prawf teg os nad yw'n rhoi cil-dwrn go dda yn llaw'r barnwr. Dywed yr Arglwydd, "Llifed cyfiawnder yn rhad a rhwydd a dangoswch degwch a charedigrwydd i'ch gilydd." '

Ond nid oedd y bobl am wrando geiriau Duw. Pan fentrodd Amos wrthwynebu'r allor i'r llo ym Methel, a mentro beirniadu'r brenin, bygythiwyd ef gan un o'r offeiriaid.

'Dos yn ôl i Jwda,' meddai, 'a phregetha yn y fan honno.'

187
'Tyrd yn ôl!'
Hosea

Gadawodd Amos deyrnas Israel, ond cyn bo hir cododd Duw broffwyd o'r deyrnas ogleddol ei hun i ddod â'i neges i'r bobl. Ei enw oedd Hosea.

Priododd Hosea â merch brydferth o'r enw Gomer. Roedd yn ei charu'n fawr. Cawsant fab bychan, ond nid oedd Gomer am aros gartref i ofalu am ei baban. Roedd yn well ganddi gael tipyn o hwyl yn crwydro'r dref.

Pan anwyd eu merch fach, gobeithiai Hosea y byddai Gomer yn callio. Ond wnaeth hi ddim, ac ar ôl geni'r trydydd plentyn aeth Gomer allan un diwrnod, gan adael y plant, ac ni ddaeth yn ôl.

Roedd Hosea yn drist iawn. Carai Gomer yn fawr. Teimlai'n unig a diflas hebddi. Yna siaradodd Duw ag ef.

'Hosea, gwn yn union sut wyt ti'n teimlo,' meddai. 'Rwy'n caru pobl Israel gymaint ag yr wyt ti'n caru Gomer. Maen nhw wedi troi cefn arnaf fi, fel y gwnaeth Gomer arnat tithau.'

Nid oedd Hosea erioed wedi meddwl am Dduw yn y ffordd honno o'r blaen. Dechreuodd ddeall sut yr oedd anufudd-dod Israel yn brifo Duw. Aeth Duw ymlaen:

'Nid wyf i wedi peidio â charu Israel. Paid ti â rhoi'r gorau i garu Gomer. Dos i chwilio amdani.'

Yn y dyddiau hynny, ni fyddai unrhyw ddyn yn mynd i chwilio am wraig anffyddlon. Byddai'n ei hysgaru. Ond, gan roi heibio'i falchder, gadawodd Hosea y plant yng ngofal cymydog ac aeth i chwilio amdani. Daeth o hyd iddi yn gaethferch druenus i ryw ddyn. Nid oedd yr hwyl a'r sbri wedi para'n hir.

Rhoddodd Hosea ei arian i gyd, ynghyd â rhywfaint o ŷd, i'w phrynu'n ôl. Roedd yn caru Gomer er gwaethaf ei ffolineb a'r hyn a wnaeth iddo.

Dechreuodd Hosea bregethu gair Duw mewn ffordd newydd yn awr.

'Mae Duw yn eich caru'n fawr,' meddai wrth y bobl. 'Mae e mor drist pan drowch eich cefn arno ac addoli duwiau Baal. Nid yw Duw am eich cosbi. Mae am gael eich cwmni. Ond os gwrthodwch wrando a dychwelyd ato, bydd y genedl gyfan yn dioddef. Trowch yn ôl at Dduw a dywedwch wrtho ei bod yn ddrwg gennych. Mae e'n barod i'ch caru ac i faddau i chi.'

188
Gweledigaeth Eseia
Eseia 6

Tra oedd Jeroboam yr Ail yn mwynhau ei deyrnasiad hir a llewyrchus yn Israel, y brenin Usseia oedd ar orsedd Jwda. Cafodd yntau deyrnasiad hir a llewyrchus, ac am y rhan fwyaf o'i oes roedd yn caru Duw ac yn ufudd iddo. Pan fu farw, bu'r bobl yn dyfalu beth fyddai'n digwydd nesaf yn Jwda.

Roedd Eseia yn uchelwr ifanc, meddylgar. Un diwrnod pan oedd yn y deml yn myfyrio ac yn gweddïo am ddyfodol ei wlad, cafodd weledigaeth ryfeddol o Dduw. Wrth geisio'i ddisgrifio ar ôl hynny, dywedodd:

'Gwelais Dduw, yn eistedd ar ei orsedd ddyrchafedig. Roedd ei wisg frenhinol yn llenwi'r deml. Safai seraffiaid o'i amgylch yn cuddio'u hwynebau a'u hadenydd rhag disgleirdeb gogoniant Duw. Roedd y naill yn datgan wrth y llall, "Sanctaidd! Sanctaidd! Sanctaidd! Sanctaidd yw'r Arglwydd Dduw hollalluog! Mae'r holl ddaear yn llawn o'i ogoniant."

'Wrth i'w lleisiau atseinio drwy'r deml, roedd yr adeilad cyfan fel petai'n ysgwyd a chrynu. Llanwyd y deml gan fwg. Roeddwn mewn arswyd. Roedd Duw mor fawr a da, a theimlwn innau'n druenus ac yn llawn cywilydd. A dyma fi'n gweiddi, "Beth ddaw ohonof? Rwyf wedi gweld Duw, yr un sanctaidd – a minnau'n bechadur ac yn perthyn i genedl bechadurus."

'Yna ehedodd un o'r seraffiaid ataf. Roedd wedi codi marworyn oddi ar yr allor â gefel, ac fe'i gosododd i gyffwrdd â'm gwefusau. "Rwyt ti wedi dy lanhau," meddai, "ac mae dy bechod wedi'i faddau."

'Yna llefarodd Duw. "Pwy a anfonaf?" gofynnodd. "Pwy fydd yn negesydd i mi?"

'Ar unwaith atebais, "Mi af i – anfon fi!"'

Rhoddodd Duw ei neges i Eseia, ond rhybuddiodd ef ymlaen llaw y byddai'r bobl yn wargaled. Ni fyddent yn gwrando arno nac yn dweud wrth Dduw ei bod yn ddrwg ganddynt. Er hynny roedd Eseia'n fodlon bod yn broffwyd i Dduw.

189
Paid â chynhyrfu!
Eseia 7; 2 Brenhinoedd 16

Roedd Ahas brenin Jwda yn crynu yn ei esgidiau, a'i bobl wedi'u parlysu gan ofn. Roedd gelyn ar ei ffordd.

Y tu draw i Israel a Jwda, yn y gogledd-orllewin, roedd gallu newydd, pwerus wedi codi – yr Asyriaid. Roeddynt yn bobl gryf a chreulon – duw rhyfel oedd eu prif dduw. Roedd eu brenhinoedd wrth eu bodd yn hela llewod, a chaent yr un hwyl yn concro teyrnasoedd.

Roedd brenin Asyria wedi gorfodi Syria ac Israel i dyngu llw o ffyddlondeb iddo, a'u gorfodi hefyd i dalu arian mawr am gael aros yn eu gwledydd eu hunain.

Ond roedd brenhinoedd Syria ac Israel, a fu gynt yn elynion, wedi cytuno â'i gilydd i wrthryfela yn erbyn eu gormeswr creulon. Roeddynt hefyd wedi penderfynu ymdeithio i Jwda i orfodi Ahas i'w helpu i ymladd yn erbyn Asyria.

Daeth negesydd â'r newydd i Ahas fod byddinoedd Syria ac Israel eisoes wedi cyrraedd Jwda. Cyn hir byddent yn y brifddinas.

Ni wyddai Ahas beth i'w wneud nac i ble i droi am gymorth a chyngor.

Anfonodd Duw Eseia'r proffwyd i godi calon y brenin. 'Dos i gyfarfod ag Ahas wrth y gronfa ddŵr,' meddai Duw wrth Eseia.

Roedd Ahas yn brysur yn archwilio'r argae rhag ofn y deuai gwarchae. Pan ddaeth Eseia tuag ato, cododd ei olwg. Roedd ei wyneb yn llawn gofid ac ofn.

'Mae Duw yn dweud, "Bydd yn wyliadwrus, ond paid â chynhyrfu," ' meddai Eseia wrtho. ' "Does gennyt ddim i'w ofni oddi wrth frenhinoedd Syria ac Israel. Maen nhw mor beryglus â thân gwyllt gwlyb! Efallai eu bod am ymosod ar Jerwsalem a chipio'r orsedd oddi arnat, ond yr wyf i, yr Arglwydd, yn addo na fydd hynny'n digwydd. Nid oes raid i ti anfon am unrhyw fyddin arall i'th helpu. Yr unig beth sydd raid i ti ei wneud yw ymddiried ynof fi. Ond os na wnei di hynny, ni fydd dyfodol i ti." '

Gwrandawodd Ahas arno, ond nid ufuddhaodd. Nid oedd yn fodlon eistedd yn dawel a disgwyl i Dduw ei achub. Yn hytrach gwnaeth rywbeth ffôl iawn. Anfonodd neges at frenin creulon Asyria yn gofyn iddo ef ddod i'w gynorthwyo. Roedd yn gosod ei ben yn safn y llew.

Cyfnod anodd yn Jwda

190
Yr ymerawdwr yn gosod ei bris
2 Brenhinoedd 17-18

Gorchfygwyd Israel, teyrnas y gogledd, gan fyddin nerthol Asyria.

Roedd yr Asyriaid yn ormeswyr creulon. Wedi'r poenydio a'r lladd, dyma nhw'n gorfodi rhesi hir o gaethweision i gerdded yn hanner noeth mewn cadwynau yn alltudion o'u gwlad. Dim ond y trigolion gwanaf a adawyd ar ôl yn Israel. Daeth yr Asyriaid â chaethweision o wledydd eraill i rannu'r wlad â hwy.

Roedd Duw yn drist fod ei bobl wedi gorfod dioddef cymaint am iddynt wrthod gwrando ar rybuddion y proffwydi. Roedd yn gobeithio y byddai cwymp Israel yn dysgu gwers i Jwda.

Ond yn lle ymddiried yn Nuw, bu Ahas brenin Jwda mor ffôl â gwahodd ymerawdwr Asyria i'w gynorthwyo yn y frwydr yn erbyn ei elynion. Achubwyd Jwda gan yr Asyriaid, ond bu'n rhaid i Ahas dalu swm enfawr o aur ac arian fwy nag unwaith i'r ymerawdwr, a thyngu llw o ffyddlondeb iddo.

Ugain mlynedd yn ddiweddarach bu Ahas farw a daeth ei fab, Heseceia, yn frenin yn ei le. Roedd ef yn caru Duw ac yn ufuddhau iddo, ac yn dysgu cyfraith Duw i'r bobl.

Y pryd hwnnw, penderfynodd ymerawdwr Asyria oresgyn Jwda a'i gorchfygu, fel y gwnaeth i Israel o'i blaen. Cipiodd rai o'r trefi yn agos at ffin Jwda. Felly anfonodd Heseceia neges frys ato.

'Gad lonydd i ni ac fe dalwn beth bynnag a fynni.'

Gofynnodd yr ymerawdwr am swm uchel iawn. Bu raid i Heseceia dynnu rhai o'r trysorau hardd o'r deml, er mwyn cael digon o aur ac arian i'w dalu.

Gobeithiai'r brenin yn awr y byddai'r ymerawdwr a'i fyddin yn gadael Jwda mewn heddwch.

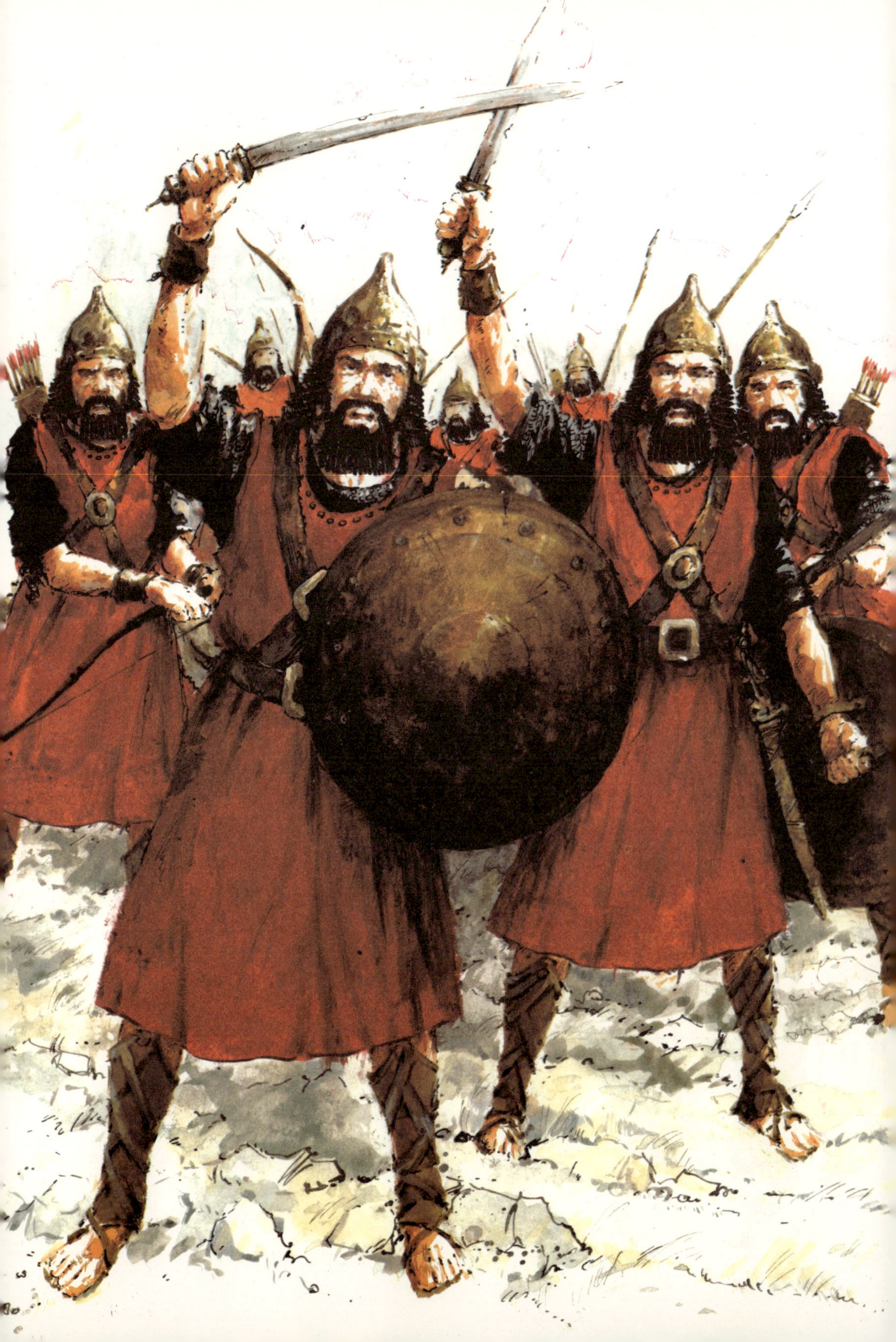

191
Gelyn wrth y porth
2 Brenhinoedd 18-19

Cymerodd ymerawdwr Asyria yr aur oddi ar Heseceia ond, yn lle troi yn ei ôl, anfonodd ei brif swyddog â byddin gref i Jerwsalem.

Ymledodd y fyddin falch a ffyrnig ar draws y ffordd y tu allan i'r ddinas, gan weiddi ar y brenin i ildio.

Dywedodd Heseceia wrth y bobl am beidio â gwneud na dweud dim. Yna anfonodd dri o'i gynghorwyr ffyddlon i siarad â llysgennad Asyria.

'Os heriwch Asyria,' meddai'r swyddog, 'ni all unrhyw un eich helpu – ddim hyd yn oed eich Duw.'

'Paid â siarad mewn iaith y gall y bobl ei deall,' ymbiliodd cynghorwyr Heseceia. 'Dydyn ni ddim am iddyn nhw glywed y fath siarad.'

'Nhw yw'r union rai a *ddylai* glywed,' atebodd y swyddog.

Gosododd ei law wrth ei geg a galw ar y dorf oedd ar fur y ddinas.

'Gwrandewch ar ymerawdwr nerthol Asyria,' meddai, 'a pheidiwch â thalu unrhyw sylw i'r brenin Heseceia. Dyw hi ddim yn bosibl iddo *ef* eich achub! Peidiwch ag ymddiried yn eich Duw; ymddiriedwch ynom ni! Fe awn â chi i wlad braf, lle byddwch oll yn hapus.'

Nid atebodd neb, ond aros yn dawel yn ôl gorchymyn Heseceia.

Pan glywodd Heseceia, aeth yn syth i'r deml i weddïo. Anfonodd ei dri chynghorwr at y proffwyd Eseia i ofyn iddo yntau weddïo am gymorth Duw. Anfonodd Eseia neges at y brenin.

'Mae Duw yn dweud wrthyt am beidio ag ofni'r Asyriaid,' meddai. 'Paid â gwrando pan ddywedant na all Duw dy helpu. Bydd Duw yn gwneud i'r ymerawdwr ddychwelyd i'w wlad heb wneud unrhyw niwed i ti.'

Pan glywodd yr ymerawdwr na fyddai Heseceia yn ildio, anfonodd lythyr ato.

'Mae dy Dduw di yn dweud na chei di dy drechu gan fy nerth i,' ysgrifennodd, 'ond paid â chredu'r fath beth! Ni wnaeth duwiau pobl eraill eu hachub nhw. Pam y dylai dy Dduw di lwyddo?'

Aeth y brenin â'r llythyr yn syth i'r deml. 'Edrych ar yr hyn a ddywed yr ymerawdwr,' gweddïodd. 'Achub ni rhagddo, er mwyn i'r holl fyd wybod mai ti sydd Dduw.'

Daeth ateb Duw drwy Eseia.

'Mae'r ymerawdwr wedi ymffrostio ei fod yn gryfach na Duw,' meddai, 'ond ni all wneud dim heb ganiatâd Duw. Bydd Duw yn eich amddiffyn. Bydd yr Asyriaid yn mynd adref heb anelu'r un saeth at Jerwsalem.'

A gwir y gair. Un noson trawyd gwersyll yr Asyriaid gan drychineb mawr, ac erbyn y bore gorweddai miloedd lawer o'u milwyr yn farw gelain. Ni allent wneud dim ond casglu ynghyd yr ychydig filwyr a oedd yn dal yn fyw a dychwelyd adref.

192
Salwch y brenin
Eseia 38

Ar yr union adeg yr oedd Asyria yn bygwth Jerwsalem, dechreuodd y brenin Heseceia deimlo'n sâl. Roedd ganddo gornwyd poenus, a gwasgarodd hwnnw wenwyn i bob rhan o'i gorff. Daeth Eseia i'w weld, gyda neges oddi wrth Dduw.

'Mae Duw yn dweud fod yn rhaid i ti osod dy dŷ mewn trefn, achos rwyt ti'n mynd i farw,' meddai wrth y brenin.

Wedi i Eseia ymadael, teimlai Heseceia'n ofidus iawn. Beth fyddai'n digwydd i'w bobl pe na bai yno i'w harwain a'u hamddiffyn?

'O Dduw, helpa fi,' gweddïodd. 'Gwyddost fy mod wedi ceisio gwneud yn ôl d'ewyllys a bod yn ffyddlon i ti.'

Dywedodd Duw wrth Eseia, 'Dos yn ôl at Heseceia a dywed wrtho fy mod i wedi clywed ei weddi. Bydd yn ôl yn y deml ymhen tridiau, a chaiff fyw am bymtheng mlynedd arall. Byddaf hefyd yn achub y ddinas hon rhag yr Asyriaid.'

Dywedodd Eseia wrth weision y palas am falu ffigys a gwneud past poeth ohonynt, ac yna rhoi hwnnw ar gornwyd y brenin.

Tra oeddynt yn ei baratoi, gofynnodd Heseceia i'r proffwyd, 'Sut y gallaf fod yn siŵr y bydd Duw yn fy ngwella?'

'Bydd Duw yn rhoi arwydd i ti,' atebodd Eseia. 'Bydd y cysgod ar risiau Ahas yn mynd nôl ddeg gris.'

Roedd tad Heseceia, y brenin Ahas, wedi adeiladu cloc-haul arbennig ar ffurf grisiau. Wrth i'r haul dywynnu arnynt, byddai'r cysgod yn symud o un gris i'r gris nesaf. Trwy ychwanegu pymtheng mlynedd arall at fywyd Heseceia, roedd Duw fel petai'n gwneud i amser fynd yn ei ôl i Heseceia yn ogystal ag i'r cloc-haul.

193
Y darganfyddiad mawr
2 Brenhinoedd 22

Ar ôl i'r brenin Hesecia farw, daeth ei fab Manasse i'r orsedd. Roedd yn hollol wahanol i'w dad a gwnaeth lawer o bethau drwg iawn yng ngolwg Duw. Ailadeiladodd allorau Baal a llanwodd hyd yn oed deml Dduw ag eilunod. Aberthodd rai o'i feibion i Baal, a llifai gwaed dinasyddion diniwed ar hyd strydoedd Jerwsalem. Dilynodd pobl Jwda esiampl eu brenin drwg.

Teyrnasodd Manasse am ddeugain mlynedd. Roedd ei fab, y brenin newydd, yr un mor ddrwg. Felly, dyma rai o swyddogion y palas yn ei lofruddio a gosod ei fab wyth mlwydd oed, Joseia, yn frenin yn ei le. Dysgodd Joseia garu Duw ac ufuddhau iddo. Wrth iddo dyfu'n ddyn, ceisiodd arwain y bobl yn ôl i wasanaethu Duw.

Yn ystod teyrnasiad Manasse, ni fu neb yn gofalu'n iawn am y deml. Penderfynodd Joseia ei hatgyweirio. Anfonodd ei ysgrifennydd, Saffan, at Hilceia yr archoffeiriad. Gofynnodd iddo ddefnyddio'r arian o'r gronfa adeiladu er mwyn dechrau ar y gwaith.

Wrth glirio'r deml, daeth y gweithwyr o hyd i sgrôl. Aethant â hi at Hilceia. Sylweddolodd ef mai sgrôl cyfraith Duw oedd hi. Roedd hi wedi bod ar goll ers blynyddoedd.

Penderfynodd y dylai'r brenin ei gweld, felly rhoddodd y sgrôl i Saffan a darllenodd yntau hi i'r brenin.

Wrth wrando, teimlai'r brenin yn drist iawn. Dechreuodd weld cymaint yr oedd brenhinoedd a phobl Jwda wedi torri cyfraith Duw, a'u bod yn haeddu ei gosb.

'Dos i chwilio am broffwyd a all roi neges i ni oddi wrth Dduw,' gorchmynnodd.

Aeth Saffan at Hulda'r broffwydes a dweud wrthi fod y brenin yn gofidio'n fawr wedi iddo glywed geiriau'r sgrôl a fu ar goll.

'Dywed wrtho *fod* Duw yn mynd i gosbi Jerwsalem,' atebodd Hulda. 'Ond gan fod Joseia wedi penderfynu gwasanaethu Duw a'i garu, bydd heddwch yn ystod ei deyrnasiad ef.'

194
Coelcerth Joseia
2 Brenhinoedd 23

Ar ôl i Saffan adrodd neges Hulda wrth y brenin, penderfynodd Joseia wneud pob peth a allai i ddod â'r bobl yn ôl at Dduw. Aeth â'r sgrôl o'r gyfraith, a oedd newydd ei darganfod, i'r deml. Roedd pawb wedi ymgasglu yno i glywed geiriau'r brenin.

Yn gyntaf, darllenodd y brenin o'r sgrôl. Yna dywedodd wrthynt, 'Mae'r sgrôl hon o'r gyfraith yn dweud wrthym am y cyfamod a wnaeth Duw â'n pobl, wedi iddo ddod â nhw allan o'r Aifft. Mae Duw wedi cadw ei holl addewidion i ni, ond dydyn ni ddim wedi cadw ein rhan ni o'r cytundeb. Rwy'n benderfynol o ddechrau o'r newydd, ac addo ufuddhau i Dduw a chadw ei gyfraith.'

Atebodd yr holl bobl, 'Rydyn ni, hefyd, yn addo ufuddhau i Dduw!'

Yna gorchmynnodd Joseia i Hilceia glirio'r tu mewn i'r deml. Nid oedd gwerth gwella'r tu allan, os oedd y tu mewn yn llawn o'r holl bethau erchyll a oedd ynghlwm wrth addoli duwiau Baal. Chwalwyd y delwau'n deilchion a'u llosgi mewn coelcerth fawr.

Wedi cael gwared ar yr holl bethau drwg, trefnodd Joseia ŵyl fawr i Dduw.

Cynhaliwyd gwledd y Pasg am y tro cyntaf ar y noson y gadawodd pobl Israel yr Aifft, gannoedd o flynyddoedd ynghynt. Dysgodd Moses hwy i'w dathlu'n flynyddol, i gofio am y ffordd yr achubodd Duw hwy o gaethiwed a'r ffordd y cadwodd eu meibion cyntaf-anedig rhag marw. Ond yn nyddiau'r brenhinoedd drwg, nid oedd neb wedi cofio dathlu'r Pasg.

Yn awr trefnodd Joseia wledd Basg ardderchog, i'w chynnal yn Jerwsalem yn yr union ffordd ag y gorchmynnodd Duw drwy Moses. Tyrrodd pawb yn Jwda i Jerwsalem i ymuno yn yr hwyl a'r llawenydd.

Ond er i Joseia wneud yr hyn a allodd, nid oedd y bobl yn gwir ddymuno ymddiried yn Nuw ac ufuddhau iddo, fel y gwnâi'r brenin.

Dyddiau Olaf Jwda

📖 195
'Paid â'm hanfon fi!'
Jeremeia 1

Pan oedd y brenin Joseia yn ŵr ifanc tuag ugain mlwydd oed, roedd gŵr ifanc arall, o'r enw Jeremeia, yn paratoi i wasanaethu Duw fel offeiriad yn y deml yn Jerwsalem. Ond roedd gan Dduw gynlluniau eraill ar ei gyfer.

Un diwrnod siaradodd Duw ag ef a dweud, 'Ymhell cyn dy eni, Jeremeia, dewisais di i fod yn broffwyd i mi, i roi fy neges i bobl Jwda ac i'r cenhedloedd oddi amgylch.'

'Paid â gofyn i mi wneud hynny,' atebodd Jeremeia. 'Rwy'n rhy ifanc i wneud gwaith mor bwysig. Dydw i ddim hyd yn oed yn gallu siarad yn iawn.'

'Byddaf i gyda thi i'th helpu,' meddai Duw, gan estyn ei law a chyffwrdd â cheg Jeremeia. 'Rhof y geiriau i ti eu llefaru.'

Roedd Jeremeia yn gwybod na allai ddadlau â Duw. Hyd yn oed pe byddai'r gwaith yn anodd, byddai'n rhaid ufuddhau i Dduw.

'Beth weli di?' gofynnodd Duw iddo.

Edrychodd Jeremeia'n graff. Gwelodd grochan mawr yn poethi ar danllwyth o dân. Wrth iddo wylio, dyma'r cawl yn y crochan yn codi i'r berw ac yn dechrau colli dros yr ymyl yn un llif berwedig.

Yna dywedodd Duw:

'Yn union fel yna, bydd gelyn yn codi ac yn gorlifo tir Jwda a dinistrio Jerwsalem. Dy waith di yw rhybuddio'r bobl. Os peidiant ag addoli duwiau Baal a dechrau ufuddhau i'm gorchmynion i, byddant yn osgoi dinistr. Ond os na wrandawant, bydd y gelyn yn siŵr o ddod.'

Ni allai Jeremeia ddyfalu pwy fyddai'r gelyn hwnnw, gan fod ymerodraeth fawr Asyria erbyn hynny yn wan a di-rym. Ond credodd rybudd Duw, a dechreuodd ddweud wrth y bobl am droi yn ôl ato. Gwyddai Jeremeia, er bod y brenin Joseia yn gwir garu Duw ac yn ufudd iddo, nad oedd y bobl o ddifrif calon. Nid oeddynt wedi newid eu ffyrdd mewn gwirionedd.

Pan oedd ond yn ddeg ar hugain mlwydd oed, lladdwyd Joseia wrth ymladd yn erbyn yr Aifft. Aeth yr Eifftiaid buddugoliaethus â mab Joseia i'r Aifft, gan osod brenin o'u dewis eu hunain ar orsedd Jwda. Mab arall i Joseia, o'r enw Jehoiacim, oedd hwnnw. Roedd yn rhaid iddo ef wneud yn ôl gorchymyn yr Aifft.

196
Jeremeia yn y crochendy
Jeremeia 18-19

Un diwrnod, dywedodd Duw wrth Jeremeia, 'Dos i weithdy'r crochenydd. Rhof fy neges i ti yno.'

Cychwynnodd Jeremeia i'r rhan o'r dref lle roedd sawl crochenydd yn gweithio ac yn gwerthu eu nwyddau. Gwyliai mewn tawelwch wrth i'r crochenydd lunio'r clai yn gelfydd a throi'r llestr ar yr olwyn. Yna aeth rhywbeth o'i le, gan ddifetha'r llestr. Efallai fod carreg fechan yn y clai. Gydag amynedd, dyma'r crochenydd yn tylino'r clai meddal i ffurf pêl ac yn dechrau eto.

Daeth llais Duw yn dawel at Jeremeia.

'Gallaf i wneud â'm pobl yr hyn y mae'r crochenydd wedi'i wneud â'i glai,' meddai. 'Dim ond iddynt ddweud ei bod yn ddrwg ganddynt a'u bod yn barod i newid eu ffyrdd, gallaf ddechrau gwneud rhywbeth da a defnyddiol o'r genedl unwaith eto.'

Roedd gan Dduw wers arall i'w dysgu i Jeremeia.

'Dos i brynu llestr pridd,' meddai Duw wrtho, 'a'i gario i domen sbwriel y dre. Gofyn i rai o'r offeiriaid a'r arweinwyr ddod gyda thi.'

Aeth yr orymdaith fechan allan o'r ddinas, a Jeremeia'n cerdded ar y blaen yn cario'r llestr dŵr ar ei ben.

Dilynwyd hwy gan dyrfa o bobl chwilfrydig. Ni fyddai dynion byth yn cario llestri dŵr – gwaith gwragedd oedd hynny! Beth a wnâi'r proffwyd rhyfedd hwn nesaf, tybed?

Wedi cyrraedd y domen sbwriel, hyrddiodd Jeremeia y llestr i'r llawr, gan ei dorri'n deilchion.

'Gwrandewch,' meddai wrth y dyrfa, 'Mae Duw wedi aros yn hir ac yn amyneddgar i chi droi yn ôl ato. Roedd am roi pethau da i chi. Ond yn lle bod yn feddal dan ei law, fel clai'r crochenydd, rydych chi wedi mynd yn galed ac anufudd. Os na phlygwch i Dduw, cewch eich torri fel y llestr hwn. Daw gelyn atom a'n dinistrio.'

Yna dringodd Jeremeia y llwybr serth yn ôl i'r ddinas a phregethu'r un bregeth yn y deml. Roedd yr offeiriaid a'r arweinwyr pwysig yn gynddeiriog. Sut y meiddiai Jeremeia ddweud y byddai'r wlad yn cael ei choncro? Rhoddodd un ohonynt orchymyn i ddal Jeremeia, ei guro a'i adael mewn cyffion tan y bore.

197
Cyllell boced
Jeremeia 36

Am dros ugain mlynedd, aeth Jeremeia yn ei flaen i rybuddio pobl Jwda i droi yn ôl at Dduw, cyn i elyn ddod a dinistrio Jerwsalem.

Yn awr dywedodd Duw wrtho, 'Ysgrifenna bob neges a roddais i ti o'r amser yr oedd Joseia yn frenin hyd heddiw. Efallai y bydd y bobl yn gwrando arnynt ac yn edifarhau am beidio â bod yn ufudd i mi. Yna gallaf faddau iddynt a'u hachub.'

Prynodd Jeremeia sgrôl, a dechreuodd ei gynorthwywr, Baruch, ysgrifennu'r cyfan i lawr wrth i Jeremeia lefaru.

Ar ôl gorffen y cwbl dywedodd Jeremeia, 'Dos i'r deml a darllen y sgrôl i'r bobl. Cha i ddim mynd yno, felly rhaid i *ti* ddweud geiriau Duw wrthyn nhw.'

Arhosodd Baruch nes oedd y tyrfaoedd yn heidio i'r deml ar ddydd gŵyl. Yna darllenodd iddynt y cwbl a ysgrifennodd.

Clywodd rhai o swyddogion y palas am y sgrôl, a dyma nhw hefyd yn gofyn am gael ei gweld.

Pan glywsant y geiriau llym, gwyddent y byddai Jeremeia mewn helynt pan ddeuai'r brenin i wybod.

'Rhaid inni fynd â'r sgrôl at y brenin,' meddent wrth Baruch. 'Dos di a Jeremeia i guddio!'

Y gaeaf oedd hi, ac eisteddai'r brenin Jehoiacim yn gysurus o flaen tanllwyth o dân. Wrth i'w ysgrifennydd ddarllen y rhan gyntaf o sgrôl Jeremeia iddo, cymylodd wyneb y brenin. Cipiodd y sgrôl. Gyda chyllell boced, torrodd i ffwrdd y rhan a oedd wedi'i darllen. Taflodd hi i'r tân a'i gwylio'n llosgi.

Wrth i'w ysgrifennydd ddarllen ymlaen, byddai'r brenin yn gwrando am ychydig, ac yna'n torri i ffwrdd y rhan a glywsai, a'i llosgi. Ac felly, bob yn dipyn, difethwyd y sgrôl gyfan yn y fflamau.

'Carcharwch Jeremeia!' gorchmynnodd y brenin. Ond erbyn hynny roedd Jeremeia a Baruch yn cuddio mewn lle diogel.

'Dechrau eto,' meddai Duw wrth Jeremeia, 'ac ysgrifenna'r cyfan unwaith yn rhagor ar sgrôl newydd.'

Felly dyma Jeremeia yn llefaru'r geiriau eto a Baruch yn eu hysgrifennu, nes bod gair Duw wedi'i groniclo eto, i bawb ei glywed neu ei ddarllen – a hynny hyd y dydd heddiw.

198
Iau Babilon
2 Brenhinoedd 24; Jeremeia 27-28

Trwy losgi sgrôl Jeremeia, roedd y brenin Jehoiacim wedi dangos yn glir nad oedd yn malio dim am Dduw. Ond gan ei fod yn dymuno maddau i'w bobl a'u gwneud yn hapus, arhosodd Duw am amser hir cyn anfon y gelyn atynt.

Erbyn hyn roedd Jeremeia wedi dyfalu pwy fyddai'r gelyn hwnnw. Roedd ymerodraeth newydd Babilon wedi goresgyn yr Aifft a choncro Asyria. Ac roedd y brenin Nebuchadnesar o Fabilon hefyd wedi gorfodi Jehoiacim i ufuddhau iddo.

Parhaodd Jehoiacim yn ufudd am dair blynedd. Yna dechreuodd gynllwynio yn erbyn Babilon. Yn y diwedd, cychwynnodd byddin Nebuchadnesar am Jerwsalem i ddysgu gwers i'r brenin.

Ond cyn i'r gelyn gyrraedd yno, bu farw Jehoiacim. Ei fab oedd ar yr orsedd pan ruthrodd byddin Babilon yn fuddugoliaethus i mewn i ddinas Jerwsalem. Nid oedd y brenin newydd damaid yn well na'i dad.

Aeth Nebuchadnesar â'r brenin a'i lys, ynghyd â thrigolion gorau Jerwsalem, i Fabilon. Dewisodd y dynion ifainc cryfaf a galluocaf, a'r crefftwyr gorau, a'u dwyn yno'n gaethweision. Hefyd, cymerodd Nebuchadnesar holl drysorau aur y deml a'u cludo ymaith.

Arhosodd Jeremeia yn Jerwsalem gyda Sedeceia, y brenin newydd yr oedd Nebuchadnesar wedi'i osod ar yr orsedd. Roedd yn rhaid i hwnnw ufuddhau i Fabilon a pheidio â chreu unrhyw helynt, os oedd am i Jerwsalem gael ei gadael mewn heddwch.

Roedd y rhan fwyaf o'r rhai a adawyd ar ôl yn y ddinas yn ddigon hyderus.

'Bydd y caethion yn dychwelyd o Fabilon cyn hir, a dônt â thrysorau'r deml yn ôl gyda nhw,' meddent. Ond gwyddai Jeremeia'n wahanol.

Gwnaeth iau o bren, y math a wisgai ychen wrth aredig, a'i gosod ar ei ysgwyddau ei hun.

'Gwrandewch,' meddai wrth y bobl, 'byddwch yn ufudd i Nebuchadnesar a gwasanaethwch o dan ei iau ef. Os gwnewch hyn, mae Duw yn dweud y byddwch yn osgoi'r dinistr mawr a ddaw fel arall ar y ddinas hon.'

Ond cipiodd dyn arall yr iau oddi ar ysgwyddau Jeremeia a'i thorri.

'Dyna ti!' meddai yn fuddugoliaethus. 'Dyna'r hyn fydd yn digwydd i deyrnasiad Babilon. Byddwn yn torri'n rhydd cyn hir a bydd y caethion yn dychwelyd ymhen fawr o dro.'

'Byddai'n dda gen i petaet ti'n dweud y gwir!' meddai Jeremeia. 'Ond rhaid i saith deg o flynyddoedd fynd heibio cyn y bydd yr un o'n pobl yn dychwelyd!'

199
Y basgedi ffigys
Jeremeia 24

Roedd y bobl a adawyd yn Jerwsalem wedi i Nebuchadnesar gario ymaith ei garcharorion, yn teimlo'n hunanfodlon iawn. Credent fod Duw wedi'i blesio ganddynt, gan ei fod wedi caniatáu iddynt aros yn y wlad, a'i fod yn ddig yn erbyn y rhai a gludwyd i Fabilon.

Ond roedd y bobl o Jerwsalem a oedd erbyn hynny ymhell o'u gwlad, wedi dechrau dysgu'u gwers. Roeddynt yn edifar am anufuddhau i Dduw.

Un diwrnod, dywedodd Duw wrth Jeremeia, 'Edrych ar y ddwy fasged ffigys sydd o flaen y deml. Beth ddywedi di amdanynt?'

'Mae un fasged yn llawn o'r ffigys aeddfed gorau,' atebodd Jeremeia. 'Maen nhw'n edrych yn hynod o flasus. Ond mae'r ffigys yn y fasged arall i gyd yn ddrwg. All neb eu bwyta.'

'Mae pobl Jerwsalem yn debyg i'r basgedi ffigys yna,' meddai Duw. 'Mae'r rhai a gaethgludwyd i Fabilon fel y ffigys da. Rwy'n mynd i ofalu amdanynt a gwarchod drostynt, ac yn y diwedd byddaf yn eu dwyn yn ôl i'w gwlad eu hunain. Maen nhw'n dysgu ymddiried ynof a bod yn ufudd i mi.

'Ond mae'r brenin Sedeceia a'i lys, a'r holl bobl sydd ar ôl yma yn Jerwsalem, fel y ffigys drwg. Maen nhw'n gyfan gwbl ddrwg ac yn gwrthod newid eu ffyrdd. Maent yn parhau i gynllwynio yn erbyn brenin Babilon. Bydd eu diwedd fel y ffigys drwg. Fyddan nhw ddim yn werth eu harbed.'

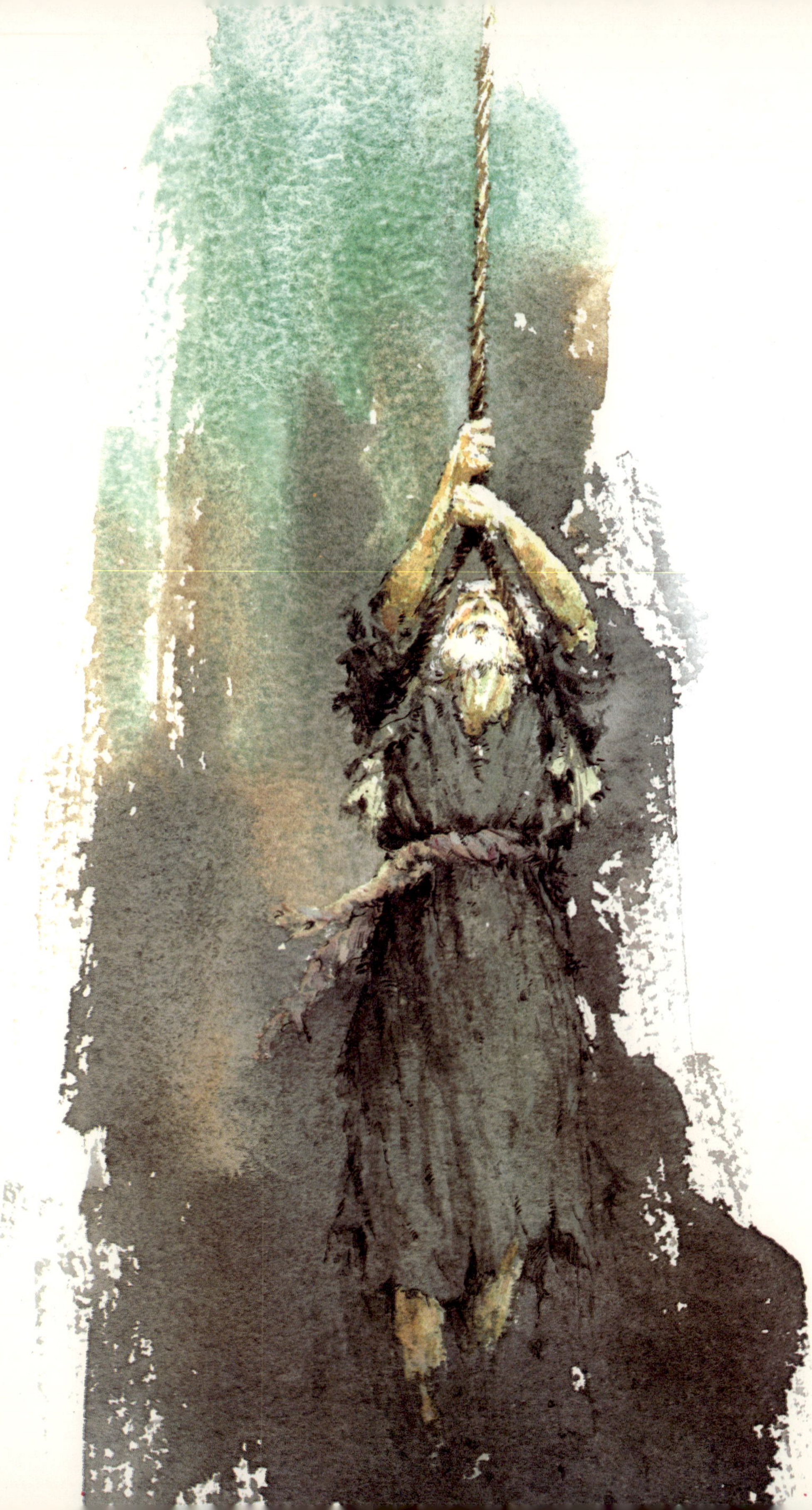

📖 200
Y criw achub
Jeremeia 38

Dro ar ôl tro dywedodd Jeremeia wrth y brenin Sedeceia beth oedd neges Duw.

'Paid â chynllwynio gyda'r Aifft yn erbyn Babilon,' plediai. 'Cadw dy addewid i Nebuchadnesar.'

Ond roedd Sedeceia'n gwrthod gwrando. O'r diwedd, clywodd Nebuchadnesar am ei gynllwynion ac anfonodd ei fyddin unwaith eto i Jerwsalem.

Yna, er mawr ryddhad i bawb, gadawodd y Babiloniaid Jerwsalem i ymladd â byddin o'r Aifft.

Ond rhybuddiodd Jeremeia y brenin Sedeceia.

'Paid â chredu fod dy ofidiau drosodd,' meddai. 'Bydd byddin Babilon yn ei hôl yn fuan. Ond gall Duw dy helpu o hyd, os gwnei di ufuddhau iddo ac ymostwng i Nebuchadnesar.'

Nid oedd neb yn hoffi'r cyngor hwn ac aeth Jeremeia'n amhoblogaidd iawn. Un diwrnod, wrth fynd allan o'r ddinas, cafodd ei gymryd i'r ddalfa.

'Dianc at y Babiloniaid oeddet ti, ynte?' meddent wrtho.

'Na!' protestiodd Jeremeia, 'doeddwn i ddim yn ceisio ffoi.'

Ond ni chredai neb mohono. Cafodd ei guro a'i garcharu. Ond roedd pobl yn dal i ddod i wrando ar ei negeseuon oddi wrth Dduw. Felly gofynnodd ei elynion i'r brenin am ganiatâd i roi taw arno.

Gollyngwyd ef ar raffau trwy agoriad cul i bydew dwfn. Nid oedd dŵr ynddo bellach, ond wrth i draed Jeremeia gyffwrdd â'r gwaelod, dyma nhw'n suddo i fwd trwchus. Roedd ochrau'r pydew yn llithrig ac roedd yn dywyll a llaith yno. Glynodd ei draed yn dynn yn y mwd oer, drewllyd.

Clywodd Ebedmelech, swyddog du ei groen yn y palas, am dynged ei ffrind Jeremeia, a brysiodd at y brenin.

'F'arglwydd frenin,' meddai'n daer, 'mae dy weision wedi gwneud rhywbeth drwg ofnadwy. Maen nhw wedi gadael Jeremeia yn y pydew. Bydd yn marw o newyn yno.'

'Cymer ddynion gyda thi a thyn ef allan,' gorchmynnodd y brenin.

Yn gyntaf aeth Ebedmelech i ystordy'r palas i gasglu rhyw hen ddillad. Yna aeth ef a'r dynion at y pydew.

'Jeremeia!' galwodd Ebedmelech, wrth iddynt edrych i mewn i'r pydew tywyll. 'Rydyn ni'n gollwng rhaff a bwndel o ddillad i lawr atat. Rho'r dillad o dan dy geseiliau ac yna rho'r rhaff amdanat. Byddi di allan mewn fawr o dro.'

Pan oedd Jeremeia'n barod, tynnodd y dynion a oedd wrth geg y pydew â'u holl nerth. O'r diwedd daeth traed Jeremeia yn rhydd o'r mwd a dechreuodd godi. Cyn hir gallai weld golau'r haul ac anadlu awyr iach unwaith eto. O, fel y diolchai i Dduw am Ebedmelech!

📖 201
Y dyddiau olaf yn Jerwsalem
2 Brenhinoedd 25; Jeremeia 38-39

O'r diwedd daeth pob peth a ddywedodd Jeremeia wrth y brenin Sedeceia i ben. Dychwelodd byddin Babilon cyn hir a gwersyllu unwaith eto y tu allan i Jerwsalem. Anfonodd y brenin am Jeremeia.

'Rho neges Duw i mi – ac rwyf am gael y gwir,' meddai.

'Os dywedaf y gwir wrthyt, fe fyddi di'n fy lladd; ac os rhof gyngor i ti, wnei di mo'i dderbyn,' atebodd Jeremeia.

Bob tro yr oedd Sedeceia wedi gofyn am neges Duw, roedd wedi'i hanwybyddu'n llwyr.

'Rwy'n addo y byddi di'n ddiogel,' meddai'r brenin.

'Yna dyma air Duw,' meddai Jeremeia wrtho. 'Ymostwng i frenin Babilon yn awr.'

'Rwy'n ofni beth fydd e'n wneud i mi,' meddai'r brenin.

'Mae Duw yn addo na ddaw niwed i ti, os gwnei di ildio,' meddai Jeremeia. 'Ond dangosodd Duw imi y pethau ofnadwy fydd yn digwydd, os byddi di'n gwrthsefyll neu yn ceisio dianc.'

Unwaith eto bu Sedeceia yn anufudd i Dduw. Parhaodd i herio Nebuchadnesar.

Gosododd y Babiloniaid warchae ar Jerwsalem am ddwy flynedd, a gadael i'r trigolion lwgu. O'r diwedd, torrodd eu byddin i mewn i'r ddinas.

Ffodd Sedeceia a'i filwyr mewn ofn, gan ddianc drwy ardd y brenin ac allan o'r ddinas ar hyd llwybr dirgel.

Ond mewn fawr o dro, daliwyd ef gan y Babiloniaid. Ni chafodd ddim trugaredd ganddynt. Cafodd ei ddallu, ei roi mewn cadwynau a'i gludo i Fabilon, lle y bu farw.

Yna chwalodd y Babiloniaid furiau'r ddinas a llosgi'r deml, y palas a holl dai'r cyfoethogion. Aethant â'r dinasyddion i Fabilon, gan adael y tlodion yn unig ar ôl.

Arhosodd Jeremeia yno gyda nhw.

Roedd brenhinoedd a phobl Jwda wedi gwrthod gwrando geiriau Duw drwy ei broffwydi. Nawr byddai'n rhaid iddynt fyw yn alltudion, ymhell o'u mamwlad.

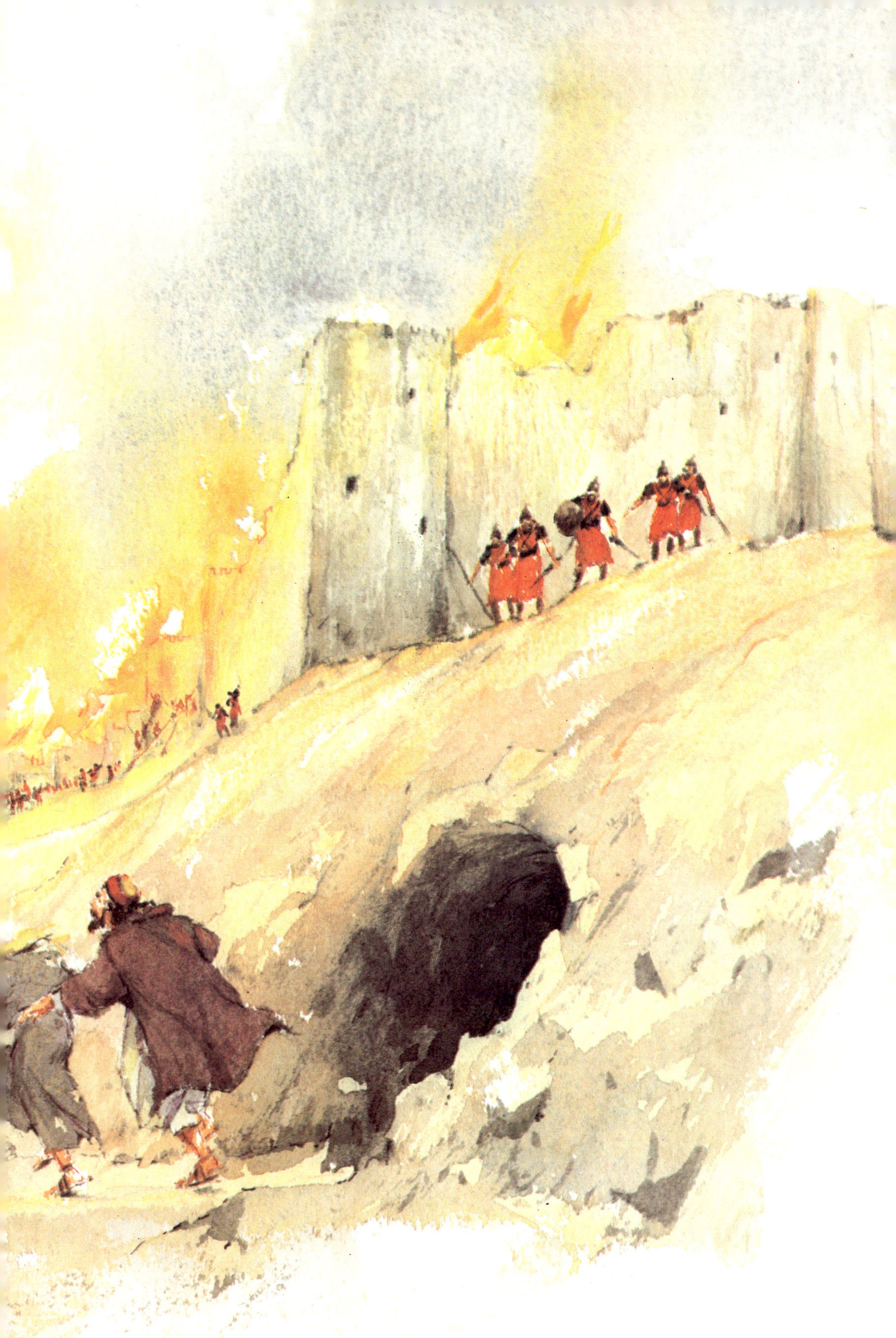

Daniel a'i ffrindiau

📖 202
Hyfforddiant arbennig yn y palas
Daniel 1

Y tro cyntaf i Nebuchadnesar ymosod ar Jerwsalem, gorchmynnodd i'w brif swyddog, Aspenas, ddethol rhai Israeliaid ifainc i'w dwyn i Fabilon i gael eu hyfforddi i fod yn gynghorwyr yn y llys brenhinol.

Chwiliodd Aspenas am fechgyn yn eu harddegau – rhai iach a golygus a galluog. Gorchmynnodd iddynt baratoi i fynd ar daith bell i lys y brenin Nebuchadnesar. Un o'r dynion ifainc a ddewiswyd oedd Daniel. Roedd yn falch fod tri o'i ffrindiau gorau wedi'u dewis hefyd.

Wedi cyrraedd Babilon, esboniodd Aspenas iddynt beth fyddai'n digwydd. Nid oedd y Babiloniaid yn greulon fel yr Asyriaid, ac fe gâi caethion eu trin yn dda. Yn gyntaf oll, byddai Aspenas ei hun yn eu dysgu i ddarllen ac ysgrifennu iaith Babilon. Yna byddent yn cychwyn ar gwrs prifysgol o dair blynedd, yn astudio athroniaeth, llenyddiaeth, astroleg a chrefydd Babilon. Unwaith y byddent yn gymwys, deuent yn gynghorwyr llys.

'Byddwch yn byw yn fras,' meddai Aspenas wrthynt. 'Cewch yr un bwyd a gwin â'r brenin ei hun.'

Er bod Daniel a'i ffrindiau ymhell oddi wrth deml Dduw yn Jerwsalem, roeddynt yn benderfynol o aros yn ffyddlon i Dduw. Nid oeddynt am fyw bywyd moethus a derbyn triniaeth arbennig gan y brenin. Felly dyma nhw'n penderfynu gofyn am fwyd symlach.

'Os gweli di'n dda, rho fwyd llysiau plaen i ni,' meddai Daniel wrth Aspenas. 'Dydyn ni ddim am gael bwyd moethus y brenin.'

'Feiddia i ddim,' atebodd Aspenas. 'Pe baech chi'n mynd i edrych yn llwyd a newynog, fi fyddai'n cael y bai ac o bosibl yn cael fy lladd.'

Wedi i Aspenas fynd, gofynnodd Daniel unwaith eto i'r swyddog a ofalai amdanynt.

'Rho gynnig arni,' ymbiliodd. 'Rho lysiau plaen a dŵr i ni am ddeg diwrnod yn unig. Yna fe gei di gymharu'n golwg ni â golwg y myfyrwyr eraill.'

Cytunodd y goruchwyliwr. Câi *ef* fwynhau'r bwyd arbennig a fyddai'n cael ei baratoi ar gyfer Daniel a'i ffrindiau!

Ymhen deng niwrnod, archwiliodd y pedwar yn ofalus a bu'n rhaid iddo gyfaddef eu bod yn edrych yn iachach ac yn fwy egnïol na'r un o'r lleill.

Felly, am y tair blynedd y buont yn fyfyrwyr, cadwodd y pedwar Iddew at eu bwyd plaen, gan barhau'n ffyddlon i Dduw a'u cenedl yn y wlad bell.

📖 203
Breuddwyd y brenin
Daniel 2

Yr holl amser y bu Daniel a'i ffrindiau yn llys Babilon, hwy oedd y myfyrwyr gorau. Gweithient yn galed. Ar ben hynny, rhoddodd Duw ddawn arbennig i Daniel i ddehongli breuddwydion.

Credai'r Babiloniaid fod breuddwydion yn rhag-ddweud y dyfodol. Byddai dynion doeth yn astudio llyfrau trwchus a ysgrifennwyd yn arbennig er mwyn esbonio breuddwydion.

Wedi i'r myfyrwyr orffen eu cwrs, cawsant eu cyflwyno i'r brenin. Bu ef yn siarad â nhw ac yn eu holi.

Cafodd ei fodloni'n fwy yn Daniel a'i ffrindiau, Shadrach, Mesach ac Abednego, nag yn y gweddill i gyd. Fe'u dewisodd i aros yn y llys. Pan fyddai problem ganddo, y pedwar yna fyddai bob amser yn rhoi'r cyngor gorau iddo.

Un diwrnod, pan oedd Daniel a'i ffrindiau yn absennol o'r llys, galwodd y brenin ei gynghorwyr ato ar frys.

'Rwy'n poeni'n fawr,' meddai. 'Rwyf wedi cael breuddwyd ac rwyf am wybod ei hystyr.'

'Adrodd dy freuddwyd, O frenin, ac fe wnawn ni ei hegluro,' atebodd y gwŷr doeth.

'Na wnaf,' meddai'r brenin yn styfnig. 'Rhaid i chi ddweud wrthyf i beth oedd fy mreuddwyd, ac yna ei hegluro.'

Brawychwyd y doethion gan ei gais afresymol.

'Adrodd y freuddwyd, O frenin,' meddent yn amyneddgar, 'ac fe wnawn ni ei hegluro.'

Aeth y brenin yn wyllt gacwn.

'Ceisio ennill amser yw'ch bwriad,' rhuodd. 'Dywedwch wrthyf neu fe gewch chi i gyd eich rhwygo'n ddarnau mân.'

'Ond ni all undyn byw wneud yn ôl dy ddymuniad, O frenin,' meddai'r cynghorwyr.

'Dienyddiwch bob un ohonyn nhw!' gwaeddodd Nebuchadnesar, ac aeth y gwŷr doeth allan ar frys.

Cysylltwyd â Daniel a'i ffrindiau yn ddi-oed. Roeddynt hwy hefyd yn gynghorwyr i'r brenin, ac felly i'w lladd gyda'r lleill.

233

📖 **204**
Y Duw sy'n gallu dehongli
Daniel 2

Cyn gynted ag y clywodd Daniel ei fod ef a'i ffrindiau a chynghorwyr eraill y llys i'w lladd, aeth at Arioch, y swyddog dienyddio, a gofyn iddo, 'Pam y mae'r brenin wedi rhoi'r gorchymyn hwn?'

Pan esboniodd Arioch, aeth Daniel yn syth i ofyn am ohirio'r dienyddio hyd drannoeth, er mwyn iddo gael amser i roi ateb i'r brenin. Yna aeth i chwilio am Shadrach, Mesach ac Abednego.

'Gweddïwch,' meddai'n daer. 'Gofynnwch i Dduw ddweud wrthyf beth oedd y freuddwyd a beth yw ei hystyr, er mwyn arbed ein bywydau.'

Yna aeth Daniel adref ac i'w wely. Credodd y byddai Duw yn gwrando ar eu gweddïau.

Yn ystod y nos eglurodd Duw y cyfan i Daniel. Teimlai mor llawen fel y torrodd allan i ganu:

'Molaf di, O Dduw fy nhadau. Rhoddaist ddoethineb a nerth i mi; atebaist fy ngweddi a dangosaist i ni pa beth i'w ddweud wrth y brenin.'

Drannoeth dychwelodd Daniel at Arioch.

'Paid â dienyddio cynghorwyr y brenin,' meddai. 'Dos â fi at y brenin ac fe ddywedaf i wrtho beth oedd ei freuddwyd.'

Aeth Arioch ag ef yn syth at y brenin.

'Rwyf wedi dod o hyd i un o'r caethion Iddewig sy'n gallu adrodd dy freuddwyd, O frenin,' meddai.

'Fedri di adrodd fy mreuddwyd a'i hegluro?' gofynnodd Nebuchadnesar i Daniel.

'Ni all undyn byw wneud hynny, O frenin,' atebodd Daniel yn ddewr. 'Does yr un gŵr doeth nac unrhyw sêr-ddewin yn ddigon clyfar i wneud hynny. Ond y mae yna Dduw yn y nefoedd sy'n gwybod y cyfan oll. Gall ef wneud y dirgelwch yn eglur.'

205
Ystyr y freuddwyd
Daniel 2

Ar unwaith dechreuodd Daniel ddweud wrth Nebuchadnesar beth oedd ei freuddwyd.

'O frenin, roedd dy freuddwyd ynglŷn â'r dyfodol. Eglurodd Duw ei hystyr i mi, nid am fy mod yn ddoethach na neb arall, ond er mwyn iddo allu dweud wrthyt beth fydd yn digwydd.

'Yn dy freuddwyd gwelaist ddelw anferth o ddyn, delw ddisglair a gloyw. Roedd gan y ddelw ben o aur. Arian ydoedd o'i gwddf i'w chanol, ac yr oedd y rhan islaw'r canol o efydd. Haearn oedd y coesau ac roedd y traed yn gymysgedd o haearn a chlai.

'Wrth i ti wylio'r ddelw, daeth carreg fawr yn rhydd o'r graig, heb i unrhyw un ei chyffwrdd. Trawodd draed y ddelw a'u malurio. Yna dechreuodd y ddelw gyfan chwalu'n llwch. Chwythwyd y llwch gan y gwynt nes bod dim o'r ddelw fawr ar ôl. Ond dyma'r garreg yn dechrau tyfu'n fwy ac yn fwy, nes ei bod yn ddigon mawr i lenwi'r ddaear gyfan.'

Nodiodd Nebuchadnesar ei ben, yn gyffro i gyd. Roedd Daniel yn hollol gywir. Dyna oedd ei freuddwyd. Ond a fedrai ei hegluro?

'Fe ddywedaf wrthyt ystyr dy freuddwyd,' ychwanegodd Daniel, fel petai'n ateb y cwestiwn a oedd ym meddwl y brenin.

'Mae'r ddelw'n cynrychioli ymerodraethau'r byd. Ti, O frenin, yw'r pen o aur, a'th ymerodraeth di yw'r fwyaf a'r odidocaf ohonynt i gyd. Ar ei hôl, bydd ymerodraethau llai godidog yn codi, fel rhannau eraill y ddelw. Ond er iddynt ymddangos yn gryf a chadarn, ni fydd yr un yn parhau am byth.

'Y garreg ddi-nod a dyfodd, gan chwalu'r ymerodraethau'n deilchion, yw'r ymerodraeth y bydd Duw ei hun yn ei sefydlu. Ryw ddydd, bydd Duw yn gorseddu ei frenin ei hun ar y ddaear. Ni ddaw ei deyrnas ef fyth i ben. Bydd yn tyfu'n fwy o hyd, nes llenwi'r ddaear gyfan.'

Roedd Nebuchadnesar yn dawel iawn wrth i Daniel orffen llefaru. Yna dywedodd, 'Mae dy Dduw di yn fawr iawn a rhyfeddol. Rwy'n gwybod hyn am mai ti yn unig sydd wedi gallu adrodd fy mreuddwyd i mi a'i hegluro wrthyf.'

Yna gwnaeth Daniel yn ben ar ei holl gynghorwyr. Rhoddodd swyddi pwysig i'r tri ffrind mewn gwahanol rannau o'r ymerodraeth. Ond arhosodd Daniel yn y llys.

206
Y ddelw anferth
Daniel 3

Nid anghofiodd Nebuchadnesar am y ddelw yn ei freuddwyd. Po fwyaf y meddyliai am y peth, mwyaf yr apeliai'r syniad o wneud delw ohono'i hunan a'i gosod mewn man lle gallai pawb ei gweld. Byddai ei ddelw ef yn anferth ac yn aur i gyd – ar y tu allan, o leiaf.

Rhoddodd gyfarwyddiadau i'r crefftwyr, a chyn hir gwelwyd gweithwyr yn gosod y ddelw mewn man agored braf y tu allan i Fabilon. Roedd yn bymtheg gwaith talach na dyn a disgleiriai yn yr haul llachar.

Gwahoddodd Nebuchadnesar bawb o unrhyw bwys i'r seremoni gysegru. Daeth tyrfaoedd o'r bobl gyffredin yno hefyd. Roedd yn rhaid i bawb yn ei ymerodraeth uno i addoli'r ddelw hon.

Tyrrai'r bobl at y ddelw, gyda phrif weinidogion a swyddogion y brenin yn y blaen. Roedd y seindorf frenhinol yno'n barod i daro'r ffanffer. Yna camodd cyhoeddwr ymlaen.

'Bobl yr ymerodraeth,' meddai, 'mewn munud bydd yr offerynnau'n canu. Cyn gynted ag y clywch sain y gerddoriaeth, rhaid i chi syrthio ar eich wynebau i'r llawr ac addoli'r ddelw a osodwyd gan y brenin. Bydd unrhyw un sy'n anufudd i'r gorchymyn hwn yn cael ei daflu i ffwrnais danllyd.'

Bu distawrwydd anesmwyth ymysg y dyrfa. Ni symudodd neb. Yna atseiniodd ffanffer yr utgyrn drwy'r lle. Ar unwaith syrthiodd yr holl bobl, o'r pwysicaf hyd y mwyaf distadl, ar eu hwynebau o flaen y ddelw aur.

Pawb – ond tri.

Safodd tri chyfaill Daniel yn syth a dewr. Nid oeddynt am blygu i unrhyw ddelw. Fe arhosent yn ffyddlon i Dduw a'r gorchymyn i'w addoli ef yn unig.

207
Pedwar dyn yn y tân
Daniel 3

Roedd llawer o swyddogion llys Nebuchadnesar yn eiddigeddu wrth Daniel a'i ffrindiau. Roeddynt wrth eu bodd yn awr yn cael rheswm dros gael gwared arnynt. Dyma nhw'n prysuro at y brenin i ddweud wrtho am y tri a oedd wedi meiddio anufuddhau i'w orchymyn.

Roedd y brenin yn wyllt.

Galwodd ar unwaith am Shadrach, Mesach ac Abednego.

'Ydy hi'n wir eich bod chi wedi gwrthod plygu o flaen fy nelw i?' gofynnodd. 'Fe gewch chi un cyfle arall i ddangos eich teyrngarwch i mi. Plygwch i lawr a chewch chi mo'ch taflu i'r ffwrn dân.'

'Dydyn ni ddim am gael cyfle arall, O frenin,' atebodd y tri. 'Wnawn ni ddim plygu i unrhyw un ond ein Duw ni. Gall ef ein hachub rhag y tân, hyd yn oed. Ond, ein hachub neu beidio, fe arhoswn ni'n ffyddlon iddo.'

Roedd wyneb y brenin yn goch gan gynddaredd.

'Poethwch y ffwrnais cyn boethed ag y gellwch!' gorchmynnodd, a dyna a wnaed.

'Rhwymwch nhw a'u taflu i mewn,' meddai'r brenin. Erbyn hyn roedd y ffwrnais mor boeth nes i'r rhai a'u taflai i'r tân gael eu llosgi'n farw wrth wneud hynny.

Gwyliai'r brenin y cyfan yn ddrwg ei hwyl. Roedd hyn yn gosb deg i rai nad oedd yn barod i blygu a'i addoli.

Yn sydyn newidiodd ei wedd. Gyda golwg frawychus ar ei wyneb, pwyntiodd at y ffwrnais, fel petai'n methu credu ei lygaid.

'Sawl dyn wnaethoch chi eu taflu i'r tân?' gofynnodd.

'Tri, O frenin,' atebodd y gweision.

'Ond mae pedwar dyn acw. Maen nhw'n rhydd o'u rhwymau ac yn cerdded yn y tân. Ac mae'r pedwerydd dyn yn wahanol – mae'n edrych yn debyg i angel oddi wrth Dduw.'

Yna aeth Nebuchadnesar yn nes a galw, 'Shadrach, Mesach ac Abednego – gweision y Duw mawr – dewch allan!'

Camodd y tri allan o'r ffwrnais. Nid oedd eu croen wedi'i losgi na'u dillad wedi rhuddo. Nid oedd hyd yn oed arogl mwg arnynt. Yr unig bethau a losgwyd oedd y rhaffau a oedd yn eu clymu.

Edrychodd Nebuchadnesar eto i'r ffwrnais, ond roedd y pedwerydd person wedi mynd.

'Mae eich Duw chi yn fawr ac yn haeddu ei ganmol,' meddai mewn rhyfeddod. Yna trodd at ei swyddogion.

'Anfonodd eu Duw ei angel i ofalu am y tri a beryglodd eu bywydau trwy aros yn ffyddlon iddo. Does neb i ddweud gair yn ei erbyn byth mwy, oherwydd ni allai unrhyw dduw arall achub ei ddilynwyr fel hyn.'

208
Gwallgofrwydd Nebuchadnesar
Daniel 4

Teimlai Nebuchadnesar yn falch ohono'i hun. Roedd popeth yn llwyddo mewn rhyfel a heddwch. Roedd yn braf ei fyd.

Yna cafodd freuddwyd arall a diflannodd ei dawelwch meddwl. Anfonodd am ei wŷr doeth ac ymbil arnynt i'w hegluro iddo, ond ni fedrent.

Pan gyrhaeddodd Daniel, dywedodd y brenin, 'Rwy'n gwybod fod Duw yn esbonio pethau i ti. Fe ddywedaf fy mreuddwyd wrthyt. Gwelais goeden fawr a dyfai'n fwy ac yn fwy nes cyrraedd yr awyr. Gallai pawb drwy'r byd ei gweld a mwynhau ei ffrwyth da. Cysgodai anifeiliaid gwyllt odani a nythai adar yn ei changhennau.

'Yna, yn sydyn, daeth angel o'r nefoedd gan orchymyn "Torrwch y goeden yna i lawr." Torrwyd y goeden a dim ond boncyff oedd ar ôl. Yna newidiodd y boncyff yn ddyn. "Bydd y dyn yma'n byw fel anifail," meddai'r angel. "Bydd ei feddwl hefyd yn debyg i feddwl anifail. Rhaid i bobl ymhobman ddysgu mai Duw sy'n rheoli yn y byd."

'Beth yw ystyr fy mreuddwyd?' gofynnodd y brenin.

Roedd Daniel yn rhy ddigalon i ateb.

'Paid â gofidio,' meddai'r brenin yn garedig.

'Byddai'n dda gen i pe na bai'r freuddwyd hon ar dy gyfer di, O frenin!' meddai Daniel yn drist. 'Ti yw'r goeden, mor gryf a thal, yn rhoi bwyd a diogelwch i bawb. Ond os na fyddi'n cydnabod mawredd Duw, bydd dy nerth yn diflannu. Cei di dy dorri i lawr fel y goeden. Fe ei di'n wallgof, a mynd i fyw fel anifail gwyllt. Ond os troi di yn ôl at Dduw, bydd ef yn rhoi i ti fawredd unwaith eto.

'Rhybudd i ti yw'r freuddwyd, O frenin. Bydd yn garedig wrth y tlawd. Bydd yn gyfiawn ac yn ostyngedig, ac ni ddaw'r trychineb hwn arnat.'

Ond buan yr anghofiodd Nebuchadnesar rybudd Daniel.

Un diwrnod cerddai ar do ei balas, gan edrych i lawr ar Fabilon â'i gerddi hardd a'i themlau tal.

'Dyna ddinas ryfeddol!' meddai gyda balchder. 'Fi sydd wedi'i hadeiladu. Fy ngwaith i yw'r cwbl. Mae'n dangos pa mor fawr ydw i!'

Ar unwaith aeth yn gwbl wallgof. Nid oedd yn ei adnabod ei hun. Crwydrai yn y caeau. Aeth yn ddyn garw a gwyllt, a byw fel anifail.

Bu'n wallgof am amser hir. Yna un diwrnod daeth i'w iawn bwyll a sylweddoli pwy ydoedd. Pan welodd sut y bu'n byw, gwyddai nad oedd yn hollalluog. Dim ond Duw oedd yn haeddu'r enw hwnnw. Yn ostyngedig dychwelodd i'w balas ac i'w orsedd.

📖 209
Dirgelwch y llaw
Daniel 5

Bu tipyn o fynd a dod yn hanes brenhinoedd Babilon, ond arhosodd Daniel yn y llys, er nad oedd y brenin ifanc newydd, Belsassar, yn ei adnabod.

Un noson trefnodd Belsassar wledd i'w holl bendefigion a'u gwragedd. Cawsant ddigonedd o fwyd a diod, ac roedd sŵn y parti i'w glywed o bell.

Yna dywedodd Belsassar, 'Anfonwch am y llestri aur a gipiwyd o'r deml yn Jerwsalem. Yfwn i'n duwiau a'n duwiesau ni allan ohonynt.'

Daeth braw hyd yn oed ar y gweision fod y brenin yn mynd i ddefnyddio'r llestri cysegredig mewn ffordd mor ddifeddwl. Ond roedd Belsassar yn rhy feddw i wrando. Felly daeth y gweision â llestri'r deml a'u llenwi i'r ymylon. Bu'r gwesteion yn chwerthin ac yn yfed yn frwd.

Yn sydyn gwelwodd y brenin. Gyda'i fys crynedig, pwyntiodd at y wal o'i flaen, a oedd yn wyn yng ngolau'r lamp.

'Edrychwch!' gwaeddodd mewn braw. Peidiodd y sŵn a'r chwerthin wrth glywed y dychryn yn llais y brenin. Roedd yn crynu gan ofn.

'Rwy'n gweld llaw dyn yn ysgrifennu ar y wal,' meddai'n araf. 'Mae'n siŵr fod ystyr ofnadwy i'r geiriau. Galwch am fy ngwŷr doeth i roi'r ystyr i mi.'

Daethant ato ar frys.

'Caiff unrhyw un sy'n gallu darllen ac egluro'r ysgrifen ar y wal ei wobrwyo'n hael,' addawodd y brenin. 'Caiff wisgoedd porffor, cadwyn aur, swydd gyfrifol – unrhyw beth – dim ond iddo egluro ystyr hyn i mi!'

Ysgwyd eu pennau'n araf a wnaeth y doethion. Nid oedd gan yr un ohonynt y syniad lleiaf.

Aeth y newydd am ofid y brenin ar led drwy'r palas. Cyn hir gwelwyd ei fam wrth y drws.

'Rwy'n gwybod am un a all dy helpu,' meddai wrth Belsassar. 'Alltud o Jwda o'r enw Daniel. Ef oedd prif gynghorydd Nebuchadnesar. Mae ysbryd Duw ynddo. Fe gei di'r ateb ganddo ef.'

210
Pwyswyd yn y glorian
Daniel 5

Anfonwyd am Daniel ar unwaith. Roedd y brenin wedi cynhyrfu'n lân, a phan ddaeth Daniel ato, cynigiodd gyfoeth a safle da iddo, dim ond iddo egluro'r ysgrifen frawychus ar y pared. Atebodd Daniel mewn llais tawel a chlir.

'Does arna i ddim angen dy roddion, O frenin. Rho nhw i rywun arall. Ond fe wna i ddarllen yr ysgrifen i ti a'i hegluro.

'Mae Duw wedi anfon neges i ti heno. Dwyt ti ddim wedi gwrando arno hyd yn hyn, er y gallet ti fod wedi dysgu am ei fawredd gan y brenin Nebuchadnesar. Yn lle hynny, fe gymeraist lestri cysegredig y deml i'w defnyddio yn dy barti meddw.

'Mae tri gair wedi'u hysgrifennu ar y wal, sef Rhifwyd – Pwyswyd – Rhannwyd. Dyma'u hystyr.

'Mae *Rhifwyd* yn golygu fod Duw wedi rhifo dyddiau dy deyrnasiad. Mae dy ymerodraeth yn dod i ben.

'Mae *Pwyswyd* yn golygu iti gael dy bwyso yng nghlorian gyfiawn Duw a'th gael yn brin o gyrraedd ei safonau.

'Mae *Rhannwyd* yn golygu fod dy ymerodraeth i gael ei rhannu rhwng y Mediaid a'r Persiaid.'

Cadwodd Belsassar at ei air a mynnu gwobrwyo Daniel. Ond roedd yn drist iawn, achos gwyddai fod Daniel wedi dweud y gwir.

Hyd yn oed yn ystod y wledd, roedd gelynion yn ymosod ar y ddinas. Yr union noson honno, dyma nhw'n rhuthro i mewn i Fabilon a lladd Belsassar a rhoi eu brenin eu hunain, Dareius y Mediad, ar yr orsedd.

211
Y cynllwyn
Daniel 6

Cafodd Babilon ei choncro gan fyddinoedd y Mediaid a'r Persiaid, a sefydlodd y brenin Dareius ei bencadlys yn y ddinas. Teyrnasai dros ymerodraeth anferth a threfnai hi'n dda. Dewisodd gant ac ugain o lywodraethwyr i reoli'r taleithiau a gosododd dri goruchwyliwr dros y llywodraethwyr i wneud yn sicr eu bod yn deyrngar i'r brenin.

Un o'r tri hyn oedd Daniel. Yn fuan, sylweddolodd y brenin fod Daniel yn llawer gwell na'r lleill. Penderfynodd osod yr holl gyfrifoldeb arno ef.

Roedd y llywodraethwyr a'r goruchwylwyr eraill yn benderfynol na fyddai'n gwneud y fath beth. Roeddynt yn eiddigeddus iawn o Daniel, a buont yn chwilio am ffordd i droi'r brenin yn ei erbyn. Ond, er iddynt geisio eu gorau, ni allent ddal Daniel yn gwneud dim o'i le.

'Bydd yn rhaid i ni ddarganfod rhywbeth am ei grefydd Iddewig fydd yn ei gael i drwbwl,' meddent wrth ei gilydd.

Er bod Daniel wedi byw ym Mabilon er pan oedd yn llanc ifanc, roedd wedi parhau'n ffyddlon a theyrngar i Dduw. Deirgwaith y dydd byddai'n sefyll wrth ei ffenestr ac yn edrych i gyfeiriad Jerwsalem, lle gynt y safai'r deml. Yna penliniai, gan weddïo ar y Duw a oedd gydag ef, er ei fod ymhell o'i gartref.

O'r diwedd meddyliodd y swyddogion eiddigeddus am gynllwyn i gael gwared ar Daniel.

'O frenin,' meddent wrth Dareius, 'rydyn ni wedi paratoi cyfraith newydd i ti osod dy sêl arni. Mae'n dweud, os oes rhywun am gael unrhyw beth yn ystod y mis nesaf, fod yn rhaid iddyn nhw ofyn i ti amdano. Ni fydd hawl gan neb i gyflwyno ei gais i unrhyw berson na duw arall. A wnei di osod sêl y Mediaid a'r Persiaid ar y gyfraith hon? Mae pawb yn gwybod na ellir byth newid na thorri cyfraith o'r fath. Caiff unrhyw un sy'n torri dy gyfraith ei daflu i ffau'r llewod.'

Ni sylweddolodd Dareius eu bod yn gosod rhwyd ar gyfer Daniel. Fe gytunodd, gan arwyddo'r gyfraith â'i sêl frenhinol ei hun.

📖 212
Parhau i weddïo
Daniel 6

Bu'r goruchwylwyr a'r llywodraethwyr yn cynllunio'n ofalus wrth baratoi'r gyfraith a chael y brenin i osod ei sêl arni. Gwyddent fod Daniel yn gweddïo bob dydd, ac yn gofyn i Dduw am bopeth yr oedd ei angen arno. Byddai'n euog o dorri'r gyfraith honno mewn fawr o dro! Nid oedd modd newid cyfraith y Mediaid a'r Persiaid byth, ac ni fyddai'r brenin yn torri ei air.

Pan glywodd Daniel am y gyfraith newydd, dyfalodd mai cynllwyn yn ei erbyn ydoedd. Ond nid oedd yn mynd i beidio â gweddïo ar Dduw – na chuddio hynny, hyd yn oed. Byddai'n well ganddo farw.

Penliniodd yn ôl ei arfer wrth ei ffenestr agored, gan weddïo'n uchel ar Dduw.

Pan welodd ei elynion, roeddynt wrth eu bodd. Roedd Daniel, a'r brenin hefyd, wedi syrthio i'w rhwyd.

'O frenin,' meddent wrth Dareius, 'wyt ti'n cofio'r gyfraith a arwyddwyd â'th sêl? Mae Daniel yn ei thorri deirgwaith y dydd.' Ni allent guddio'r wên ar eu hwynebau. 'Mae e'n gofyn i'w Dduw am bopeth sydd arno ei angen, ac yn herio dy gyfraith.'

Yn rhy hwyr, sylweddolodd Dareius iddo gael ei dwyllo i gondemnio ei weinidog gorau i farwolaeth. Drwy gydol y diwrnod hwnnw, ceisiodd feddwl am ryw ffordd i'w arbed. Gyda'r nos daeth y swyddogion yn ôl ato.

'Mae'r brenin yn gwybod na ellir torri cyfraith y Mediaid a'r Persiaid,' meddent.

Gwyddai'r brenin ei fod wedi'i rwydo. Yn erbyn ei ewyllys, rhoddodd orchymyn i ddal Daniel a mynd ag ef at ffau y llewod newynog. Aeth y brenin ei hun gyda Daniel.

'Buost yn ffyddlon i'th Dduw, Daniel,' meddai. 'Gobeithio y bydd ef yn dy gadw di'n ddiogel.'

Gollyngwyd Daniel i lawr drwy'r agoriad cul i'r ffau, lle troediai'r llewod yn ôl ac ymlaen, yn ôl ac ymlaen, yn ddi-baid. Yna gosodwyd carreg fawr dros geg y ffau.

213
Y bore canlynol
Daniel 6

Dychwelodd y brenin i'w balas yn drist. Nid oedd am i'w weision wneud dim i'w ddiddanu.

'Dim bwyd!' meddai. 'Dim miwsig!'

Yna aeth i'w wely.

Bu'n troi a throsi drwy'r nos. Ni allai gysgu. Gwyddai ei fod wedi condemnio i farwolaeth ddyn cyfiawn a gonest, a oedd wedi'i wasanaethu'n dda.

Cyn gynted ag y torrodd golau cynta'r wawr, neidiodd o'i wely. Ni allai ddisgwyl yn hwy.

Galwodd ei weision ynghyd ac aeth ar frys tua ffau'r llewod. Symudwyd y garreg fawr a gwaeddodd y brenin i lawr i'r tywyllwch drewllyd, 'Daniel, gwas y Duw byw, a oedd dy Dduw di'n gallu dy achub rhag y llewod?'

Gyda rhyddhad mawr, clywodd lais Daniel yn codi o'r ffau.

'O frenin,' meddai, 'anfonodd Duw ei angel i gau safnau'r llewod, fel na allent wneud niwed i mi. Fe wnaeth hynny am fy mod yn ddieuog a heb wneud unrhyw gam â'r brenin.'

Roedd y brenin yn llawen dros ben.

'Brysiwch! Brysiwch!' meddai yn ddiamynedd. 'Gollyngwch y rhaffau a thynnwch Daniel allan.'

Codwyd Daniel o'r ffau a chraffwyd arno'n fanwl. Er mawr ollyngdod i'r brenin, nid oedd craith arno.

Yna, yn ei ddicter yn erbyn y rheini a oedd wedi'i dwyllo a cheisio llofruddio Daniel, gorchmynnodd, 'Taflwch y cynllwynwyr drwg i'r llewod!'

Dyna a wnaed – ac ni chaewyd safnau'r llewod y tro hwnnw.

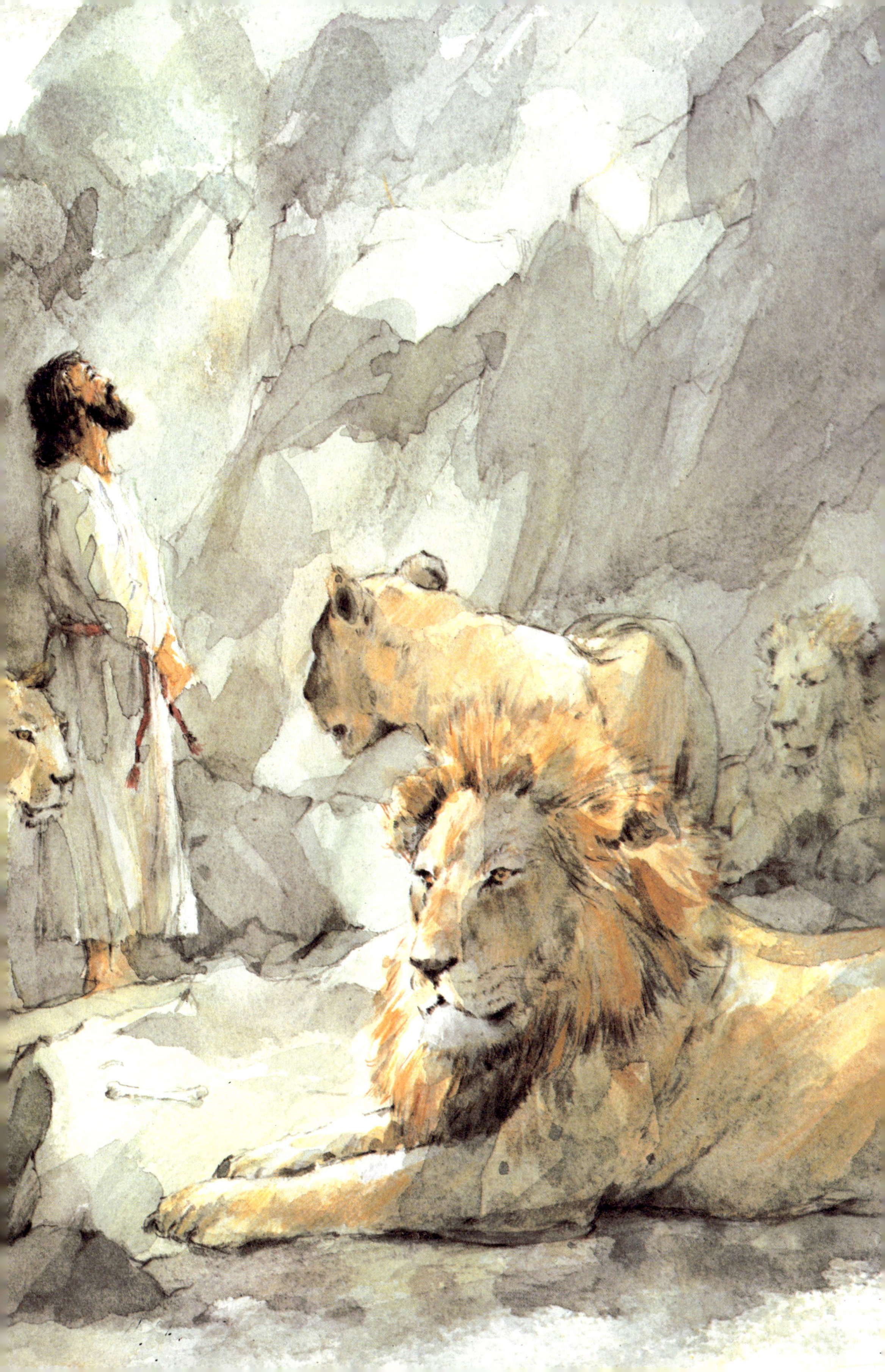

Neges Eseciel

214
Olwynion ac adenydd
Eseciel 1-2

Ymhlith y rhai a gymerwyd yn gaeth o Jerwsalem i Fabilon gan Nebuchadnesar, yr oedd gŵr ifanc o'r enw Eseciel. Roedd wedi dyheu am y dydd y byddai'n ddigon hen i ddechrau ar ei waith fel offeiriad yn y deml. Ni fyddai hynny'n bosibl bellach.

Dechreuodd yr Iddewon alltud deimlo'n gartrefol yn y wlad ddieithr. Bu eu meistri'n ddigon caredig wrthynt. Gadawyd iddynt fyw yn rhydd a chodi tai ar wastadedd tywodlyd y tu allan i ddinas Babilon, ar hyd glannau camlas lydan.

Un diwrnod gwelodd Eseciel gwmwl du yn dod o gyfeiriad y gogledd. Gwyddai fod storm ar ddod. Roedd cochni haul yr anialwch i'w weld ar hyd ochrau'r cwmwl a fflachiai mellt ar ei draws. Yng nghanol y cwmwl roedd rhywbeth disglair a gloyw.

Wrth i Eseciel edrych, torrodd y peth disglair yn rhydd o'r cwmwl a saethu tuag ato. Roedd fel rhyw beiriant anferth, wedi'i wneud allan o bedwar creadur byw. Cysylltwyd hwy â'i gilydd gan flaen eu hadenydd estynedig.

Syllai Eseciel yn galed arno.

Roedd gan bob un o'r pedwar anifail bedwar wyneb yr un – wyneb dyn, wyneb llew, wyneb tarw ac wyneb eryr. Gyrrai'r peiriant byw fel mellten i bob cyfeiriad. Saethai tua'r ddaear, yna codai i'r awyr drachefn, heb droi o'i lwybr.

Gwelodd Eseciel fod gan bob creadur olwynion er mwyn symud ar hyd y llawr, yn ogystal ag adenydd ar gyfer hedfan. Yng nghanol y peiriant gloywai pelen o dân, ac uwchben roedd to crwn a befriai fel petai wedi'i wneud o risialau rhew.

Wrth i'r creaduriaid hedfan, roedd cyffro eu hadenydd yn llenwi'r awyr â sŵn fel tonnau'r môr yn rhuo. Roeddynt yn arswydus a rhyfeddol.

Ond llawer mwy arswydus a rhyfeddol oedd yr orsedd a garient yn uchel uwchben y to grisial. Pelydrai'n las tywyll fel saffir. Ar yr orsedd eisteddai un ar ffurf dyn, yn disgleirio'n llachar olau ac yn dangos seithliw'r enfys.

Gwyddai Eseciel ei fod ym mhresenoldeb Duw. Ymgrymodd yn isel i'r llawr mewn dychryn a pharchedig ofn. Yna llefarodd Duw.

'Eseciel, rwyf wedi dy alw i fod yn broffwyd i mi. Rhaid i ti drosglwyddo fy ngeiriau i'm pobl alltud yma. Dywed fy neges wrthynt, hyd yn oed os na wrandawant arni. Ufuddha a bydd yn negesydd ffyddlon i mi.'

215
Pregethu heb air
Eseciel 3-5

Dywedodd Duw wrth Eseciel nad oedd gofidiau Jwda wedi gorffen eto. Roedd Jerwsalem i ddioddef caledi mawr, ac roedd Eseciel i ddweud am hyn wrth yr alltudion ym Mabilon.

'Paid â siarad â nhw,' meddai Duw, 'yn hytrach *dangos* iddynt beth sy'n mynd i ddigwydd.'

Gwrandawodd Eseciel ar eiriau Duw a bu'n ufudd iddo.

Cymerodd lechen o glai a chrafodd lun o Jerwsalem arni. Eisteddodd y tu allan gyda'r llechen o'i flaen, a dechreuodd ffurfio'r tywod o'i chwmpas yn fodelau bychain o fyddin yn amgylchynu'r ddinas. Gosododd badell goginio rhyngddo a'r llechen, i gynrychioli wal.

Yn fuan casglodd tyrfa ynghyd, gan syllu a phwyntio at y pethau a oedd ar y llawr. Beth yn y byd mawr oedd ystyr y cwbl? Dyma nhw'n adnabod y llun o Jerwsalem a dechrau dyfalu'r gweddill.

Drannoeth, pan ddychwelodd y dyrfa, gwelsant Eseciel yn paratoi ei fwyd yn ymyl y llechen. Pwysodd ychydig o flawd rhad yn ofalus a gwneud torth fechan ohono. Yna mesurodd ddwy lond dysgl o ddŵr yn ddogn dyddiol iddo'i hun. Gwnaeth hyn bob dydd, nes i'r bobl ddyfalu ei fod yn dangos iddynt beth fyddai pobl newynog Jerwsalem yn ei wneud cyn bo hir.

Un diwrnod pan gyrhaeddodd y dyrfa, roedd Eseciel wrthi'n hogi ei gleddyf ar garreg. Yna, tra gwyliai'r dorf mewn braw, defnyddiodd y cleddyf miniog i dorri i ffwrdd ei wallt trwchus a'i farf hir. Yna casglodd y gwallt yn bentwr a'i bwyso yn ei glorian. Rhannodd ef yn dair rhan.

Taflodd un rhan ohono i'r tân.

Torrodd yr ail ran yn ddarnau mân â'i gleddyf.

Taflodd y rhan olaf i'r gwynt.

Roedd fel petai'r gwallt i gyd wedi mynd, ond plygodd Eseciel i'r llawr a chodi pob blewyn y gallai roi ei law arno, a'i osod yn ofalus yn ei fantell.

Sibrydodd y bobl wrth ei gilydd, gan geisio dyfalu beth oedd gan y proffwyd rhyfedd i'w ddweud y tro hwn.

Dyfalodd rhai fod yr hyn a wnaeth â'i wallt yn ddarlun o'r hyn a oedd ar ddigwydd i bobl Jerwsalem. Caent eu cipio o'r ddinas. Byddai rhai yn marw yn ystod y gwarchae, eraill yn cael eu lladd â'r cleddyf a'r lleill yn cael eu gwasgaru ymhell o'u cartref.

Ond byddai Duw yn gofalu am weddill bach ohonynt, fel y gwallt a osododd Eseciel yn ofalus yn ei fantell. Un diwrnod byddai Duw yn dod â hwy adre'n ddiogel ac yn rhoi dechrau newydd iddynt.

216
Esgyrn sychion
Eseciel 37

Er bod Eseciel wedi rhybuddio'r alltudion am yr amser anodd a oedd ar ddod, roedd hefyd wedi rhoi llygedyn o obaith iddynt. Roedd Duw yn mynd i ddweud mwy wrtho am y dyfodol gobeithiol a oedd i ddod i'r alltudion.

Un diwrnod, cafodd Eseciel weledigaeth arall. Roedd mewn dyffryn, ac wrth edrych o'i gwmpas, gwelodd esgyrn dynol, o bob maint a siâp, wedi'u gwasgaru ar hyd y ddaear ymhob man.

'Eseciel,' gofynnodd Duw, 'a all yr esgyrn sychion hyn ddod yn fyw eto?'

'Dim ond ti sy'n gwybod hynny,' atebodd Eseciel.

'Dywed wrth yr esgyrn sychion hyn i wrando ar fy llais,' meddai Duw. 'Dywed wrthynt fy mod i'n mynd i'w gwneud yn fyw eto.'

Llefarodd Eseciel eiriau Duw yn uchel.

Wrth i'w lais ddistewi, clywodd siffrwd, ac yna sŵn curo cras. Yna gwelodd yr esgyrn yn dechrau dod at ei gilydd i ffurfio sgerbydau noeth. Wedyn daeth cyhyrau a gewynnau arnynt a thyfodd croen newydd dros y cwbl. Peidiodd y sŵn a gwelodd Eseciel gyrff dynol yn gorwedd yn farw o'i gwmpas.

'Dywed wrth y gwyntoedd am anadlu bywyd i mewn i'r cyrff yma,' meddai Duw. Felly galwodd Eseciel ar y gwyntoedd, yn ôl gorchymyn Duw.

Yn araf dechreuodd y cyrff ystwyrian ac anadlu, ac yna ymestyn a symud eu haelodau. O'r diwedd dyma nhw'n codi ar eu traed, yn fintai fawr. Yna diflannodd y weledigaeth.

'Eseciel,' meddai Duw, 'mae fy mhobl fel esgyrn meirwon. Ond dônt yn fyw eto ryw ddydd. Byddaf yn anadlu bywyd newydd i'r genedl. Rwy'n parhau yn Dduw iddynt ac mae'r gallu gennyf i ddod â nhw'n ôl i'w gwlad eu hunain a rhoi dechrau newydd a bywyd newydd iddynt unwaith eto.'

Pobl Dduw yn dychwelyd adref

217
Y daith hir yn ôl
Esra 1-3

Roedd bron i saith deg o flynyddoedd wedi mynd heibio er pan gymerodd y brenin Nebuchadnesar y caethion cyntaf o Jerwsalem i Fabilon. Bellach dim ond ychydig o'r alltudion a allai hyd yn oed gofio am eu mamwlad. Ond roeddynt wedi gwrando ar eu rhieni yn adrodd hanesion am y ddinas hardd ac, yn fwyaf arbennig, am y deml brydferth.

Yna daeth Cyrus yn frenin Persia. Roedd ei ymerodraeth yn ymestyn ymhell, ac yr oedd am i'r bobl dan ei lywodraeth fod yn hapus a diddig. Felly, penderfynodd ganiatáu i'r holl alltudion ddychwelyd i'w gwledydd eu hunain.

Sylweddolodd y caethion o Jwda fod Duw trwy hyn yn cadw'r addewidion a roddodd drwy Jeremeia ac Eseciel, y byddent ryw ddiwrnod yn dychwelyd i Wlad yr Addewid.

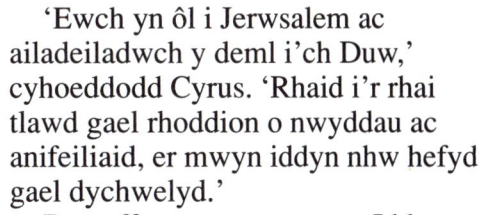

'Ewch yn ôl i Jerwsalem ac ailadeiladwch y deml i'ch Duw,' cyhoeddodd Cyrus. 'Rhaid i'r rhai tlawd gael rhoddion o nwyddau ac anifeiliaid, er mwyn iddyn nhw hefyd gael dychwelyd.'

Bu cyffro mawr ymysg yr Iddewon alltud wrth iddynt baratoi ar gyfer eu taith hir adref. Arweiniwyd hwy gan Sorobabel, ŵyr y brenin Jehoiacin, gyda Jesua yr offeiriad yn ei gynorthwyo.

Cyn iddynt adael, cyflwynodd Cyrus yn ôl iddynt drysorau'r deml, a gipiwyd gan y brenin Nebuchadnesar.

Arhosodd llawer o Iddewon ym Mabilon. Dim ond mintai fechan a gychwynnodd ar y daith, o'i chymharu â'r tyrfaoedd o gaethion trist a adawodd eu mamwlad flynyddoedd ynghynt. Roeddynt fel yr ychydig flew a gasglodd Eseciel pan dorrodd ei wallt i ffwrdd.

Eto roeddynt yn llawn cyffro a llawenydd. Wrth deithio canent fawl i Dduw. Roedd eu holl freuddwydion yn dod yn wir. Ond wedi cyrraedd Jerwsalem trodd eu cyffro yn anobaith. Roedd y cyfan yn adfeilion. Roedd sbwriel a rwbel ymhobman. Nid oedd muriau i'r ddinas nac unrhyw olion o'r deml. Yn waeth na dim, nid oedd y bobl o gwmpas yn gyfeillgar.

Pan drechwyd teyrnas ogleddol Israel gan Asyria, aeth yr Asyriaid â'r Israeliaid i ffwrdd a gosod dieithriaid yn eu lle. Roedd y Samariaid hyn wedi dysgu rhywfaint am Dduw, ond roeddynt yn parhau i addoli eu heilunod. Nid oeddynt am i'r Iddewon ddychwelyd i'w tir ac ailadeiladu Jerwsalem.

Gwyddai Sorobabel a Jesua fod amser anodd o'u blaen.

218
Yr adeiladu'n dechrau
Esra 2-3

Cyn gynted ag y gwelodd yr arweinwyr a oedd wedi dychwelyd o Fabilon fod dinas Jerwsalem yn adfeilion, dyma nhw'n penderfynu codi cronfa. Byddai hon ar gyfer y gwaith pwysicaf oll, sef codi teml Dduw. Rhoddodd pawb gymaint o aur ac arian ag y gallent ei fforddio, er mwyn prynu defnyddiau i ddechrau ar y gwaith.

Ond yn gyntaf rhaid oedd penderfynu ble y byddai pawb yn byw, a chodi tai dros-dro. Nid oedd Sorobabel a Jesua am aros nes gorffen adeiladu'r deml cyn ailddechrau addoli Duw. Felly codwyd allor yn yr union fan lle y safai'r allor gynt.

Yn y cyfamser, cynyddai'r gronfa yn gyson. Er nad oedd ganddynt aur, rhoddai'r bobl gyffredin bopeth a allent. Cynigiwyd ŷd, gwin ac olew yn dâl am bren cedrwydd. Mewnforiwyd hwnnw o Libanus, fel y gwnaed yn amser y brenin Solomon, pan godod ef y deml gyntaf, flynyddoedd lawer ynghynt.

Gosodwyd y Lefiaid i oruchwylio'r cynllun cyfan, ond ymunai pawb, gan gynnwys yr offeiriaid, i wneud y gwaith caled.

Wedi gosod y sylfeini, daeth y bobl ynghyd i oedfa fawr o ddiolchgarwch. Chwythodd yr offeiriaid eu hutgyrn yn egnïol; trawodd y Lefiaid eu symbalau gan dorri allan i ganu:

'Da yw yr Arglwydd. Mae ei gariad at Israel hyd byth.'

Roedd yr holl bobl yn gweiddi mewn llawenydd ac yn moli Duw. Ond cofiodd y rhai hynaf o'r offeiriaid a'r arweinwyr am ogoniant teml Solomon. Wrth feddwl am y tân ofnadwy a'r difrod a wnaed iddi, dyma nhw'n dechrau wylo'n uchel. Roedd rhai yn crio o dristwch, tra oedd eraill yn chwerthin ac yn gweiddi o lawenydd. Ni allai neb ddweud y gwahaniaeth rhwng y naill a'r llall, ond clywid y sŵn o bell.

219
Y deml newydd
Esra 4-6

Credai pawb y byddai'r deml wedi'i gorffen mewn fawr o dro. Ond nid oeddynt wedi ystyried y Samariaid.

Ar y cyntaf cynigiodd y Samariaid eu helpu.

'Fe wnawn ni eich helpu i adeiladu, oherwydd rydyn ni'n addoli'r un Duw â chi,' meddent wrth Sorobabel. Ond gwrthododd Sorobabel, am ei fod yn gwybod nad oedd hynny'n wir.

Bu pobl Jwda yn gaeth ym Mabilon am iddynt anufuddhau i Dduw drwy gymysgu â rhai a oedd yn addoli gau dduwiau. Nid oeddynt am wneud yr un camgymeriad eto.

Digiodd y Samariaid am iddynt gael eu gwrthod ac aethant ati i wneud popeth a allent i rwystro'r gwaith. Gwnaethant eu gorau glas i ddychryn yr Iddewon a pheri gofid iddynt. Rhoesant lwgrwobrwyon i'r swyddogion o Bersia er mwyn eu perswadio i atal yr adeiladu a buont yn ysgrifennu llythyrau at y brenin gyda chwynion annheg yn erbyn yr Iddewon.

Am un mlynedd ar bymtheg peidiodd y gwaith ar y deml yn gyfan gwbl. Ond yna anfonodd Duw ddau broffwyd i annog y bobl i fwrw ymlaen â'r gwaith.

Atgoffodd Sechareia hwy fod Duw yn eu caru ac y byddai'n eu cynorthwyo er gwaethaf eu gelynion. Ond, er mwyn derbyn ei fendith, byddai'n rhaid iddynt fod yn ufudd i Dduw a pheidio â brifo a thwyllo ei gilydd.

Dywedodd Haggai wrthynt am roi Duw o flaen pawb a phopeth. Roedd yn bwysicach codi teml Dduw na gwneud eu tai eu hunain yn gysurus.

Aeth y negeseuon hyn oddi wrth Dduw at galon Sorobabel a Jesua, a chyda help y ddau broffwyd, dechreuodd y gwaith unwaith eto.

Saith deg o flynyddoedd ar ôl i deml wych y brenin Solomon gael ei dinistrio'n llwyr, cafodd y deml newydd ei chwblhau. Er nad oedd mor wych a chostus â'r un gyntaf, eto bu pawb yn dathlu'n llawen ar ddydd ei chysegru i Dduw.

Cydiodd yr offeiriaid a'r Lefiaid yn eu dyletswyddau o'r newydd. Pan ddaeth adeg y Pasg, heidiodd yr holl bobl i'r deml i gadw'r ŵyl. A chafodd y rheini o drigolion eraill y wlad a oedd yn gwir addoli Duw, wahoddiad i ymuno hefyd.

220
Trulliad y brenin
Nehemeia 1-2

Roedd Nehemeia yn un o lawer o Iddewon a oedd yn dal i fyw ym Mabilon. Roedd ganddo swydd bwysig fel trulliad y brenin Artaxerxes. Bob dydd byddai'n blasu gwin y brenin cyn mynd ag ef ato, i wneud yn sicr nad oedd gwenwyn ynddo. Roedd yn rhaid i'r trulliad fod yn ddyn y gallai'r brenin ymddiried yn llwyr ynddo.

Un diwrnod, daeth un o'r Iddewon a oedd wedi dychwelyd i Jerwsalem, yn ôl i Fabilon i ymweld â Nehemeia. Roedd ganddo stori drist i'w hadrodd.

'Mae hi'n wael acw,' meddai. 'Dyw'r muriau byth wedi cael eu codi a does dim pyrth i'r ddinas. Mae pobl y wlad oddi amgylch yn ein poeni'n ofnadwy.'

Ar ôl iddo fynd, teimlai Nehemeia yn isel iawn ei ysbryd. Aeth o'r neilltu i weddïo.

'O Dduw,' gweddïodd, 'rydym wedi anufuddhau i ti, ac nid ydym yn haeddu dy garedigrwydd. Ond cynorthwya ni, os gweli di'n dda, achos rydyn ni am droi yn ôl atat. A wnei di baratoi calon y brenin fel y bydd yn fodlon gwrando arnaf pan ofynnaf am ei gymorth?'

Bu Nehemeia yn disgwyl ac yn gweddïo am bedwar mis. Yna, un diwrnod, daeth ei gyfle.

Roedd yn arllwys gwin i Artaxerxes yn ei balas yn Susan. Edrychodd y brenin arno'n graff.

'Beth sy'n bod?' gofynnodd. 'Rwy'n gwybod nad wyt ti'n sâl, ond rwyt ti'n edrych yn ddiflas.'

Bu bron i galon Nehemeia golli curiad. Nid oedd gan unrhyw was yr hawl i ddangos ei deimladau o flaen y brenin. Ond penderfynodd fentro wynebu ei lid.

Cyn ateb, gweddïodd yn dawel ar Dduw am gymorth. Yna dywedodd, 'Rwy'n drist am fod fy mhobl mewn gofid. A gaf i ganiatâd i ddychwelyd i'm gwlad i helpu ailadeiladu'r ddinas?'

Edrychodd y brenin draw at y frenhines, a eisteddai yn ei ymyl. Roedd honno'n gwenu'n garedig ar Nehemeia.

'Faint o amser fyddet ti?' gofynnodd.

Roedd atebion parod gan Nehemeia. Roedd wedi cynllunio'n ofalus.

Wedi derbyn caniatâd y brenin, gofynnodd am goed o'r goedwig frenhinol ar gyfer yr adeiladu, a thrwydded teithio fel na allai'r un gelyn ei roi yn y ddalfa. Yna, gyda gwarchodlu o filwyr y brenin ei hun o'i amgylch, cychwynnodd Nehemeia am Jerwsalem.

221
Ailgodi'r muriau
Nehemeia 2-4

Wedi i Nehemeia gyrraedd Jerwsalem, y cwbl a wnaeth am rai dyddiau oedd sylwi'n fanwl ar bopeth a oedd yn digwydd. Yna, un noson, pan oedd pawb yn cysgu, cychwynnodd ar gefn ei asyn i wneud arolwg llawn o'r ddinas. Aeth ef a rhai cyfeillion o amgylch y muriau, gan nodi'r mannau gwaethaf. Mewn ambell fan roedd cymaint o rwbel ac ysbwriel fel na allai'r asyn fynd trwodd.

Sylweddolodd Nehemeia faint o waith oedd i'w wneud. Drannoeth dechreuodd annog yr arweinwyr i ddechrau ailadeiladu. Dywedodd wrthynt sut yr oedd Duw wedi ateb ei weddïau. Rhoddodd hyn awydd ynddynt i weithio.

Galwodd ynghyd yr holl wirfoddolwyr a'u rhannu'n grwpiau. Trefnodd i bob carfan fynd yn gyfrifol am drwsio porth neu ddarn o'r mur. Weithiau byddai teulu cyfan yn cydweithio, neu bobl o'r un pentref yn ymffurfio'n garfan gwaith. Cydweithiodd y gofaint aur i godi un rhan o'r mur, a'r offeiriaid i drwsio rhan arall.

Ond cyn gynted ag y dechreuodd y gwaith o ddifrif, daeth eu gelynion, y Samariaid, i wylio ac i wneud sbort am eu pennau.

'Beth mae'r Iddewon truenus yma'n meddwl y gallan nhw ei wneud?' gwawdiai eu harweinydd. 'Gallai hyd yn oed lwynog dyllu drwy'r wal yna!'

Ond parhau i weithio a wnaeth y bobl, yn benderfynol o orffen y gwaith, beth bynnag fyddai'r anawsterau. Ambell waith byddent yn canu wrth weithio:

'Fe weithiwn yn galed i godi'r mur
Er gwaethaf y gwawd, y blinder a'r cur.'

Pan dyfodd y muriau i hanner eu maint llawn, dechreuodd y Samariaid bryderu. Nid oeddynt am i Jerwsalem fod yn ddiogel a chadarn unwaith eto. Felly dyma nhw'n cynllunio i ymosod ar y gweithwyr diniwed.

Clywodd Nehemeia am hyn a rhannodd y bobl yn ddau. Rhoddodd arfau i rai a'u gosod i wylio, tra oedd y lleill yn parhau i adeiladu.

'Peidiwch ag ofni,' meddai Nehemeia wrthynt. 'Bydd Duw yn ymladd drosom.'

Yna rhoddodd arfau i'r gweithwyr. Cludent offer a defnyddiau adeiladu yn y naill law ac arf yn y llall; ac yr oedd gan bob adeiladydd ei gleddyf wedi'i glymu wrth ei glun.

Hefyd, gosododd Nehemeia un i chwythu utgorn i rybuddio'r bobl pe gwelai'r gelyn. Trwy hynny gallai'r adeiladwyr ar hyd y mur glywed y rhybudd, rhoi'r gorau i'w gwaith a pharatoi i'w hamddiffyn eu hunain.

Gweithient yn gyflym a diwyd o fore gwyn tan nos. Nid aeth Nehemeia i'w wely am nosweithiau. Roeddynt oll yn benderfynol o weithio'n ddiarbed nes byddai'r muriau a'r pyrth wedi'u cwblhau a Jerwsalem yn ddiogel rhag pob perygl.

222
Dysgu cyfraith Duw
Nehemeia 8

O'r diwedd roedd y gwaith o adeiladu muriau Jerwsalem wedi'i orffen a phyrth y ddinas yn gadarn yn eu lle. Bellach roedd yn ddiogel i'r bobl ddod ynghyd i sgwâr y ddinas i wrando neges Duw.

Galwodd Nehemeia ar bawb i ddod. Daeth pob plentyn a oedd yn ddigon hen i ddeall, gyda'i rieni.

'Darllen i ni o lyfr y gyfraith,' oedd cais y bobl i Esra, yr athro.

Aeth yntau i nôl y sgrôl a dringodd i ben llwyfan pren a oedd wedi'i osod yno. Roedd tri ar ddeg o'r Lefiaid wrth law i'w helpu gyda'r darllen.

'Molwch yr Arglwydd, y Duw mawr!' galwodd Esra. Safodd pawb ar eu traed, gan godi eu dwylo ac ateb, 'Amen.'

Yna ymgrymodd pawb i addoli Duw, cyn codi i wrando'n astud ar eiriau Esra.

Darllenai ef ran o'r sgrôl i gychwyn, ac yna cerddai rhai o'r Lefiaid ymysg y bobl i'w helpu i ddeall yr hyn yr oeddynt wedi'i glywed.

O doriad gwawr hyd hanner dydd bu Esra a'i gynorthwywyr yn darllen ac esbonio. Po fwyaf y clywai'r bobl, mwyaf yn y byd y sylweddolent eu bod wedi torri cyfraith Duw. Dechreusant fod yn edifar iawn a chlywyd llawer un yn wylo.

Ond eu tawelu a wnaeth Nehemeia ac Esra.

'Dydd o lawenydd yw hi heddiw, am ei fod yn sanctaidd i Dduw,' meddent. 'Ewch adre yn awr i wledda. Rhannwch eich bwyd a'ch diod gyda'r rhai sy'n brin. Bydd llawenydd yr Arglwydd yn eich nerthu!'

Drannoeth daeth yr arweinwyr ynghyd er mwyn i Esra ddysgu cyfraith Duw yn fanylach iddynt. Bu'n eu dysgu am bythefnos.

Yna ymgasglodd pawb eto. Buont yn edifarhau gerbron Duw ac yn diolch iddo am gadw ei gyfamod â nhw. Wedyn addawodd yr holl bobl gadw eu rhan hwy o'r cyfamod a bod yn bobl i Dduw, gan ymddiried ynddo a dilyn ei orchmynion.

Stori Esther

📖 223
Dewis brenhines newydd
Esther 1-2

Teyrnasai'r brenin Ahasferus dros ymerodraeth fawr Persia, yr ymerodraeth a oedd wedi concro Babilon. Roedd ganddo lawer o wragedd, ond dim un i gymryd safle ei frenhines gyntaf, Fasti, a oedd wedi'i gyrru o'r llys mewn cywilydd.

Roedd Fasti wedi meiddio dweud 'Na', pan orchmynnodd y brenin iddi ddod ato, er mwyn iddo ddangos ei phrydferthwch i'r gwesteion a ddaeth i'w wledd frenhinol. Roedd y brenin yn dal i deimlo'n ddiflas iawn am y peth.

'Rho orchymyn i holl ferched teg dy ymerodraeth ddod ynghyd, er mwyn iti ddewis brenhines newydd,' oedd awgrym doeth ei weinidogion.

Iddew a oedd yn parhau i fyw ym Mabilon oedd Mordecai. Fel llawer Iddew arall, nid oedd wedi mynd yn ôl i'w famwlad gyda'r fintai fach gyntaf a ddychwelodd yno.

Roedd Mordecai wedi mabwysiadu ei gyfnither brydferth, Esther, am ei bod hi'n amddifad. Cafodd hi ei hanfon i'r palas, gyda nifer o ferched eraill, i'w pharatoi i fynd o flaen y brenin.

'Paid â dweud wrth neb mai Iddewes wyt ti,' cynghorodd Mordecai.

Roedd y swyddog a ofalai am y merched yn hoffi Esther. Roedd hi'n addfwyn a dymunol. Nid oedd yn falch nac yn tynnu sylw ati ei hun. Bu yntau'n arbennig o garedig tuag ati.

Daeth Mordecai i'r llys er mwyn bod yn agos at ei gyfnither. Roedd Esther yn cael ei chadw'n gaeth y tu mewn i dŷ'r gwragedd, ond byddai Mordecai yn cerdded yn ôl ac ymlaen y tu allan, yn disgwyl ei gyfle i wybod sut oedd Esther.

Ar ddiwedd y cyfnod hir o baratoi, gadawyd i'r merched ddewis gwisgoedd newydd. Yna, fesul un, fe'u cymerwyd at y brenin.

Y funud y gwelodd Ahasferus Esther, fe benderfynodd.

'Y ferch hon fydd fy mrenhines newydd,' cyhoeddodd.

Roedd Esther wedi'i chynhyrfu ac yn ofnus. Rhai hunanol a gwamal oedd brenhinoedd ei dydd. Gwyddai y gallai dramgwyddo'r brenin ar unrhyw adeg, fel y gwnaeth y frenhines o'i blaen.

Erbyn hyn roedd gan Mordecai swydd yn y llys brenhinol, felly roedd yn haws iddo ef ac Esther anfon negeseuon at ei gilydd.

Un â'i glust yn agos at y ddaear oedd Mordecai. Un diwrnod cafodd ar ddeall fod cynllwyn ar droed i ladd y brenin. Anfonodd y wybodaeth yn syth at Esther a dywedodd hithau wrth y brenin. Dedfrydwyd y troseddwyr a'u crogi.

'Ysgrifennwch adroddiad o'r holl helynt yn y cronicl brenhinol,' gorchmynnodd y brenin.

📖 224
Cynllwyn Haman
Esther 3-4

Roedd Haman, prif weinidog y brenin Ahasferus, yn ddyn balch iawn. Nesaf at y brenin, ef oedd y pwysicaf yn y deyrnas ac roedd am i bawb wybod hynny.

Wrth i Haman gerdded heibio,

byddai'r holl bobl a holl weinidogion y brenin yn moesymgrymu i'r llawr. Pawb ond un. Safai Mordecai yn dalsyth, gan ei herio.

'Pam nad wyt ti'n plygu i Haman?' gofynnodd y lleill.

'Iddew ydw i,' atebodd Mordecai. 'Wna i ddim talu gwrogaeth i neb ond i Dduw.'

Roedd Haman o'i gof gyda'r rebel hwn o Iddew. Roedd yn benderfynol o gosbi nid yn unig Mordecai ond pob Iddew.

Gofynnodd i'w sêr-ddewiniaid ddewis diwrnod lwcus ar gyfer ei gynllwyn. Yna aeth at y brenin.

'O frenin,' meddai, 'mae yna genedl o fewn dy ymerodraeth sy'n torri dy gyfraith. Rho orchymyn i'w lladd nhw i gyd ar y dydd a benodaf. Os gwnei hynny, fe gei di swm enfawr o arian gen i.'

Bwriadai Haman ysbeilio'r arian oddi wrth yr Iddewon eu hunain.

Hoffodd y brenin y syniad. Gosododd ei sêl ar orchymyn Haman ac anfonwyd copïau ohono i bob rhan o'i ymerodraeth.

Brawychwyd Mordecai a'i gyd-Iddewon. Aethant ati i ymprydio a gweddïo. Yna anfonodd Mordecai neges at y frenhines. 'Dos ato ac ymbil ar ein rhan,' ysgrifennodd. Ond nid oedd hynny mor hawdd ag y tybiai Mordecai.

'Mae unrhyw un sy'n mynd i mewn at y brenin heb dderbyn galwad oddi wrtho yn debyg o gael ei ladd,' atebodd Esther. 'Feiddia i ddim mynd ato heb wahoddiad. Aeth mis heibio er pan alwodd y brenin amdanaf ac efallai nad ydw i'n ei blesio bellach.'

Gwyddai Mordecai mai Esther oedd unig obaith yr Iddewon.

'Dwyt ti ddim yn sylweddoli y byddi di'n marw beth bynnag?' oedd ei ateb yn ôl iddi. 'Rwyt ti'n Iddewes. Elli di ddim osgoi'r gyflafan. Dos at y brenin. Mae'n bosibl y cei di dy dderbyn ganddo. Efallai mai dyna paham y daethost yn frenhines – er mwyn achub dy bobl.'

225
Cais y frenhines
Esther 4-6

Curai calon Esther yn wyllt. Ond roedd wedi penderfynu. Byddai'n mentro ei bywyd a mynd at y brenin.

Roedd un siawns ganddi. Pe bai'r brenin mewn hwyliau da, efallai yr estynnai ei deyrnwialen aur tuag ati. Byddai hynny'n arwydd fod ei bywyd i gael ei arbed. Anfonodd at Mordecai i ofyn i'r Iddewon ymprydio a gweddïo. Yna gwisgodd ei dillad brenhinol a cherdded dan grynu at ddrws ystafell y brenin.

Eisteddai'r brenin ar ei orsedd.

Pan welodd hi meddyliodd, 'O, mae hi'n brydferth! Sut y bu imi anghofio amdani cyhyd!' Gyda gwên, estynnodd ei deyrnwialen tuag ati. Roedd Esther yn ddiogel.

'Beth yw dy gais?' gofynnodd.

'Os gweli di'n dda, hoffwn i ti ddod i gael cinio gyda mi heno a dod â Haman gyda thi,' meddai Esther.

Roedd y brenin wrth ei fodd, a Haman hefyd. Y noson honno estynnodd Esther wahoddiad arall iddynt i ginio drannoeth.

'Cei wybod fy nghais bryd hynny,' meddai wrth y brenin.

'Mae hyd yn oed y frenhines yn fy mharchu!' meddai Haman wrth ei wraig. Yna ychwanegodd, 'Ond fydda i byth yn hapus tra bydd Mordecai byw!'

'Yna cod grocbren, a'i grogi,' awgrymodd ei wraig.

Aeth Haman ati ar unwaith, ac yna aeth i'r palas i gael caniatâd y brenin i'w ddienyddio.

Y noson honno ni allai'r brenin gysgu. 'Darllenwch y cronicl brenhinol i mi,' gorchmynnodd.

Pan ddarllenodd y gwas am y cynllwyn i ladd y brenin, y cynllwyn a rwystrwyd gan Mordecai, gofynnodd Ahasferus, 'A wobrwywyd Mordecai?'

'Naddo,' oedd yr ateb.

Yr union adeg honno, cyrhaeddodd Haman y palas. Pan glywodd y brenin ei fod yno, gofynnodd am ei weld ar unwaith.

'Beth ddylid ei wneud i'r dyn rwy'n dymuno ei wobrwyo?' gofynnodd y brenin iddo.

'Y fi yw hwnnw!' meddyliodd Haman. Felly awgrymodd orymdaith frenhinol o amgylch y ddinas ar farch y brenin.

'Syniad da,' cytunodd y brenin. 'Chwilia am Mordecai ac arwain ef dy hunan drwy'r strydoedd, gan gyhoeddi mai ef yw'r dyn rwy'n dymuno ei wobrwyo.'

Roedd Haman yn ddig iawn, ond ni feiddiai ddweud dim yn awr yn erbyn ei elyn. Pan gyrhaeddodd Haman ei gartref o'r diwedd, dyma'i wraig yn ysgwyd ei phen yn drist.

'Trodd ffawd yn dy erbyn!' meddai. 'Bydd y Mordecai yna'n dy drechu yn y diwedd, fe gei di weld.'

226
Diwrnod i'w gofio
Esther 7-8

Yn ystod ail wledd Esther eisteddai Haman yn ddistaw ac mewn tymer ddrwg.

Ond roedd y brenin mewn hwyliau da. Gwenodd ar Esther, a chan ddrachtio'i win gofynnodd, 'Beth fynni di, frenhines? Fe gei di unrhyw beth y gofynni amdano – hyd at hanner fy nheyrnas.'

'Gofynnaf yn unig am fy mywyd i a bywyd fy mhobl, O frenin,' atebodd Esther yn dawel. 'Drwy gynllwyn un dyn, condemniwyd fy nghenedl gyfan i farwolaeth.'

'Pwy feiddiai wneud y fath beth?' gofynnodd y brenin yn ddig.

Pwyntiodd Esther at Haman, a eisteddai yno'n fud a gwelw.

'Dacw'r dyn!' meddai.

Cododd y brenin a rhuthro allan i'r ardd mewn dicter, gan gerdded yn ôl ac ymlaen yno. Syrthiodd Haman wrth draed Esther i ymbil am drugaredd, ond daeth y brenin i mewn gan ruo, 'Sut meiddi di agosáu at y frenhines?'

'Mae Haman eisoes wedi codi crocbren talach na muriau'r ddinas i grogi Mordecai arno,' meddai gwas wrth y brenin.

'Yna crogwch Haman arno!' gwaeddodd y brenin. 'Caiff Mordecai fod yn brif weinidog yn ei le.'

Llusgwyd Haman o'r ystafell, wedi'i barlysu gan fraw. Yna ymbiliodd Esther ar y brenin i newid ei orchymyn i ladd yr Iddewon.

'Ni ellir fyth newid fy nghyfreithiau unwaith y cânt eu selio,' atebodd Ahasferus. 'Ond fe gei di ychwanegu beth bynnag a fynni at y gorchymyn.'

Lluniodd Mordecai orchymyn ychwanegol yn rhoi'r hawl i'r holl Iddewon wisgo arfau ar y dydd a bennwyd i'w llofruddio, er mwyn iddynt eu hamddiffyn eu hunain.

Pan ddaeth y bore hwnnw, roedd llawer yn ofni ymosod ar yr Iddewon. Gwyddent fod Mordecai ac Esther yn Iddewon, a'u bod dan nawdd y brenin.

Nid anghofiodd yr Iddewon am ddewrder Esther yn peryglu ei bywyd dros ei phobl. Hyd y dydd heddiw darllenir llyfr Esther bob blwyddyn ar y dydd y dewisodd Haman ddial arnynt.

Stori Job

📖 **227**
Gofidiau Job
Job 1-2

Gŵr yn byw yn amser Abraham oedd Job. Roedd yn gyfoethog iawn – nid am fod ganddo lawer o arian ac aur, ond am fod ganddo lawer o ddefaid ac ychen, camelod ac asynnod.

Roedd pawb yn edmygu Job. Nid oedd yn hunanol nac yn drachwantus. Roedd yn caru Duw ac yn helpu pawb a oedd mewn gofid neu angen. Arferai weddïo'n gyson dros ei deulu lluosog o feibion a merched.

Wrth sylwi ar ddaioni Job a'i garedigrwydd, yr oedd Duw yn fodlon.

Ond roedd rhywun arall yn gwylio Job hefyd. Satan oedd hwnnw, gelyn Duw a gwraidd pob drwg.

'Oherwydd y cwbl y mae'n ei gael gennyt y mae Job yn dy garu,' meddai Satan wrth Dduw. 'Petai pethau'n dechrau mynd o chwith yn ei hanes, newidiai ei gân yn ddigon buan.'

Roedd Duw yn sicr y byddai Job yn aros yn ffyddlon iddo.

'Fe gei di roi prawf ar Job,' meddai. 'Cei di gymryd unrhyw beth sy'n perthyn iddo, ond paid â niweidio Job ei hunan.'

Un diwrnod yn fuan wedyn, daeth un o'i weision ar frys at Job gyda newyddion trychinebus. Roedd lladron wedi ymosod ac wedi cipio ei holl ychen a'i asynnod.

Yna, bron cyn i'r gwas hwnnw orffen ei neges, rhedodd un arall ato gan ddweud fod mellt wedi lladd ei holl ddefaid a'r bugeiliaid a oedd yn eu gwylio.

Yna, daeth trydydd gwas i ddweud fod camelod Job wedi'u dwyn.

Yn waeth na'r cyfan, daeth gwas arall â'r neges fod pob un o feibion a merched Job wedi'u lladd pan ddaeth corwynt o'r anialwch a dinistrio'r tŷ lle roeddynt yn gwledda.

Lloriwyd Job. Ond ni osododd y bai am ei helbulon ar Dduw.

'Cefais fy ngeni heb ddim,' meddai. 'Fe ges i'r cyfan gan Dduw. Nawr mae wedi cymryd y cyfan oddi arnaf, ond byddaf yn parhau i'w foli.'

'Mae fy ngwas Job wedi pasio'r prawf,' meddai Duw wrth Satan.

Ond atebodd Satan, 'Y rheswm am hyn yw nad wyt ti wedi niweidio Job ei hun. Petai'n mynd yn sâl, newidiai ei feddwl yn ddigon buan.'

'Fe gei di osod salwch ar Job,' meddai Duw, 'ond rhaid i ti arbed ei fywyd.'

Cyn bo hir lledodd cornwydydd blin dros bob rhan o gorff Job. Ni wyddai beth i'w wneud gan y poen a'r crafu.

'Bai Duw yw'r cyfan!' cwynodd ei wraig.

'Bydd dawel!' atebodd Job. 'Rwyt ti'n siarad yn ffôl. Rydyn ni'n ddigon bodlon pan fydd Duw yn rhoi cyfnodau hapus i ni. Fe ddylem ni ddioddef yn amyneddgar pan fydd e'n anfon gofid.'

📖 228
Cysuro Job?
Job 2-37

Cyn hir roedd pawb yn siarad am helbulon Job. Daeth tri o'i ffrindiau gorau i ymweld ag ef i geisio'i gysuro. Ond pan welsant ef yn eistedd yn ei garpiau wrth y domen sbwriel, yn gornwydydd o'i ben i'w draed, cawsant fraw. Eisteddodd y tri heb ddweud dim am amser hir.

Yna, fesul un, dyma nhw'n dechrau rhoi cyngor iddo.

'Mae'n rhaid dy fod ti wedi gwneud rhywbeth drwg ofnadwy, na wyddom ni ddim amdano,' meddai un. 'Fyddai Duw byth yn anfon y fath boen a dioddefaint i ddyn da a chyfiawn. Mae Duw yn dy gosbi am dy bechod.'

Ond roedd cydwybod Job yn glir. Gwyddai ei fod yn caru Duw â'i holl galon a'i fod yn onest a charedig. Mynnai ei fod yn ddieuog.

Ond ymateb ei ffrindiau oedd, 'Paid ag esgus! Cyfaddefa'r gwir a dywed wrth Dduw dy fod yn edifar am beth bynnag a wnest ti. Yna bydd Duw yn maddau i ti a bydd popeth yn iawn arnat ti unwaith eto.'

'Wnewch chi ddim credu fy ngair a thosturio wrthyf?' ymbiliodd Job. 'Mae arna i angen ffrindiau ffyddlon yn fy ngofid. Dydych chi o ddim cysur i mi.'

Gwyddai Job fod ei ffrindiau'n anghywir. Ond dechreuodd deimlo fod Duw yn annheg iawn a dywedodd hynny wrtho.

'O Dduw, pam na wnei di wrando f'achos ac yna ateb fy nghwestiynau?' cwynodd.

Yna daeth pedwerydd person atynt a dweud, 'Bûm yn dawel hyd yma gan fy mod i lawer yn iau na chi. Roeddwn yn credu y byddech chi i gyd yn ddoethach na mi. Ond rydych chi wedi gwneud camgymeriad! Edrych ar y sêr yn yr awyr, Job. Myfyria ar fawredd Duw. A fedri di ddisgwyl iddo ef falio pa un ai da ai drwg wyt ti?'

Ond nid oedd meddwl am Dduw mawr, pell i ffwrdd, yn dod ag unrhyw gysur i Job chwaith.

O na fyddai Duw yn gwrando arno ac yn ateb ei gwestiynau!

229
Duw yn siarad â Job
Job 38-42

Ar ôl i Job a'i gyfeillion orffen siarad, dyma storm yn rhwygo'r awyr. Fflachiai'r mellt a holltai'r taranau ac aeth i dywallt y glaw.

Siaradodd Duw o ganol y storm.

'Rwyt ti, Job, wedi bod yn gofyn pob math o gwestiynau i *mi*,' meddai, 'ond rhaid i ti yn awr ateb y cwestiynau sydd gen i ar dy gyfer *di*.

'Ble roeddet ti pan luniais i'r byd? Oeddet ti yno pan ganodd y sêr mewn llawenydd adeg y creu? Neu pan anfonais y môr yn ôl a rhwystro ei donnau nerthol rhag llifo dros y terfynau a osodais iddynt. Fedri di ddweud wrthyf o ble y daw'r goleuni? Ymhle ydw i'n cadw fy nhrysorau o eira a rhew? Ateb fi!

'Wyt ti'n gallu gwneud i'r glaw ddisgyn, a rhoi bywyd i'r planhigion a'r anifeiliaid? Fedri di ddysgu'r adar i hedfan, neu ddarparu bwyd i'r bwystfilod gwyllt? Ateb fi!

'Oes gen ti nerth i ddal y crocodeil â bach pysgota? Fyddet ti'n gallu dofi'r anifeiliaid neu chwarae gêmau gyda'r hipopotamws anferth? Ateb fi!'

Nid oedd gan Job ddim i'w ddweud. Roedd cywilydd mawr arno. Roedd wedi byw bywyd da, gan gadw gorchmynion Duw, ond roedd wedi credu y gallai ddadlau â Duw fel pe bai ganddo nerth a gallu Duw. Roedd wedi disgwyl deall popeth y mae Duw'n ei wneud.

Ni roddodd Duw reswm i Job am ei ofidiau. Ond gwnaeth iddo sylweddoli y gallai ymddiried yn llwyr mewn Duw mor fawr a doeth i wneud yr hyn oedd yn gyfiawn.

'Nid oeddwn yn dy wir adnabod o'r blaen,' cyfaddefodd Job. 'Ni wyddwn ond yr hyn oedd gan eraill i'w ddweud amdanat ti. Nawr dy fod wedi siarad â mi, rwy'n sylweddoli pa mor fawr a rhyfeddol wyt ti. Rwy'n cywilyddio am fod mor hunanol a hunanbwysig.'

Yna trodd Duw at dri ffrind Job.

'Rwy'n ddig iawn wrthych,' meddai. 'Wnaethoch chi ddim rhoi darlun cywir ohonof i Job, na dweud y gwir amdanaf, fel y gwnaeth Job. Ond fe weddïa ef drosoch, ac atebaf ei weddïau a maddau i chi.'

Ni fu Job yn chwerw nac yn anfaddeugar wrth ei ffrindiau, er iddynt fod yn angharedig wrtho ac yn annheg ag ef. Gweddïodd drostynt.

Rhoddodd Duw ei iechyd yn ôl i Job. Rhoddodd yn ôl iddo'r cyfoeth a gollodd. Cafodd ragor o blant, hyd yn oed. Roedd ganddo saith o feibion, a thair o ferched prydferth o'r enw Jemima, Cesia a Cerenhapuch.

Bu Job fyw i fod yn hen iawn.

Llyfr emynau pobl Israel

230
Moli Duw
Salmau 117, 103

Fel ninnau, roedd pobl Israel yn hoff iawn o ganu caneuon ac emynau. Llyfr y Salmau oedd eu llyfr emynau hwy. Roedd ganddynt gôr yn y deml a cherddorfa i arwain y canu.

Ysgrifennwyd y salmau dros flynyddoedd lawer gan nifer o bobl wahanol. Roedd rhai salmau i'w canu adeg gwyliau crefyddol neu i nodi digwyddiadau cenedlaethol arbennig, ac maent yn rhoi diolch i Dduw neu yn gofyn iddo am ei gymorth. Mae salmau eraill yn disgrifio profiadau personol yr awduron.

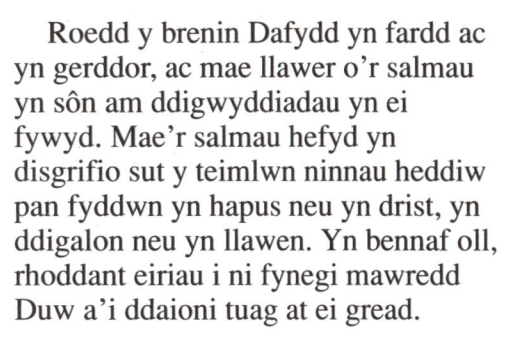

Roedd y brenin Dafydd yn fardd ac yn gerddor, ac mae llawer o'r salmau yn sôn am ddigwyddiadau yn ei fywyd. Mae'r salmau hefyd yn disgrifio sut y teimlwn ninnau heddiw pan fyddwn yn hapus neu yn drist, yn ddigalon neu yn llawen. Yn bennaf oll, rhoddant eiriau i ni fynegi mawredd Duw a'i ddaioni tuag at ei gread.

'Molwch yr Arglwydd, yr holl
  genhedloedd!
Clodforwch ef, yr holl bobloedd!
Mae ei gariad tuag atom yn gryf
a'i ffyddlondeb yn para hyd byth.'

'Fy enaid, rho fawl i'r Arglwydd!
Y cwbl sydd ynof, rho glod i'w enw
  sanctaidd!
Fy enaid, rho fawl i'r Arglwydd,
a phaid ag anghofio ei garedigrwydd.
Mae'n maddau fy holl bechodau
ac yn iacháu fy holl glefydau.
Mae'n fy nghadw rhag y bedd
ac yn fy mendithio â chariad a
  thrugaredd.
Mae'n llenwi fy mywyd â phethau da,
er mwyn i mi barhau'n ifanc ac yn gryf
  fel eryr . . .
Mae'r Arglwydd yn drugarog a
  chariadus,
yn araf i ddigio ac yn llawn
  ffyddlondeb . . .
Nid yw'n ein cosbi yn ôl ein haeddiant
nac yn talu'n ôl i ni am ein pechodau
  a'n drygioni . . .
Mae'n gwybod o ba ddefnydd y'n
  gwnaed;
mae'n cofio mai llwch ydym . . .
Boed i'w holl greaduriaid foli'r
  Arglwydd
ym mhob man o dan ei lywodraeth.
Fy enaid, rho fawl i'r Arglwydd!'

231
Caneuon i gysuro a helpu
Salmau 23, 121, 46

'Yr Arglwydd yw fy mugail;
ni bydd eisiau arnaf.
Gwna imi orwedd mewn porfeydd
   bras;
fe'm harwain gerllaw dyfroedd tawel.
Mae'n adfywio fy enaid;
mae'n fy nhywys ar hyd llwybrau
   cyfiawnder er mwyn ei enw.
Ie, pe cerddwn drwy ddyffryn cysgod
   angau, nid ofnaf niwed;
am dy fod ti gyda mi, a'th wialen a'th
   ffon yn fy nghysuro.
Yr wyt yn arlwyo bwrdd o'm blaen
   yng ngŵydd fy ngelynion;
yr wyt yn eneinio fy mhen ag olew;
mae fy nghwpan yn gorlifo.
Bydd daioni a thrugaredd yn sicr o'm
   dilyn holl ddyddiau fy mywyd;
a byddaf byw yn nhŷ'r Arglwydd am
   byth.'

'Codaf fy llygaid tua'r mynyddoedd.
O ble y daw fy nghymorth?
Daw fy nghymorth oddi wrth yr
   Arglwydd,
yr hwn a wnaeth nefoedd a daear.
Ni fydd yn gadael i'th droed lithro,
ac nid yw dy geidwad yn cysgu.
Nid yw ceidwad Israel yn huno nac yn
   cysgu.
Yr Arglwydd yw dy geidwad;
Yr Arglwydd yw dy gysgod ar dy
   ddeheulaw.
Ni fydd yr haul yn dy daro yn y dydd,
na'r lleuad yn y nos.
Bydd yr Arglwydd yn dy gadw rhag
   pob drwg;
bydd yn cadw dy einioes.
Bydd yr Arglwydd yn gwylio dy fynd
   a'th ddod
yn awr a hyd byth!'

'Mae Duw yn noddfa ac yn nerth i ni,
wrth law i'n helpu mewn cyfyngder.
Felly, nid ofnwn er i'r ddaear symud
ac i'r mynyddoedd syrthio i ganol y
   môr,
er i'r dyfroedd ruo a therfysgu
ac i'r mynyddoedd ysgwyd gan ei
   ymchwydd . . .
Y mae Arglwydd y Lluoedd gyda ni;
ein caer ni yw Duw Jacob.'

Diarhebion

232
Geiriau doeth
Llyfr y Diarhebion

Pan gynigiodd Duw roi i Solomon unrhyw beth yr oedd am ei gael, gofynnodd y brenin ifanc am ddoethineb. Roedd yn gwybod na fyddai'n gallu llywodraethu drwy ei fedr a'i ddawn yn unig.

Yn y Beibl ystyr 'doethineb' yw 'gwybod sut orau i drin pob rhan o fywyd'. Mae Llyfr y Diarhebion yn llawn cynghorion ar sut i fod yn ddoeth yn y ffordd honno.

Mae Solomon, ac awduron eraill y Diarhebion, yn gytûn mai'r cam cyntaf tuag at ddoethineb yw caru Duw a'i barchu.

Dyma rai geiriau doeth o Lyfr y Diarhebion ar destunau megis cyfeillgarwch a theulu, sirioldeb a charedigrwydd, diogi a chlebran.

'Nid yw cyfeillgarwch rhai yn para, ond y mae eraill yn ffrindiau mwy teyrngar na brodyr.'

'Mae ffrindiau bob amser yn dangos eu cariad. Pa werth sydd i ffrindiau os na allant rannu gofid?'

'Paid ag anghofio dy ffrindiau na ffrindiau dy dad.'

'Mae plant yn ffodus os oes ganddynt dad sy'n onest a chyfiawn.'

'Mae mab doeth yn gwneud ei dad yn falch ohono; mae un ffôl yn dod â gofid i'w fam.'

'Nid yw'r un sy'n credu nad yw'n beth drwg dwyn oddi ar ei rieni yn ddim gwell na lleidr.'

'Pan gaiff gobaith ei chwalu, caiff y galon ei llethu; ond bydd dymuniad a gaiff ei wireddu yn dy lenwi â llawenydd.'

'Mae bod yn llon yn dy gadw'n iach. Mae'n farwol bod yn brudd drwy'r amser.'

'Os wyt ti am fod yn hapus, bydd yn garedig wrth y tlawd; mae dirmygu unrhyw un yn bechod.'

'Mae geiriau caredig yn dod â bywyd, ond mae geiriau creulon yn llethu'r ysbryd.'

'Wrth fod yn hael, fe wnei di ffynnu. Cynorthwya eraill, ac fe gei di dy helpu.'

'Mae dyn diog sy'n gwrthod gweithio yn ei ddifetha ei hun; y cyfan a wna yw meddwl am yr hyn y carai ei gael.'

'Os wyt ti'n ddiog, ni chei di byth yr hyn yr wyt ti am ei gael; ond os gweithi'n galed, fe gei di ffortiwn.'

'Ni all y sawl sy'n clebran byth gadw cyfrinach. Cadw di ymhell oddi wrth bobl sy'n siarad gormod.'

'Mae hel clecs yn dod â dicter cyn sicred ag y mae gwynt y gogledd yn dod â glaw.'

'Heb danwydd, mae tân yn diffodd; heb gleber, mae cweryla'n peidio.'

Stori Jona

📖 **233**
Ffoi oddi wrth Dduw
Jona 1

Un diwrnod dywedodd Duw wrth y proffwyd Jona, 'Mae gen i neges i ti ei rhoi i bobl Ninefe. Rwyt ti'n gwybod eu bod yn ddrwg a chreulon. Rhaid i ti ddweud wrth y brenin a'r bobl y byddaf yn eu cosbi os na fyddant yn edifarhau am eu gweithredoedd drwg ac yn newid eu ffyrdd.'

Nid oedd Jona am ufuddhau i Dduw. Roedd yn fodlon pregethu i bobl Dduw yn Israel, ond nid oedd am fynd at genedl estron. A'r fath genedl! Ninefe oedd prifddinas ymerodraeth fawr Asyria. Gwyddai pawb am greulondeb yr Asyriaid. Ni ddangosent unrhyw drugaredd at y rhai y byddent yn eu concro.

'Os af i Ninefe a dweud wrthynt am Dduw,' meddyliodd Jona, 'efallai y byddant yn edifar am eu pechodau ac yn dweud hynny wrth Dduw. Yna bydd yn maddau iddynt ac yn penderfynu peidio â'u cosbi. Maent yn haeddu eu cosbi heb imi eu rhybuddio ymlaen llaw!'

Penderfynodd Jona ffoi mor bell ag y gallai oddi wrth Dduw a dinas Ninefe. Cychwynnodd am borthladd Jopa. Hwyliai llongau oddi yno i leoedd pell ac agos. Gwelodd Jona long a oedd ar fin hwylio i Tarsis, ym mhen draw'r byd.

Talodd Jona bris y fordaith a chamodd ar fwrdd y llong. Yn flinedig ar ôl yr holl gerdded ac oherwydd ei ymdrech yn erbyn Duw, aeth i lawr i grombil y llong i gysgu. Wedi deffro byddai'n ddigon pell oddi wrth y dasg yr oedd Duw wedi'i gosod iddo.

234
Storm ar y môr
Jona 1

Cyn hir roedd Jona'n cysgu'n drwm. Ni chlywodd sŵn gollwng y rhaffau a bloeddio'r criw wrth i'r llong adael y cei. Roedd codi a disgyn ysgafn y llong ar y tonnau yn lleddfu blinder ei gorff a'i feddwl.

Ond cyn iddynt fynd ymhell iawn, cododd gwynt cryf gan gynhyrfu'r dŵr. Codai'r tonnau'n uwch ac yn uwch nes taro ochrau'r llong a gorlifo dros ei bwrdd.

Gweithiai'r morwyr â'u holl egni i lywio'r llong. Mewn anobaith bron, dyma nhw'n taflu peth o'r llwyth dros y bwrdd i'r môr, er mwyn gwneud y llong yn haws ei thrin. Ond roedd yn amhosibl i goed cryf y llong wrthsefyll nerth y storm. Yn fuan byddai wedi malu'n chwilfriw a phawb wedi boddi.

Yn eu braw galwodd y criw ar eu gwahanol dduwiau i ddod i'w helpu.

Aeth y capten i lawr y grisiau ac, er ei syndod, gwelodd fod Jona yn dal i gysgu.

Ysgydwodd ef gerfydd ei war a gweiddi, 'Deffro! Gweddïa ar dy dduwiau! Os bydd y storm yma'n para, byddwn i gyd yn boddi!'

Ar fwrdd y llong roedd y morwyr wrthi'n siarad yn brysur.

'Rwy'n credu fod gennym ddihiryn ar y fordaith,' meddai un. 'Mae'r duwiau'n ddig o'i achos, ac wedi anfon y storm i'w gosbi. Gadewch i ni fwrw coelbren i weld ar bwy y mae'r bai.'

Cytunodd y gweddill.

Ysgrifennwyd enw pawb oedd ar y llong a thynnwyd un enw allan. Enw'r troseddwr oedd Jona!

'Rhaid i ti gyfaddef y gwir, Jona!' ymbilient arno. 'Dywed wrthym pwy wyt ti a beth wnest ti i achosi'r gofid hwn i ni.'

'Iddew ydw i,' atebodd Jona. 'Rwy'n addoli'r Duw a greodd y nefoedd a'r ddaear. Rydych chi'n iawn. Rwyf *wedi* pechu yn erbyn Duw. Rwy'n broffwyd iddo, ond fe fûm yn anufudd i'w orchmynion ac rwy'n dianc oddi wrtho.'

'Dyna beth ofnadwy!' meddai'r morwyr. 'Ond sut y gallwn ni unioni'r cam a thawelu'r storm yma?'

'Drwy fy nhaflu i'r môr,' meddai Jona'n ddewr.

Dynion caredig oedd y morwyr. Nid oeddynt am i Jona foddi, felly rhoesant un cynnig arall ar rwyfo'r llong i dir. Ond nid oedd ganddynt obaith yn nannedd y storm. Byddai'n rhaid iddynt ddilyn cyngor Jona.

Dyma nhw'n gweddïo, 'O Dduw Jona, paid â'n beio ni am ei daflu i'r môr. Nid ydym am wneud niwed iddo,

267

ond dyna ein hunig obaith – a thi a anfonodd y storm.'

Yna dyma nhw'n cydio yn Jona a'i daflu dros y bwrdd. Ar unwaith tawelodd y gwynt, a gostegodd y tonnau.

Syrthiodd y criw ar eu gliniau mewn parchedig ofn a gweddïo eto ar Dduw Jona.

'Credwn mai ti yw'r unig wir Dduw,' meddent. 'O hyn ymlaen byddwn yn dy wasanaethu a'th addoli di yn unig.'

235
Gwers y pysgodyn mawr
Jona 1-3

Roedd Jona'n ddewr iawn yn dweud wrth y morwyr am ei daflu i'r môr cynddeiriog. Ond wrth iddo ddisgyn dros ochr y llong i ganol y tonnau gwyllt, daeth ofn mawr arno.

Suddodd i lawr ac i lawr, yn is ac yn is. Cydiai bysedd gwyrdd y gwymon am ei wddf a'i draed. Clywai sŵn byddarol yn ei glustiau a theimlai ei geg a'i ysgyfaint yn llenwi o ddŵr. Gweddïodd ar Dduw i'w achub.

Yn sydyn gwelodd ffurf anferth yn codi o waelod y môr, a'r funud nesaf cafodd Jona ei hun y tu mewn i'r pysgodyn mwyaf y gallai feddwl amdano.

Nid oedd wedi boddi!

Roedd yn dal yn fyw!

Teimlai Jona'n llawn diolchgarwch i Dduw. Roedd yr un mor sicr mai Duw oedd wedi trefnu i'r pysgodyn mawr ddod ato ag yr oedd mai Duw oedd wedi anfon y storm arw.

'Diolch Dduw!' meddai Jona yn y tywyllwch dudew. 'Rwyt ti wedi arbed fy mywyd!'

Ymhen tridiau, nofiodd y pysgodyn yn agos i dir. Yna, ar orchymyn Duw, daeth â Jona'n ddiogel i'r lan.

'Jona, dos i Ninefe,' meddai Duw yr ail waith.

Roedd Jona wedi dysgu ei wers.

Yn ufudd, cychwynnodd y proffwyd ar ei daith.

236
Gwers y pryfyn bach
Jona 3-4

Bu bron i Jona golli'i anadl pan welodd mor fawr oedd dinas Ninefe. Byddai'n cymryd tridiau cyfan iddo gerdded drwyddi.

Wrth iddo deithio trwy'r ddinas, pregethodd. Dywedodd wrth y brenin a'r bobl nad oedd y Duw a wnaeth y nefoedd a'r ddaear yn mynd i ganiatáu i'w creulondeb a'u drygioni barhau. Rhaid iddynt gyfaddef eu drygioni, edifarhau gerbron Duw a newid eu ffyrdd, neu byddai Duw yn eu cosbi.

Gwrandawodd y bobl a thalu sylw i'r neges. Trodd y brenin a'r holl bobl at Dduw, gan ofyn iddo faddau iddynt.

Roedd Duw yn llawen. Nid oedd am gosbi Ninefe.

Ond roedd Jona'n ddig iawn.

'Roeddwn i'n gwybod y byddai hyn yn digwydd,' achwynodd wrth Dduw. 'Fe redais i ffwrdd y tro cyntaf am fy mod i'n ofni y byddet ti'n maddau i'r Asyriaid ofnadwy yma. Rwyt ti'n barod i estyn trugaredd i'n gelynion gwaethaf, rhai na ddangosodd unrhyw drugaredd tuag atom ni. Mae'n gwneud i mi golli pob blas ar fyw!'

Yna cerddodd Jona allan o Ninefe ac eistedd i wylio'r ddinas. Roedd yn gobeithio y byddai Duw yn penderfynu anfon tân i lawr wedi'r cwbl. Ond yn fuan, aeth gwres yr haul yn annioddefol a theimlai Jona'n waeth nag erioed.

Roedd Duw eisoes wedi darparu'r storm a'r pysgodyn. Nawr paratôdd blanhigyn mawr i gysgodi Jona rhag pelydrau tanbaid yr haul. Cyn hir teimlai Jona'n fwy cysurus.

Ond yna gorchmynnodd Duw i bryfyn bychan fwyta wrth wraidd y planhigyn, ac erbyn bore trannoeth roedd wedi crino a marw. Wrth i'r haul boethi, teimlai Jona golli'r cysgod yn fawr, a theimlai'n fwy blin nag erioed.

'Pa hawl sydd gennyt i fod yn ddig am fod y planhigyn wedi marw?' gofynnodd Duw iddo.

'Pob hawl!' oedd ateb Jona. 'Gwnaeth hi'n bosibl i mi fyw, o leiaf. Nawr rwy'n hollol druenus ac yn teimlo fel marw!'

'Jona,' meddai Duw yn dyner, 'rwyt ti'n ddig am fod y planhigyn wedi marw, eto wnest ti ddim byd i beri iddo dyfu nac i'w gadw'n fyw. Roedd yno un dydd ac erbyn trannoeth roedd wedi diflannu. Sut wyt ti'n disgwyl i mi deimlo wrth feddwl am gosbi a lladd holl bobl Ninefe? Maen nhw'n bobl a greais ac y bûm yn gofalu amdanynt am flynyddoedd. Ni chawsant gyfle i'm hadnabod i, a'm caru, nes i ti ddod. Oni ddylwn i dosturio wrthynt a'u harbed, a'u holl anifeiliaid hefyd?'

Malachi

📖 **237**
'Mae fy negesydd yn dod!'
Malachi

Nid oedd dim byd cyffrous yn digwydd bellach – neu felly yr oedd yn ymddangos.

Cofiai'r Iddewon gyda hiraeth am y dyddiau pan ddychwelodd eu rhieni yn llawen o'r gaethglud ym Mabilon.

Buont wrthi am flynyddoedd wedyn yn gweithio'n galed i ailgodi'r deml a dinas Jerwsalem, ond yr oedd hyd yn oed yr amser hwnnw'n ymddangos yn llai diflas na rhigol eu byw-bob-dydd erbyn hyn.

Gweithient yn galed drwy'r wythnos, heb ennill cyflog da. Byddent yn mynd i'r deml ar y Saboth, ond ni chaent fawr o flas ar y gwasanaethau.

Yna siaradodd Malachi, proffwyd Duw, â nhw.

'Mae Duw yn dal i'ch caru!' meddai mewn llais clir a chynnes.

'Anodd credu hynny,' atebodd y bobl dan rwgnach. 'Mae'r rhai sy'n troi cefn ar Dduw yn well eu byd na ni sy'n ei addoli. Dyw hi ddim yn talu'r ffordd i wasanaethu Duw.'

'Rhowch i Dduw y lle mae'n ei haeddu yn eich bywyd,' meddai Malachi. 'Byddai'n well gan Dduw weld cau drysau'r deml am byth na goddef y ffordd yr ydych chi'n ymddwyn. Rydych chi'n mynd yno o arferiad yn unig, ac nid am eich bod yn caru Duw. Rydych chi'n mwmian eich gweddïau heb feddwl yr un gair. Yn lle offrymu eich anifail gorau i Dduw, rydych chi'n cael gwared ar eich anifeiliaid cloff a gwael drwy eu cynnig yn rhoddion iddo. Sut ydych chi'n disgwyl i Dduw eich bendithio?

'Trowch yn ôl ato! Rhowch o'ch gorau iddo. Yna bydd ei fendithion yn disgyn yn gawodydd arnoch.

'Rydych chi'n achwyn nad yw Duw'n cyflawni rhyfeddodau bellach. Mae gen i newyddion i chi – mae Duw ei hun yn mynd i ymweld â'i deml. Mae'n adnabod y rhai sy'n ei wir garu, a phan ddaw, bydd yn didoli'r da oddi wrth y drwg. Bydd yn eich puro fel y mae'r gof yn coethi aur.

'Ond cyn iddo ddod, bydd yn anfon ei negesydd i baratoi ar gyfer ei ymweliad. Elias arall fydd hwnnw, yn dweud yn eglur wrthych beth yw gofynion Duw. Felly gwyliwch – mae negesydd Duw ar y ffordd!'

Gwrandawai'r bobl yn astud. Pryd y byddai negesydd Duw yn cyrraedd, tybed? A fyddai'n dod yn fuan neu a fyddai'n rhaid iddynt ddisgwyl yn hir amdano?

Y TESTAMENT NEWYDD

Mae'r Testament Newydd yn sôn wrthym am Iesu Grist a'r ffordd y daeth i greu cyfamod newydd rhwng Duw a phobl ym mhobman. Bu Iesu, Mab Duw, farw fel y gallai pobl gael maddeuant drwy gredu ynddo. Wedi i Iesu ddod yn fyw eto, bu ei ddilynwyr yn lledaenu'r newyddion da am addewid Duw o fywyd newydd yng Nghrist.

Y Brenin a addawyd

238
Gobeithio a gweddïo
Luc 1

Aeth dros bedwar can mlynedd heibio er pan rybuddiodd Malachi'r Iddewon i fod yn barod ar gyfer y diwrnod y byddai Duw yn ymweld â hwy.

Bu'n gyfnod anodd iddynt.

Roedd concwerwyr Groegaidd wedi dilyn ymerawdwyr Persia. Ar ôl un cyfnod byr ond gogoneddus o ryddid dan arweiniad Jwdas Macabeus, cafodd yr Iddewon eu rheoli unwaith eto gan bobl estron. Roedd Rhufain wedi concro Groeg a gorymdeithiodd ymerawdwr Rhufain ei hunan i mewn i Jerwsalem. Gosodwyd milwyr ymhob cwr o'r wlad.

Roedd yr Iddewon yn casáu y milwyr Rhufeinig hyn ac yn dyheu am arwr cenedlaethol arall a fyddai'n cael gwared arnynt a sefydlu teyrnas Iddewig eto. O na fyddai Duw yn anfon y Brenin yr oedd wedi'i addo, i ddod â rhyddid iddynt!

Teimlai eraill ei bod yn bwysicach byw yn gyfiawn ac yn ufudd i ffordd Duw. Roeddynt hwy hefyd yn dyheu am Frenin eneiniog Duw, ond disgwyl am arweinydd cyfiawn a da yr oeddynt, ac nid am ryfelwr mawr.

Offeiriad oedd Sachareias, a gweddïai ef a'i wraig Elisabeth ar i Dduw anfon brenin o'r math yna. Wedi iddynt briodi, fel pob pâr priod yr adeg honno, edrychent ymlaen at gael plant. Ond aeth y blynyddoedd heibio a hwythau heb gael baban.

Nawr roeddynt yn mynd yn hen. Er hynny, byddai'r ddau yn siarad yn aml am y rhannau hynny o'r Ysgrythur a oedd yn sôn am y Brenin y byddai Duw yn ei anfon i achub ei bobl, a gweddïent y byddai'n cyflawni ei addewidion yn fuan.

239
Yr addewid o faban
Luc 1

Roedd yr offeiriaid a wasanaethai Dduw yn y deml yn Jerwsalem wedi'u rhannu'n bedair adran ar hugain. Ddwywaith y flwyddyn, am wythnos ar y tro, deuai cyfle pob adran i wasanaethu yn y deml.

Gwaith pwysicaf a mwyaf sanctaidd yr offeiriad oedd llosgi'r arogldarth ar yr allor y tu mewn i'r deml. Roedd pob offeiriad yn dyheu am gael gwneud hyn, ond gan fod cynifer ohonynt, nid oedd yn bosibl dewis pawb ac ni châi neb ail gyfle.

Roedd Sachareias wedi'i gyffroi a braidd yn nerfus pan ddewiswyd ei enw o'r diwedd. Byddai'n rhaid iddo fynd i'r lle sanctaidd tra arhosai'r dorf yn dawel y tu allan. Ar ôl llosgi'r arogldarth byddai'n dod allan i'w fendithio.

Tra safai Sachareias wrth yr allor yn anadlu'r arogl pêr, gweddïodd eto ar i Dduw anfon ei Frenin i achub Israel. Yn sydyn fflachiodd golau drwy'r tarth mwg. Daeth arswyd ar Sachareias. Roedd angel yn sefyll yn ei ymyl.

'Paid ag ofni', meddai'r angel. 'Clywodd Duw dy weddïau. Fe fyddi di ac Elisabeth yn cael mab. Ef fydd negesydd Duw i baratoi ar gyfer y Brenin ei hun. Rho'r enw Ioan arno. Bydd yn tyfu'n ddyn mawr a da, fel y proffwyd Elias. Bydd Ysbryd Duw arno a daw â llawer yn ôl at Dduw.'

Ni allai Sachareias gredu ei glustiau na'i lygaid.

'Sut y galla i fod yn sicr dy fod yn dweud y gwir?' gofynnodd.

'Gabriel ydw i,' atebodd yr angel. 'Rwy'n sefyll gerbron Duw ac ef sydd wedi f'anfon atat gyda'r newyddion da yma. Ond am nad wyt ti'n credu, fyddi di ddim yn gallu siarad tan ar ôl geni dy fab.'

Y tu allan, yng nghyntedd y deml, roedd y bobl wedi blino disgwyl ac yn holi, 'Pam mae'r offeiriad mor hir?'

O'r diwedd daeth Sachareias allan dan grynu, a'i wyneb yn wyn fel y galchen. Agorodd ei geg i'w fendithio, ond ni ddaeth yr un gair allan. Ni allai ond pwyntio i fyny a gosod ei fys ar ei wefusau mud.

'Mae e wedi gweld angel!' meddai'r bobl.

Ar ôl gorffen gwaith yr wythnos, aeth Sachareias adref. Ysgrifennodd i lawr bopeth a oedd wedi digwydd. Nid amheuodd Elisabeth o gwbl. Roedd hi'n llawn cyffro a llawenydd. Wedi'r blynyddoedd o aros, a'r holl siom, fe gâi fab a fyddai'n helpu i ddod ag addewidion Duw i ben.

240
Taith i'r bryniau
Luc 1

Roedd Mair yn perthyn i Elisabeth. Roedd hi'n byw yn Nasareth, tref yn y gogledd ym mryniau Galilea, ac yr oedd wedi'i dyweddïo i Joseff, y saer lleol. Cyn hir byddent yn priodi.

Un diwrnod, eisteddai Mair yn dawel yn gwnïo. Yn sydyn, gwelodd olau rhyfedd ar y brethyn a wnïai. Cododd ei phen mewn braw. Roedd Gabriel, angel Duw, yn sefyll yn yr ystafell fechan.

'Mae Duw gyda thi, Mair,' meddai Gabriel, 'ac mae wedi dy fendithio'n fawr. Paid ag ofni, oherwydd newyddion da sydd gen i. Rwyt ti'n mynd i gael mab. Bydd yn fab arbennig iawn. Ef fydd y Brenin o deulu Dafydd y bu disgwyl hir amdano. Bydd ei deyrnas yn para am byth.'

'Sut y gall hyn ddigwydd i mi?' gofynnodd Mair yn syn. 'Dydw i ddim wedi priodi eto.'

'Bydd gallu Duw yn aros arnat ti a'i Ysbryd Glân yn dod atat. Dyna pam mai Mab Duw ei hun fydd dy blentyn. Does dim yn rhy anodd i Dduw. Roedd dy berthynas, Elisabeth, yn credu na allai fyth gael plentyn, ond mae'n disgwyl un ymhen tri mis.

'Dydw i ddim yn deall,' meddai Mair yn dawel. 'Ond rwy'n forwyn i Dduw ac yn barod i wneud beth bynnag mae'n ei ofyn.'

Wedi i Gabriel fynd, bu Mair yn meddwl yn galed. Roedd yn gwybod mai'r unig berson y gallai siarad â hi oedd Elisabeth. Felly cychwynnodd am ei chartref ym mryniau Jwdea.

Gwelodd Elisabeth hi'n dod a phrysurodd i'w chroesawu. Cofleidiodd hi a'i chusanu. Gwyddai yn barod beth oedd newyddion da Mair.

'Rwyt ti wedi cael dy fendithio'n fawr!' meddai. 'Ti fydd mam y Brenin rydyn ni wedi disgwyl mor hir amdano, yr un sy'n dod i'n hachub!'

Roedd Mair am grio a chwerthin yr un pryd. Roedd hi mor ddiolchgar fel y dechreuodd ganu a moli Duw am ei ddaioni. Mor fawr oedd ei weithredoedd! Roedd yn dewis pobl dlawd a chyffredin i gyflawni ei bwrpas rhyfeddol.

Roedd gan y ddwy wraig gymaint i sgwrsio amdano. Byddai'r ddau faban yn rhai arbennig iawn. Drwyddynt byddai Duw yn ymweld â'i bobl ac yn eu hachub. Arhosodd Mair yno nes yr oedd bron yn amser i faban Elisabeth gael ei eni. Yna aeth yn ôl i Nasareth.

241
'Ei enw yw Ioan!'
Luc 1

Bu cyffro mawr pan gafodd mab Sachareias ac Elisabeth ei eni. Pan oedd yn wythnos oed, cafwyd dathliad arbennig i roi enw iddo. Daeth ffrindiau a pherthnasau yno o bell ac agos.

'Ei enw fydd Sachareias, wrth gwrs, fel ei dad,' meddent.

'Nage,' atebodd Elisabeth yn bendant. 'Ioan fydd ei enw.'

Dyma nhw'n gofyn, 'Pam yr enw hwnnw? Does neb o'r enw Ioan yn y teulu.'

' "Mae'r Arglwydd yn rasol" – dyna ystyr yr enw Ioan,' meddai Elisabeth yn dawel. Yna ychwanegodd yn uchel, 'Gofynnwch i Sachareias.'

Troesant at Sachareias. Am ei fod yn methu siarad, gwnaeth arwydd arnynt i ddod â llechen iddo ysgrifennu arni.

'Ei enw yw Ioan,' ysgrifennodd.

Y funud honno gallai Sachareias siarad unwaith eto. Dechreuodd ddiolch i Dduw, a'i foli am ei holl ddaioni. Yna dywedodd wrthynt am ei fab bach ac am y plentyn pwysicach a oedd i gael ei eni'n fuan.

'Mae Duw wedi cadw'r addewid a wnaeth amser maith yn ôl,' meddai. 'Mae nos hir yr aros wedi mynd a'r wawr wedi torri. Mae presenoldeb Duw yn disgleirio arnom. Daw ei Waredwr â goleuni i ni, a'n harwain i ffyrdd tangnefedd.'

Yna cymerodd ei fab bychan o freichiau Elisabeth. Gwenodd wrth edrych arno.

'Byddi di hefyd yn un arbennig, fy mab,' meddai. 'Fe fyddi di'n mynd o flaen Brenin Duw ac yn paratoi ar ei gyfer. Byddi di'n cyhoeddi fod Duw yn caru ei bobl ac yn maddau iddyn nhw.'

242
Joseff
Mathew 1

Saer ym mhentref Nasareth oedd Joseff. Roedd yn falch ei fod yn un o lwyth brenhinol Jwda ac yn perthyn i deulu'r brenin Dafydd. Fel pob Iddew, roedd gan Joseff ddiddordeb yn achau ei deulu. Gwyddai, wrth gwrs, nad oedd pawb yn ei achau yn Iddewon pur.

Roedd enw Rahab yno, y wraig o Jericho a ymddiriedodd yn Nuw ac a ofalodd am ysbïwyr Israel. Roedd hi wedi priodi Iddew.

Roedd Ruth yno hefyd, hen nain Dafydd frenin. Merch o Foab oedd hi, ond penderfynodd adael ei phobl a mynd gyda'i mam-yng-nghyfraith i Fethlehem.

Roedd cariad a gofal Duw yn ymestyn at bawb a oedd yn ymddiried ynddo, ac nid at ei bobl arbennig, Israel, yn unig.

Bu Joseff yn edrych ymlaen yn eiddgar at briodi Mair. Ond pan glywodd ei bod hi'n mynd i gael baban, roedd wedi'i siomi'n fawr.

Meddyliodd fod Mair wedi torri ei haddewid i fod yn ffyddlon iddo, a phenderfynodd gyhoeddi nad oedd yn mynd i'w phriodi. Ond am ei fod yn ddyn caredig a thyner, trefnodd wneud hynny mor dawel â phosibl, i arbed loes i Mair.

Y noson honno, siaradodd Duw â Joseff mewn breuddwyd.

'Paid â gofidio,' meddai. 'Caiff baban Mair ei eni drwy allu Duw a'i Ysbryd Glân. Rho'r enw Iesu arno – "yr un sy'n achub" – oherwydd ef yw'r Brenin mae Duw wedi'i addo. Cymer Mair yn wraig i ti a gofala am ei phlentyn fel mab i ti dy hun ac aelod o'th linach frenhinol.'

Deffrôdd Joseff gan deimlo'n llawen. Roedd Mair yn un dda a ffyddlon wedi'r cwbl. Nawr roedd yn rhaid ceisio ei helpu. Felly fe'i priododd cyn gynted ag y gallai, er mwyn gofalu amdani hyd yn oed cyn geni'r baban.

Cyflawni addewid Duw

📖 243
Geni Iesu
Luc 2

Roedd Awgwstus fawr, ymerawdwr Rhufain, am gael gwybod faint o bobl oedd o dan ei reolaeth a faint o drethi y gallai eu casglu. Rhoddodd orchymyn i gyfrif pawb yn ei ymerodraeth. Rhaid oedd i bob Iddew fynd i dref ei deulu i roi ei enw ar gofrestr.

Daeth y newyddion am y cyfrifiad i Nasareth ychydig cyn geni baban Mair. Byddai'n rhaid i Joseff deithio i Fethlehem yn y de, lle ganwyd ei gyndad, y brenin Dafydd, er mwyn rhoi ei enw ar y gofrestr Rufeinig yno. Penderfynodd fynd â Mair hefyd, yn hytrach na'i gadael ar ei phen ei hun yn Nasareth.

Bu'r ddau yn teithio am wythnos bron, yn cerdded yn y dydd ac yn cysgu allan yn y nos. Mor llawen oeddynt pan gawsant gip ar Fethlehem ar ben bryn yng nghanol meysydd tawel.

Gwyddent na fyddai'r gwesty yn un moethus – dim ond ystafell foel i gysgu ynddi a buarth i'r anifeiliaid. O leiaf byddai'n gysgod i Mair y noson honno. Ond wedi cyrraedd, roedd y gwesty'n llawn. Nid oedd lle o gwbl i'r ddau.

Wrth weld eu hwynebau trist a blinedig, a sylweddoli hefyd ei bod hi bron yn amser geni baban Mair, cynigiodd rhywun ogof i Joseff a Mair aros ynddi. Arferai gadw ei anifeiliaid yno, ac roedd yn llawn baw.

Cliriodd Joseff ychydig o le ynddi a'i glanhau orau y gallai, cyn gosod Mair i orwedd. Daeth rhywun â dŵr iddi i'w yfed ac i ymolchi.

Yno, yn y golau gwan, yng nghanol y baw a'r aroglau, ganwyd baban Mair. Anghofiodd Joseff a Mair am y cwbl wrth syllu mewn llawenydd ar y bachgen bach.

'Iesu fydd ei enw,' meddai Joseff, 'fel y dywedodd yr angel. Dyma'r un a anfonodd Duw i'n hachub ni.'

Rhwymodd Mair ei baban â chadachau. Felly y gwnâi mamau bryd hynny, er mwyn cadw'r coesau a'r breichiau bach yn gadarn a diogel.

Am nad oedd ganddynt grud, rhoddodd Joseff ef i orwedd yn y preseb.

244
Stori'r bugeiliaid
Luc 2

Y noson honno yn y caeau gerllaw Bethlehem, roedd bugeiliaid wrth eu gwaith yn ôl eu harfer. Roedd angen gofal da ar y defaid cyn eu gwerthu yn y brifddinas, Jerwsalem. Yno byddai pobl yn eu prynu fel aberthau i Dduw yn y deml hardd. Rhaid oedd gofalu eu bod yn berffaith, heb na nam ar eu clustiau na dolur ar eu coesau.

Er mwyn difyrru'r amser a chadw'n effro, roedd y bugeiliaid wrthi'n adrodd storïau wrth ei gilydd, gan warchod y praidd a chadw'n gynnes wrth y tân yr un pryd.

Yn sydyn llanwyd yr awyr dywyll â goleuni a disgleiriodd angel Duw o'u blaen.

Cafodd y bugeiliaid fraw mawr, ond dywedodd yr angel, 'Peidiwch â dychryn. Mae gen i newyddion da i chi, a fydd yn llawenydd i'r holl fyd. Heddiw ganwyd baban ym Methlehem. Ef yw Crist yr Arglwydd! Ewch i'w weld drosoch eich hunain. Fe ddewch o hyd iddo wedi'i rwymo mewn cadachau ac yn gorwedd mewn preseb.'

Yna llanwyd yr awyr ag angylion yn canu emyn o fawl a diolch i Dduw. 'Gogoniant i Dduw yn y goruchaf,' meddent, 'a thangnefedd ar y ddaear i'r rhai sydd wrth ei fodd.'

Ar ôl hynny, diflannodd yr angylion mor sydyn ag y daethant. Tywyllodd yr awyr ac aeth yn dawel unwaith eto. Edrychai'r bugeiliaid ar ei gilydd mewn syndod, fel petai'r cyfan yn freuddwyd.

'Dewch,' meddent. 'Awn i weld a yw hyn yn wir.'

Rhedasant ar draws y caeau tuag at y dref gysglyd. Daethant o hyd i Joseff a Mair, a'r baban yn gorwedd yn y preseb, a syrthiasant ar eu gliniau a'i addoli. Yna dyma nhw'n adrodd y stori wrth Joseff a Mair, a sôn wrthynt am neges yr angel.

Ni ddywedodd Mair ddim, ond meddyliodd lawer am y pethau bendigedig a ddywedwyd am ei mab bychan.

Wrth i'r bugeiliaid frysio'n ôl at eu defaid, dyma hwythau'n torri allan i ganu mawl i Dduw. Roedd popeth wedi digwydd yn union fel y dywedasai'r angel wrthynt.

📖 **245**
'Ble mae'r brenin?'
Mathew 2

Yr oedd rhai heblaw'r Iddewon yn disgwyl y Brenin pwysig a oedd wedi'i addo gan Dduw. Roedd straeon am frenin o'r fath wedi mynd ar led i bobman. Disgwyliai dynion doeth a dysgedig mewn gwledydd pell i un gael ei eni yng ngwlad yr Iddewon a fyddai'n teyrnasu dros y byd mewn cyfiawnder a heddwch.

Yn y dyddiau hynny byddai gwŷr doeth yn astudio'r sêr a'r planedau. Byddent yn nodi eu symudiadau'n fanwl, am y credent y byddai hynny'n eu dysgu am ddigwyddiadau'r dyfodol.

Adeg geni Iesu ym Methlehem, sylwodd rhai o'r doethion hyn ar seren ddisglair dros ben yn yr awyr.

Rhaid ei bod yn arwydd fod brenin pwysig wedi'i eni. A oedd yr hen broffwydoliaethau wedi dod yn wir? A oedd brenin wedi'i eni draw ymhell yn Jwdea?

Heb golli dim amser, dyma nhw'n casglu bwyd a dillad at ei gilydd a chychwyn ar eu taith hir i wlad Israel. Teithient ar gefn camelod, gan gario anrhegion drud, addas i frenin.

Wedi cyrraedd y ffin, aethant yn syth i'r palas yn Jerwsalem, y brifddinas. Byddai'r baban yn siŵr o fod yno. Ond y brenin Herod oedd yn teyrnasu yn y palas. Cafodd yr hawl i deyrnasu gan y Rhufeiniaid ac roedd yn gwarchod ei orsedd yn ofalus. Pe bai'n amau fod rhywun yn ceisio ei dwyn oddi arno, yna byddai'n llawn eiddigedd.

Cyn gynted ag y clywodd y newyddion fod dynion dieithr, cyfoethog wedi cyrraedd, yn holi am frenin newydd, roedd yn glustiau i gyd. Galwodd yn syth am yr arweinwyr crefyddol, gan ei fod yntau'n gwybod fod y proffwydi'n sôn am y Brenin a oedd i ddod.

'Oes yna ran o'r Ysgrythur sy'n proffwydo ble y bydd y Brenin sydd wedi'i addo yn cael ei eni?' gofynnodd yn gyffrous.

'Oes, O frenin,' oedd eu hateb. 'Dywed y proffwyd Micha y caiff y Meseia ei eni ym Methlehem, dinas y brenin Dafydd.'

Gorchmynnodd Herod i'w weision alw'r dieithriaid ato. Gwrandawodd yn foesgar ar eu stori, gan guddio ei ofn a'i ddicter.

'Ewch i Fethlehem,' cynghorodd. 'Dyna lle mae'r Meseia i gael ei eni. Dewch yn ôl yma i ddweud yn union ble mae e,' meddai wedyn, 'oherwydd rwyf innau am ei weld a rhoi anrhegion iddo.'

Roedd hi'n nosi wrth i'r doethion gychwyn tua Bethlehem. Ar y daith gwelsant eu seren arbennig unwaith eto. Dyna wefr! Rhaid fod Duw yn eu tywys at y Brenin newydd.

246
Anrhegion addas i Frenin
Mathew 2

Erbyn i'r doethion o'r dwyrain gyrraedd dinas Bethlehem, roedd Joseff wedi llwyddo i symud Mair a'r baban Iesu o'r ogof annymunol i dŷ. Roedd yna waith i saer da bob amser, a bu Joseff yn gweithio yno er mwyn ennill digon o arian i gynnal y teulu.

Wedi cyrraedd y tŷ bychan, rhaid oedd i'r gwŷr doeth blygu'n isel i fynd i mewn iddo. Nid oedd yno'r un tapestri lliwgar, nac unrhyw addurniadau drud yn hongian ar y waliau, na morynion i weini ar y fam ac i ofalu am y baban.

Y cwbl a welsant yn y golau gwan oedd merch ifanc, gyffredin yn magu ei mab bychan. Er hyn roeddynt yn gwbl sicr mai hwn oedd y Brenin a oedd wedi'i addo. Plygasant ar eu gliniau a'u dillad drud yn llusgo ar hyd y llawr pridd. Gwyddent fod rhywun llawer mwy na hwy yn cysgu ym mreichiau ei fam.

Yna daethant â'u rhoddion a'u cyflwyno i Iesu. Cymerodd Mair hwy yn syn.

Roedd yno aur, rhodd addas i frenin. Wedyn thus, yr arogldarth melys a gâi ei ddefnyddio wrth addoli yn nhemlau eu gwledydd. Ac yn olaf, myrr. Roedd hwn yn anrheg rhyfedd ym meddwl Mair, am mai dyna'r perarogl i'w roi ar gorff marw adeg ei gladdu.

Wedi dod o hyd i'r Brenin, roedd yr ymwelwyr yn fodlon. Rhaid cychwyn bellach ar eu taith hir adref. Ond y noson honno, wrth iddynt gysgu, cawsant rybudd gan Dduw i beidio â dychwelyd at Herod.

Drannoeth dyma nhw'n cychwyn yn ôl ar hyd ffordd arall.

247
Ffoi i'r Aifft
Mathew 2

Wedi i'r doethion ymadael, cafodd Joseff yntau freuddwyd.

'Cymer Mair a Iesu a dos ar unwaith i'r Aifft' oedd rhybudd angel Duw iddo. 'Cyn hir, bydd y brenin Herod yn anfon ei filwyr i chwilio am y plentyn, er mwyn ei ladd. Rhaid i chi aros yn yr Aifft nes cewch chi wybod ei bod yn ddiogel i chi ddychwelyd.'

Yn y cyfamser, arhosai Herod yn ddiamynedd yn ei balas. Pa bryd y byddai'r gwŷr dieithr yna'n cyrraedd yn ôl â gwybodaeth am y baban brenhinol, tybed?

Fel yr âi'r amser heibio, cynyddai ei bryder a'i ddicter. O'r diwedd sylweddolodd iddo gael ei dwyllo. Roedd yn amlwg eu bod wedi darganfod ei fwriadau ac wedi mynd yn syth adref.

Nawr byddai'n rhaid iddo feddwl am gynllun i wneud yn hollol sicr na fyddai'r brenin arall yma'n cael byw. Penderfynodd ladd pob baban a oedd wedi'i eni ym Methlehem er pan welodd y doethion y seren am y tro cyntaf.

Rhoddodd orchymyn i swyddogion ei fyddin.

'Lladdwch bob bachgen dwyflwydd oed neu lai a anwyd ym Methlehem neu yn agos i'r ddinas,' meddai.

Dyna dristwch a dagrau oedd yno oherwydd creulondeb Herod! Ond erbyn hynny roedd Joseff a Mair a'r baban Iesu ar eu ffordd i'r Aifft. Cadwodd Duw hwy'n ddiogel.

Ymhen ychydig wedyn, bu farw'r brenin Herod.

'Dychwel adref yn awr,' meddai'r angel wrth Joseff. 'Mae'r rhai a oedd am ladd y plentyn wedi marw.'

Cychwynnodd y teulu bach ar eu taith, ond ofnai Joseff ddychwelyd i Fethlehem. Deallodd fod Archelaus, mab creulon Herod, yn frenin yn lle ei dad. Ond dim ond ar ran ddeheuol y wlad y cafodd ef yr hawl i lywodraethu. Felly aeth Joseff a'i deulu yn ôl i'r gogledd, i fyw yn Nasareth eto. Agorodd siop saer a dechrau gweithio yno fel o'r blaen.

Iesu'n tyfu i fyny

📖 **248**

Y bachgen yn y deml
Luc 2

Bob blwyddyn, yn nhymor y gwanwyn, byddai teuluoedd yr Iddewon yn dechrau paratoi ar gyfer taith gyffrous. Cyn hir, byddent ar eu ffordd i ddathlu'r Pasg yn Jerwsalem.

Hon oedd yr ŵyl a oedd yn eu hatgoffa fod Duw wedi achub ei bobl o'r Aifft mewn ffordd ryfeddol amser maith yn ôl.

Câi'r rheini a ddeuai o bell fwynhau sawl picnic ar y ffordd a chysgu allan bob nos. Ar y ffordd byddent yn cwrdd â theithwyr o drefi eraill, gan ddod yn y diwedd yn rhan o'r dyrfa enfawr a lanwai strydoedd cul Jerwsalem ar eu ffordd i'r deml. Pan oedd Iesu'n ddeuddeg oed, cafodd fynd gyda Mair a Joseff i ŵyl y Pasg.

Wedi i'r wythnos o ddathlu ddod i ben, byddai'r mamau a'r plant yn cychwyn tuag adref, gan adael y dynion i'w dilyn yn nes ymlaen. Roedd hi'n dechrau nosi cyn i Joseff a Mair gwrdd unwaith eto.

'Ble mae Iesu?' gofynnodd Joseff.

Bu bron i galon Mair beidio â churo. Credai hi ei fod gyda'r dynion. Yn ddeuddeg oed, yn ôl cyfraith yr Iddew, roedd Iesu bron yn ddyn, ac yn rhy hen i deithio gyda'r plant lleiaf.

Buont yn holi ymysg eu cyd-deithwyr, ond yn ofer. Nid oedd golwg o Iesu yn unman. Byddai'n rhaid mynd yn ôl i Jerwsalem, gan obeithio dod o hyd iddo yno.

Wrth frasgamu'n ofidus, â'u hanadl yn eu gyddfau, ceisient feddwl ymhle i chwilio amdano. A oedd wedi mynd i aros at ryw ffrind newydd, tybed? Nid oedd neb yn gwybod dim.

O'r diwedd dywedodd rhywun, 'Fe welais i Iesu gyda'r athrawon yn y deml.'

Aethant ar frys i'r man yn y deml lle yr arferai'r athrawon Iddewig drafod yr ysgrythurau a dysgu unrhyw un a oedd am wrando.

Mewn fawr o dro roedd llygad Mair wedi taro ar ei mab. Gwrandawai'n astud ar yr athrawon penwyn. Pwysai ymlaen i ofyn cwestiwn. Gwelai Mair y syndod ar eu hwynebau o gael rhywun mor ifanc yn ymuno'n ddeallus yn y trafod.

Yna camodd Joseff i mewn i'r cylch. Cydiodd ym mraich Iesu a'i arwain at ei fam.

'Sut y gallet ti ymddwyn fel hyn?' gofynnodd Mair. 'Mae dy dad a minnau wedi bod mor bryderus!'

'Roeddwn i'n meddwl y byddech chi'n gwybod mai yn nhŷ fy Nhad y byddwn i,' atebodd Iesu.

Yna dyma nhw i gyd yn cychwyn ar eu ffordd adref i Nasareth.

Er bod Iesu'n gwybod bryd hynny fod Duw yn Dad iddo mewn ffordd arbennig, roedd yn dal i ufuddhau i'w rieni daearol.

Meddyliai Mair yn ddwys am y cyfan. Roedd yn gwybod fod ei mab yn berson arbennig a gwahanol. Byddai'n rhaid iddi aros i weld beth fyddai hynny'n ei olygu.

Ioan Fedyddiwr

📖 **249**
Edifarhewch!
Mathew 3

Aeth blynyddoedd heibio. Roedd Ioan, mab Sachareias ac Elisabeth, a Iesu, mab Mair, bellach yn ddynion. Er bod perthynas rhwng y ddwy fam, roedd y ddau fab yn wahanol iawn i'w gilydd.

Gadael cartref a wnaeth Ioan, a byw bywyd garw yn yr anialwch poeth ger afon Iorddonen. Roedd yn ddyn plaen ei dafod, yn debyg i'r proffwyd Elias. Gwisgai ddilledyn o flew camel a gwregys lledr am ei ganol. Mêl gwyllt a locustiaid oedd ei fwyd.

Rhoddodd Duw neges iddo ei chyhoeddi ac yn fuan deuai tyrfaoedd i'w glywed yn pregethu.

'Gwrandewch,' taranodd Ioan. 'Mae teyrnas Dduw yn dod! Byddwch yn barod ar ei chyfer. Gofalwch eich bod yn byw yn iawn gerbron Duw.'

'Pam y mae'n rhaid i ni wneud hynny?' gofynnodd y bobl. 'Ni yw'r bobl y mae Duw wedi'u dewis – rhaid ein bod ni'n ei blesio.'

'Peidiwch â dibynnu ar hynny!' rhybuddiodd Ioan. 'Dydy cael eich geni'n Iddew ddim yn ddigon. Rhaid i chi ddweud wrth Dduw ei bod yn flin gennych am wneud drwg, a dechrau byw bywydau a fydd wrth ei fodd.'

Gwyddai llawer mai dyma lais Duw. Roeddynt yn edifar am dorri gorchmynion Duw ac roeddynt am ei blesio. Felly cawsant eu bedyddio gan Ioan yn yr Iorddonen. Roedd hyn yn arwydd i bawb fod Duw wedi maddau iddynt a'i fod yn rhoi iddynt ddechrau newydd, glân.

'Nawr newidiwch eich ffordd o fyw,' meddai Ioan. 'Peidiwch â bod yn drachwantus. Os oes gennych fwy nag sydd ei angen o fwyd a dillad, rhannwch ag eraill. Gnewch eich gwaith yn dda a dirwgnach. Dyna sy'n plesio Duw.'

250
Bedyddio Iesu
Mathew 3

Rhybuddiodd Ioan y bobl y byddai Duw yn eu cosbi os na fyddent yn edifarhau ac yn newid eu ffyrdd. Ond daeth â newydd da hefyd.

'Rwy'n paratoi'r ffordd ar gyfer person pwysig iawn,' cyhoeddodd. 'Mae hwn mor fawr fel nad wyf i'n deilwng i fod yn was iddo. Rwy'n eich bedyddio â dŵr, ond bydd e'n dod â bendith Duw a'i nerth i bawb ohonoch. Ef yw'r Brenin y mae Duw wedi'i addo.'

Un diwrnod, daeth Iesu i weld Ioan. 'Bedyddia fi hefyd, os gweli di'n dda,' meddai Iesu.

'Fedrwn i ddim gwneud hynny!' meddai Ioan yn bendant. Roedd yn adnabod Iesu er pan oedd yn fachgen. 'Dwyt ti erioed wedi mynd dy ffordd dy hun ac anufuddhau i Dduw. Does gennyt ti ddim byd i fod yn edifar amdano.'

'Ond rwy'n credu mai dyna ddymuniad Duw,' mynnai Iesu. Felly bedyddiodd Ioan ef.

Wrth i Iesu ddod allan o'r dŵr, digwyddodd peth rhyfedd. Pan geisiodd Ioan ei ddisgrifio yn nes ymlaen, meddai: 'Gwelais rywbeth yn debyg i golomen yn disgyn ar Iesu.'

Yna, yn sydyn, gwawriodd ar Ioan fod Iesu yn neb llai na'r Brenin y bu'n pregethu amdano. Yn syth wedyn clywodd lais Duw yn siarad â Iesu.

'Ti yw fy annwyl Fab,' meddai Duw. 'Rwyt ti wrth fy modd.'

📖 251
Arweinydd newydd
Ioan 1

Daeth rhai o'r bobl a fedyddiwyd gan Ioan yn ffrindiau ac yn ddilynwyr iddo. Byddent yn gwrando arno'n aml ac yn dyheu am glywed mwy am y Brenin a oedd ar ddod.

Un diwrnod, tra oedd Ioan yn siarad â rhai o'r ffrindiau hyn, gwelodd Iesu yn cerdded ar hyd y ffordd.

'Edrychwch ar y dyn acw,' meddai Ioan. 'Ef yw'r un a ddewisodd Duw i gymryd ymaith bechodau'r byd.'

Prysurodd dau o ffrindiau Ioan ar ôl Iesu. Roedd rhywbeth ynglŷn ag ef a oedd yn gwneud iddynt ddymuno ei adnabod. Yn sydyn teimlent yn swil a dyma nhw'n aros. Ond aros a wnaeth Iesu hefyd, a'u gwahodd i dreulio'r dydd yn ei gwmni.

Wedi cyrraedd adre'r noson honno, roedd un ohonynt, o'r enw Andreas, ar dân eisiau rhannu'r newyddion â'i frawd, Simon.

'Rwyf wedi dod o hyd i'r Meseia! Brenin eneiniog Duw!' meddai, yn gyffro i gyd. 'Tyrd i'w weld.'

Pan welodd Iesu Simon, edrychodd yn hir a chraff arno.

'Rwyf am roi enw newydd i ti, Simon,' meddai. 'Rwyf am dy alw di'n Pedr – "y graig". Oherwydd dyn fel yna fyddi di ryw ddiwrnod.'

Paratoi i gychwyn
📖 252
Temtasiwn
Luc 4

Cyn gynted ag y bedyddiodd Iesu, roedd Ioan yn sicr mai ef oedd y Brenin yr oedd Duw wedi addo ei anfon. Gwyddai Iesu, hefyd, fod yn rhaid iddo roi cynllun Duw ar ei gyfer ar waith, a phregethu'r newyddion da fod teyrnas Dduw ar y ddaear wedi dechrau. Daeth diwedd am byth ar y cyfnod yng ngweithdy'r saer yn Nasareth.

Ond, cyn dechrau ar waith arbennig ei fywyd, roedd Iesu am feddwl yn ddwys a gweddïo ar ei Dad. Aeth ar ei ben ei hun i'r anialwch.

Tywynnai'r haul yn danbaid ar y creigiau moel a'r tywod sych. Nid oedd yno na glaswellt na dail gwyrdd. Nid oedd yno fwyd, a'r unig sŵn oedd udo'r anifeiliaid gwyllt.

Sylweddolai Iesu y byddai'n wahanol i bob brenin arall. Ni fyddai ganddo ddillad drud, palas moethus a gweision i weini arno. Byddai'n

dlawd, câi ei gam-drin, ac yn y diwedd câi ei ladd yn greulon. Roedd hyn i gyd yn rhan o gynllun cariadus Duw i achub y byd o awdurdod drygioni, a derbyniai Iesu gynllun Duw yn fodlon.

Ond roedd Satan, gelyn Duw a gwraidd pob drwg, yn benderfynol o rwystro Iesu rhag bod yn ufudd i Dduw – yn union fel y gwnaeth i Adda ac Efa anufuddhau i Dduw flynyddoedd maith yn ôl.

Pan oedd Iesu eisiau bwyd ac wedi blino'n llwyr ar ôl gweddïo am ddyddiau heb fwyta, meddai Satan wrtho, 'Dywedodd Duw mai ti yw ei Fab, felly pam wyt ti'n llwgu? Dywed wrth y cerrig hyn am droi yn fara!'

'Dywed yr Ysgrythur na all dyn fyw ar fara'n unig,' atebodd Iesu, gan wrthod defnyddio ei allu i fodloni ei anghenion ei hun. Roedd yn gwybod, hefyd, nad bwyd yw'r peth pwysicaf mewn bywyd.

Aeth Satan yn ei flaen: 'Fi biau'r byd yma. Dim ond i ti gydnabod fy nerth a gwneud pethau yn fy ffordd *i*, fe rof y cyfan i ti.'

Gwelodd Iesu ysblander holl deyrnasoedd y byd yn fflachio o flaen ei lygaid. Ond ysgydwodd ei ben.

'Dywed yr Ysgrythur mai Duw yw'r unig un yr ydym i ufuddhau iddo a'i addoli,' atebodd. 'Fe wna i bethau yn ffordd *Duw*.'

Unwaith eto ceisiodd Satan gael Iesu i wrthod cynllun Duw ar ei gyfer.

'Gwna rywbeth mentrus a fydd yn tynnu sylw pobl,' awgrymodd. 'Os gwnei di dy daflu dy hun o ben y deml, fe fyddi di'n arwr poblogaidd. Fydd dim rhaid i ti boeni, achos dywed Duw yn yr Ysgrythur y bydd ef yn dy arbed rhag niwed.'

'Mae'r Ysgrythur hefyd yn dweud nad yw hi'n iawn rhoi prawf ar Dduw ac yna disgwyl iddo dy arbed rhag helynt,' atebodd Iesu.

Ni allai Satan berswadio Iesu i droi oddi wrth gynllun Duw a mynd ei ffordd ei hun. Gadawodd ef am gyfnod ac anfonodd Duw angylion i helpu Iesu a'i gryfhau, ar ôl ei ymdrech hir yn erbyn drygioni.

253
'Dilynwch fi!'
Marc 1-3

Daeth yn amser i Iesu ddechrau dweud wrth bawb fod teyrnas Dduw wedi dod ar y ddaear. Ni ddywedodd wrth y bobl mai ef oedd y Brenin, ond dangosodd gariad a gallu mawr Duw ym mhob peth y byddai'n ei ddweud a'i wneud.

Gwyddai Iesu fod arno angen pobl i'w gynorthwyo a gofynnodd i Dduw ddangos iddo pa ddynion i'w galw i'w ddilyn a'i helpu.

Un diwrnod, wrth i Iesu gerdded ar lan Môr Galilea, gwelodd ei ffrindiau, Andreas a Simon Pedr.

'Dewch gyda mi!' galwodd.

Gadawodd y ddau bysgotwr eu rhwydau ar unwaith a rhedeg ato ar draws y traeth.

Ychydig ymhellach ymlaen, roedd dau frawd arall, Iago ac Ioan, yn glanhau ac yn trwsio eu rhwydau ar gyfer noson arall o bysgota.

'Dilynwch fi!' galwodd Iesu.

Aethant hwy hefyd yn llawen gyda Iesu, gan adael y gweision i helpu eu tad Sebedeus.

'Dim rhagor o hel pysgod i chi!' meddai Iesu wrthynt. 'O hyn allan byddaf yn eich dysgu i bysgota am y bobl y mae angen eu dal ar gyfer Duw!'

Dewisodd Iesu ddeuddeg o ddynion i fod yn ddilynwyr neu ddisgyblion agos iddo. Roeddynt yn griw cymysg iawn.

Yn ogystal â physgotwyr, roedd rhai ohonynt wedi ymladd i geisio rhyddhau eu pobl o ormes y Rhufeiniaid. Bu un, o'r enw Mathew, yn casglu trethi i'r brenin Herod. Casglai'r doll ar y nwyddau yr oedd pobl am eu cludo i mewn i Galilea, rhanbarth Herod. Gweithiai'r rhan fwyaf o'r casglwyr trethi i'r Rhufeiniaid. Yn aml, byddent yn cymryd mwy o arian na'r gofyn oddi wrth y bobl, gan gadw cyfran iddynt eu hunain.

Er i lawer o ddynion a merched ddod yn ddisgyblion i Iesu ymhen amser, roedd y deuddeg yma'n arbennig. Galwodd Iesu hwy yn 'apostolion' neu yn 'negeseuwyr', am iddo eu hanfon allan i ddweud y newyddion da am deyrnas Dduw wrth eraill.

Dyma eu henwau:
Simon (a gafodd ei alw'n Pedr), Iago ac Ioan (meibion Sebedeus), Andreas, Philip, Bartholomeus, Mathew, Thomas, Iago (mab Alffeus), Thadeus, Simon (y gwladgarwr) a Jwdas Iscariot.

254
Meddyg i'r cleifion
Marc 2

Roedd Mathew yn eistedd yn ei gaban bychan ar lan Môr Galilea pan alwodd Iesu ef. Ei waith oedd casglu'r doll ar nwyddau a gâi eu cludo i mewn ac allan o'r dalaith, ac roedd yn ennill arian da.

Ond roedd yn hapus i adael y gwaith er mwyn dilyn Iesu. Roedd hefyd yn awyddus i'w holl ffrindiau gwrdd â Iesu, felly trefnodd barti mawr a'u gwahodd i gyd. Daeth llawer o westeion eraill hefyd, heb wahoddiad.

Roedd arweinwyr crefyddol yr Iddewon mewn penbleth. Gwelent lawer o bobl anonest yn y parti. Os oedd Iesu yn wir yn ddyn da, sut y gallai gymysgu â hwy?

'Pam y mae eich meistr yn gwledda gyda phobl ddrwg fel hyn?' gofynasant i'w ddisgyblion.

Clywodd Iesu hwy.

'Pryd byddwch chi'n mynd i weld meddyg?' gofynnodd. 'Pan fyddwch chi'n iach, neu pan fyddwch chi'n glaf? Ar bobl glaf y mae angen meddyg. Meddyg Duw ydw i. Rwy'n maddau i'r rhai sy'n glaf am eu bod wedi gwneud drwg a thorri gorchmynion Duw, ac rwy'n eu hiacháu. Rhaid i mi fod lle maen nhw, os ydw i'n mynd i'w helpu. Nid oes f'angen i ar y bobl hynny sydd heb wneud unrhyw ddrwg.'

A dweud y gwir, roedd angen maddeuant Iesu ar y bobl grefyddol gymaint ag ar y rhai a alwent hwy yn 'bechaduriaid'. Ond ni allai Iesu helpu neb ond y rhai a oedd yn fodlon cyfaddef eu bod wedi torri rheolau Duw ac a oedd yn barod i ofyn iddo am ei gymorth a'i faddeuant.

Cenhadaeth Iesu'n dechrau

📖 **255**
Gwin i'r briodas
_{Ioan 2}

Un diwrnod cafodd Iesu a'i ddisgyblion wahoddiad i briodas yng Nghana, pentref bychan ym mryniau Galilea.

Tra oedd y gwahoddedigion yn mwynhau'r wledd, ni wyddai'r gweision yn y cefn beth i'w wneud, am fod y gwin wedi gorffen. Roedd mam Iesu yn helpu gyda'r gweini a galwodd arno.

'Gwna rywbeth, os gweli di'n dda!' meddai'n daer. 'Os na allwn ni rywfodd gael rhagor o win, caiff y wledd ei difetha a daw cywilydd ar y priodfab a'i deulu.'

Gwyddai Iesu fod ei amser gartref yn ufuddhau i'w fam drosodd. O hyn ymlaen rhaid iddo ufuddhau i Dduw yn unig a dilyn ei gynllun ef.

'Rhaid i mi aros nes daw'r amser iawn i mi weithredu,' meddai wrthi.

'Gofalwch wneud popeth fydd fy mab yn gofyn i chi ei wneud,' sibrydodd Mair wrth y gweision.

Roedd yn sicr y byddai Iesu'n cael eu ffrindiau o'u trybini a'u harbed rhag cywilydd.

Mae pawb yn hoffi ymolchi cyn bwyta, ond gwnâi'r Iddewon fwy na hynny. Roedd eu rheolau crefyddol caeth yn gwneud iddynt olchi eu dwylo lawer o weithiau.

Gwelai Iesu y rhes o lestri dŵr mawr a oedd wedi bod yn dal yr holl ddŵr ar gyfer y gwesteion. Roeddynt bellach yn wag.

'Llanwch y llestri acw,' meddai wrth y gweision. 'Yna tynnwch y dŵr ohonynt a'i roi i'r gwahoddedigion.'

Gwnaeth y gweision fel y dywedodd Iesu. Wrth ei arllwys, gwelsant win coch hyfryd yn llenwi'r cwpanau.

Wedi i lywydd y wledd yfed a chael ei fodloni, meddai wrth y priodfab, 'Rwyt ti wedi cadw'r gwin gorau hyd y diwedd!'

Ni wyddai ef o ble y daeth y gwin. Ond roedd disgyblion Iesu wedi gweld y cyfan, a rhyfeddent at eu harweinydd newydd. Roedd yn amlwg yn berson arbennig iawn. Dangosai allu Duw, a'i gariad a'i lawenydd, ble bynnag yr âi.

256
Sgrechian yn y synagog
Marc 1

Unwaith neu ddwy bob blwyddyn byddai teuluoedd yr Iddewon yn mynd i'r deml hardd yn Jerwsalem, ond bob dydd Saboth byddent yn addoli yn y synagog yn eu tref eu hunain.

Adeilad plaen oedd y synagog, a gâi ei ddefnyddio yn ystod yr wythnos fel ysgol a llys barn. Ymhob synagog safai cist lle yr oedd sgroliau'r Ysgrythur sanctaidd yn cael eu cadw. Mewn oedfa yn y synagog eisteddai'r dynion ar y naill ochr a'r gwragedd ar yr ochr arall, tra byddai'r Ysgrythur yn cael ei darllen a gweddi'n cael ei chyflwyno i Dduw.

Un Saboth aeth Iesu a'i ddisgyblion i'r synagog yng Nghapernaum. Tref bysgota fechan ar lan Môr Galilea oedd Capernaum, ac yno roedd cartref Pedr ac Andreas.

Gwahoddwyd Iesu i bregethu.

Gwrandawai'r bobl yn astud. Fel arfer, byddai pregethwyr yn esbonio'r Ysgrythur drwy roi barn pobl eraill amdani, ond dywedai Iesu yn union beth oedd ystyr gair Duw.

Yn sydyn bu cynnwrf mawr a sgrech ofnadwy. Trodd y gynulleidfa a gweld, er braw iddynt, fod dyn gwyllt yr olwg yn gwegian gamu i'r blaen.

Gwaeddodd ar Iesu, 'Beth wyt ti'n wneud yma? Wyt ti wedi dod i'n difetha ni? Rwy'n gwybod pwy wyt ti – ti yw negesydd sanctaidd Duw!'

Gwyddai Iesu fod ysbryd drwg oddi wrth Satan wedi meddiannu'r dyn. Roedd Satan yn benderfynol o frwydro ymhob ffordd bosibl yn erbyn y Brenin yr oedd Duw wedi ei ddewis.

'Bydd dawel, ysbryd drwg!' gorchmynnodd Iesu. 'Tyrd allan o'r dyn a gad ef mewn heddwch!'

Roedd Iesu'n gryfach na'r gallu mwyaf drygionus, a bu'n rhaid i'r ysbryd drwg ufuddhau iddo.

Aeth cryndod drwy'r dyn.

Rhoddodd un sgrech arall ac yna gorweddodd yn dawel ac yn dangnefeddus.

Yna torrodd siarad cyffrous ar y distawrwydd.

'Pwy yw'r athro newydd hwn?' gofynnai'r bobl i'w gilydd.

'Mae'n esbonio gair Duw mewn ffordd ryfeddol' meddai rhai. 'Mae'n wahanol i'r athrawon eraill.'

'Ydy, ac mae'n ddigon nerthol i beri i'r ysbrydion aflan ufuddhau i'w orchmynion,' meddai eraill.

257
Iesu'n gwella pobl
Marc 1

Wedi oedfa'r synagog, aeth Pedr ac Andreas â Iesu adref gyda nhw, a dilynodd y disgyblion eraill hefyd. Wrth iddynt gyrraedd, daeth gwraig Pedr i'w cyfarfod gan edrych yn bryderus.

'Mae mam yn sâl iawn,' meddai. 'Mae ei gwres yn codi o hyd. Wn i ddim beth i'w wneud.'

'Gall Iesu helpu,' meddai Andreas.

Aethant â Iesu i gornel yr ystafell, lle gorweddai mam-yng-nghyfraith Pedr yn troi a throsi'n gwynfannus. Gafaelodd Iesu yn ei llaw denau, lesg â'i law gref, a'i helpu i godi ar ei heistedd. Ar unwaith diflannodd y gwrid poeth o'i hwyneb a gwenodd ar Iesu.

'Fe ddylwn i fod yn gofalu amdanoch *chi*,' meddai. Cododd ar ei thraed, yn gryf ac yn iach, a chyn hir roedd cinio'n barod ar gyfer Iesu a'r disgyblion blinedig.

Cafodd y bobl drws-nesaf gip arni, a phrin y gallent gredu eu llygaid. Aeth y sôn ar led, ac erbyn yr hwyr roedd tyrfa fawr y tu allan i dŷ Pedr.

Roedd yno bob math o bobl glaf yn disgwyl yn amyneddgar i Iesu eu helpu – pobl a oedd yn methu clywed ac yn methu gweld, rhai'n cael eu poeni gan ysbrydion drwg a llawer yn methu cerdded. Ffrindiau a pherthnasau oedd wedi'u helpu i ddod yno.

Aeth Iesu allan at y dyrfa a'u gwella i gyd. Dangosodd fod gallu mawr Duw ar waith yn y byd am ei fod ef wedi dod. Gwnaeth iddynt sylweddoli hefyd fod Duw yn fawr ei ofal dros bob un ohonynt.

258
Ceisio ei ladd
Luc 4

Ar Saboth arall, aeth Iesu i'r synagog yn Nasareth, y dref lle cafodd ei fagu. Eisteddai ffrindiau a pherthnasau iddo yn y gynulleidfa. Cofiai rhai amdano'n fachgen bach. Roedd eraill yn ei adnabod fel y saer a wnaeth grud i'w baban neu iau ar gyfer eu hychen.

Cafodd Iesu wahoddiad i ddarllen yr Ysgrythur a'i hesbonio. Rhoddodd y swyddog sgrôl y proffwyd Eseia iddo a dechreuodd Iesu ddarllen:

'Mae Duw wedi fy newis i i ddod â newyddion da i'r tlodion, ac i gyhoeddi rhyddid i'r caethion a golwg i'r deillion; i ryddhau y rhai sy'n cael eu gormesu ac i gyhoeddi fod yr amser wedi dod pan fydd Duw yn achub ei bobl.'

Credai'r Iddewon fod Eseia yn yr adnodau yna yn disgrifio'r dydd bendigedig y câi teyrnas Dduw ei sefydlu ar y ddaear.

Wedi gorffen darllen, eisteddodd Iesu, fel y gwnâi pob rabbi cyn dechrau dysgu. Roedd llygaid pawb arno. Ceisient ddyfalu sut y byddai'n esbonio geiriau Eseia.

Prin y gallent gredu eu clustiau pan ddywedodd Iesu, 'Heddiw mae'r adnodau a ddarllenais i chi wedi dod yn wir.' Roedd Iesu'n hawlio mai ef oedd y Meseia, Brenin eneiniog Duw.

Clywyd sŵn sibrwd anfodlon.

'Sut y gall ddweud y fath beth? Dim ond mab Joseff yw e.'

'Dim ond saer y pentref yw e,' cytunodd eraill.

Torrodd Iesu ar eu traws.

'Wnewch chi ddim credu fy ngeiriau am eich bod yn f'adnabod yn rhy dda,' meddai. 'Ni chafodd proffwydi Duw erioed eu derbyn yn eu trefi eu hunain. Roedd bywyd Elias mewn perygl tra oedd yn Israel. Bu'n rhaid iddo ffoi o'r wlad i ddod o hyd i wraig weddw i ofalu amdano. Ac wedi hynny, Naaman o wlad Syria, ac nid un o bobl Israel, a gredodd eiriau Eliseus a chael ei iacháu.'

Aeth y bobl yn gynddeiriog. Sut y meiddiai awgrymu fod estroniaid – rhai yr oeddynt hwy yn eu dirmygu – yn barotach i wrando ar Dduw ac ufuddhau iddo na'r Iddewon, pobl Dduw ei hun!

Dyma nhw'n rhuthro o'u seddau, a chydio yn Iesu a'i lusgo o'r adeilad. Aethant ag ef at ael y bryn serth yr adeiladwyd eu tref arno. Eu bwriad oedd ei daflu bendramwnwgl dros ochr y graig, ond llithrodd Iesu'n dawel drwy ganol y dorf ddig a mynd ymlaen ar ei daith heb anaf.

259
Ioan yn y carchar
Marc 6; Luc 7

Roedd Ioan Fedyddiwr wedi siarad yn blaen â'r tyrfaoedd o bobl gyffredin a heidiai i wrando arno. Bu mor ddewr â dweud y gwir plaen wrth y brenin Herod ei hun. (Roedd yr Herod hwn, a deyrnasai yng Ngalilea, yn fab i Herod Fawr, a orchmynnodd ladd babanod Bethlehem adeg geni Iesu.)

Dywedodd Ioan wrth Herod ei fod wedi gwneud rhywbeth drwg iawn pan gymerodd Herodias, gwraig ei frawd, a'i phriodi ei hunan. Er i'r geiriau bigo cydwybod Herod, edmygai ddewrder a gonestrwydd Ioan a'i ffordd syml o fyw. Roedd mor wahanol i rwysg a moethusrwydd bywyd ei balas.

Ond roedd ei wraig, Herodias, yn casáu Ioan. Pwy oedd y dyn hwn i ddweud wrthynt beth i'w wneud!

Drwy swnian digon ar Herod, fe lwyddodd yn y diwedd i garcharu Ioan. Gosododd Herod ef ym Machaerus, caer ddychrynllyd wedi'i chodi yn uchel ar graig. Ymhell oddi tani roedd y Môr Marw, ac nid oedd coeden werdd na glaswelltyn i'w gweld ar y llethrau serth ac unig.

Byw yn rhydd yn yr awyr agored fuasai bywyd Ioan. Nawr roedd wedi'i gadwyno i waliau daeargell dywyll, fyglyd.

Wrth orwedd yno, ddydd a nos, dechreuodd feddwl tybed nad breuddwydio yr oedd am y Brenin a oedd ar ddod. O'r diwedd anfonodd rhai o'i ffrindiau i chwilio am Iesu a gofyn y gwir iddo.

Wedi cyrraedd, gwelsant dyrfa o bobl glaf o amgylch Iesu. Roedd yn brysur yn rhoi eu golwg a'u clyw iddynt, ac yn eu galluogi i gerdded eto.

'Mae Ioan am wybod ai ti yn wir yw'r Meseia,' gofynnodd y ffrindiau.

'Ewch yn ôl at Ioan a dywedwch beth welsoch chi,' atebodd Iesu.

Roedd yn gwybod y byddai Ioan yn cydnabod fod ei weithredoedd rhyfeddol o iacháu yn arwyddion fod Duw ar waith a bod y Meseia a ddewisodd Duw wedi dod.

Wedi i ffrindiau Ioan fynd, siaradodd Iesu wrth y dyrfa am Ioan.

'Ys gwn i beth oeddech chi'n disgwyl ei weld pan aethoch i wrando ar Ioan,' meddai. 'Nid gŵr llys mewn gwisgoedd drud, ond negesydd gwir a gonest Duw. Ioan yw'r proffwyd mwyaf a fu erioed.'

260
Gwobr am ddawnsio
Marc 6

Aeth amser heibio ac roedd Ioan Fedyddiwr yn dal mewn cadwynau yn ei gell dywyll. Daeth diwrnod penblwydd Herod. Penderfynodd gael parti. Paratowyd digonedd o fwyd a diod a chafodd pawb o bwys wahoddiad i'r wledd.

Wedi i'r gwesteion fwyta ac yfed gymaint ag y gallent, dyma nhw'n gorwedd yn ôl yn barod i gael eu diddanu. Daeth Salome, merch brydferth Herodias, i'r neuadd a chynnig dawnsio o flaen y brenin a'r dynion oedd yn westeion iddo.

Swynwyd y gwylwyr gan hyfrydwch ei dawnsio. Pan ddistawodd y miwsig, disgynnodd Salome yn osgeiddig wrth draed y brenin. Bu curo dwylo gwyllt a gweiddi uchel. Gwridai Herod gan gyffro a chan effaith y gwin.

'Rhaid i ti gael gwobr am ddawnsio!' gwaeddodd. 'Dewis unrhyw beth ac rwy'n addo ei roi i ti.'

Heb ddweud gair llithrodd Salome'n dawel o'r ystafell a mynd i chwilio am ei mam. Am beth y dylai ofyn?

Nid oedd angen i Herodias aros i feddwl. 'Gofyn am ben Ioan Fedyddiwr,' gorchmynnodd i'w merch gyda boddhad sarrug.

Prysurodd Salome yn ôl i neuadd orlawn y wledd.

'Rho i mi ben Ioan Fedyddiwr ar lestr yn awr, ar unwaith,' meddai.

Daeth arswyd ar Herod. Roedd yn ofni lladd dyn mor dda. Ond byddai'n teimlo'n ffŵl petai'n torri ei addewid, a'i holl weision a'i wahoddedigion wedi clywed ei eiriau wrth Salome. Gyda gofid, anfonodd filwr i gell Ioan gyda'r gorchymyn i dorri ei ben.

Roedd Herodias yn fodlon. Roedd wedi llwyddo i ddistewi'r dyn a oedd wedi difetha ei hapusrwydd drwy sôn am y drwg a wnaeth.

Roedd ffrindiau Ioan yn drist iawn. Dyma nhw'n cymryd ei gorff yn dyner a'i gladdu'n barchus. Roedd Iesu'n drist hefyd. Roedd wedi caru Ioan yn fawr.

Gwersi yn yr awyr agored

📖 **261**
Y Bregeth ar y Mynydd
Mathew 5; Luc 6

Dangosodd yr arweinwyr crefyddol yn fuan iawn nad oeddynt am wrando ar beth oedd gan Iesu i'w ddysgu am Dduw. Roedd ganddynt eu syniadau eu hunain am Dduw a sut y gallent ei fodloni. Cadwent y gyfraith a roddodd Moses yn fanwl iawn, gan ychwanegu ati gannoedd o'u rheolau eu hunain.

Dysgai Iesu fod ein ffordd o feddwl ac o ymddwyn tuag at bobl eraill yn bwysicach na'r ffordd yr ydym yn golchi ein dwylo neu beth yr ydym yn ei fwyta.

Pan fyddai'r arweinwyr crefyddol yn gwrthod gadael i Iesu ddysgu yn y synagogau, byddai'n dysgu ei ddisgyblion, a'r tyrfaoedd a ddeuai i wrando arno, yn yr awyr agored.

Un diwrnod, pan oeddynt yn eistedd ar ochr y mynydd, dywedodd Iesu, 'Os ydych chi am fod yn blant i Dduw, rhaid i chi fod yn debyg iddo a gwneud fel y mae e'n gwneud. Mae Duw yn dda i bawb. Mae'n anfon yr haul a'r glaw i bawb – nid i'r rhai sy'n eu haeddu yn unig. Rhaid i chi fod yr un mor hael. Dangoswch gariad hyd yn oed i'r rhai sy'n sbeitlyd tuag atoch ac sy'n eich trin yn wael.'

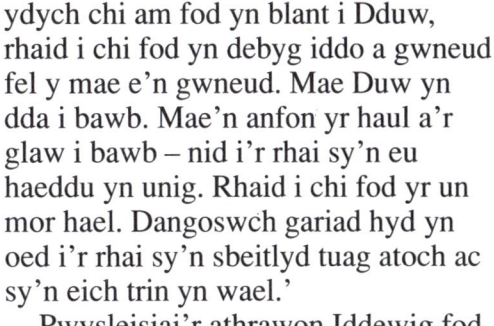

Pwysleisiai'r athrawon Iddewig fod yn rhaid cadw'r Deg Gorchymyn, gan gynnwys yr un sy'n dweud, 'Peidiwch â llofruddio.' Ond yn eu calonnau, roedd ganddynt feddyliau llofrudd yn erbyn Iesu. Dywedodd Iesu fod Duw yn gwybod beth sy'n mynd ymlaen yn ddwfn ym meddyliau pawb. Pan fydd yn gweld casineb a dicter yn ein calonnau, mae hynny yn ei olwg ef fel lladd. Mae Duw am i bobl fod yn iawn y tu mewn, yn ogystal â'r tu allan, lle y gall pawb weld.

'Mae'r person sy'n wirioneddol hapus,' ychwanegodd Iesu, 'yn gwybod mor fawr yw ei angen am gymorth a maddeuant Duw. Mae'n gwybod na fydd byth yn ddigon da i Dduw, eto mae am ei garu a'i blesio â'i holl galon. Bydd Duw yn digoni'r person hwnnw.

'Mae gwir lawenydd yn dod o fod yn garedig ac amyneddgar tuag at eraill, nid drwy wthio a hawlio pethau i ni ein hunain. Y rhai dedwydd yw'r rhai sy'n ceisio atal cwerylon a chreu heddwch.

'Mae'r person hapus yn gosod Duw yn gyntaf ac yn aros yn ffyddlon iddo, costied a gostio.

'Os bydd pobl yn eich erlid ac yn dweud pethau cas amdanoch chi am eich bod yn fy nilyn i, yna byddwch lawen! Mae gan Dduw wobr fawr i chi yn y nefoedd!'

262
'Dysg i ni weddïo!'
Mathew 6; Luc 11; Marc 11

Yn hwyr y nos ac yn gynnar y bore, pan fyddai'r disgyblion wedi blino'n lân, byddai Iesu'n mynd ar ei ben ei hunan i weddïo. Roedd yn amlwg fod ei angen ef am weddi yn fawr – yn gymaint â'u hangen hwy am gwsg.

Un diwrnod, dyma nhw'n gofyn iddo, 'Arglwydd, dysg *ni* sut i weddïo.'

'Mae'n bwysig gwybod sut i *beidio* â gweddïo hefyd,' esboniodd Iesu. 'Peidiwch â gwneud fel y rhai o'ch cwmpas, sy'n adrodd eu gweddïau er mwyn pobl eraill, ac nid er mwyn Duw. Maen nhw'n sefyll ac yn gweddïo'n uchel lle mae digon o bobl i'w clywed, er mwyn gwneud argraff arnynt. Peidiwch chi â gwneud hynny. Chwiliwch am le i weddïo lle nad oes neb yn eich gweld nac yn eich clywed ond Duw yn unig.

'Peidiwch â meddwl fod yn rhaid i'ch gweddïau fod yn llawn brawddegau hir a geiriau mawr cyn y bydd Duw yn gwrando. Peidiwch chwaith ag ailadrodd geiriau yn ddifeddwl. Mae Duw yn gwybod am eich anghenion cyn i chi weddïo. Ond y mae am i chi ddweud wrtho amdanyn nhw mewn geiriau gonest a phlaen.

'Dechreuwch weddïo trwy ddweud, "Ein Tad" – oherwydd mae Duw yn fawr a sanctaidd ac y mae hefyd yn Dad i chi.

'Yna dywedwch, "Sancteiddier dy enw. Deled dy deyrnas. Gwneler dy ewyllys ar y ddaear fel yn y nef." Rhaid i ogoniant Duw a'i deyrnas ddod yn gyntaf yn eich meddyliau ac yn eich gweddïau.

Yna gweddïwch am eich anghenion eich hunain: "Dyro i ni heddiw ein bara beunyddiol. Maddau inni y pethau a wnaethom nad oeddynt yn iawn, fel y maddeuwn ni i'r rhai a fu'n gas tuag atom. Cadw ni rhag temtasiwn. Ond, beth bynnag sy'n digwydd, gwared ni rhag y drwg."

'Peidiwch byth ag anghofio ei bod hi'n amhosibl gofyn i Dduw faddau i chi os nad ydych chi'n barod i faddau i eraill. Dim ond pan fydd cariad a maddeuant yn eich calonnau tuag at eich gilydd y bydd Duw yn eich gwrando ac yn maddau i chi.

'A gofalwch beidio â dod at Dduw yn llawn amheuon. Credwch ei fod yn gwrando arnoch a'i fod am ateb eich gweddïau yn y ffordd orau posibl.'

263
Y ddau weddïwr
Luc 18

Roedd yna ddau fath o bobl – rhai gwahanol iawn i'w gilydd – yn y dyrfa fawr a wrandawai ar Iesu, sef y Phariseaid a'r bobl gyffredin.

Safai'r Phariseaid ychydig o'r neilltu â'u gwisgoedd wedi'u cau'n ofalus amdanynt. Treulient lawer o'u hamser yn cadw pob rheol fechan yr oeddynt wedi'u hychwanegu at gyfraith Duw dros y blynyddoedd.

Er bod y mwyafrif ohonynt yn ddynion da, roeddynt hefyd yn bobl falch. Credent fod Duw yn meddwl eu bod yn well o lawer na'r werin bobl a wrandawai'n gegagored ar Iesu, gan gredu pob gair a ddywedai.

Edrychodd Iesu ar y ddau fath o wrandawr a dywedodd y stori hon wrthynt:

'Aeth dau ddyn i'r deml i weddïo. Pharisead oedd y naill, a'r llall yn gasglwr trethi. Gofalodd y Pharisead sefyll yn ddigon pell oddi wrth y casglwr trethi a dechreuodd weddïo wrtho'i hun fel hyn: "O Dduw, rwy'n diolch i ti nad wyf yn drachwantus nac yn anonest, nac yn berson sy'n torri dy orchmynion fel pawb arall. Diolchaf nad wyf fel y casglwr trethi draw acw. Rwy'n ymprydio ddwywaith bob wythnos ac yn rhoi i ti'r ddegfed ran o bopeth a gaf."

'Safodd y casglwr trethi o hirbell. Plygai ei ben mewn cywilydd oherwydd ei ddrygioni a gweddïodd, "O Dduw, gwranda arnaf a helpa fi! Rwy'n gwybod fy mod i'n ddrwg – bydd drugarog wrthyf fi, bechadur!"

'Rwy'n dweud wrthych,' meddai Iesu'n bendant, 'mai'r casglwr trethi oedd yr un a aeth adref wedi cael maddeuant Duw. Ef oedd yr un yr oedd Duw wedi'i wrando a'i dderbyn – nid y Pharisead.

'Bydd pob un sy'n ei wneud ei hun yn fawr a phwysig yn cael ei ddarostwng. Ond bydd y rhai sy'n cydnabod eu hangen yn cael eu dyrchafu gan Dduw.'

264
Cyfaill ganol nos
Luc 11

'Pan fyddwch yn gweddïo ar Dduw,' meddai Iesu wrth ei ddisgyblion, 'dywedwch yn union beth yw'ch angen. Gofynnwch a bydd yn rhoi i chi; chwiliwch amdano ac fe'i cewch; curwch a bydd Duw ei hun yn agor y drws.

'Dychmygwch gael eich deffro ganol nos gan hen gyfaill sydd am gael bwyd ac ychydig o orffwys ar ei daith. Ond does dim bwyd ar ôl yn y tŷ. Felly i ffwrdd â chi i dŷ cymydog i fenthyg peth.

'Rydych chi'n curo'n galed ar y drws ac yn gweiddi, "Mae ffrind i mi wedi cyrraedd a does gen i ddim tamaid o fara yn y tŷ. Os gweli di'n dda, ga i fenthyg tair torth?"

'Does dim ateb. Yna, wrth i chi barhau i guro, fe glywch lais cysglyd yn cwyno, "Dos i ffwrdd! Rydyn ni i gyd yn y gwely a'r cyfan wedi'i gloi am y nos. Alla i ddim codi nawr i roi dim i ti!"

'Ond rydych chi'n gwrthod mynd ac yn parhau i guro a gofyn, am fod yn rhaid i chi gael bwyd i'ch cyfaill.

'Ymhen hir a hwyr, mae'r dyn yn codi ac yn gwthio'r torthau i'ch dwylo – dim ond er mwyn iddo gael tipyn o heddwch. Gyda gwên lydan a diolch, rydych chi'n brysio adref at eich ffrind newynog.

'Cofiwch,' gorffennodd Iesu, 'mor wahanol yw hi pan weddïwch ar Dduw. Cafodd y dyn a oedd yn amharod i roi torth ei berswadio yn y diwedd am fod ei gymydog yn para i ofyn. Ond rydych chi, wrth weddïo, yn dod at Dad nefol, cariadus – un sy'n barod iawn i wrando arnoch a rhoi i chi'r pethau y mae arnoch eu hangen!'

265
Adeiladu'n gywir
Mathew 7

'Un tro,' meddai Iesu, 'dechreuodd dau ddyn godi tŷ newydd iddyn nhw'u hunain a'u teuluoedd. Cyn i'r cyntaf ddechrau adeiladu, dewisodd ei safle'n ofalus. Daeth o hyd i fan lle roedd silff o graig gadarn o dan y pridd a chododd ei dŷ yno. Daeth y gaeaf. Curodd y gwynt a'r glaw yn erbyn y tŷ, ond safodd yn gadarn am fod ei sylfaen ar y graig.

'Wnaeth y dyn arall ddim aros i feddwl am sylfaen. Dewisodd le gwastad, cysgodol a edrychai'n fan dymunol iawn ar gyfer ei gartref. Ni welodd ei fod yn adeiladu ar wely afon a oedd wedi sychu dros yr haf.

'Roedd popeth yn iawn am gyfnod. Ond cyn hir daeth glawogydd y gaeaf. Chwythodd y gwynt a dechreuodd y man gwastad, tywodlyd, lanw â dŵr. Rhuthrodd y dŵr o dan sylfeini'r tŷ, ac mewn fawr o dro roedd wedi cwympo i'r llif.'

Edrychodd Iesu ym myw llygaid y disgyblion, a fu'n gwrando mor astud ar yr hyn oedd ganddo i'w ddweud.

'Byddwch yn ddoeth,' rhybuddiodd. 'Adeiladwch eich bywyd yn y ffordd rwyf i'n eich dysgu. Os ufuddhewch i'm geiriau i, fe fyddwch fel y dyn doeth a gododd ei dŷ ar graig. Fydd dim byd yn eich siglo. Byddwch yn sefyll yn gadarn.

'Ond os na chymerwch sylw o'm geiriau, gan fyw yn eich ffordd eich hunain, fe fyddwch fel y dyn ffôl. Am na ofalodd ddod o hyd i sylfaen ddiogel, fe syrthiodd ei dŷ braf yn deilchion.

'Pan ddaw trafferthion a rhwystrau, bydd eich bywyd chithau'n torri'n ddarnau os nad oes sylfaen gadarn iddo. Adeiladwch eich bywydau yn ddoeth, drwy ufuddhau i'r hyn rwy'n ei ddysgu a gwneud yr hyn rwy'n ei ddweud.'

Gelynion Iesu

📖 **266**
I lawr drwy'r to
Marc 2

Roedd pawb yn dechrau siarad am yr athro newydd a oedd yn gwneud ac yn dweud pethau mor rhyfeddol.

Yn fuan wedi i Iesu ddod yn ôl i Gapernaum, aeth y tŷ bychan lle y dysgai yn orlawn o bobl.

Gwasgai'r dyrfa oddi allan mor agos â phosibl at y drws agored, er mwyn ceisio gweld a chlywed popeth.

Daeth pedwar dyn yn araf i lawr y ffordd. Cydiai pob un yng nghornel matras.

Ar y fatras gorweddai dyn claf.

Wrth nesu at y tŷ, ceisient wthio'u ffordd drwy'r dyrfa, ond nid oedd neb yn fodlon sefyll yn ôl a gadael iddynt fynd heibio.

Am funud dyma nhw'n rhoi eu baich i lawr i feddwl beth i'w wneud nesaf. Roeddynt yn benderfynol o gael eu ffrind at Iesu rywsut neu'i gilydd.

Yn sydyn cafodd un ohonynt syniad. Dringodd y grisiau y tu allan i'r tŷ nes cyrraedd y to gwastad, a dechreuodd grafu'r pridd caled a oedd rhwng trawstiau llydain y to.

Daeth twll bach i'r golwg.

'Ardderchog!' meddai wrtho'i hun. Byddai'n ddigon hawdd trwsio'r to pridd yn nes ymlaen.

Rhoddodd arwydd i'w ffrindiau ddod i'w helpu. Cyn hir roeddynt wedi gwneud twll digon mawr i'w ffrind a'i fatras wasgu drwyddo.

Yna daeth y gwaith anodd o'i gario i fyny'r grisiau. Pan oedd y pedwar ohonynt yn barod, dyma nhw'n gollwng eu ffrind yn ofalus drwy'r twll yn y to, gan lywio'r fatras yn fedrus i'r llawr, yn union wrth draed Iesu.

Chwerthin a wnaeth rhai yn y dyrfa wrth weld y dyn yn ymddangos mor annisgwyl, ond gwgu a wnaeth yr arweinwyr crefyddol a oedd yno, am fod y dynion wedi bod mor ddigywilydd â thorri ar draws eu sgwrs bwysig.

Gwenodd Iesu. Roedd wrth ei fodd fod gan y pedwar ffrind gymaint o ffydd ynddo nes troi pob carreg er mwyn cael ffordd i ddod â'u ffrind claf ato am gymorth.

267
Pwy all faddau pechod?
Marc 2

Gwyliai'r dorf yn yr ystafell yn eiddgar. Roeddynt am weld Iesu'n cyflawni gwyrth â'u llygaid eu hunain. Ond, gan droi at y dyn a orweddai'n llonydd a llwyd ar y fatras wrth ei draed, meddai Iesu, 'Fy mab, mae dy bechodau wedi'u maddau.'

Er nad oedd Iesu erioed wedi gweld y dyn o'r blaen, gwyddai fod arno angen rhywbeth mwy na iachâd o'i salwch. Mae'n bosibl fod y dyrfa wedi cael ei siomi, ond teimlodd y dyn claf lawenydd a rhyddhad. Roedd y beiau a fu'n gwasgu mor hir ar ei gydwybod wedi diflannu drwy nerth Iesu.

Cafodd yr arweinwyr crefyddol fraw!

'Sut y mae'n meiddio maddau i'r dyn yma?' sibrydodd y naill wrth y llall. 'Duw yw'r unig un sy'n gallu maddau pechod. Pwy mae e'n feddwl yw e?'

Roedd Iesu'n gwybod yn union beth oedd yn eu meddyliau ac am beth yr oeddynt yn sibrwd, ac atebodd eu cwestiwn yn uchel.

'Pan ddywedaf, "Rwy'n maddau dy bechodau", does dim modd profi fy mod wedi gwneud. Ond os iachâf gorff y dyn yma hefyd, fe gewch chi weld fy ngallu ar waith.'

'Cod!' meddai Iesu wrtho. 'Cymer dy fatras a dos adref!'

Yna dyma'r dyn, na allai gerdded na symud cyn hynny, yn codi ar ei draed ac yn plygu i godi ei fatras. Gyda gwên lydan ar ei wyneb, gwthiodd drwy'r dyrfa ac allan drwy'r drws.

Os yw Iesu'n gallu iacháu dyn wedi'i barlysu fel yna, meddyliai'r dorf, efallai'n wir y gall faddau pechodau hefyd.

268
Nid ar y Saboth!
Marc 3

Roedd ffordd Iesu o ddysgu deddfau Duw yn wahanol iawn i ffordd arweinwyr crefyddol yr Iddewon.

Enw un garfan o'r rhain oedd y Phariseaid – enw sy'n golygu 'y rhai ar wahân'. Eu nod oedd cadw ar wahân oddi wrth bawb a phopeth nad oedd yn bur yn ôl eu rheolau hwy.

Ceisient eu gorau glas i fod yn dda. Dros y blynyddoedd ychwanegwyd llawer o reolau at y gyfraith a roddodd Duw drwy Moses. Ceisiai'r Phariseiad gadw pob manylyn ohonynt.

Roedd cannoedd o reolau wedi'u hychwanegu at y gorchymyn sy'n dweud, 'Cofiwch gadw'r dydd Saboth yn sanctaidd.'

Dysgai'r Phariseaid nad oedd neb i wneud unrhyw beth y byddent *hwy* yn ei alw'n waith ar y Saboth.

Roedd iacháu yn waith, ac felly nid oedd neb yn cael galw'r meddyg oni bai fod y claf yn debyg o farw cyn diwedd y dydd.

Un Saboth, daeth Iesu i mewn i'r synagog a gweld dyn â'i law wedi gwywo. Ni allai ei defnyddio i wneud ei waith ac ennill ei fywoliaeth.

Gwyliai'r Phariseaid Iesu â llygaid barcud. A fyddai'n torri eu rheolau drwy wella'r dyn yna?

Roedd Iesu'n gwybod yn union beth oedd yn eu meddwl. Bu eisoes mewn helynt gyda'r Phariseaid am beidio â gofalu fod ei ddisgyblion yn cadw eu rheolau. Galwodd ef y dyn ymlaen. Yna trodd i wynebu'r bobl a gofyn cwestiwn iddynt.

'Ydych chi'n credu mai diwrnod i helpu eraill yw'r Saboth neu ddiwrnod i wneud cam â nhw?' gofynnodd. 'P'run y mae ein cyfraith ni yn gofyn i ni ei wneud?'

Nid atebodd neb. Roeddynt yn gwybod fod y syniad cywir am gyfraith Duw gan Iesu, ond ofnent eu harweinwyr.

Yna edrychodd Iesu yn ddig ac yn drist ar wynebau caled y Phariseaid. Gwyddai nad oeddynt am helpu'r dyn. Chwilio am esgus i'w gael i drafferth oedd eu bwriad. Ond nid oedd Iesu yn eu hofni.

'Estyn dy law!' meddai wrth y dyn. Ar unwaith gwelodd y dyn fod y llaw a oedd wedi gwywo cystal bob tamaid yn awr â'r llaw arall.

Cododd y Phariseaid a cherdded allan. Byddent yn chwilio am eraill i ymuno â hwy yn eu hymgais i gael gwared ar Iesu.

269
'Mae'n wallgof!'
Marc 3

Roedd Iesu'n cael ei gadw'n brysur o fore gwyn tan nos. Deuai pobl yn ddi-ben-draw i'w wylio ac i wrando arno, a deuai tyrfaoedd i gael cymorth ganddo.

Deuai mamau a thadau gan gario plant sâl. Câi'r rhai a oedd yn rhy wael i gerdded a'r rhai a oedd yn methu gweld, gymorth i ddod gan ffrindiau. Deuai eraill dan hercian i gael eu gwella gan Iesu.

Bu'r disgyblion wrthi'n ddi-baid yn helpu Iesu ac yn gweld fod pawb yn cael dod ato yn ei dro. Erbyn y diwedd, nid oedd amser hyd yn oed i gael pryd o fwyd.

Roedd y rhan fwyaf o'r bobl gyffredin yn caru Iesu. Ni fyddai'n eu ceryddu a'u dirmygu fel y gwnâi'r Phariseaid. Yn hytrach, dywedai fod Duw yn eu caru. Ond credai rhai y dylai Iesu fod wedi aros yn siop y saer.

'Dydyn ni ddim yn gwybod beth sydd wedi dod drosto,' meddent wrth Mair a'r lleill o'r teulu. 'Mae'n rhaid ei fod allan o'i bwyll!'

Roedd yr athrawon Iddewig yn Jerwsalem wedi clywed llawer am Iesu erbyn hyn a daethant i wrando arno.

Roeddynt yn eiddigeddus ohono am ei fod yn boblogaidd ac o achos y pethau rhyfeddol a wnâi. Roeddynt hefyd yn ei gasáu oherwydd yr hyn a ddysgai am Dduw.

Yn lle cyfaddef fod Duw yn rhoi nerth i Iesu helpu a iacháu, buont yn lledu'r celwydd fod ei nerth yn dod oddi wrth Satan.

Galwodd Iesu hwy ato a dweud, 'Oes yna synnwyr mewn dweud fod Satan yn ymladd yn ei erbyn ei hun? Mae salwch corff a meddwl yn dod oddi wrth Satan, yr un sydd am roi poen a thristwch. Felly, a fyddai ef yn cael gwared arnynt fel y gwnaf i?

'Rydych chi wedi gweld Duw ar waith ac wedi camgymryd ei waith am waith Satan. Dyma bechod nad yw'n bosibl ei faddau. Fe ddes i i ryddhau pobl o afael Satan drwy nerth Duw.'

Storïau am deyrnas Dduw

📖 270
Hau had
Marc 4

Roedd y bobl yn gwthio ac yn gwasgu i ddod yn agos at Iesu wrth iddo'u dysgu ar lan Môr Galilea. Felly dringodd Iesu i gwch a gwthiodd y disgyblion ef allan ychydig, fel y gallai pawb ei weld.

'Gwrandewch,' meddai Iesu.

'Aeth ffermwr allan i hau ei had. Gwasgarodd yr had wrth gerdded ar draws ei gae.

'Syrthiodd peth had ar y llwybr caled. Disgynnodd yr adar a'i fwyta.

'Syrthiodd peth ar dir creigiog, lle nad oedd llawer o bridd odano. Tyfodd yr had yn gyflym yno, ond am na allai wreiddio'n ddwfn, cyn hir roedd wedi crino a marw yng ngwres yr haul.

'Syrthiodd peth had i ganol y drain ar ymyl y cae. Wrth dyfu, cafodd ei dagu gan y drain gwydn.

'Ond syrthiodd peth o had y ffermwr mewn pridd ffrwythlon. Cafodd gynhaeaf da o'r had yma.'

Wedi eiliad o dawelwch ychwanegodd Iesu, 'Os oes gennych chi glustiau, defnyddiwch nhw!'

'Wyddon ni ddim beth yw ystyr y stori,' cwynodd y disgyblion yn nes ymlaen. 'Sut y gallwn ni ddefnyddio ein clustiau os nad ydyn ni'n deall beth a glywn?'

'Rwy'n dweud storïau,' meddai Iesu, 'er mwyn i'r rhai sy'n awyddus i ddysgu am dcyrnas Dduw ddod i wybod llawer amdani. Ond bydd pobl sydd yn llawn chwilfrydedd yn unig, rhai nad ydynt mewn gwirionedd am glywed neges Duw ac ufuddhau iddi, yn aros heb ddeall.

'Fe esboniaf y stori hon i chi. Y ffermwr yw'r un sy'n gwasgaru neges Duw. Yr had yw neges Duw, sydd bob amser yn dda. Ond mae'n disgyn ar glyw gwahanol fathau o wrandawyr.

'Mae gan rai ohonynt galonnau a meddyliau caled. Nid ydynt am dderbyn gair Duw. Maen nhw'n debyg i'r llwybr caled. Yn fuan mae Satan yn gwneud iddyn nhw anghofio'r neges.

'Mae eraill fel y tir creigiog. Ar y cychwyn maen nhw'n falch o dderbyn gair Duw. Ond pan fydd ufuddhau yn mynd yn anodd ac yn gostus, maen nhw'n rhoi'r gorau iddi.

'Mae'r had a syrthiodd i ganol y drain yn debyg i bobl sydd â'u bywydau'n llawn o'u gofalon a'u hanghenion eu hunain. Caiff gair Duw ei dagu'n fuan ganddynt.

'Ond mae gan rai pobl galonnau a meddyliau sy'n barod i dderbyn gair Duw ac ufuddhau iddo. Maen nhw fel y pridd da. Mae eu ffordd o fyw yn dangos hynny. Dyna beth mae Duw'n ei alw'n gynhaeaf da!'

271
Gwneud bara

Mathew 13

Roedd yr arweinwyr crefyddol yn credu eu bod yn gwybod y cyfan am Dduw. Pan fyddai Iesu'n siarad â nhw byddai'n defnyddio'r un geiriau a dadleuon â hwy. Ond pan ddysgai'r bobl gyffredin, byddai'n esbonio teyrnas Dduw trwy storïau.

Rydym yn galw'r storïau hyn yn 'ddamhegion', oherwydd (os meddyliwn yn galed) gallwn weld ynddynt ryw bethau sy'n wir am deyrnas Dduw. Mae pob stori yn ddarlun i'n helpu i ddeall mwy am deyrnas Dduw.

Dywedodd Iesu un diwrnod, 'Mae teyrnas Dduw yn debyg i wraig yn gwneud bara.'

Roedd pawb yn deall hyn, gan fod y mamau yn y dyrfa yn gwneud bara bob dydd a'r plant yn eu helpu. Roedd y dynion hefyd wedi gwylio eu mamau'n pobi pan oeddynt yn fach.

'Fe wyddoch chi sut mae'n ei wneud,' meddai Iesu. 'Mae'n rhoi blawd mewn dysgl bridd fawr ac yn cymryd darn bach o furum a'i gladdu yn y blawd. Cyn hir, mae rhywbeth rhyfeddol yn digwydd. Mae'r toes yn dechrau gweithio a chodi nes ei fod wedi dyblu yn ei faint.

Mae hyn yn debyg i deyrnas Dduw. Mae Duw ar waith yn y dirgel. Efallai na welwch chi sut mae'n digwydd, ond bydd bywydau'n cael eu newid yn llwyr a bydd teyrnas Dduw'n tyfu a thyfu drwy allu Duw.'

272
Darganfod trysor
Mathew 13

Roedd pawb yn glustiau i gyd! Roedd Iesu'n mynd i ddweud stori arall am deyrnas Dduw.

'Rhyw dro,' meddai, 'tra oedd dyn yn cloddio yn y cae lle'r anfonwyd ef i weithio, trawodd ei raw yn erbyn rhywbeth caled. Plygodd i symud y pridd a gwelodd lestr yn llawn trysor. Cwympodd darnau arian a thlysau aur i'r ddaear, gan ddisgleirio yn yr haul.

'Prysurodd y dyn i gladdu'r trysor eto, er mwyn ei guddio. Pwysodd ar ei raw a meddwl yn gyflym. Pe gallai brynu'r cae, ef fyddai piau'r trysor.

'Roedd yn gwybod y byddai'n costio'r cyfan oedd ganddo. Ond aeth a gwerthu popeth er mwyn prynu'r cae. Roedd yn werth pob ceiniog! Roedd bellach yn berchen ar drysor mawr.'

Prin yr oedd Iesu wedi gorffen, pan alwodd un o'r plant yn y dyrfa arno, 'Dywed stori arall, os gweli di'n dda!'

Gwenodd Iesu a dechrau eto.

'Unwaith roedd yna farsiandïwr a werthai berlau drud. Teithiai i'r marchnadoedd ym mhob porthladd, ymhell ac agos, i ychwanegu at ei gasgliad ardderchog. Un diwrnod gwelodd berl a oedd mor fawr a phrydferth nes gwneud iddo ddal ei anadl. Nid oedd erioed wedi gweld un tebyg iddo. Gofynnodd am gael edrych yn fanylach, ac wrth ei ddal yn ei law, sylweddolodd ei fod wedi darganfod y perl perffaith. Nid oedd nam arno.

'Pan ofynnodd ei bris, roedd yn gwybod, er mor gyfoethog ydoedd, mai'r unig ffordd y gallai gael digon o arian i'w brynu oedd trwy werthu pob perl arall a oedd ganddo. A dyna a wnaeth. Roedd raid iddo gael y perl perffaith.'

Dechreuodd rhai o wrandawyr Iesu ddeall ychydig mwy am deyrnas Dduw. Byddai perthyn iddi, a chael Iesu'n frenin, yn rhywbeth mor wych fel na allai unrhyw beth arall gymharu ag ef. Byddai cael Iesu yn golygu cael y peth mwyaf gwerthfawr yn y byd.

273
Y wledd fawr
Luc 14

Roedd pob Iddew da yn dyheu am y dydd y byddai teyrnas Dduw yn dechrau ar y ddaear. Gwelent yr amser hwnnw fel gwledd fawr, hir – ond gwledd i Iddewon yn unig.

Un diwrnod, pan oedd Iesu'n cael cinio gydag Iddew crefyddol iawn, dywedodd gwestai arall, 'Dyna braf fydd cael bod yng ngwledd Duw, pan fydd ei deyrnas wedi dod!'

'Gadewch imi ddweud stori wrthych chi,' meddai Iesu.

'Un tro, trefnodd dyn wledd fawr. Gwahoddodd lawer o bobl iddi. Pan oedd popeth yn barod, dywedodd wrth ei was, "Dos a galw'r gwesteion i'r wledd!"

'Roedd y gwestai cyntaf ar y ffordd allan o'i dŷ. "Dywed wrth dy feistr na allaf ddod i'w wledd," meddai. "Rwyf newydd brynu cae ac rwy'n mynd i gael golwg arno."

'Roedd yr ail westai ar y rhestr yr un mor brysur. "Does gen i ddim amser i ddod," meddai. "Rwyf newydd brynu ychen a rhaid i mi eu gweld nhw'n aredig."

'Daeth y gwas siomedig at y trydydd tŷ. "Rwyf newydd briodi," cyhoeddodd y perchennog. "Go brin y bydd yn disgwyl i *mi* ddod."

'Cafodd y naill esgus ar ôl y llall gan y gwesteion a wahoddwyd. Nid oedd neb am gadw ei addewid i fod yno. Dychwelodd y gwas adref yn drist.

'Pan glywodd y meistr beth oedd wedi digwydd, roedd yn ddig. "Mae yna ddigon o bobl a fyddai'n falch o gael dod i'r wledd," meddai wrth y gwas. "Dos a'u gwahodd *nhw*. Chwilia strydoedd cefn y dref am yr holl bobl dlawd a newynog a thyrd â nhw yma."

'Mewn fawr o dro dychwelodd y gwas gyda rhes o bobl denau, garpiog. Cafodd pob un ohonynt groeso gan y meistr. Ond wedi i bawb eistedd o gwmpas y bwrdd mawr, llwythog o fwyd, roedd yna seddau gwag o hyd.

' "Rwyf am lenwi pob sedd," meddai'r meistr wrth y gwas. "Dos allan i ffyrdd y wlad a thyrd â'r crwydriaid yn ôl gyda thi. Yna bydd fy ngwledd yn gyflawn."

'Daeth cysgod dros ei wyneb caredig wrth iddo ychwanegu, "Ond ni fydd yr un o'r gwesteion a wahoddais gyntaf yn cael rhannu fy ngwledd." '

Bu tawelwch anniddig wrth i Iesu orffen ei stori. Ai dweud yr oedd Iesu y gallai Iddewon crefyddol da, golli gwledd teyrnas Dduw? A fyddai Duw yn hytrach yn croesawu'r union bobl yr oeddynt hwy yn eu dirmygu?

Iesu, Ffrind mewn angen

📖 **274**
Y storm ar y llyn
Marc 4

Roedd wedi bod yn ddiwrnod hir, blinedig. Bu Iesu'n dysgu ac yn iacháu'r dyrfa ar lan y llyn er y bore bach. Nawr roedd y nos yn agosáu.

'Gadewch i ni groesi'r llyn,' meddai Iesu. Dringodd y disgyblion yn ddiolchgar i'r cwch a pharatoi'r hwyliau. Cychwynnodd y rhan fwyaf o'r bobl ar eu taith adref.

'Eistedd yma ar y glustog yng nghefn y cwch, Feistr,' meddai'r disgyblion wrth Iesu.

Gyda physgotwyr i hwylio'r cwch, roedd Iesu mewn dwylo da. Cyn gynted ag y rhoddodd ei ben ar y glustog, roedd yn cysgu'n drwm. Cododd y disgyblion yr angor a hwyliodd y cwch yn dawel i'w thaith.

Ond ofnai hyd yn oed y pysgotwyr mwyaf profiadol y stormydd a allai godi mewn ychydig amser ar Fôr Galilea. Yn sydyn dechreuodd y gwynt ubain fel anifail gwyllt. Cododd y tonnau, gan dorri dros ochrau'r cwch. Roedd y llyn llonydd wedi troi'n grochan berwedig.

Gweithiai'r disgyblion â'u holl egni i daflu'r dŵr allan. Ond er gwaethaf eu hymdrech, llifai mwy a mwy o ddŵr i mewn dros ochrau'r cwch. Cyn hir byddai'r cwch yn llenwi ac yn suddo.

Troesant i chwilio am Iesu. Er eu syndod gwelsant ei fod yn dal i gysgu. Cydiodd dau ohonynt yn ei ysgwydd.

'Deffro!' gwaeddasant uwchlaw sŵn y gwynt. 'Wyt ti ddim yn poeni ein bod ni i gyd yn mynd i foddi?'

Safodd Iesu ar ei draed a dweud wrth y gwynt tymhestlog, 'Bydd dawel!' Yna edrychodd ar y tonnau.

'Byddwch yn llonydd!' meddai wrthynt. Ar unwaith, gostegodd y gwynt a thawelodd y tonnau.

Yna trodd Iesu at ei ddisgyblion.

'Pam oeddech chi mor ofnus?' gofynnodd. 'Onid oeddech chi'n ymddiried ynof fi?'

Nid oedd ganddynt ateb. Roedd yr hyn a wnaethai Iesu wedi rhoi cymaint o fraw iddynt â'r storm ei hun.

'Pwy yw hwn?' sibrydent wrth ei gilydd. 'Pwy erioed a glywodd am ddyn yn rhoi gorchymyn i'r gwynt a'r tonnau, a'r rheini'n ufuddhau iddo?'

275
Dyn gwallgof
Marc 5

Yn fuan roedd Iesu a'i ddisgyblion wedi croesi'n ddiogel i ochr draw'r llyn. Nid oedd unrhyw dyrfaoedd yno, ond yn sydyn clywsant sgrech yn torri drwy'r awyr. Yna daeth sgrech ar ôl sgrech, a'r sŵn yn nesáu o hyd.

Roedd y disgyblion wedi clywed storïau am ddyn gwallgof a yrrwyd o'r dref i fyw ymysg y beddau yn y bryniau oddi amgylch. Ni fu unrhyw gadwynau yn ddigon cryf i'w atal rhag gwneud niwed iddo'i hun.

Closiodd y disgyblion at ei gilydd wrth i'r dyn ddod i'r golwg. Syllai ei lygaid yn wyllt. Roedd ei wallt yn glymau blêr a'i gorff noeth yn friwiau a chleisiau drosto i gyd.

Nid oedd ofn ar Iesu. Cerddodd tuag ato ac ar unwaith rhedodd y dyn gan syrthio ar ei liniau o'i flaen.

'Paid â'm poenydio, Iesu!' cwynfanodd. 'Fe wn i pwy wyt ti. Ti yw Mab y Duw Goruchaf!'

Tosturiodd Iesu wrth y dyn. Gwyddai nad arno ef yr oedd y bai am ymddwyn fel y gwnâi. Gallu drwg Satan oedd wedi'i feddiannu.

'Beth yw dy enw?' gofynnodd.

'Lleng,' atebodd y dyn, 'am fod lleng o gythreuliaid y tu mewn i mi.'

'Gythreuliaid drwg, dewch allan o'r dyn yma,' gorchmynnodd Iesu.

Roedd cenfaint o foch yn pori ar y llechwedd gerllaw. 'Anfon ni i'r moch acw,' meddai'r cythreuliaid.

'O'r gorau,' cytunodd Iesu. 'Cewch fynd i mewn i'r moch.'

Y funud honno, rhuthrodd y moch bendramwnwgl i lawr y bryn, gan syrthio ar eu pennau i'r llyn.

Gwyddai'r dyn yn awr fod Iesu wedi'i ryddhau o allu Satan am byth. Roedd yr olwg wyllt wedi diflannu o'i lygaid. Gwenodd ar Iesu.

Cododd Iesu ef ar ei draed ac aeth y disgyblion ag ef at y llyn, iddo gael golchi ei wyneb a'i wallt. Rhoddodd un ohonynt glogyn iddo i'w wisgo.

Yn y cyfamser, rhuthrodd perchnogion y moch i'r dref i ddweud wrth bawb beth oedd wedi digwydd. Cyn hir daeth nifer i weld drostynt eu hunain.

Dyma nhw'n syllu mewn syndod ar eu dyn gwallgof yn eisteddd yn dawel ac wedi'i wisgo, yn sgwrsio â'i gyfeillion newydd. Ond ni chafodd Iesu groeso ganddynt. Nid oeddynt am gael y person rhyfedd hwn, a allai yrru eu moch i'r llyn, yn eu plith.

'Wnei di fynd i ffwrdd, os gweli di'n dda?' meddent wrth Iesu.

Yn ddiymdroi, dychwelodd y criw bach i'w cwch.

'Gadewch i mi ddod hefyd,' ymbiliodd Lleng.

'Mae arna i dy angen di yma,' meddai Iesu wrtho'n dyner. 'Gelli di fy ngwasanaethu orau drwy ddweud wrth y bobl o'th gwmpas pa mor garedig y bu Duw wrthyt ti, a thrwy adael iddynt weld cymaint y mae wedi'i wneud drosot.'

313

276
Dau berson pwysig
Marc 5

Pan gyrhaeddodd Iesu a'i ffrindiau yn ôl i ochr brysur y llyn, dechreuodd tyrfa fawr gasglu ynghyd. Gwasgai pawb ymlaen er mwyn bod yn nes at Iesu, ond wrth iddynt weld un dyn arbennig yn ceisio dod ato, dyma nhw i gyd yn camu i'r naill ochr.

Roeddynt wedi adnabod Jairus, llywydd eu synagog. Roedd yn ddyn pwysig iawn yn y dref.

Wrth i'r dyrfa wahanu, rhedodd Jairus at Iesu a phlygu'n isel wrth ei draed.

'Wnei di ddod ar frys, os gweli di'n dda?' gofynnodd yn daer. 'Mae fy merch fach yn wael iawn. Bydd wedi marw os na ddôi di'n fuan.'

Trodd Iesu ar unwaith a dechrau dilyn Jairus. Gwthiodd y dyrfa ymlaen gyda nhw. Wrth i Jairus droi'n ôl i wneud yn sicr fod Iesu'n agos ato, safodd Iesu'n sydyn.

'Pwy gyffyrddodd â mi?' gofynnodd.

'Wel, am gwestiwn i'w holi yng nghanol y fath dyrfa!' meddai'r disgyblion. 'Mae pawb yn pwyso yn dy erbyn!'

Ond roedd Iesu'n dal i ddisgwyl, a'i lygaid yn edrych ar y naill wyneb ar ôl y llall yn y dyrfa. O'r diwedd, dyma wraig fach welw yr olwg yn camu ymlaen yn ofnus. Crynai wrth iddi blygu wrth draed Iesu.

'Fi oedd y person wnaeth gyffwrdd â thi,' meddai. 'Roeddwn yn sicr y byddwn yn cael fy ngwella pe bawn yn gwneud hynny.'

'Dywed dy stori wrthyf,' meddai Iesu.

'Rwyf wedi bod yn dioddef ers deuddeng mlynedd,' meddai'r wraig. 'Rwyf wedi gwario pob ceiniog goch oedd gennyf ar feddygon, ond yn lle gwella, rwyf wedi mynd yn waeth. Roeddwn yn credu y cawn fy iacháu, dim ond i mi gyffwrdd â'th ddillad – a dyna a ddigwyddodd!'

Edrychodd Iesu'n garedig arni. Roedd hithau cyn bwysiced yng ngolwg Duw â'r llywydd Jairus.

'Fy merch,' meddai'n dawel, 'mae dy ffydd ynof wedi dy iacháu. Dos i ddechrau ar fywyd newydd o iechyd a thangnefedd.'

Gwyliodd Iesu hi'n diflannu'n gyflym o'r dyrfa a chychwyn tuag adref. Roedd ei hwyneb yn llawn o lawenydd a diolchgarwch.

277
Codi o farw
Marc 5

Tra oedd Iesu'n rhoi ei holl sylw i'r wraig a oedd wedi cyffwrdd â'i ddillad, bu cyffro gerllaw. Wrth i Jairus aros yno ar bigau drain, daeth rhai o'i weision ato â'r newydd yr oedd wedi ofni ei glywed.

'Mae dy ferch wedi marw,' meddent. 'Does dim diben poeni Iesu bellach.'

Jairus druan! Suddodd ei galon. Roedd wedi ceisio mor galed i gael Iesu i ddod cyn iddi fynd yn rhy hwyr. O, pe na bai wedi aros i siarad â'r wraig yna! Gallai hi fod wedi aros! Roedd popeth ar ben nawr.

Ond, y funud honno, rhoddodd Iesu y gorau i wylio'r wraig, a throi a rhoi ei law ar ysgwydd Jairus.

'Paid ag ofni na phryderu,' meddai Iesu. 'Dal i gredu ynof.'

Brasgamodd y ddau i gyfeiriad cartref moethus Jairus. Roedd y galarwyr cyflogedig eisoes yn llefain yn swnllyd y tu allan.

'Beth yw'r holl sŵn yma?' gofynnodd Iesu. 'Dim ond cysgu mae'r ferch fach.'

Ond dyma nhw'n chwerthin am ei ben. Fe wyddent ei bod hi wedi marw.

Cerddodd Iesu heibio iddynt i'r tŷ. Gorchmynnodd nad oedd neb i ddod i ystafell y ferch ond ei rhieni a thri o'i ffrindiau agosaf – Pedr, Iago ac Ioan. Aeth Iesu draw at y corff a oedd yn gorwedd yn llonydd ar fatras. Cymerodd y llaw wen, oer yn ei law ei hun.

'Cod, ferch fach,' meddai.

Ar unwaith agorodd ei llygaid mawr brown, a gwenodd arno. Yna, mewn munud, roedd allan o'r gwely ac yn neidio'n afieithus o gwmpas yr ystafell. Llifai'r dagrau i lawr gruddiau ei mam.

Nid oedd Iesu am i'r ferch ofidio wrth weld y dagrau. Dywedodd yn syth wrth ei rhieni, 'Mae eich merch eisiau bwyd. Ewch i baratoi tamaid iddi.'

📖 278
'Paid â chrio!'
Luc 7

Un diwrnod roedd Iesu a'i ffrindiau yn dringo'r llwybr serth i dref o'r enw Nain. Daeth cwmni o bobl allan o'r ddinas tuag atynt ac aethant i'r naill ochr i adael iddynt fynd heibio. Gorymdaith angladd oedd yno, yn symud yn araf tuag at y beddau yn y bryniau.

Ar y blaen roedd y galarwyr. Canai rhai ohonynt alaw drist ar y pibau, tra wylai eraill yn uchel. Yn nesaf daeth y dynion yn cario corff dyn ifanc ar elor. Cerddai ei fam yn agos atynt yn crio'n hidl, gyda ffrindiau o'r dref yn ei dilyn.

Roedd calon Iesu'n llawn tosturi wrth edrych ar y fam. Gwraig weddw oedd hi. Gan fod ei hunig fab wedi marw, nid oedd ganddi neb bellach i ofalu amdani a darparu ar ei chyfer.

'Paid â chrio!' meddai Iesu wrthi'n dyner. Yna camodd draw a chyffwrdd â'r elor.

Ar unwaith, safodd y dynion a'i chariai. Roedd llygaid pawb ar Iesu. Beth fyddai'n ei wneud nesaf?

'Ddyn ifanc, cod!' meddai Iesu, ac yn syth cododd y dyn ar ei eistedd â gwrid yn ei wyneb.

'Pwy wyt ti?' gofynnodd. 'Beth sy'n digwydd? Pam rydw i'n teimlo mor iach?'

Aeth Iesu â'r mab a'i roi yn llaw ei fam.

Siaradai pawb yn gyffrous. Cododd un ohonynt ei fys a chyfeirio tuag at dref Sunem gerllaw.

'Wyt ti'n cofio sut y daeth Eliseus â bachgen yn ôl yn fyw acw?' gofynnodd.

'Ydw,' atebodd ei ffrind. 'Mae'n rhaid fod Iesu'n broffwyd mawr yr un fath ag ef.'

'Mae Duw wedi dod atom ni eto a bydd yn ein hachub o'n holl helbulon,' ychwanegodd ei wraig.

Nid oeddynt yn sylweddoli eto pwy oedd Iesu, ond gwelent gariad a charedigrwydd Duw yn y cyfan a wnâi, a gwyddent fod Duw'n gweithio drwyddo i helpu pawb oedd mewn angen. Gofalai am y tlodion hyd yn oed – y rhai na châi unrhyw sylw gan yr arweinwyr crefyddol.

Iesu a'i ddisgyblion

📖 279
Yn ddau a dau
Luc 9-10

Teithiai Iesu a'i ffrindiau o le i le yn dweud wrth bobl y newyddion da fod teyrnas Dduw wedi dod. Hyd yn oed pan fyddai rhai yn gofyn iddo aros yn hwy, gwyddai Iesu fod yn rhaid iddo symud i'r dref nesaf i eraill gael y cyfle i glywed neges Duw.

Un diwrnod dywedodd wrth ei ddisgyblion, 'Rwyf am i chi fynd ar eich pennau eich hunain i bregethu'r newydd da yn y pentrefi o amgylch. Fel yna bydd llawer mwy yn ei glywed.'

Ar y cyntaf teimlai'r disgyblion yn ofnus o fynd eu hunain, ond rhannodd Iesu hwy fesul dau a dau er mwyn i bawb gael ffrind i'w helpu.

Yna gwnaeth addewid. 'Rwy'n rhoi fy nerth i chi,' meddai, 'fel y byddwch yn gallu iacháu'r rhai sy'n glaf a bwrw allan ysbrydion drwg.'

Rhoddodd gyfarwyddiadau iddynt hefyd. 'Peidiwch â chario gormod o bethau gyda chi, er mwyn i chi allu symud yn haws o le i le. Pan fyddwch yn cyrraedd tref, arhoswch gyda phwy bynnag fydd yn eich croesawu. Gweddïwch am fendith Duw ar y cartrefi hynny. Rhowch yn hael i bawb am fod Duw wedi rhoi yn hael i chi. Os na fydd trigolion y dref yn gwrando arnoch, ewch oddi yno. Nhw fydd yn gyfrifol am wrthod gwrando ar wahoddiad Duw.'

Cychwynnodd y disgyblion yn nerfus ar eu taith bregethu. Ond wedi cyrraedd yn ôl, roeddynt yn llawn cyffro a brwdfrydedd. Dyma nhw'n dweud wrth Iesu am bopeth a ddigwyddodd.

'Roedd yn rhyfeddol!' meddent. 'Roedd hyd yn oed yr ysbrydion drwg yn ufuddhau i ni – fel maen nhw'n ufuddhau i ti!'

Diolchodd Iesu i Dduw am y fath fuddugoliaeth yn erbyn drygioni a dioddefaint. Ond rhybuddiodd y disgyblion i beidio â gadael i'w llwyddiant fynd i'w pennau.

'Y peth pwysicaf yw, nid fod gennych chi allu i wneud pethau rhyfeddol,' atgoffodd hwy, 'ond fod Duw wedi'ch dewis i berthyn iddo ef am byth.'

📖 280
'Pwy yw'r pwysicaf?'
Marc 9

Cerddai Iesu a'i ffrindiau ar hyd y ffyrdd llychlyd. Aeth Iesu ymlaen gan adael y disgyblion yn sefyllian y tu ôl iddo. Bu dadlau mawr rhyngddynt ar y ffordd ac aent yn fwy poeth a diamynedd bob munud.

Ar ôl cyrraedd cysgod braf y tŷ o'r diwedd, gwelsant fod Iesu yno'n barod. Edrychodd arnynt a holi, 'Am beth oeddech chi'n dadlau mor brysur ar y ffordd?'

Aeth pawb yn dawel. Roedd arnynt gywilydd dweud wrth Iesu beth oedd achos eu cweryl. Roedd pawb wedi bod wrthi'n ceisio profi ei fod ef yn bwysicach na'r lleill. Roeddynt yn sicr y byddai Iesu cyn hir yn cael ei goroni'n frenin ac roedd pob un am wneud yn siŵr ymlaen llaw mai ef fyddai'n cael y swydd orau yn y llys.

Gwyddai Iesu'n iawn beth fu testun eu sgwrs.

'Dewch draw yma,' meddai, a cherddodd y disgyblion mewn cywilydd draw i'r lle yr eisteddai eu meistr.

'Nawr 'te,' cychwynnodd Iesu, 'p'run ohonoch chi fyddai'n hoffi bod yn arweinydd – y pwysicaf i gyd?'

Eto roedd yna dawelwch, ond gwrandawai pawb yn astud.

'Fe ddyweda i wrthych chi sut i fod y person pwysicaf yn fy nheyrnas i,' ychwanegodd. 'Yr arweinydd fydd yr un sydd bob amser â gofal dros eraill – yr un nad yw byth yn meddwl amdano'i hun.'

Roedd un o blant y tŷ wedi sleifio'n dawel i eistedd yn ymyl Iesu i wrando arno. Cododd Iesu ef yn dyner i'w freichiau.

'Edrychwch,' meddai, 'mae pobl wir fawr yn debyg i blant. Dydyn nhw ddim yn llawn o'u pwysigrwydd eu hunain, ond yn barod i ymddiried ynof a gwneud fel rwyf i'n dweud – fel y bachgen yma.

'Cofiwch, bob tro y byddwch yn croesawu bachgen neu ferch er fy mwyn i, yn lle ei anfon i ffwrdd, bydd hynny'n union fel petaech chi'n rhoi croeso i mi. Ac mae pawb sy'n rhoi croeso i mi yn croesawu fy Nhad, sef Duw ei hunan.'

281
Halen a goleuni
Mathew 5

Yn ogystal â phregethu'r newyddion da am deyrnas Dduw i'r tyrfaoedd, byddai Iesu hefyd yn treulio amser yn dysgu ei ddisgyblion. Roedd yna lawer heblaw ei ddeuddeg cyfaill arbennig a oedd wedi penderfynu ymddiried yn Iesu a bod yn ufudd iddo.

Dechreuodd Iesu ddweud wrthynt i gyd sut y dylai ei ddilynwyr fyw. Edrychodd ar yr wynebau a syllai'n eiddgar arno, a gwelodd lawer o bobl wahanol iawn i'w gilydd. Roedd yno famau a chrefftwyr, casglwyr trethi, a bechgyn a merched hefyd.

'Pan ddowch yn ddilynwyr i mi,' meddai Iesu wrthynt, 'gallwch fy ngwasanaethu ym mha le bynnag y byddwch. Fe fyddwch fel halen yno.

'Mae halen yn cadw cig a physgod rhag mynd yn ddrwg. Byddwch chi'n cadw'ch cornel fach chi o'r byd yn iach. Am eich bod yn fy ngharu i, fe fyddwch yn onest a theg, yn weithgar, ac yn garedig wrth rai mewn angen. Fydd yna ddim drwg na thwyll yn eich perthynas ag eraill.

'Mae halen hefyd yn rhoi blas ar fwyd. Am fod gennych wir lawenydd yn eich bywyd, bydd eich geiriau a'ch gweithredoedd yn dod â blas i fywydau pobl eraill.

'Peidiwch â chuddio'r ffaith eich bod yn ffrindiau i mi. Edrychwch ar y dref acw ar ben y bryn. Dyw hi ddim yn ceisio cuddio na chymryd arni nad yw hi yno. Gall pawb ei gweld, ble bynnag y byddant. Gofalwch eich bod yn dangos yn eglur eich bod yn ddilynwyr i mi.

'Gadewch i bawb wybod eich bod wedi dod o hyd i mi, goleuni'r byd. Yna byddwch chi hefyd yn disgleirio fel goleuadau. Byddwch yn helpu eraill ar daith bywyd, ac yn dod â chysur a chymorth i'r rhai sydd mewn tywyllwch am eu bod yn unig a thrist, neu am eu bod wedi'u drysu gan broblemau bywyd.

'Goleuni a halen – dyna eiriau sy'n darlunio pawb sy'n fy nilyn i o ddifrif yn y byd tywyll a drwg hwn.'

Iesu'n dangos ei allu

282
Y picnic anferth
Marc 6; Ioan 6

Roedd y disgyblion yn flinedig iawn ar ôl eu taith bregethu, ond roedd y tyrfaoedd o gwmpas Iesu mor fawr ag erioed. Nid oedd amser hyd yn oed i gael pryd o fwyd.

Pan welodd Iesu eu hwynebau blinedig, dywedodd, 'Fe awn i ffwrdd ar ein pennau ein hunain i gael gorffwys.'

Cytunodd y disgyblion yn ddiolchgar, a dyma nhw'n dringo i gwch Pedr a chychwyn ar draws y llyn. Ond wrth iddynt nesu at y tir, gwelsant fod y man tawel yr oeddynt wedi'i ddewis yn llawn o bobl, i gyd yn disgwyl cael y cip cyntaf ar Iesu. Ar ôl gweld y cwch yn gadael, roeddynt wedi rhedeg ar hyd glan y llyn a chyrraedd o'u blaen.

Ochneidiodd y disgyblion mewn siom, ond edrychodd Iesu gyda thosturi ar y bobl. Roedd arnynt angen ei ofal a'i gariad yn fawr.

Dysgodd hwy drwy'r dydd, ond erbyn iddi ddechrau nosi roedd y disgyblion wedi cael digon.

Dyma nhw'n ymbil arno, 'Anfon y tyrfaoedd i ffwrdd, Feistr. Does dim siopau yma a bydd yn rhaid iddyn nhw frysio i gyrraedd y dref mewn pryd i brynu bwyd.'

'Pam na rowch *chi* fwyd iddyn nhw?' gofynnodd Iesu.

'Sut yn y byd y gallen *ni* wneud hynny?' atebodd Philip. 'Byddai'n costio ffortiwn i fwydo'r rhain i gyd. Mae'n siŵr fod o leiaf bum mil o ddynion yma, heb sôn am eu gwragedd a'u teuluoedd.'

Yna dywedodd Andreas.

'Mae bachgen yma sydd wedi cynnig ei bicnic i Iesu. Ond dim ond dau bysgodyn bach a phum torth fechan sydd ganddo. Pa werth yw hynny?'

Nid atebodd Iesu gwestiwn Andreas. 'Trefnwch y bobl yn grwpiau o hanner cant,' meddai wrth y disgyblion. 'Yna gwnewch iddyn nhw eistedd ar y glaswellt.'

Wrth i'r disgyblion brysuro i drefnu pawb, trodd Iesu at y bachgen a arhosai yno'n swil.

'Diolch i ti,' meddai gyda gwên, wrth iddo gymryd y pecyn bwyd oddi arno.

Pan oedd pawb yn barod, cododd Iesu'r bwyd picnic er mwyn i'r bobl ei weld ac yna diolchodd i Dduw amdano.

Ni ddeallodd neb beth a ddigwyddodd wedyn. Y cwbl a wyddent oedd fod y bara a'r pysgod a roddodd Iesu i'r disgyblion i'w rhoi i'r dyrfa yn fwy na digon iddynt i gyd.

Yn y diwedd roedd yn rhaid i'r plant hyd yn oed ddweud, 'Rwy'n llawn!' Ac roedd blas mor dda arno!

Gadawyd y deuddeg disgybl â basgedaid yr un o fwyd dros ben.

'Gwnaiff hwnna'r tro ar gyfer ein pryd nesaf ni,' meddai Iesu.

Roedd eu meistr yn rhyfeddol! Gallai fodloni eu hanghenion dyfnaf, yn ogystal â gofalu fod digon o fwyd ganddynt i'w fwyta.

283
Cerdded ar y dŵr
Marc 6; Mathew 14; Ioan 6

Wedi'r picnic anferth, anfonodd Iesu ei ddisgyblion o'i flaen yn ôl ar draws y llyn. Roedd rhai o'r dyrfa'n dal i dyrru o'i gwmpas, gan weiddi a churo dwylo. Roeddynt am ei wneud yn frenin yn y fan a'r lle. Byddai'n ardderchog cael brenin a allai roi bwyd am ddim iddynt!

Yn garedig ond yn bendant, fe wrthododd Iesu, gan eu hanfon adref. Yna, wrth iddi dywyllu, dringodd y bryn uwchlaw'r llyn i fod ar ei ben ei hun gyda Duw ei Dad.

Yn y cyfamser, roedd y disgyblion yn brwydro mewn anobaith yn erbyn gwynt cryf. Er iddynt rwyfo'n galed, ni allent symud gam ymlaen.

O ben y bryn gallai Iesu weld fod y cwch bychan a'i ddisgyblion blinedig mewn trafferth, ac aeth tuag atynt.

Pan welodd y disgyblion siâp dyn yn cerdded ar draws y llyn yng ngolau'r lleuad, cawsant fraw ofnadwy.

'Ysbryd sydd yna!' gwaeddasant mewn dychryn. Roeddynt ar ben eu tennyn.

Yna clywsant lais cyfarwydd yn galw, 'Peidiwch ag ofni! Rwy'n dod i'ch helpu chi!'

Ni allent gredu'r peth.

'Os ti sydd yna,' galwodd Pedr yn ôl, 'dywed wrthyf am ddod atat.'

'O'r gorau, Pedr,' atebodd Iesu, 'tyrd!'

Dringodd Pedr dros ochr y cwch a dechrau cerdded ar wyneb y dŵr tuag at Iesu. Yn sydyn teimlodd y gwynt yn gryf o'i amgylch ac edrychodd ar y tonnau mawr. Y funud honno cafodd fraw a dechreuodd suddo.

'Help! Achub fi, Arglwydd!' gwaeddodd.

Estynnodd Iesu ei law yn gyflym. Cydiodd ym mraich Pedr a'i dynnu allan o'r dŵr.

'Pam y gwnest ti fy amau, Pedr?' gofynnodd.

Yna dringodd y ddau yn ôl i'r cwch a thawelodd y gwynt yn syth.

Rhyfeddai'r disgyblion. Roeddynt yn methu'n lân â deall sut y gallai eu meistr wneud yr amhosibl.

Cwestiynau ac atebion

📖 284
Y dyn a ddaeth liw nos
Ioan 3

Pharisead oedd Nicodemus. Ceisiai â'i holl galon gadw cyfraith Duw ac ufuddhau i'r rheolau niferus a ychwanegwyd ati dros y canrifoedd. Roedd hefyd yn aelod o Gyngor yr Iddewon.

Roedd wedi clywed llawer am Iesu, ond nid oedd yn ddig nac yn eiddigeddus, fel nifer o'r Phariseaid eraill.

'Mae'n amlwg fod Iesu'n ddyn da,' meddyliai, 'neu ni allai wneud y fath wyrthiau.'

Roedd am siarad â Iesu. Felly penderfynodd ymweld ag ef fin nos, pan na fyddai pobl o gwmpas i ddweud wrth ei ffrindiau ar y Cyngor. Ni fyddent *hwy* yn hapus ar hynny.

Gwyddai Iesu bopeth am Nicodemus ymhell cyn iddo ymddangos o'r cysgodion i siarad ag ef.

'Mae'n rhaid i mi ddweud rhywbeth pwysig wrthyt ti ar y cychwyn,' meddai Iesu. 'Wnei di byth fynd i mewn i deyrnas Dduw drwy geisio cadw rheolau. Rhaid i ti gael dy eni o'r newydd.'

'Sut y galla i gael fy ngeni yn fy oed i?' gofynnodd Nicodemus. 'Alla i ddim troi'n faban unwaith eto!'

'Mae yna fwy nag un math o enedigaeth,' esboniodd Iesu. 'Rwyt ti'n cael dy eni i'r byd hwn drwy dy rieni. Ond rwyt ti'n cael dy eni i deyrnas Dduw drwy ei Ysbryd Glân.'

Er bod Nicodemus yn athro crefyddol, nid oedd ganddo'r syniad lleiaf am beth yr oedd Iesu'n sôn.

'Mae Ysbryd Glân Duw fel y gwynt,' ychwanegodd Iesu. 'Fedri di mo'i weld, mwy nag y gelli di weld y gwynt. Ond yn union fel rwyt ti'n gwybod fod y gwynt yn chwythu oherwydd yr hyn mae'n ei wneud, felly y byddi di'n gwybod pan fydd yr Ysbryd Glân ar waith yn dy fywyd. Ef yw'r un sy'n gallu rhoi bywyd Duw i ti. Carodd Duw bawb gymaint fel yr anfonodd ei Fab i'r byd er mwyn i'r rhai sy'n ymddiried ynddo dderbyn bywyd tragwyddol yn rhodd.'

Cerddodd Nicodemus i ffwrdd yn araf i'r nos dywyll. Mor wahanol oedd ffordd Iesu i ddysgeidiaeth y Phariseaid! Un diwrnod byddai'n penderfynu pa un i'w dilyn.

285
Y wraig a ddaeth i godi dŵr
Ioan 4

Roedd gwres haul poeth canol dydd yn ei anterth ac roedd Iesu'n aros am ei ddisgyblion wrth y ffynnon ger Sychar, yn Samaria. Roedd yn flinedig ac yn sychedig iawn.

Llusgodd gwraig yn araf tuag at y ffynnon, gan gario llestr dŵr ar ei phen. Synnodd wrth weld Iesu. Fel arfer nid oedd neb o gwmpas am hanner dydd.

'Wnei di roi diod o ddŵr i mi?' gofynnodd Iesu. Cafodd y wraig fwy o sioc fyth. Gallai weld mai Iddew oedd Iesu, ac nid oedd Iddewon yn siarad â Samariaid – heb sôn am wragedd!

'Wyt ti'n dweud y byddet ti'n fodlon derbyn cwpanaid o ddŵr gen i, er fy mod yn wraig o Samaria?' gofynnodd. 'Pwy yn y byd wyt ti?'

'Pe byddet ti'n gwybod hynny,' meddai Iesu, '*ti* fyddai'n gofyn i *mi* am ddiod, a byddwn yn rhoi i ti ddŵr bywiol.'

'Does gen ti ddim bwced,' meddai'r wraig dan chwerthin. 'Sut y byddet ti'n codi dy ddŵr rhyfeddol?'

'Mae'r dŵr rwyf i'n ei roi yn wahanol i ddŵr y ffynnon hon,' esboniodd Iesu. 'Os byddi di'n yfed y dŵr a roddaf *i* i ti, fyddi di byth yn sychedig eto. Bydd yn bodloni dy anghenion dyfnaf.'

'Yr union beth,' cytunodd y wraig. 'Byddai'n arbed i mi ddod yma bob dydd.'

'Wel, beth am ddod â'th ŵr yma?' awgrymodd Iesu.

'Does gen i ddim gŵr,' atebodd y wraig yn swta.

'Fe wn i hynny,' atebodd Iesu'n dyner. Roedd yn gwybod y cyfan am y wraig anhapus hon. 'Rwyt ti wedi bod yn briod bump o weithiau, ac nid wyt ti wedi priodi'r dyn sy'n byw gyda thi ar hyn o bryd.'

Roedd y wraig wedi'i syfrdanu. Roedd Iesu'n gwybod y cyfan amdani! Gadawodd ei llestr dŵr a rhedeg yn ôl i'r dref i adrodd yr hanes.

'Dewch i weld y person mwyaf rhyfeddol!' meddai wrth bawb. 'Mae e wedi dweud wrthyf y cwbl amdanaf fy hun. Mae'n rhaid mai ef yw'r Meseia.'

Roedd y trigolion yn llawn chwilfrydedd. Dyma nhw'n ei dilyn hi yn ôl at y ffynnon ac estyn gwahoddiad i Iesu.

'Aros yma am ychydig ddyddiau i rannu dy newyddion da â ni,' meddent.

Cytunodd Iesu.

Wedi clywed y cyfan a oedd ganddo i'w ddweud, meddent wrth y wraig, 'Roeddet ti'n iawn. Ar ôl gweld a chlywed Iesu drosom ni ein hunain, rydyn ni'n sicr mai ef yw'r Meseia, yr un y mae Duw wedi'i anfon i achub y byd.'

Storïau am gariad Duw

286
Y ddafad golledig
Luc 15

Roedd rhai o'r bobl yn y dorf o gwmpas Iesu yn codi arswyd ar y Phariseaid a ddaeth i wrando arno.

Dyma'r math o bobl a dorrai'r rheolau a gadwent hwy mor ffyddlon. Ni ddylai'r fath bobl gael cymysgu ag Iddewon parchus fel hwy. Dylai Iesu wybod yn well, a gwrthod eu derbyn.

'Rwy'n clywed ei fod hyd yn oed yn bwyta gyda nhw,' ebychodd un Pharisead gydag atgasedd.

'Ni allai fyth â bod yn athro wedi'i anfon oddi wrth Dduw, os yw'n croesawu'r fath bobl,' meddai ei ffrind.

'Nid yw Duw am gael dim i'w wneud â phechaduriaid tebyg iddyn nhw,' cytunodd y llall. 'Bydd hi'n ddydd o lawenydd yn y nefoedd pan fydd pobl fel yna'n cael eu difa am byth.'

Clywodd Iesu hwy yn mwmian wrth ei gilydd, a chan eu bod yn cadw ychydig ar wahân i weddill y dyrfa, trodd tuag atynt.

'Dychmygwch,' meddai, 'fod gennych chi gant o ddefaid. Un noson, wrth i chi eu cyfrif, fe welwch fod un ar goll. Beth wnewch chi? Ydych chi'n mynd i gysgu'r nos gyda'r naw deg naw arall, gan feddwl nad yw'r un ddafad sydd ar goll yn bwysig?

'Nac ydych, wrth gwrs! Er eich bod chi wedi blino, rydych chi'n cychwyn allan ac yn ailgerdded ar hyd y ffordd y buoch yn arwain y defaid y diwrnod hwnnw. Rydych chi'n edrych i lawr pob dibyn serth ac yn taflu golau'ch lamp i bob llwyn.

'O'r diwedd fe glywch sŵn brefu gwan, llesg! Mae eich blinder yn diflannu ac fe godwch y ddafad a oedd wedi crwydro a'i gosod ar eich ysgwydd, gan droi am adref yn llawen ac yn ysgafn eich calon.

'Wedi cyrraedd, rydych chi'n dathlu drwy gael parti gyda'r bugeiliaid eraill a'r pentrefwyr, er mwyn iddyn nhw gael rhannu eich llawenydd.

'Dyna sut mae Duw yn teimlo ynglŷn â phobl. Mae mwy o lawenydd yn y nefoedd dros un person ar goll a ddaw yn ôl at Dduw na thros naw deg naw o bobl dda nad oes angen iddynt newid eu ffyrdd.'

📖 **287**
Y darn arian coll
Luc 15

Roedd y Phariseaid wedi gwylltio, ond cyn iddynt gael cyfle i dynnu anadl, dechreuodd Iesu adrodd stori arall.

'Roedd gan ryw wraig ddeg darn o arian. Un diwrnod mae'n sylwi er mawr siom iddi, ei bod hi wedi colli un ohonyn nhw. Nid yw'n barod i fodloni ar y naw sydd ar ôl ac anghofio am y llall. Mae'n dechrau chwilio'i thŷ bychan yn drwyadl.

'Mae'n taflu golau ei lamp i mewn i bob twll a chornel. Yna mae'n sgubo'r llawr yn ofalus a'i llygaid yn chwilio am y pelydryn lleiaf o arian.

'O'r diwedd dyma hi'n gweld rhywbeth bychan yn disgleirio. Mae hi wedi dod o hyd i'r darn arian oedd ar goll! Gan ei bod mor llawen, mae'n gwahodd ei ffrindiau i'w chartref ac yn dweud yr hanes wrthynt. Maen nhw'n dathlu gyda'i gilydd.

'Dyna sut mae Duw yn teimlo am bechadur sy'n troi'n ôl ato,' meddai Iesu. 'Mae'r angylion yn ymuno yn y dathlu ac mae'r nefoedd yn llawn llawenydd.'

288
Y ddau fab coll
Luc 15

Pan welodd Iesu fod wynebau'r Phariseaid yn dal yn falch a chaled, aeth ymlaen i ddweud trydedd stori am gariad Duw tuag at bawb, pa mor ddrwg bynnag yr oeddynt.

'Un tro roedd ffermwr a dau fab ganddo,' cychwynnodd. 'Un diwrnod dywedodd yr ieuengaf wrth ei dad, "Rwyf wedi blino bod gartref yn ufuddhau i orchmynion o hyd. Rwyf am fynd i ffwrdd, felly wnei di roi fy nghyfran o arian y teulu i mi nawr, os gweli di'n dda?"

'Heb ddweud gair, gwnaeth y tad y trefniadau a rhoddodd ei ran o'r stad iddo.

'Gydag arian yn ei boced, dyma'r mab yn cychwyn am oleuadau llachar y dref. Gwariai ei arian yn rhydd ac yn rhwydd, gan ei fwynhau ei hunan a gwneud fel y dymunai.

'Un bore diflas, deffrôdd i weld fod ei arian i gyd wedi mynd – a'i ffrindiau hefyd. Yn waeth byth, roedd newyn yn y wlad.

'Cyn hir roedd mewn gwir angen. Cafodd waith o'r diwedd yn gofalu am genfaint o foch. Roedd cymaint o eisiau bwyd arno fel y byddai wedi bod yn falch o gael bwyta bwyd y moch.

'O'r diwedd daeth ato'i hun. "Dyma fi yn newynu," meddai wrtho'i hun, "tra bod hyd yn oed gweision cyflog fy nhad gartre yn cael digon i'w fwyta. Mi af yn ôl a dweud wrtho mor edifar ydw i. Fydd e ddim yn fy nerbyn yn ôl fel mab iddo, ond efallai y caf waith ar y fferm."

'Cychwynnodd ar unwaith, gan gerdded yn droednoeth a phoenus ar hyd y ffordd garegog a thynhau ei wisg garpiog o amgylch ei gorff tenau.

'Pan oedd eto ymhell o'i gartref, gwelodd ei dad ef a rhedodd i'w gyfarfod, yn llawn tosturi a chariad. Taflodd ei freichiau amdano a llifodd dagrau o lawenydd i lawr ei ruddiau.

' "Mae'n ddrwg gen i, 'nhad," sibrydodd y bachgen, bron â chrio ei hunan. "Dydw i ddim yn haeddu bod yn fab i ti."

'Ond nid oedd y tad am glywed gair arall. Trodd at ei weision.

' "Ewch i nôl y wisg orau i'm mab," meddai, "a dewch â sandalau ar gyfer ei draed. Rhowch fodrwy ar ei fys. Yna lladdwch y llo sydd wedi'i besgi. Rydyn ni'n mynd i gael parti i ddathlu."

'Erbyn i'r mab hynaf ddychwelyd o'i waith yn y caeau, roedd pawb yn gwledda'n llawen.

' "Beth sy'n digwydd?' gofynnodd i'r gweision, wrth iddo glywed sŵn cerddoriaeth a dawnsio.

' "Dy frawd sy wedi dod adref," oedd yr ateb. "Rydyn ni wedi lladd y llo oedd wedi'i besgi ar gyfer y wledd."

'Roedd y brawd hynaf yn ddig dros ben a gwrthododd fynd i'r tŷ.

'Daeth ei dad allan i chwilio amdano. "Tyrd i ymuno â'r parti!" ymbiliodd.

'Ond meddai'r mab hynaf gyda gwg, "Rwyf i wedi gweithio'n galed i ti ers blynyddoedd, ond wnest ti erioed roi parti i *mi*. Nawr, wedi i'r mab hwn sydd wedi gwastraffu dy holl arian ddod adref, rwyt ti wedi lladd y llo gorau!"

'Wrth weld ei fab mor eiddigeddus a chas, roedd y tad yn drist. "Mae popeth sydd gen i yn eiddo i ti," atgoffodd ef yn dyner. "Rwyt ti gyda mi drwy'r amser. Mae'n iawn inni ddathlu, am fod dy frawd, a fu ar goll, wedi dod adref. Roedd fel pe bai wedi marw ac yn awr y mae yma, yn fyw ac yn iach." '

289
Y gweithwyr a'u cyflog
Mathew 20

'Fe ddywedaf stori arall i'ch dysgu am deyrnas Dduw,' meddai Iesu un diwrnod. 'Un tro aeth dyn i'r farchnad yn y bore bach i gyflogi rhai dynion i'w helpu gyda'r cynhaeaf grawnwin. "Fe dalaf un darn arian i chi am ddiwrnod o waith," meddai wrthynt, a dyma nhw'n cytuno'n barod iawn â'r cynnig teg.

'Am naw o'r gloch aeth yn ôl i'r farchnad i gyflogi rhagor o weithwyr. "Fe dalaf dâl teg i chi," addawodd.

'Cyflogodd weithwyr eraill am hanner dydd ac eto am dri o'r gloch y prynhawn. Yna aeth yn ôl am y tro olaf i'r farchnad awr cyn diwedd y diwrnod gwaith. Roedd ychydig o ddynion yn parhau i sefyllian yno.

' "Pam nad ydych chi'n gweithio?" gofynnodd.

' "Am nad oes neb wedi'n cyflogi," atebasant.

' "Mi rof i waith i chi," meddai. "Ymunwch gyda'r lleill sy'n casglu fy ngrawnwin."

'Pan oedd gwaith y dydd ar ben, dywedodd y meistr wrth ei oruchwyliwr am dalu'r holl weithwyr.

'Galwyd y criw olaf yn gyntaf a chawsant ddarn arian yr un. Y rhai a ddechreuodd weithio'n gynnar yn y bore oedd yr olaf i gael eu talu. Roedden nhw'n disgwyl cael mwy o dâl. Ond un darn arian a gawson nhw hefyd, fel y lleill.

' "Dyw hyn ddim yn deg," medden nhw dan rwgnach. "Rydyn ni wedi gweithio yng ngwres y dydd. Rydyn ni'n haeddu mwy."

' "Gwrandewch, fy ffrindiau," meddai'r meistr yn bwyllog. "Fe wnaethon ni gytuno ar y tâl cyn i chi ddechrau gweithio, ac rwyf wedi cadw f'addewid. Mater i mi yw hi os dewisaf fod yn hael wrth y rhai a ddaeth i weithio ar y diwedd." '

Roedd y disgyblion mewn penbleth. Os felly yr oedd hi yn nheyrnas Dduw, nid oedd neb yn cael yr hyn a haeddai! Ond, efallai'n wir nad oedd neb yn haeddu nac yn gallu ennill cariad haelionus Duw trwy ei ymdrechion ei hun.

Tra oeddynt yn pendroni fel hyn, aeth Iesu ymlaen i siarad.

'Yn nheyrnas Dduw,' meddai, 'mae'r bobl sy'n meddwl eu bod yn gyntaf yn olaf. Ac mae'r rhai olaf yn cael y lle blaenaf.'

Iesu'n dysgu ynglŷn ag arian

📖 **290**
Y dyn cyfoethog
Marc 10

Wrth i Iesu gerdded ar hyd y ffordd, rhedodd dyn ar ei ôl. Penliniodd o'i flaen, gan ddweud, 'Athro, dywed beth sy raid i mi ei wneud er mwyn cael bywyd tragwyddol!'

Gwnaeth yr ymwelydd argraff dda ar y disgyblion. Roeddynt yn gallu dweud, o edrych ar ei ddillad a gwrando arno'n siarad, ei fod yn gyfoethog ac wedi cael addysg dda.

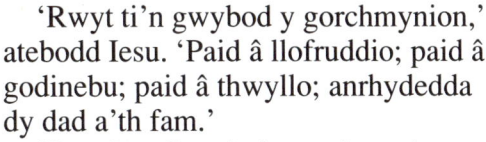

'Rwyt ti'n gwybod y gorchmynion,' atebodd Iesu. 'Paid â llofruddio; paid â godinebu; paid â thwyllo; anrhydedda dy dad a'th fam.'

'Rwyf wedi cadw'r gorchmynion yna i gyd er pan oeddwn yn fachgen,' atebodd y dyn yn frwd.

Wrth edrych arno, roedd Iesu'n ei hoffi. Gwyddai bopeth amdano. Roedd hwn yn wir yn ddyn ifanc da, a oedd wedi cadw gorchmynion Duw. Ond roedd wedi anghofio mai'r gorchymyn cyntaf, a'r pwysicaf oll, yw'r un i garu Duw â'n holl galon a'n holl feddwl. Roedd yn caru rhywbeth yn fwy na Duw.

'Os wyt ti am fod yn gyfoethog yng ngolwg Duw, rhaid i ti gael gwared ar dy arian,' meddai Iesu wrtho. 'Rhanna ef â phobl sydd mewn angen. Wedyn fydd dim yn dy rwystro rhag fy nilyn.'

Daeth cwmwl dros wyneb y dyn ifanc, a chiliodd ei frwdfrydedd. Roedd yn caru ei arian ormod i ollwng gafael arno. Gydag ochenaid, trodd i ffwrdd yn drist.

'Mae'n anodd iawn i berson cyfoethog fynd i mewn i deyrnas Dduw,' meddai Iesu wrth y disgyblion. 'Mae'n haws i gamel fynd drwy grau nodwydd nag i ddyn cyfoethog fynd i mewn i deyrnas Dduw.'

Roedd y disgyblion wedi'u syfrdanu. Iddynt hwy roedd popeth mewn bywyd fel petai'n haws i bobl gyfoethog.

'Os na all cyfoethogion gael eu hachub, pwy all gael ei achub?' gofynasant.

'Mae'n amhosibl i unrhyw un gael ei achub – heblaw fod Duw ar waith!' atebodd Iesu. 'Ond pan fydd Duw ar waith, mae popeth yn bosibl.'

331

291
Y rhodd fwyaf oll
Marc 12

Un diwrnod roedd Iesu'n eistedd yng nghyntedd y deml yn gwylio pobl yn mynd a dod. Gerllaw safai tri ar ddeg o flychau-casglu mawr, er mwyn i bobl roi arian ynddynt wrth fynd heibio. Roedd y casgliad yn mynd at dalu costau cynnal y deml.

Gwyliodd Iesu y bobl gyfoethog yn rhoi llawer o arian i mewn. Llithrai darnau o aur yn dawel o ddwylo rhai, tra byddai eraill yn eu cyfri'n uchel er mwyn i bawb wybod faint o ddarnau disglair yr oeddynt hwy yn eu rhoi i Dduw.

Yna daeth gwraig ymlaen wedi'i gwisgo'n garpiog. Gwraig weddw oedd hi, heb neb ganddi i'w chynnal. Rhoddodd ddwy geiniog fechan yn y blwch-casglu mawr.

Dywedodd Iesu wrth y disgyblion, 'Welsoch chi'r wraig weddw yn rhoi dwy geiniog yn y blwch? Rhoddodd hi fwy i Dduw na'r holl gyfoethogion â'u darnau aur.'

Nid oedd geiriau Iesu'n gwneud synnwyr i'r disgyblion. Gwyddent yn iawn sut i gyfrif arian.

Esboniodd Iesu.

'Doedd hi'n costio dim i'r cyfoethogion roi eu darnau aur,' meddai, 'am fod ganddyn nhw ddigon ar ôl. Ond rhoddodd y weddw y cwbl oedd ganddi, heb gadw dim yn ôl iddi hi ei hunan. Dyna'r rhodd fwyaf oll yng ngolwg Duw.'

292
Y ffermwr ffôl
Luc 12

Gwthiodd dyn â golwg ofidus arno i flaen y dyrfa i siarad â Iesu. 'Athro,' meddai, 'mae fy nhad wedi marw ac nid yw fy mrawd yn fodlon rhannu eiddo'r teulu rhyngom ni. Os gweli di'n dda, dywed wrtho am fod yn deg a rhoi fy nghyfran i mi.'

'Ffrind,' atebodd Iesu, 'nid fy ngwaith i yw torri dadl fel yna.'

Wedyn, gan droi at y dyrfa, dywedodd, 'Gofalwch beidio â bod yn drachwantus. Nid faint o bethau sydd gennych sy'n bwysig mewn bywyd.

'Fe ddyweda i stori wrthych chi am ffermwr cyfoethog.

'Un flwyddyn cafodd gynhaeaf mor dda fel nad oedd ganddo ddigon o le i gadw'r cwbl.

' "Rwy'n gwybod beth wna i," meddai wrtho'i hun. "Mi dynnaf i lawr yr ysguboriau bach yma a chodi rhai mwy. Yna gallaf gadw'r holl ŷd a chael digon i'w fwyta am flynyddoedd. Byddaf yn gallu mwynhau fy hun a byw'n gysurus."

'Y noson honno siaradodd Duw ag ef.

' "Dyna ffôl wyt ti!" meddai. "Heno rwyt ti'n mynd i farw. Beth ddaw o'r holl arian wedyn? Faint o werth fydd y cyfan iti?"

'Dyna beth sy'n digwydd,' gorffennodd Iesu, 'i bawb sy'n treulio'i amser yn casglu arian ac eiddo, heb feddwl am fod yn gyfoethog yng ngolwg Duw.'

'Fyddwn *ni* byth yn gyfoethog!' meddai un o'r disgyblion.

Gwenodd Iesu.

'Yn aml mae'r rhai sydd heb arian yn treulio cymaint o amser yn meddwl amdano â phobl gyfoethog,' meddai wrthynt. 'Peidiwch â phryderu ynghylch bwyd a dillad i'ch teulu. Meddyliwch am y ffordd y mae Duw'n gofalu am yr adar. Duw yw eich Tad nefol. Os yw ef yn darparu ar gyfer yr adar ac yn gwisgo'r blodau mor brydferth, bydd yn sicr o ofalu fod gennych *chi* bopeth sydd ei angen arnoch.

'Rhowch y lle cyntaf i Dduw – bob amser – a bydd ef yn gofalu amdanoch chi ac yn darparu ar gyfer eich holl anghenion.'

Iesu'n dysgu amdano'i hun

293
'Ti yw Meseia Duw!'
Marc 8

Roedd pawb fel petaent yn siarad am Iesu, yr athro newydd o Nasareth. Yn fuan aeth hanesion ar led am y ferch fach a gododd Iesu o farw'n fyw ac am y picnic anferth yr oedd wedi'i ddarparu i filoedd o bobl. Os saer pentref yn unig oedd Iesu, sut y gallai wneud pethau mor rhyfeddol?

Pendronai ei ddisgyblion lawer hefyd ynglŷn â'u meistr. Gwyddai'n union beth oedd eu hanghenion bob amser ac roedd fel petai'n eu deall yn well na hwy eu hunain. Byddent yn ei wylio'n barhaus wrth iddo helpu a gwella pawb oedd yn dod ato.

Weithiau byddai tipyn o ofn arnynt. Sut y gallai person cyffredin roi gorchymyn i'r gwynt a'r môr, a chodi rhywun o farw'n fyw?

Un diwrnod, wrth gerdded gyda'i gilydd, gofynnodd Iesu iddynt, 'Beth mae pobl yn ddweud amdana i? Pwy maen nhw'n feddwl ydw i?'

Prysurodd y disgyblion i ailadrodd geiriau a glywsent ymysg y dyrfa.

'Mae rhai'n credu mai Ioan Fedyddiwr wedi atgyfodi wyt ti,' meddai un wrtho.

'Mae rhai'n meddwl mai ti yw Elias, wedi dod yn ôl i fod yn negesydd Duw, fel y proffwydodd Malachi,' ychwanegodd un arall.

Yna, gan edrych yn graff ar ei ffrindiau, gofynnodd Iesu, 'Pwy ydych *chi*'n feddwl ydw i?'

Bu eiliad o ddistawrwydd. Yna dywedodd Pedr, 'Rydyn ni'n credu mai ti yw Brenin eneiniog Duw – y Meseia a oedd wedi'i addo!'

Goleuodd wyneb Iesu. Roedd yn falch fod y disgyblion wedi deall o'r diwedd pwy ydoedd. Ond roedd yn gwybod mai Duw oedd wedi agor eu llygaid i weld y gwirionedd.

'Peidiwch â dweud wrth neb arall pwy ydw i,' rhybuddiodd.

Gwyddai, unwaith y byddai pobl yn sylweddoli pwy ydoedd, y byddent am iddo fod y math o Feseia yr oeddynt hwy yn chwilio amdano – brenin i ymladd yn erbyn y Rhufeiniaid ac i ddarparu bwyd yn rhad i bawb. Nid dyna'r math o frenin oedd ef.

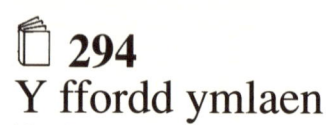

294
Y ffordd ymlaen
Marc 8

Roedd y disgyblion yn llawen ac yn llawn cyffro wedi iddynt sylweddoli mai Iesu, eu meistr, oedd Meseia Duw.

Ond, fel y tyrfaoedd, roedd ganddynt freuddwydion am Feseia a fyddai'n arweinydd Iddewig mawr ac a fyddai'n dod â rhyddid iddynt. Unwaith y byddai wedi'i goroni, teimlent yn sicr mai hwy fyddai'n cael eu dewis fel ei brif swyddogion.

Gwyddai Iesu am y ffordd yr oeddynt yn meddwl. Roedd yr amser wedi dod iddo geisio esbonio pa fath o Feseia ydoedd.

'Gwrandewch yn ofalus,' meddai. 'Mae amser anodd o'm blaen. Bydd yr arweinwyr crefyddol i gyd yn troi yn fy erbyn. Byddant yn cynllwynio nes llwyddo i'm cael yn y ddalfa. Yn y diwedd byddant yn fy nedfrydu i farwolaeth ac yn fy lladd. Ond byddaf yn atgyfodi ymhen tridiau.'

Roedd Pedr yn ddig. Prin y gallai

aros i Iesu orffen siarad.

'Paid â siarad fel yna, Feistr,' meddai'n fyrbwyll. 'Fydd hynny ddim yn digwydd i ti!'

'Bydd dawel, Pedr!' meddai Iesu'n llym. 'Rwyt ti'n rhoi cyngor Satan i mi. Rwyf wedi dod i'r byd i ddilyn y cynllun y mae Duw, fy Nhad, wedi'i baratoi ar fy nghyfer. Rwyf am ddilyn ei ffordd *ef*.'

Yna galwodd ar y bobl o'i gwmpas i ddod yn nes.

'Os penderfynwch fy nilyn i o ddifrif,' meddai wrthynt, 'rhaid i chi fod yn barod am amser anodd.

'Mae bod yn ddilynwr i mi yn golygu gwneud fel y byddaf i'n ei wneud. Mae'n golygu ymwrthod â'ch ffordd eich hun a dewis fy ffordd i.

'Mae'r person sy'n dal at y pethau sydd ganddo yn colli popeth yn y diwedd. Mae'r person sy'n fodlon colli popeth er fy mwyn i yn ennill gwir fywyd, y bywyd sy'n para byth. Mae'r bywyd hwnnw'n fwy gwerthfawr nag unrhyw beth arall yn y byd i gyd.'

Y Gweddnewidiad

📖 **295**
Cipolwg ar ogoniant Iesu
Luc 9; Marc 9

Un diwrnod dechreuodd Iesu ddringo llethrau mynydd serth gyda Pedr a'r brodyr Iago ac Ioan. Roedd am fod ar ei ben ei hun gyda Duw, i gael gwybod beth oedd ei Dad am iddo'i wneud. Machludai'r haul wrth i Iesu weddïo, ac am fod y tri ffrind wedi blino'n llwyr, syrthiasant i gwsg trwm.

Yn sydyn roeddynt ar ddi-hun. Ar y cychwyn ni wyddent beth oedd wedi'u deffro. Yna gwelsant olau cynnes disglair yn tywynnu drwy'r tywyllwch.

Edrychasant draw at Iesu. Roedd gloywder llachar yn ei wyneb a disgleiriai ei ddillad â gwawr brydferthach nag unrhyw olau ar y ddaear.

Roedd dau ddyn yn siarad ag ef. Rhywfodd dyma nhw'n eu hadnabod fel Moses, rhoddwr y gyfraith, ac Elias y proffwyd nerthol. Roeddynt yn trafod y ffordd y byddai Iesu'n dilyn cynllun Duw a marw yn Jerwsalem.

Rhyfeddai Iago ac Ioan mewn distawrwydd, ond roedd yn rhaid i Pedr gael siarad.

'Mae hyn yn fendigedig, Feistr!' galwodd yn gyffrous. 'Garet ti i ni osod tair pabell yma – un i ti ac un i Moses ac un i Elias?' Ni wyddai'n iawn beth yr oedd yn ei ddweud.

Y funud honno tywynnodd cwmwl uwch eu pennau. Cwmwl disglair presenoldeb Duw ydoedd.

'Hwn yw fy annwyl Fab,' meddai Duw. 'Gwrandewch arno.'

Cuddiodd y disgyblion eu hwynebau, yn llawn ofn a rhyfeddod. Yna teimlent gyffyrddiad tyner ar eu hysgwyddau. Edrychodd y tri i fyny mewn braw, ond Iesu, eu meistr annwyl, oedd yno yn edrych yr un fath ag arfer. Ac yr oedd ar ei ben ei hun.

Wrth iddynt gerdded i lawr y bryn yn y bore bach, dywedodd Iesu, 'Peidiwch â dweud wrth neb beth welsoch chi, nes y byddaf wedi atgyfodi oddi wrth y meirw.'

Gwnaeth y disgyblion fel y dywedodd. Ond nid anghofiasant fyth y tro y cawsant gipolwg ar ogoniant Iesu.

Iesu'r meddyg

📖 296
Y tad gofidus
Marc 9

Roedd Pedr, Iago ac Ioan newydd weld Iesu yn ei ogoniant yn siarad â Moses ac Elias. Wrth ddod yn ôl i lawr o'r mynydd y bore hwnnw, roeddynt yn llawn cyffro a rhyfeddod.

Ond wrth nesu at y naw disgybl arall, gwelsant eu bod yn dadlau â rhai o'r athrawon Iddewig.

Aeth Iesu atynt. 'Beth yw achos y ddadl?' gofynnodd i'w ddisgyblion.

Camodd dyn o'r dyrfa ymlaen.

'Mae'r ddadl ynghylch fy mab,' meddai. 'Fe ddes i ag ef at dy ddisgyblion, gan obeithio y bydden nhw'n gallu ei iacháu, ond allen nhw wneud dim. Mae e mewn cyflwr difrifol. Mae e ar drugaredd ysbryd drwg sy'n gwneud iddo lewygu a malu ewyn. Weithiau, pan fydd mewn llewyg, mae'n syrthio i'r afon neu i'r tân ac yn ei niweidio'i hunan. Wn i ddim beth i'w wneud drosto – rwyf ar ben fy nhennyn.'

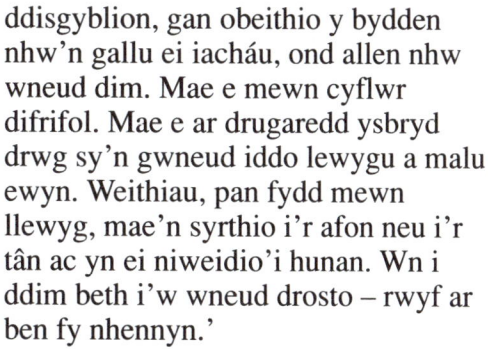

'Tyrd â'th fab yma ataf fi,' gorchmynnodd Iesu.

Cyn gynted ag y daeth y bachgen yn agos, syrthiodd i'r llawr a dechrau crynu'n ofnadwy. Gwyliai ei dad yn ddiymadferth wrth i'w fab ysgyrnygu dannedd a malu ewyn.

'Ers faint y mae'n dioddef fel hyn?' gofynnodd Iesu.

'Er pan oedd yn blentyn,' atebodd y tad. 'Trugarha wrthym a'i helpu – os gelli di!'

'Yr wyf *fi*'n gallu, os gelli *di*!' meddai Iesu wrtho. 'Rhaid i ti ymddiried ynof a chredu y gallaf dy helpu, os wyf i'w iacháu.'

'Rwy'n gwybod fy mod yn amau, ond mae gen i ychydig o ffydd,' llefodd y tad. 'Helpa fi i ymddiried mwy ynot ti!'

Roedd y dorf fusneslyd yn dod yn nes ac yn dechrau cau o'u hamgylch.

Pan welodd beth oedd yn digwydd, gorchmynnodd Iesu, 'Ysbryd drwg, tyrd allan o'r bachgen yma a phaid â mynd i mewn iddo eto!'

Yn syth bu newid yn y bachgen. Peidiodd â throi a chrynu, a gorweddodd yn hollol lonydd.

'Mae'n edrych fel petai wedi marw,' meddai rhywun ym mlaen y dyrfa.

Edrychodd eraill yn fanylach.

'Mae e *wedi* marw!' meddent yn bendant.

Ond gafaelodd Iesu yn llaw'r bachgen a'i godi'n dawel ar ei draed. Yna arweiniodd ef at ei dad, yn holliach unwaith eto.

'Pam na allen *ni* ei wella?' gofynnodd y disgyblion siomedig i Iesu yn nes ymlaen. Gwyddent eu bod wedi methu ac felly wedi rhoi boddhad mawr i elynion Iesu.

'Dim ond trwy weddi y mae bwrw allan ysbryd tebyg i hwn,' meddai Iesu wrthynt. 'Rhaid i chi ymddiried ynof fi ac yng ngallu Duw dros ddrygioni.'

297
Gwas y canwriad
Luc 7; Mathew 8

Un diwrnod, pan oedd Iesu yn nhref fechan Capernaum ar lan Môr Galilea, daeth rhai o arweinyddion y synagog ato â chais.

'Rydyn ni am i ti helpu dyn sy'n haeddu dy gymorth,' meddai'r Iddewon hyn. 'Mae'n swyddog Rhufeinig yn ein tref. Mae'n ddyn da, ac mae ganddo barch mawr i'r grefydd Iddewig. Yn wir, ef a dalodd am adeiladu ein synagog. Nawr mae arno wir angen dy help.'

Edrychodd Iesu draw i'r lle y safai'r canwriad yn dalsyth a bonheddig.

Galwodd ef ato.

Ymlaciodd y milwr ychydig tra siaradai'n ddifrifol â Iesu.

'Wnei di fy helpu?' ymbiliodd. 'Mae gwas rwy'n meddwl y byd ohono yn wael iawn. Mae'n dioddef poenau ofnadwy.'

'Fe ddof i'w iacháu,' meddai Iesu ar unwaith.

'Na wir, syr!' ebe'r canwriad. 'Nid wy'n haeddu cael rhywun mor fawr â thi yn fy nhŷ. Dywed y gair a gwn y bydd fy ngwas yn iach. Milwr ydw i, yn derbyn gorchmynion o Rufain, ac mae gen i filwyr o dan fy awdurdod. Dim ond i mi ddweud "Tyrd yma!" ac fe ddaw gwas ar garlam – neu "Dos acw!" ac fe â un arall ar ei union. Yn yr un modd, rwy'n gwybod dim ond iti ddweud y gair, bydd fy ngwas yn iach.'

Roedd Iesu'n rhyfeddu fod gan filwr Rhufeinig y fath ffydd ynddo. Ni chafodd hwn ei ddysgu i ymddiried yn Nuw fel y cafodd yr Iddewon.

'Nid oes unrhyw un drwy'r wlad i gyd wedi dangos cymaint o ffydd ynof fi â'r dyn hwn,' meddai wrth y rhai oedd yn gwylio.

Yna, gan droi at y canwriad, meddai, 'Dos adref nawr. Cei di weld fod dy was wedi'i iacháu, yn union fel yr oeddet ti'n credu y byddai.'

Ar yr union amser hwnnw, diflannodd ei boen a theimlodd y gwas yn holliach eto.

📖 298
Dyn mud a byddar
Marc 7

Un diwrnod, daeth criw bychan o ddynion â'u ffrind at Iesu. Roedd yn fyddar ac yn methu siarad yn iawn.

'Fedri di ei iacháu, Athro?' meddent wrtho.

Arweiniodd Iesu'r dyn yn dyner oddi wrth y dyrfa. Gallai weld ei fod yn teimlo'n nerfus a swil wrth i'r holl bobl o'i gwmpas syllu arno.

Pan oedd y ddau gyda'i gilydd, aeth Iesu ati'n ofalus i ddangos trwy arwyddion bopeth yr oedd yn mynd i'w wneud, er mwyn i'r dyn byddar ddeall beth oedd yn digwydd, er na allai glywed beth oedd Iesu'n ei ddweud.

Yn gyntaf gosododd Iesu ei fysedd yng nghlustiau'r dyn, i ddangos ei fod yn mynd i iacháu ei glyw.

Yna poerodd ar ei fys a'i osod ar dafod y dyn. Credai pobl yn y cyfnod hwnnw fod poer yn gallu iacháu. Roedd Iesu am i'r dyn sylweddoli ei fod yn gallu gwella'r nam ar ei leferydd hefyd.

Wedyn edrychodd Iesu i fyny, fel petai'n gweddïo, i'r dyn gael gwybod ei fod yn mynd i'w iacháu drwy nerth Duw.

Ar ôl hyn dywedodd Iesu un gair, 'Ephphatha!', sy'n golygu 'Agorer di!' yn yr iaith yr oedd Iesu a'i ddisgyblion yn ei siarad.

Ufuddhawyd i orchymyn Iesu ar unwaith a dechreuodd y dyn a fu'n fyddar glywed cant a mil o synau anghyfarwydd. Roedd mor ddiolchgar fod y dyrfa swnllyd yn sefyll ychydig i ffwrdd! Darganfu, hefyd, ei fod yn gallu siarad yn eglur. O'r diwedd byddai pawb yn ei ddeall! Roedd ganddo lawer i'w ddweud i wneud iawn am y blynyddoedd o fudandod – a dechreuodd arni ar unwaith!

Synnai'r bobl yn y dyrfa wrth ei glywed. 'On'd yw Iesu'n rhyfeddol!' meddent wrth ei gilydd. 'Mae'n gwneud popeth mor dda! Mae hyd yn oed yn gallu gwneud i'r bobl fyddar glywed ac i'r rhai mud siarad!'

299
'Coed yn cerdded!'
Marc 8

Roedd Iesu yn Bethsaida, y dref ar lan Môr Galilea lle magwyd Pedr ac Andreas. Daeth nifer o bobl â dyn dall ato.

'Rho dy ddwylo arno, Feistr, os gweli di'n dda!' meddent.

Gafaelodd Iesu yn llaw'r dyn a'i arwain i le tawel y tu allan i'r dref. Roedd am helpu'r dyn i ymddiried ynddo drosto'i hun, er na allai ei weld. Felly cyffyrddodd yn dyner â llygaid y dyn ac yna gosod ei ddwy law yn gadarn ar ei ysgwyddau.

'Fedri di weld unrhyw beth?' gofynnodd Iesu.

Llygadodd y dyn o'i gwmpas yn ansicr. Roedd y tywyllwch eithaf, yr oedd wedi arfer ag ef mor hir, wedi troi'n hanner-golau. Gallai weld ffurfiau aneglur ond nid oedd yn sicr beth oeddynt. Daeth rhai o'r ffurfiau'n ddigon agos ato iddo wybod mai pobl oeddynt.

'Roeddwn i'n meddwl mai coed oedden nhw,' meddai, 'coed yn cerdded!'

Gosododd Iesu ei ddwylo ar lygaid y dyn unwaith eto.

Y tro hwn, pan dynnodd hwy i ffwrdd, roedd y niwl wedi clirio'n llwyr a gwelai bopeth yn hollol eglur.

'Paid â mynd yn ôl i'r dref,' meddai Iesu wrtho. 'Dos adre'n syth i weld dy wraig a'th blant â'th lygaid dy hun!'

Iesu'n dysgu am ufudd-dod

📖 300
Y ddau fab

Mathew 21; Mathew 7; Ioan 14

Pan aeth Iesu i fyny i Jerwsalem, dechreuodd yr offeiriaid a'r athrawon Iddewig ddadlau ag ef. Roeddynt yn sicr mai hwy oedd pobl ddewisedig Duw. Sut y meiddiai Iesu weld bai arnynt? Yn wahanol iddynt hwy, nid oedd ef hyd yn oed wedi cael ei hyfforddi i ddysgu. Felly adroddodd Iesu'r stori hon wrthynt.

'Un tro roedd gan ryw ŵr ddau fab. Dywedodd wrth yr hynaf un bore, "Rwyf am i ti fynd i weithio yn fy ngwinllan heddiw."

' "Dydw i ddim eisiau mynd," cwynodd y mab. Ond yn nes ymlaen newidiodd ei feddwl ac aeth i helpu ei dad.

'Yn y cyfamser gwelodd y tad ei fab iau a gofyn iddo yntau hefyd fynd i helpu yn y winllan. "Af, wrth gwrs," atebodd yn foesgar, ond aeth e ddim, er iddo addo mynd.

'Pa un o'r meibion hyn, feddyliwch chi, oedd yn ufudd i'w tad?'

'Yr hynaf,' atebodd yr arweinwyr.

'Ie,' cytunodd Iesu. 'Yn yr un ffordd, mae'r casglwyr trethi a'r bobl eraill yr ydych yn eu casáu, yn newid eu meddyliau ac yn dechrau ufuddhau i orchmynion Duw. Fe fyddan nhw'n mynd i mewn i deyrnas Dduw o'ch blaen chi. Rydych chi'n *dweud* y pethau cywir, ond nid ydych yn fodlon *gwneud* beth mae Duw'n ei ofyn.'

Dro arall, dywedodd Iesu wrth ei ddilynwyr, 'Nid y rhai sy'n fy ngalw'n "Arglwydd", ond y rhai sy'n fy nhrin fel Arglwydd drwy ufuddhau i mi, fydd yn mynd i mewn i deyrnas Dduw.

'Pan ddaw Dydd y Farn, bydd digon o bobl yn dweud, "Rydyn ni wedi pregethu amdanat ti, Arglwydd. Rydyn ni wedi gwneud llawer o bethau rhyfeddol yn dy enw." Ond byddaf yn dweud wrthynt, "Nid wyf yn eich adnabod. Ewch i ffwrdd oddi wrthyf." Oherwydd y peth sy'n bwysig yw fod pobl yn cadw gorchmynion Duw ac yn ufuddhau i mi.'

Esboniodd Iesu i'w ddisgyblion, 'Bydd y bobl hynny sy'n fy ngharu o ddifrif yn ufudd i mi. Os bydd rhywun yn gwneud yr hyn rwy'n gofyn iddo'i wneud, yna fe wn yn sicr ei fod yn fy ngharu.'

Storïau am garu eraill

301
Y dyn nad oedd am faddau
Mathew 18

Un diwrnod gofynnodd Pedr, 'Feistr, sawl gwaith y dylwn i faddau i rywun sy'n gwneud cam â mi?' Cytunai'r Iddewon manwl eu crefydd ei bod hi'n deg i faddau dair gwaith, ond dyma Pedr yn awgrymu'n hael, 'Ydy saith gwaith yn ddigon?'

Gwenodd Iesu gan ysgwyd ei ben.

'Nac ydy, Pedr,' meddai, 'mae saith deg saith o weithiau yn nes ati. Gwrando ar y stori hon.

'Un tro penderfynodd rhyw frenin archwilio cyfrifon ei swyddogion i weld faint o arian oedd yn ddyledus iddo. Prin yr oedd wedi dechrau pan ddygwyd un ohonyn nhw i mewn i'w ystafell.

'Dywedwyd wrth y brenin, "Mae gan y dyn yma ddyled enfawr i'w thalu i ti."

'Edrychodd y brenin ar ei lyfrau cyfrifon a gweld fod dyled y gwas yn filoedd ar filoedd – yn ddigon o arian i dalu'r pridwerth am ryddhau brenin.

' "Gwerthwch ef a'i wraig a'i blant yn gaethweision," gorchmynnodd y brenin.

'Ond syrthiodd y swyddog ar ei liniau, gan lefain rhwng ei ddagrau, "Rwy'n erfyn arnat ti, bydd drugarog wrthyf! Dim ond i ti fod yn amyneddgar, fe dalaf y cwbl yn ôl!"

'Gwyddai'r brenin yn dda na allai fyth dalu dyled mor fawr yn ôl, ond teimlai'n flin drosto.

' "Cod ar dy draed," meddai'n garedig. "Rwy'n mynd i ddileu'r ddyled yn gyfan gwbl. Ni fydd yn rhaid i ti dalu ceiniog i mi."

'Neidiodd y gwas ar ei draed mewn llawenydd ac ymgrymodd i'r brenin yr holl ffordd at y drws.

'Cyn gynted ag y daeth allan o'r ystafell, cyfarfu ag un o'i gyd-swyddogion.

' "Hei!" gwaeddodd, "Aros! Mae arnat ti arian i mi!"

' "Dim ond dyled fach yw hi," plediai'r llall yn druenus. "Rho amser i mi dy dalu'n ôl!"

'Ond cydiodd ynddo gerfydd ei wddf nes iddo bron â'i dagu. "Rhaid i ti dalu ar unwaith neu fynd i'r carchar!" bygythiodd. Yna llusgodd ef o'r palas a'i daflu i'r carchar.

'Roedd swyddogion eraill y brenin wedi dychryn trwyddynt. Aethant ac adrodd y cyfan wrth y brenin. Roedd yn ddig iawn a galwodd am y swyddog.

' "Rwyt ti'n was drwg a chalon-galed!" meddai. "Fe wnes i faddau i ti a dileu dy ddyled anferth, eto rwyt ti'n gwrthod trugarhau wrth un sydd arno ddyled mor bitw i ti. Oherwydd hyn, fe gei di dy daflu i'r carchar dy hunan hyd nes y byddi wedi talu'r cyfan i mi."

'Cofiwch,' meddai Iesu, wrth orffen ei stori. 'Fydd Duw ddim yn maddau i chi, oni bai eich bod chi yn maddau o waelod calon i'ch gilydd.'

302
Y ffrind da
Luc 10

Er mwyn ceisio rhwydo Iesu, gofynnodd un o athrawon y gyfraith Iddewig gwestiwn anodd iddo.

'Athro,' meddai, 'Beth sydd raid i mi ei wneud i ennill bywyd tragwyddol?'

'Rwyt *ti*'n gwybod yr ysgrythurau,' atebodd Iesu. 'Beth maen nhw'n ei ddweud?'

'Maen nhw'n dweud wrthym am garu Duw â'n holl galon ac â'n holl feddwl ac â'n holl nerth, ac i garu pobl eraill hefyd,' oedd ei ateb parod.

'Rwyt ti'n iawn,' cytunodd Iesu. 'Dos a gwna hynny ac fe gei di fywyd.'

Ond nid oedd athro'r gyfraith yn fodlon. Ceisiodd eto.

'Sut wyf i garu pobl eraill?' gofynnodd. 'Beth yw ystyr hynny?'

'Un diwrnod,' meddai Iesu, 'cychwynnodd rhyw ddyn i lawr y ffordd serth a pheryglus sy'n mynd o Jerwsalem i Jericho. Yn sydyn, neidiodd lladron arno o'r tu ôl i'r creigiau. Dyma nhw'n ei daro i'r llawr, cymryd ei ddillad a'i arian, ac yna brysio oddi yno, gan ei adael yn gorwedd yn hanner marw ar ymyl y ffordd.

'Ymhen ychydig, daeth rhywun arall heibio. Offeiriad oedd hwn yn dychwelyd o Jerwsalem lle bu'n gwasanaethu yn y deml. Pan welodd y dyn yn gorwedd yno, cerddodd heibio'n gyflym ar ochr arall y ffordd. Hyd y gwyddai ef, gallai'r dyn fod wedi marw, ac nid oedd yr un offeiriad i gyffwrdd â chorff marw.

'Ymhen ychydig eto, daeth Lefiad heibio. Roedd ef hefyd wedi bod yn gwasanaethu Duw yn y deml. Arafodd i gael golwg gwell ar y truan. Gallai ddyfalu beth oedd wedi digwydd. Beth petai'r lladron yn para i lechu y tu ôl i'r creigiau, yn barod i neidio arno ef? Brysiodd i ffwrdd yn gyflym.

'O'r diwedd daeth Samariad heibio. Ni fu'r un Iddew yn garedig wrtho ef erioed. Er hynny teimlai'n llawn trugaredd tuag at y dyn oedd wedi'i glwyfo. Aeth ato'n syth a dechrau golchi ei friwiau. Yna fe'i rhwymodd yn dyner a'i godi'n ofalus, gan ei osod ar gefn ei asyn a'i arwain i'r gwesty agosaf.

'Rhoddodd ddau ddarn o arian i berchennog y gwesty. "Gofala amdano nes y bydd wedi gwella," meddai. "Os bydd rhagor i'w dalu, fe gei di'r arian pan alwaf y tro nesaf." '

Trodd Iesu at y dyn a oedd yn ei holi gan ofyn iddo, 'Pa un o'r tri theithiwr a ddangosodd gariad tuag at y dyn oedd ar lawr?'

'Yr un a fu'n garedig wrtho, mae'n debyg,' meddai'r athro.

'Yna dos dithau a gwna yr un fath ag ef,' meddai Iesu.

303
Defaid a geifr
Mathew 25

'Pan ddaw Dydd Barn Duw,' meddai Iesu wrth ei ddisgyblion, 'fe ddaw Brenin Duw a'r holl angylion. Bydd yn eistedd ar ei orsedd ac yn barnu'n deg. Daw holl bobl y byd o'i flaen a bydd yn gwahanu pawb i'r naill ochr neu'r llall, fel y bydd bugail yn rhannu'r defaid yn ei ddiadell oddi wrth y geifr.'

'Ar yr ochr dde iddo bydd yn gosod y cyfiawn – y rhai y mae Duw wedi'u derbyn.'

' "Dewch i mewn i'm teyrnas," fydd ei eiriau iddynt. "Roeddwn yn newynog a chefais fwyd gennych. Roeddwn yn sychedig a chefais ddŵr gennych. Roeddwn yn noeth a chefais ddillad gennych. Roeddwn yn y carchar a daethoch i ymweld â mi. Roeddwn yn ddieithryn a chefais wahoddiad i'ch cartrefi."

'Bydd y rhai cyfiawn yn ateb, "Pryd y'th welsom di'n newynog, yn sychedig, yn y carchar, neu'n ddigartref, a'th helpu di?"

'Ateb y brenin fydd, "Pryd bynnag yr oeddech chi wedi helpu'r rhai mwyaf di-nod o'm dilynwyr i, roeddech yn fy helpu i!"

'Yna bydd y brenin yn troi at y rhai ar yr ochr chwith iddo. "Ewch o'm golwg," fydd ei orchymyn. "Pan oeddwn yn newynog, ni chefais fwyd gennych. Pan oeddwn yn sychedig, ni chefais ddiod gennych. Pan oeddwn yn noeth, ni chefais ddillad gennych. Ni ddaethoch erioed i ymweld â mi yn y carchar, na rhoi gwahoddiad i mi i'ch cartrefi."

'Byddant yn ateb yn ddig, "Arglwydd, pryd y'th welsom di'n newynog, yn sychedig neu yn y carchar, a gwrthod dy helpu?"

'Bydd y brenin yn ateb, "Pryd bynnag y gwelsoch un o'm dilynwyr – pa mor ddi-nod bynnag – a gwrthod ei helpu yn ei angen, roeddech chi'n gwrthod fy helpu i."

'Yna bydd y brenin yn galw'r rhai cyfiawn i fyw gydag ef am byth, ond bydd yn anfon y lleill i'r tywyllwch, ymhell oddi wrtho.'

Iesu'n croesawu pawb

📖 304
Y croeso cariadus
Luc 7

Pharisead arall a oedd yn awyddus i wybod mwy am yr athro o Nasareth oedd Simon. Penderfynodd wahodd Iesu i ginio, er mwyn clywed drosto'i hun beth oedd ganddo i'w ddweud.

Roedd hi'n gysgodol yng nghyntedd tŷ Simon a lled-orweddai'r gwesteion yno o gwmpas y bwrdd. Deuai dŵr o ffynnon ac roedd digon i'w fwyta.

Cerddai pobl yn dawel o'r stryd i'r ardd gysgodol er mwyn gwrando ar Iesu.

Pan welodd Simon un o'r ymwelwyr na chafodd wahoddiad, edrychodd yn gas arni. Roedd hi'n wraig ag enw drwg iawn iddi yn y dref.

Wrth iddo wylio, gwelodd hi'n llithro'n dawel y tu ôl i Iesu a dechrau arllwys persawr ar ei draed.

Roedd hi'n crio, a syrthiai ei dagrau ar draed Iesu a'u gwlychu. Felly ysgydwodd ei gwallt yn rhydd a'u sychu â'r tresi hir. Yna cusanodd ei draed yn dyner.

Roedd Simon yn ddig iawn. Dyna ddiwedd ar y mater! Os na wyddai Iesu pa mor ddrwg oedd y wraig hon, ni allai esgus bod yn broffwyd. Dylai fod wedi'i hatal a'i gyrru i ffwrdd.

Edrychodd Iesu'n syth i gyfeiriad Simon, gan wybod yn iawn beth oedd yn ei feddwl.

'Simon,' meddai, 'roedd gan ddau ddyn ddyled i fenthyciwr arian. Roedd dyled un yn bum cant o ddarnau aur a dyled y llall yn ddim ond hanner cant. Maddeuodd y benthyciwr eu dyled i'r ddau. Pa un wyt ti'n meddwl fyddai'n dangos y cariad a'r diolch mwyaf iddo?'

'Yr un y maddeuwyd y ddyled fwyaf iddo, siŵr iawn,' atebodd Simon yn ddi-hid.

'Rwyt ti'n iawn,' cytunodd Iesu. 'Pan ddes i yma, wnest ti ddim cynnig dŵr i mi olchi fy nhraed, ond golchodd y wraig hon nhw â'i dagrau. Wnest ti ddim dangos dy groeso trwy fy nghofleidio, ond cusanodd hon fy nhraed. Wnest ti ddim hyd yn oed gynnig diferyn o olew i'w roi ar fy mhen, i'm helpu i ddadflino, ond arllwysodd hon bersawr drud ar fy nhraed.

'Dangosodd yr holl gariad yma am iddi sylweddoli gymaint o faddeuant a gafodd. Nid yw'r rhai sy'n credu nad oes arnynt angen maddeuant Duw, yn dangos diolchgarwch na chariad.'

Yna gan droi at y wraig yn ei dagrau, meddai Iesu, 'Mae dy bechodau wedi'u maddau.'

Bu ychydig o gyffro ymysg y gwesteion wrth y bwrdd. Sut oedd Iesu'n meiddio dweud peth felly?

Ond parhâi Iesu i edrych ar y wraig. 'Dos i fwynhau bywyd o dangnefedd,' meddai. 'Mae dy ffydd ynof fi wedi dy achub.'

📖 305
Teuluoedd
Marc 10

Un diwrnod daeth mamau i weld Iesu, gyda'u babanod a'u plant bach. Roeddynt am i'r Meistr roi ei ddwylo arnynt a'u bendithio.

Roedd Iesu'n brysur iawn gyda'r dyrfa, a chredai'r disgyblion ei fod yn edrych yn flinedig iawn.

'Ewch i ffwrdd,' meddent wrth y mamau. 'Mae'r Meistr yn rhy brysur i roi amser i blant.'

Trodd y mamau i ffwrdd yn drist. Edrychodd Iesu draw a gwelodd beth oedd wedi digwydd.

'Peidiwch byth â throi plant i ffwrdd!' meddai'n llym wrth y disgyblion. 'Pobl sy'n fodlon bod yn debyg i blant sy'n perthyn i'm teyrnas i – rhai sy'n llawn ymddiriedaeth, sy'n llawn cariad ac sy'n ostyngedig hefyd. Gadewch i'r plant ddod ataf fi bob amser.'

'Dewch yn ôl!' gwaeddodd y disgyblion ar y mamau.

Pan welodd y plant wyneb Iesu, dyma nhw'n rhedeg yn syth ato. Yn swil, cododd y mamau eu babanod i Iesu eu bendithio.

Yn gyntaf cymerodd y babanod a'r plant lleiaf i'w freichiau a'u cofleidio. Yna gosododd ei ddwylo ar bennau'r plant hŷn, gan roi bendith Duw arnynt.

Edrychai'r disgyblion arno mewn rhyfeddod. Ni fyddai'r Meistr byth yn peidio â'u synnu. Nid oedd fel petai'n credu fod pobl *wir* bwysig, fel y Phariseaid, yn bwysig o gwbl! Ac eto roedd amser ganddo i famau a phlant.

306
Y dyn a ddaeth yn ôl
Luc 17

Pan oedd Iesu a'i ddisgyblion ar eu ffordd i Jerwsalem, gwelsant griw bach o ddynion yn sefyll y tu allan i ryw bentref. Camodd y disgyblion yn ôl yn syth. Gwyddent beth oedd o'i le ar y dynion hynny. Roeddynt yn dioddef o glefyd croen yr oedd pawb yn ei ofni. Hyd nes y gallai offeiriad dystio eu bod yn iach o'r clefyd, mynnai'r gyfraith Iddewig fod yn rhaid iddynt fyw ar wahân, ymhell o unrhyw dref ac o'u cartrefi.

Cyn gynted ag y gwelodd y dynion Iesu, dechreusant alw'n uchel, 'Iesu, Feistr, trugarha wrthym!'

Camodd y disgyblion ymhellach yn ôl, ond aeth Iesu ymlaen i'w cyfarfod heb ddangos unrhyw ofn na ffieidd-dra o'u gweld yn y fath gyflwr.

'Ewch yn syth at yr offeiriad,' meddai wrthynt. 'Ar ôl eich archwilio, bydd yn tystio eich bod yn iach.'

Cychwynnodd y deg dyn ar eu taith yn llawn cyffro. Wrth fynd, edrychasant ar ei gilydd mewn syndod. Yn lle'r croen hyll a chreithiau arno, gwelsant freichiau a choesau iach a glân.

Gan floeddio'n llawen, dechreusant redeg ar garlam. Unwaith y byddent wedi gweld yr offeiriad, byddent yn rhydd i fynd adref at eu teuluoedd.

Ond arhosodd un o'r deg yn stond. Roedd Iesu wedi ateb eu gweddi am gymorth. Llanwyd ei galon â diolchgarwch. Yna trodd a rhuthro'n ôl at Iesu â'i wynt yn ei ddwrn. Fe'i taflodd ei hun wrth ei draed.

'Diolch, Feistr,' llefodd. Syllodd Iesu arno ac yna edrychodd o gwmpas.

'Fe wnes i wella deg o ddynion,' meddai. 'Ble mae'r naw arall? Ai dim ond ti sydd wedi dod yn ôl i ddiolch? A Samariad wyt ti, heb ddim o'r breintiau sydd gan yr Iddewon.'

Yna cododd Iesu ef yn dyner i'w draed a dweud, 'Dos adref nawr. Mae dy ffydd ynof wedi dy iacháu.'

Iesu'n dweud 'Myfi yw . . .'

307
Y bugail da
Ioan 10

Bywyd digon caled oedd bywyd bugail yn y wlad lle roedd Iesu'n byw. Rhaid oedd crwydro yma a thraw bob dydd i chwilio am ddigon o borfa i'w ddefaid. Byddai nentydd yn sychu'n gyflym yng ngwres yr haul poeth a rhaid oedd chwilio am ddŵr rhedegog iddynt i'w yfed. Weithiau byddai'n peryglu ei fywyd wrth achub dafad a fyddai wedi syrthio dros glogwyn neu wrth warchod ei braidd rhag anifeiliaid gwyllt.

Bu'r brenin Dafydd yn fugail unwaith. Wrth feddwl am ofal Duw drosto, cofiodd sut y byddai ef ei hun yn gofalu am ei ddefaid. 'Duw yw fy Mugail,' canodd Dafydd. 'Mae gen i bopeth sydd ei angen arnaf.'

Roedd Jeremeia ac Eseciel wedi cymharu arweinwyr cenedl Israel i fugeiliaid. Ond yn aml nid oeddynt hwy wedi bod yn fugeiliaid da. Yn hytrach, roeddynt wedi esgeuluso a cham-drin y rhai oedd dan eu gofal.

'Myfi yw'r bugail da,' meddai Iesu wrth y bobl a oedd yn gwrando arno un diwrnod. 'Rwy'n fodlon marw dros fy nefaid. Mae'r bugail da'n wahanol iawn i'r gwas cyflog. Nid oes gan hwnnw wir ofal am y defaid. Os yw'n gweld blaidd yn dod, mae'n rhedeg i ffwrdd. Ond bydd bugail sy'n caru ei ddefaid yn peryglu ei fywyd i'w hachub.

'Rwy'n mynd i farw dros fy nefaid. Fy nefaid i yw'r rhai sy'n f'adnabod ac yn gwrando ar fy llais. Rwy'n adnabod pob dafad sydd gennyf ac ni all neb eu dwyn o'm gofal. Mae fy nefaid yn adnabod fy llais ac yn fy nilyn.'

Daeth Iesu i fod yn fugail nid yn unig i bobl Israel. Daeth i roi ei fywyd dros bobl ymhobman.

'Mae gen i lawer o ddefaid eraill,' esboniodd Iesu, 'nad ydynt eto yn perthyn i braidd Duw. Rwy'n mynd i'w galw nhw hefyd. Byddant yn fy nilyn i a bydd un praidd mawr. Byddaf yn fugail cariadus iddyn nhw i gyd.'

308
Y wir winwydden
Ioan 15

Roedd rhai o ysgrifenwyr yr Hen Destament wedi gweld cenedl Israel yn debyg i winwydden. Mae un ohonynt yn disgrifio sut y plannodd Duw wreiddyn gwinwydden fach yng Ngwlad yr Addewid, a sut y lledaenodd yn fuan a thyfu'n gryf.

Ond sylweddolodd Eseia fod y winwydden hon wedi peri siom i Dduw. Roedd brenhinoedd a phobl Israel wedi dewis mynd eu ffordd eu hunain yn hytrach na dilyn ffordd Duw.

Dywedodd y proffwyd wrth y bobl fod Duw wedi disgwyl i'w genedl ddwyn ffrwyth mewn meddyliau caredig a gweithredoedd ufudd, ond dim ond grawnwin gwyllt, sur, hunanol ac anufudd a gafodd.

'Myfi yw'r wir winwydden,' meddai Iesu wrth ei ddisgyblion. 'Mae'r rhai sy'n fy ngharu i ac yn ymddiried ynof yn debyg i ganghennau'r winwydden. Fi yw'r winwydden a chi yw'r canghennau. Os yw'r gangen am ddwyn ffrwyth, rhaid iddi fod yn rhan o'r winwydden.

'Os ydych chi'n fy ngharu ac yn gwneud yr hyn rwy'n ei ofyn, byddwch yn aros yn agos ataf. Yna gallwch gael nerth a bywyd oddi wrthyf, fel y mae'r canghennau'n tynnu maeth o'r winwydden.

'Pan arhoswch yn agos ataf, bydd eich bywyd yn dwyn ffrwyth. Fe fyddwch yn amyneddgar a charedig. Fe fyddwch yn dyner ac yn dweud y gwir wrth eraill. Fyddwch chi ddim yn ymffrostio, a byddwch yn gallu cadw trefn arnoch chi'ch hun.

'Allwch chi ddim bod yn berson fel yna heb fy help i. Glynwch wrthyf a bydd fy mywyd i, a'm nerth a'm daioni, yn llifo i mewn i'ch bywyd chi.'

Roedd cenedl Israel, sef y winwydden, wedi siomi Duw dro ar ôl tro. Roedd Iesu, sef y wir winwydden, wedi bod yn ffyddlon ac yn ufudd i Dduw bob amser. Nawr roedd yn mynd i roi'r cymorth yr oedd ei angen ar ei ddisgyblion, fel y gallent hwy hefyd fod yn ffyddlon ac yn ufudd i Dduw.

Gwneud yn fawr o bob cyfle

📖 **309**
Y ffigysbren heb ffigys
Luc 13

Byddai miloedd o bobl yn gwrando ar Iesu, ond nid oedd llawer yn barod i wneud yr hyn oedd ganddo i'w ddweud. Nid oeddynt am newid eu ffyrdd ac ufuddhau i Dduw.

Esboniodd Iesu fod Duw yn llawn cariad ac amynedd, ond eglurodd hefyd y gallent golli eu cyfle i'w ddilyn. Rhyw ddydd byddai'n rhy hwyr i'r genedl Iddewig ac i'r dynion a'r merched oedd yn perthyn iddi. Dywedodd y stori hon wrthynt.

'Un tro plannodd rhyw ddyn ffigysbren mewn pridd da. Arhosodd yn amyneddgar nes iddo dyfu yn ddigon mawr i ddwyn ffrwyth. Yna chwiliodd yn eiddgar am ffigys arno. Ond er iddo ddisgwyl am dair blynedd, ni welodd unrhyw ffrwyth.

'Gan nad oedd y ffigysbren wedi ffrwytho erbyn hynny, roedd yn gwybod na fyddai'n debyg o wneud byth. Felly galwodd y garddwr a dweud wrtho, "Rwyf wedi bod yn chwilio am ffigys ar y pren yma ers tair blynedd, ond ni welais yr un. Mae'r pren yn sugno'r maeth o'r pridd, ac nid yw o unrhyw werth i mi. Tor ef i lawr."

'Ond meddai'r garddwr yn daer, "Rho un cyfle arall iddo, syr! Fe wna i bopeth i'w helpu i ffrwytho. Fe wna i balu'r pridd o'i gwmpas a rhoi gwrtaith iddo. Efallai y daw ffigys arno'r flwyddyn nesaf. Ond os bydd yn methu eto, yna fe gei di ei dorri i lawr." '

📖 **310**
Y merched doeth a ffôl
Mathew 25

Pan oedd Iesu'n fachgen, bu mewn sawl priodas hapus. Yr adeg honno, yr arfer oedd i'r briodferch aros yn ei chartref gyda'i ffrindiau i ddisgwyl i'r priodfab ddod i'w nôl hi.

Ond ni fyddai neb yn gwybod pryd y deuai'r priodfab. Gallai ddod weithiau ar ganol nos! O'r diwedd byddent yn clywed y floedd – 'Mae'r priodfab ar ei ffordd!' – a chyn hir byddai'n cyrraedd, gyda chwmni o bobl lawen yn ei ddilyn. Yna byddai pawb a gafodd wahoddiad yn dychwelyd i dŷ'r priodfab i wledda a dathlu am wythnos gyfan.

Roedd Iesu'n awyddus i bobl ei ddilyn a dod i mewn i'w deyrnas tra bod cyfle ganddynt. Gwyddai na fyddai gyda nhw'n hir iawn eto. Ond byddai'n dod yn ôl un diwrnod fel brenin, mewn gogoniant a nerth. Bryd hynny byddai'n rhy hwyr i bobl newid eu meddwl a dewis ei ddilyn.

'Ar y diwrnod hwnnw,' meddai Iesu wrthynt, 'bydd teyrnas Dduw yn debyg i briodas. Un tro roedd deg o ferched yn disgwyl am gael ymuno â gorymdaith y priodfab. Roedd hi'n tywyllu, felly roedd gan bob un ei lamp yn barod. Ond roedd pump ohonyn nhw wedi dod heb olew i'w roi yn y lampau. Daeth yn nos a chysgodd y merched i gyd.

'Yn sydyn, ar hanner nos, clywyd bloedd yn y stryd dawel – "Mae'r priodfab ar ei ffordd!"

'Deffrôdd y merched a goleuo eu lampau. Yna sylweddolodd y pum merch ffôl nad oedd ganddyn nhw olew ar ôl. "Rhowch fenthyg ychydig inni!" oedd eu cri. Ond dim ond digon ar gyfer eu lampau nhw eu hunain oedd gan y pum merch ddoeth. "Fedrwn ni ddim rhoi dim i chi," medden nhw, "ewch i brynu peth."

'Ond tra oedd y pum merch ffôl i ffwrdd yn prynu olew, daeth y priodfab. Ymunodd y pum merch ddoeth â'r orymdaith. Yn fuan roeddynt yn ddiogel yn nhŷ'r priodfab, a chaewyd y drws.

'Ychydig wedyn daeth y pum merch ffôl a churo ar y drws. Dyma nhw'n gweiddi, "Agorwch i ni!" Ond ateb y priodfab oedd, "Na wnaf wir! Dydw i ddim yn eich adnabod chi." '

Wedi gorffen y stori ychwanegodd Iesu, 'Byddwch yn barod ar gyfer dyfodiad y Brenin. Nid oes neb yn gwybod pryd bydd yr amser hwnnw.'

311
Y tri gwas
Mathew 25

Ni fyddai Iesu'n byw ar y ddaear am byth. Byddai'n rhaid i'w ddilynwyr ddysgu bod yn ffyddlon iddo a defnyddio pob cyfle i'w wasanaethu, hyd yn oed pan na fyddai yno.

'Un tro,' meddai Iesu wrthynt, 'roedd yna ddyn oedd wedi gorfod mynd i ffwrdd ar daith hir.'

'Cyn cychwyn, galwodd ei weision ato a dweud wrthynt am ofalu am ei holl eiddo. Rhannodd ei arian rhyngddyn nhw. Rhoddodd bum mil o ddarnau aur i'r gwas cyntaf, dwy fil i'r ail was a mil i'r trydydd. Yna aeth i ffwrdd.

'Dechreuodd y ddau was cyntaf ddefnyddio'r arian a gawsant i ennill mwy. Ond gwnaeth y trydydd gwas dwll yn y ddaear a chladdu ei ddarnau aur ynddo.

'Wedi amser hir daeth y meistr yn ôl. Galwodd ei weision ato a gofyn beth oeddyn nhw wedi'i wneud â'i arian.

' "Dyma ddeng mil o ddarnau aur i ti," meddai'r gwas cyntaf wrtho. "Rwyf wedi dyblu'r arian a roist ti i mi."

' "Da iawn," meddai ei feistr. "Fe fuost yn was da a ffyddlon, gan ddangos gofal mewn pethau bychain. Nawr fe gei di gyfle i'm gwasanaethu mewn pethau mwy. Tyrd gyda mi i ymuno yn y dathlu!"

'Yna daeth yr ail was ymlaen.

' "Rwyf innau hefyd wedi dyblu'r hyn a ges i," meddai, gan roi pedair mil o ddarnau arian i'w feistr.

' "Ardderchog!" meddai'r meistr. "Rwyt tithau hefyd wedi bod yn ffyddlon a da, ac fe gei di hefyd waith pwysicach. Tyrd i ddathlu gyda mi."

'Yna'n olaf, daeth y gwas a gafodd un fil o ddarnau ymlaen.

' "Dyma dy arian," meddai. "Rwy'n gwybod dy fod ti bob amser yn ceisio cael cymaint ag y gelli. Doeddwn i ddim am fentro colli dy arian, felly fe'i rhoddais mewn twll yn y ddaear. Mae'r cwbl yn ddiogel. Gelli di gael y cyfan yn ôl."

' "Rwyt ti'n was drwg a diog!" meddai'r meistr. "Os ydw i'n gymaint o gybydd â hynny, fe ddylet ti fod wedi rhoi fy arian yn rhywle lle y gallwn o leiaf fod wedi ennill llog arno. Caiff dy ddarnau aur di eu rhoi i'r gwas a enillodd bum mil. Bydd y rhai sy'n defnyddio'r hyn sy'n cael ei roi iddyn nhw yn cael mwy. Bydd y rhai sy'n gwrthod gwneud defnydd da o'r ychydig sydd ganddynt yn colli'r cwbwl."

'Yna trodd y meistr at y gweision eraill.

' "Anfonwch y gwas drwg yma i ffwrdd," gorchmynnodd. "Mae e wedi colli ei gyfle. Does dim yn ei aros bellach ond trueni a thristwch." '

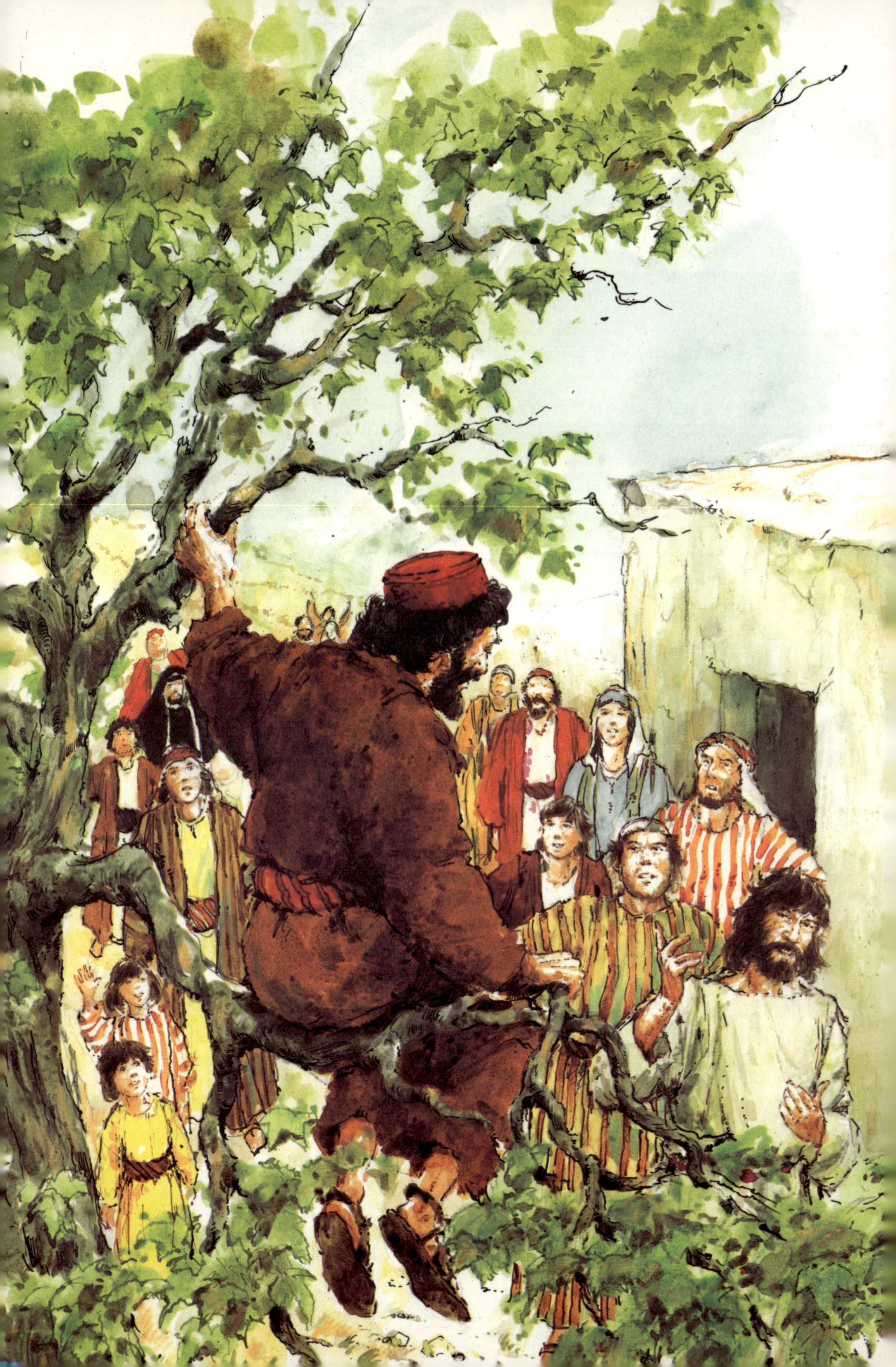

312
Y gwyliwr yn y goeden
Luc 19

Roedd Iesu a'i ddisgyblion ar eu ffordd i Jerwsalem i ddathlu gŵyl y Pasg. Roedd Iesu'n gwybod mai hon fyddai ei daith olaf yno.

Ymunodd pererinion eraill â hwy wrth iddynt nesáu at ddinas hardd Jericho. Roedd y wlad o gwmpas yn agos at y Môr Marw ac yn dir anial, heb ddim byd gwyrdd yn tyfu yno. Ond oherwydd ei ffynhonnau dŵr, roedd dinas Jericho yn wyrdd gan goed balsam persawrus a phalmwydd yn llawn datys melys.

Roedd casglwyr trethi yn ennill arian da yn y ddinas hon, yn enwedig eu pennaeth, Sacheus. Ond er ei fod yn gyfoethog, nid oedd yn hapus. Roedd pawb yn ei gasáu ac yn ei ddirmygu. Gwyddent ei fod yn llenwi ei bocedi ei hun â'u harian prin, yn ogystal â'i drosglwyddo i'r llywodraethwyr Rhufeinig.

Roedd Sacheus wedi clywed am Iesu, yr athro rhyfeddol a oedd yn newid bywydau pobl. O, fel yr hoffai ei weld ef! Ond roedd rhesi o bobl eisoes yn sefyll bob ochr i'r stryd.

Dim ond cic a chnoc gan ambell benelin galed a gâi, petai'n ceisio gwthio drwyddynt. Ond o aros yn y cefn, ni fyddai'n gweld dim. Roedd yn rhy fychan.

Sylwodd Sacheus ar bren ffigys a dyfai gerllaw a phenderfynodd ei ddringo. Rhai munudau'n ddiweddarach, wrth i'r orymdaith fechan nesáu, gallai weld y cyfan yn glir oddi ar gangen gref yn y goeden.

Wrth i Iesu a'i ddilynwyr fynd heibio i'r goeden, daliodd Sacheus ei anadl. Yn sydyn, safodd Iesu. Edrychodd yn union syth at ei guddfan a galw, 'Tyrd i lawr, Sacheus! Rwy'n mynd i gael cinio gyda thi heddiw.'

Brysiodd Sacheus i lawr yn gynt o lawer nag y dringodd i fyny. Gan frwsio'r dail a'r brigau oddi ar ei wisg, camodd ymlaen yn betrus.

Clywodd eiriau angharedig o'r dorf: 'Pam mae Iesu'n mynd i gael cinio gyda hwn? Mae pawb yn gwybod mai twyllwr yw e!'

Ond rhoddodd Iesu ei law ar ysgwydd Sacheus a chychwynnodd y ddau tuag at ei dŷ moethus.

Nid oes neb yn gwybod beth ddywedodd Iesu wrtho amser cinio, ond gallai'r dyrfa a oedd yn disgwyl amdanynt weld fod Sacheus yn ddyn gwahanol pan ddaeth allan o'r tŷ.

Camodd ymlaen yn hyderus gan ddweud, 'Arglwydd, rwyf am roi hanner fy arian i helpu'r tlodion.' Yna, gan edrych ar y naill wyneb ar ôl y llall yn y dyrfa, ychwanegodd, 'Os ydw i wedi lladrata oddi ar unrhyw un, fe'i talaf yn ôl bedair gwaith drosodd.'

Roedd y dyrfa'n rhyfeddu. Trodd Iesu atynt a dweud, 'Dod i chwilio am bobl fel Sacheus wnes i. Fe ddes i edrych am y rheini sydd wedi crwydro oddi wrth Dduw, er mwyn eu dwyn yn ôl ato.'

313
Bartimeus ddall
Marc 10

Y diwrnod yr aeth Iesu trwy Jericho, eisteddai dyn arall wrth ochr y ffordd. Eisteddai *ef* yno bob diwrnod, gan obeithio y byddai rhai yn taflu darn bach o arian i'w bowlen gardota wrth iddynt fynd heibio. Efallai y câi ychydig yn fwy gan y pererinion a deithiai drwy'r ddinas heddiw. Mae'n bosibl y byddent yn hael tuag at gardotyn dall a thlawd.

Ond er na allai Bartimeus weld, gallai glywed popeth. Cyn hir clywodd rywun yn dweud yr enw Iesu. Roedd wedi clywed amdano ef o'r blaen. Mae'n rhaid fod Iesu yn y dorf a oedd yn agosáu ato.

Daeth y pererinion yn nes, ond nid oedd llawer o siarad erbyn hyn. Gwrandawai pawb yn astud ar eiriau Iesu.

Roedd Bartimeus yn sicr mai Iesu oedd y Meseia a oedd wedi'i addo gan Dduw, gwir olynydd y brenin Dafydd. Penderfynodd beidio â cholli'r cyfle ardderchog hwn i ofyn i Iesu ei helpu. Crynhodd ei holl egni a gweiddi'n uchel, 'Iesu, Fab Dafydd! Cymer drugaredd arna i!'

'Taw â'r sŵn yna!' gwaeddodd y bobl yn ôl. 'Rydyn ni'n ceisio gwrando ar Iesu!'

Ond gweiddi'n uwch a wnâi Bartimeus.

Arhosodd Iesu.

'Galwch ef yma,' meddai.

Dechreuodd rhai helpu Bartimeus i godi ar ei draed a'i wthio ymlaen. Ond nid oedd angen unrhyw anogaeth arno. Taflodd ei glogyn oddi amdano a baglu yn gyflym i gyfeiriad llais Iesu.

'Beth wyt ti am i mi wneud drosot ti?' gofynnodd Iesu.

'Arglwydd, rwyf am gael gweld,' atebodd Bartimeus ar unwaith.

'Fe gei di dy ddymuniad,' meddai Iesu wrtho. 'Am i ti ymddiried ynof fi, rwyf wedi dy iacháu. Cei di fynd adre nawr.'

Ond cymerodd Bartimeus un olwg hir ar wyneb Iesu a gwyddai nad oedd am fynd adref. Yn llawen, ymunodd â'r dyrfa gyffrous. Roedd yn barod i ddilyn ei Frenin i ben draw'r byd.

Ffrindiau Iesu

314
Y peth pwysicaf
Luc 10

Roedd Martha a Mair a'u brawd, Lasarus, yn ffrindiau da i Iesu. Roeddynt yn byw ym Methania, pentref ar lethrau Mynydd yr Olewydd, ryw hanner awr o daith o Jerwsalem. Bob tro y byddai Iesu a'i ddisgyblion yn ymweld â Jerwsalem, byddent yn galw gyda'u ffrindiau ym Methania.

Un diwrnod gwelodd Martha Iesu a'i ddisgyblion yn cerdded yn llychlyd a blinedig i fyny'r ffordd. Rhuthrodd i roi rhagor o goed ar y tân i wresogi'r ffwrn, er mwyn coginio pryd o fwyd iddynt.

Aeth Mair i gyfarfod â'r ymwelwyr. Gwnaeth yn siŵr fod Iesu'n cael diod oer a dŵr i ymolchi. Yna eisteddodd yn ei ymyl, gan wrando ar bob gair a ddywedai.

Teimlai Martha yn drafferthus a chwyslyd wrth goginio. Dechreuodd deimlo'n ddig wrth Mair am ei gadael ar ei phen ei hun i wneud yr holl waith.

O'r diwedd ni allai ddioddef rhagor. Cerddodd yn llawn ffwdan at Iesu.

'Elli di ddim dweud wrth Mair am roi help llaw i mi?' gofynnodd. 'Wela i ddim pam y mae'n rhaid i mi baratoi'r bwyd i gyd fy hunan.'

'Martha annwyl,' meddai Iesu'n garedig. 'Paid â phoeni a thrafferthu. Dim ond rhywbeth syml sydd ei angen arnom. Yna byddai amser gennyt ti i fod gyda ni, i wrando'r hyn sydd gen i i'w ddysgu i chi, tra bydd y cyfle gennych. Ni ddylai gwraig fod wrth y llestri drwy'r amser. Mae Mair wedi dewis gwneud yr hyn sydd bwysicaf, ac nid wyf yn mynd i'w rhwystro.'

315
'Mae dy ffrind yn sâl'
Ioan 11

Un diwrnod aeth Lasarus yn wael. Wrth ei weld yn mynd yn waeth, roedd ei chwiorydd Martha a Mair yn poeni'n ofnadwy. Ni allai'r meddyg wneud dim i'w wella – dim ond ysgwyd ei ben yn drist.

'Gallai Iesu ei wella,' meddai Mair.

'Ie, gad i ni anfon neges iddo ddod i'n helpu,' awgrymodd Martha.

Roedd Iesu yr ochr draw i'r Iorddonen, allan o afael yr Iddewon yn Jwdea a oedd wedi ceisio ei ladd. Ond roedd rhywun o'r pentref yn fodlon mynd i roi'r neges iddo.

'Dywed wrth Iesu fod ei ffrind annwyl Lasarus yn wael,' meddai'r chwiorydd wrth y negesydd.

Roedd Iesu'n hoff iawn o Lasarus, ac o Martha a Mair hefyd. Gallai'r disgyblion weld y gofid yn ei wyneb pan glywodd y newydd drwg. Ond dywedodd wrthynt, 'Nid marwolaeth fydd diwedd y salwch hwn i Lasarus. Mae'r salwch yma'n mynd i ddwyn gogoniant i Dduw ac i'w Fab.'

Yna, er syndod iddynt, arhosodd yno a mynd ymlaen â'i waith iacháu a dysgu.

Aeth dau ddiwrnod heibio cyn i Iesu ddweud, 'Fe awn i Fethania nawr.'

'Bydd hynny'n beryglus,' meddai un o'r disgyblion. 'Cofia beth ddigwyddodd y tro diwethaf roedden ni yn Jwdea.'

'Os yw'r Meistr yn barod i beryglu ei fywyd, yna fe awn ni gydag ef – a marw hefyd, os bydd raid,' meddai Thomas yn ddewr.

Ar y ffordd, dywedodd Iesu, 'Mae Lasarus yn cysgu.'

'Mae hynny'n arwydd da,' oedd eu hateb. 'Mae'n rhaid ei fod yn mynd i wella.'

Ond esboniodd Iesu, 'Pan ddywedais ei fod yn cysgu, dweud yr oeddwn ei fod wedi marw. Mae marwolaeth fel cwsg, ac rwy'n mynd i'w ddeffro. Rwy'n falch nad oeddwn i yno, er eich mwyn chi. Bydd yr hyn rwy'n mynd i'w wneud yn eich helpu i gredu ynof.'

Nid oedd yr un ohonynt yn deall yn iawn beth oedd ym meddwl Iesu, na beth oedd e'n mynd i'w wneud wedi cyrraedd Bethania. Byddai'n rhaid iddynt aros am ychydig eto i wybod hynny.

316
Yn fyw eto!
Ioan 11

Erbyn i Iesu a'i ddisgyblion gyrraedd yn agos i Fethania, roedd Lasarus yn farw ac yn ei fedd ers pedwar diwrnod. Roedd llond y tŷ o ffrindiau yn dal yno, yn galaru ac yn cysuro Mair a Martha.

Pan ddaeth y newydd fod Iesu'n nesáu, rhuthrodd Martha allan i'w gyfarfod.

'Rwy'n siŵr na fyddai Lasarus wedi marw petaet ti yma!' meddai wrtho.

'Gwrando, Martha,' meddai Iesu, 'Myfi yw'r atgyfodiad a'r bywyd. Bydd pob un sy'n credu ynof i, er iddo farw, yn byw eto. Wyt ti'n credu hyn?'

'Rwy'n credu mai ti yw Mab Duw, y Meseia,' meddai Martha'n bendant.

Yna rhedodd Martha i ddweud wrth Mair fod Iesu am ei gweld hi hefyd.

Cychwynnodd Mair o'r tŷ a dilynodd llawer o'r Iddewon, gan gredu ei bod yn mynd at y bedd i wylo.

Pan welodd Iesu ddagrau Mair a'r Iddewon eraill yn wylo, wylodd yntau hefyd. Er ei fod yn mynd i ddod â Lasarus yn fyw eto, roedd yn loes dwfn iddo weld y tristwch y mae marwolaeth yn ei achosi i bawb.

'Dangoswch ei fedd i mi,' meddai Iesu, a dyma nhw'n cychwyn gyda'i gilydd at y bedd yn y graig.

'Tynnwch y maen oddi ar ddrws y bedd,' gorchmynnodd Iesu. Wedi iddynt wneud hynny, gweddïodd Iesu'n uchel. 'Diolch, Dad, am glywed fy ngweddïau bob amser,' meddai. 'Gad i bawb weld yn awr dy fod wedi fy anfon i ddod â bywyd.'

Yna galwodd Iesu'n uchel, 'Lasarus! Tyrd allan!'

Bu tawelwch llethol, a phawb yn dal ei anadl. Yna clywsant sŵn siffrwd traed a chamodd Lasarus yn drwsgl allan o'r bedd i'r haul cynnes. Roedd wedi'i glymu o'i ben i'w draed mewn dillad claddu gwyn.

'Tynnwch y dillad claddu yna!' meddai Iesu.

Aeth rhai ati i dynnu'r cadach oddi ar ei wyneb a datod y stribedi hir o liain gwyn oedd ar ei ddwylo a'i draed. Wedi iddo ymestyn ei goesau, camodd Lasarus at ei chwiorydd a'i wyneb yn gloywi gan fywyd a iechyd.

Dechreuodd pawb chwerthin a chrio yr un pryd a chofleidio a chusanu ei gilydd.

'Mae'n *rhaid* mai Iesu yw'r Meseia,' meddai rhai o'r gwylwyr gerllaw. Ond cychwynnodd eraill, nad oeddynt am gredu yn Iesu, tua Jerwsalem i ddweud yr hanes wrth ei elynion.

'Rhaid i ni rwystro Iesu rhag gwneud gwyrthiau fel hyn,' cytunodd yr arweinwyr Iddewig. 'Os na wnawn ni hynny, bydd pawb yn ei ddilyn.'

O'r diwrnod hwnnw ymlaen buont yn cynllunio sut i ddal Iesu a'i ladd cyn gynted â phosibl.

317
Anrheg i Iesu
Ioan 12

Pan ddaeth Iesu â'i ddisgyblion i Fethania adeg y Pasg, gwnaeth Martha bryd o fwyd i ddathlu. Roedd yn wych cael Lasarus yn ôl – ac i Iesu eu meistr a'u ffrind annwyl yr oedd y diolch am hynny.

Roedd pawb yn hapus y noson honno. Hyd yna nid oeddynt yn sylweddoli beth oedd yn mynd i ddigwydd i Iesu. Ymhen ychydig ddyddiau byddai'n cael ei ddal a'i ladd yn greulon.

Mair oedd yr unig un i sylwi fod Iesu'n drist, er ei fod yn ymuno yn llawenydd y swper. Llithrodd yn dawel o'r ystafell a dod yn ôl gan gario'n ofalus un o'i thrysorau pennaf. Blwch mawr, hardd oedd hwn, yn llawn o bersawr drud dros ben. Byddai anrheg fel yna'n costio cymaint â chyflog dyn am hanner blwyddyn o waith.

Cerddodd Mair i'r lle roedd Iesu'n lled-orwedd wrth y bwrdd a thywalltodd bob diferyn o'r persawr dros ei draed noeth. Yna sychodd hwy'n dyner â'i gwallt hir.

Roedd Iesu'n falch. Roedd yn gysur iddo wybod fod rhywun wedi deall ac wedi dangos y fath gariad a gofal tuag ato. Dechreuodd arogl y persawr lenwi'r ystafell.

Yna clywyd llais Jwdas Iscariot yn torri ar y tawelwch.

'Wel, dyna wastraff!' meddai. 'Meddyliwch am bris y persawr yna. Petaen ni wedi'i werthu, gallem fod wedi rhoi'r arian i'r tlodion.' (Mewn gwirionedd, nid oedd Jwdas yn malio llawer am y bobl dlawd, ond ef oedd yn gofalu am arian y disgyblion ac weithiau'n pocedu peth ohono ei hunan.)

Gwelodd Iesu y siom ar wyneb Mair. Roedd ei llawenydd wedi diflannu ac roedd hi bron â chrio.

'Gad lonydd i Mair,' meddai'n llym wrth Jwdas. 'Mae hi wedi gwneud gweithred brydferth i mi. Cyn bo hir rwy'n mynd i gael fy lladd. Fydda i ddim gyda chi am lawer eto, ond bydd y tlodion gyda chi bob amser. Gallwch chi roi iddyn nhw pryd bynnag y dymunwch. Ymhen blynyddoedd i ddod, ble bynnag y bydd pobl yn dweud y newyddion da amdanaf fi, bydd sôn hefyd am gariad a haelioni Mair.'

Hosanna!

318
Yr orymdaith fawr
Marc 11; Ioan 12

Roedd dinas Jerwsalem yn orlawn. Cyrhaeddai Iddewon o bell ac agos i ddathlu wythnos y Pasg. Deuai mwy a mwy o bererinion i lenwi'r strydoedd cul, nes bod pob man dan ei sang.

Roedd y stori ddiweddaraf am Iesu yn destun siarad mawr drwy'r ddinas. Roedd wedi dod â dyn marw yn ôl yn fyw – a hwnnw wedi bod yn ei fedd ers pedwar diwrnod! Cyn gynted ag y clywyd sôn fod Iesu ar ei ffordd, cychwynnodd tyrfa gyffrous i'w gyfarfod.

Wrth iddynt agosáu at Jerwsalem, dywedodd Iesu wrth ddau o'i ddisgyblion, 'Ewch i'r pentref acw. Fe welwch asyn ifanc yno, wedi'i glymu yn agos at ei fam. Dewch ag ef yma. Os bydd rhywun yn eich holi, dywedwch wrtho fod y Meistr am gael ei fenthyg, ac y bydd yn ei anfon yn ôl yn fuan.'

Gwnaeth y disgyblion fel y dywedodd Iesu. Pan ddeallodd ei berchenogion mai Iesu oedd eisiau'r asyn, cafodd ei ollwng yn llawen.

Pan ddaethant ag ef at Iesu, gosododd y disgyblion eu dillad ar gefn yr asyn er mwyn gwneud cyfrwy.

Nid oedd ofn ar yr asyn pan eisteddodd Iesu ar ei gefn, er nad oedd neb erioed wedi eistedd arno cyn hynny. Camodd ymlaen gyda balchder a dechreuodd y pererinion a fu'n teithio gyda Iesu guro dwylo a thyrru o'i gwmpas wrth iddynt gychwyn i fyny'r bryn a arweiniai i'r ddinas.

Amser maith cyn hynny roedd Sechareia wedi proffwydo y byddai'r gwir Frenin yn dod, nid ar farch rhyfel ond mewn heddwch, gan farchogaeth ar asyn. Roedd Iesu'n dangos i bawb oedd â llygaid i weld, mai ef oedd y Brenin hwnnw, yn dod i'w brifddinas mewn tangnefedd.

Prysurodd y dorf o Jerwsalem i lawr i ymuno â'r orymdaith fawr, gan gydgerdded a churo dwylo a bloeddio. Aeth rhai o'r tu blaen a thaflu eu gwisgoedd ar y ffordd i roi croeso brenhinol i Iesu. Torrai eraill gangau o'r palmwydd i'w gosod ar y llwybr.

'Hosanna!' gwaeddasant. 'Achub yn awr, O Dduw! Daeth y Brenin a oedd wedi'i addo! Bendith ar yr hwn sy'n dod yn enw'r Arglwydd!'

O'r diwedd dyma'r asyn bach, a'r Brenin ar ei gefn, yn cyrraedd strydoedd Jerwsalem.

Gelynion Iesu yn cryfhau

📖 **319**
Iesu yn y deml
Marc 11

Cyrhaeddodd Iesu'n fuddugoliaethus at byrth y deml enfawr. Cerddodd o gwmpas gan sylwi ar bopeth. Yna, gan ei bod yn nosi a Jerwsalem yn llawn i'r ymylon, aethant yn ôl i aros gyda'u ffrindiau ym Methania.

Trannoeth, dychwelodd Iesu i'r deml. Roedd y cyntedd allanol yn agored i bawb, ond dim ond Iddewon oedd yn cael mynd ymhellach i mewn. Roedd arwydd clir yno yn rhybuddio'r Cenedl-ddynion – sef pawb ond yr Iddewon – rhag mynd ymhellach. Y gosb oedd marwolaeth.

Pwrpas y cyntedd allanol oedd bod yn fan tawel lle gallai pobl weddïo a dysgu am y gwir Dduw. Ond yn lle hynny, roedd yno sŵn byddarol – defaid a gwartheg yn brefu, adar yn trydar a marchnatwyr yn gweiddi'n groch. Roedd pobl â llwythi trwm yn gwau drwy'r stondinau, gan ddefnyddio cyntedd y deml fel llwybr hwylus i groesi o un rhan o'r ddinas i ran arall.

Roedd Iesu'n gwybod fod y gwerthwyr yn gofyn pris llawer iawn rhy uchel gan y pererinion am anifeiliaid i'w haberthu i Dduw. Roedd y cyfnewidwyr arian hefyd yn anonest. Roedd yn rhaid i bob Iddew dalu treth y deml adeg y Pasg, a hynny yn arian y deml, ond byddai'r rhai a newidiai arian y pererinion i arian y deml yn gwneud elw mawr. Ac roedd yr offeiriaid, hyd yn oed, yn derbyn peth o'r elw.

Roedd Iesu'n ddig iawn fod y tlawd yn cael eu twyllo a bod tŷ Dduw wedi'i droi'n farchnad anonest. Heb ofni ei elynion, sef yr offeiriaid, camodd ymlaen a throi'r stondinau wyneb i waered.

Yn fuan roedd byrddau a chadeiriau ar lawr ac arian ar chwâl ymhob man.

Yna gyrrodd Iesu yr anifeiliaid allan ac atal y bobl a'u llwythi rhag dod i mewn.

Edrychai'r pererinion mewn syndod. Dyna ddewr oedd Iesu yn herio dynion mwyaf nerthol y wlad!

Esboniodd Iesu wrthynt: 'Dywedodd Duw y dylai'r deml hon fod yn lle y gall pawb, o bob cenedl, ddod i weddïo ar Dduw a'i addoli. Ni chaiff neb ei throi yn ogof lladron.'

Roedd y bobl yn deall ac yn ddiolchgar.

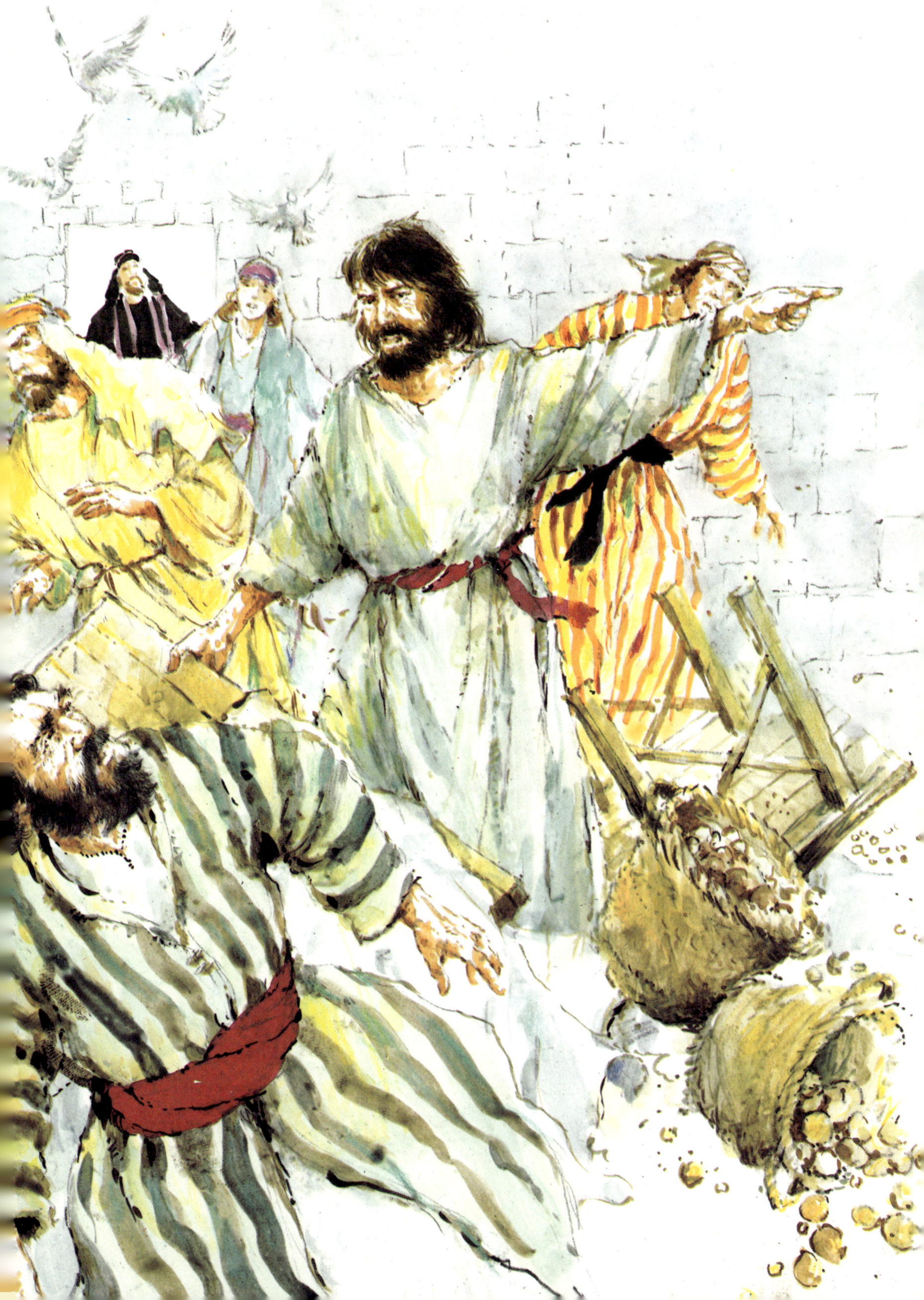

320
Gelynion oddi allan
Mathew 26; Marc 12

Roedd dathliadau'r Pasg yn parhau am wythnos. Teithiai Iesu yn ôl i Fethania bob nos, ond yn ystod y dydd dysgai yng nghynteddoedd y deml.

Roedd yr arweinwyr Iddewig yn fwy penderfynol nag erioed o roi taw ar Iesu unwaith ac am byth. Dau ddiwrnod cyn swper y Pasg, galwyd cyfarfod o'u Cyngor. Daeth y saith deg aelod i dŷ Caiaffas yr archoffeiriad, cadeirydd y Cyngor.

'Mae'n *rhaid* i ni garcharu Iesu,' meddai Caiaffas wrthynt. 'Ond gan ei fod mor boblogaidd, bydd raid gwneud hynny yn y dirgel, rhag creu cynnwrf.'

'Yna bydd yn rhaid aros tan ar ôl y Pasg, wedi i'r tyrfaoedd fynd adref,' meddai un arall.

Ond roedd Iesu'n gwybod yn well na'i elynion beth oedd yn mynd i ddigwydd.

'Y Pasg hwn, caf fy rhoi yn nwylo'r

Rhufeiniaid i gael fy nghroeshoelio,' meddai wrth ei ddisgyblion.

Tra oedd Iesu'n dysgu'r bobl, daeth yr arweinwyr Iddewig a dechrau ei holi. Eu gobaith oedd cael Iesu i ddweud rhywbeth y gallent ei ddefnyddio i ddwyn cyhuddiad yn ei erbyn.

'Wyt ti'n meddwl ei bod hi'n iawn talu treth i'r Rhufeiniaid ai peidio?' oedd eu cwestiwn un diwrnod.

Gwyddent na fyddai Iesu'n boblogaidd gyda'r bobl pe bai'n ateb 'ydyw', a phe bai'n ateb 'nac ydyw' gallent achwyn amdano wrth y llywodraethwyr Rhufeinig. Roeddynt yn sicr eu bod wedi'i ddal y tro hwn.

'Dewch â darn o arian i mi,' meddai Iesu. Wedi ei gael, fe'i daliodd i fyny a gofyn, 'Pen pwy sydd ar y darn yma?'

'Pen Cesar,' oedd yr ateb.

'Yna talwch eich dyled i Gesar a rhowch i Dduw yr hyn sy'n ddyledus iddo Ef.'

Roedd Iesu wedi osgoi'r fagl ac yr oedd hefyd wedi rhoi ateb gwir a chyfiawn iddynt. Roedd ar yr Iddewon ddyled i'r Rhufeiniaid am ffyrdd a dŵr ac am gadw'r heddwch rhwng cenhedloedd. Ond roedd eu dyled i Dduw yn llawer mwy.

321
Y tenantiaid drwg
Marc 12

Un diwrnod dywedodd Iesu stori ar gyfer yr arweinwyr Iddewig a'r offeiriaid yn y dyrfa.

'Rhyw dro plannodd dyn winwydd a'u trin â phopeth angenrheidiol er mwyn cael grawnwin da. Yna bu raid iddo fynd i ffwrdd, felly gosododd denantiaid i ofalu am ei winllan.

'Pan ddaeth amser y cynhaeaf grawnwin, anfonodd was i gasglu ei gyfran o'r grawnwin fel rhent. Ond yn lle talu'r hyn oedd yn ddyledus, ymosododd y tenantiaid ar y gwas, a'i frifo, a'i anfon i ffwrdd yn waglaw.

'Anfonodd y perchennog was arall, ac yna un arall, ond bob tro cawsant eu cam-drin gan y tenantiaid, a lladdwyd rhai. Penderfynodd y perchennog roi un cyfle arall iddyn nhw.

' "Fe anfonaf fy mab atynt," meddai, "Byddan nhw'n siŵr o'i barchu ef." '

'Ond daliodd y tenantiaid drwg fab y perchennog, a'i ladd, a thaflu ei gorff allan o'r winllan. Wrth gael gwared ar y mab, roedden nhw'n credu mai *nhw* yn awr fyddai perchenogion y winllan.

'Beth fydd y perchennog yn ei wneud nesaf?' gofynnodd Iesu.

'Fe ddaw ei hunan a chymryd y winllan oddi ar y tenantiaid,' meddent yn anniddig.

Bu distawrwydd mawr.

Roedd gwrandawyr Iesu yn gwybod yn iawn beth oedd ystyr ei stori. Darlun o'r genedl Iddewig oedd y winllan. Hwy, yr arweinwyr, oedd y tenantiaid yr oedd Duw wedi'u gosod i ofalu amdani.

Roedd arweinwyr y genedl ar hyd y canrifoedd wedi gwrthod gwrando ar y proffwydi, gweision Duw. Roedden *nhw* yn awr yn gwrthod gwrando ar negesydd olaf a phwysicaf Duw, sef ei Fab ei hun. Yn wir, roeddynt yn cynllwynio i'w ladd.

Ond yn lle gwrando ar y rhybudd, aeth yr arweinyddion yn fwy penderfynol fyth o gael gwared ar Iesu. Byddent wedi'i ddal yn y fan a'r lle, pe baent yn ddigon dewr. Ond roedd y bobl gyffredin yn caru Iesu. Felly ciliodd ei elynion, yn llosgi gan ddicter, i aros am y cyfle cyntaf i'w ladd.

322
Y gelyn oddi mewn
Mathew 26

Pan farchogodd Iesu i mewn i Jerwsalem ar ddechrau wythnos y Pasg roedd ei ddisgyblion yn fwy cyffrous hyd yn oed na'r dyrfa. Roeddynt wedi dyheu am y dydd y byddai Iesu'n cael ei arddel yn agored fel brenin. Efallai fod y diwrnod hwnnw'n agosáu o'r diwedd.

Ond parhaodd Iesu i'w rhybuddio'n amyneddgar nad brenin daearol fel yna fyddai ef. Yng nghalonnau ei ddilynwyr y byddai'n teyrnasu ar y cychwyn. Cyn hir byddai'n cael ei garcharu a'i ladd. Yna byddai'n atgyfodi a byddai ei deyrnas yn mynd ar led drwy'r byd i gyd.

Nid oedd y rhan fwyaf ohonynt yn deall ei eiriau. Ond roedd Jwdas Iscariot wedi dechrau deall. Roedd Jwdas yn ddyn uchelgeisiol ac yn caru arian. Bu'n edrych ymlaen, yn fwy na'r un ohonynt, am y dydd y byddai'n cael grym a chyfoeth fel un o ddynion blaenllaw'r brenin Iesu.

Ond gwnaeth geiriau Iesu ym Methania, pan arllwysodd Mair ei phersawr gwerthfawr dros ei draed, i Jwdas sylweddoli fod Iesu'n paratoi ar gyfer dyfodol gwahanol iawn. Nid oedd yn bwriadu bod yn frenin daearol a rhoi terfyn ar lywodraeth Rhufain.

Yn awr ni châi breuddwydion Jwdas am gyfoeth a nerth byth ddod yn wir. Bu'n gwastraffu blynyddoedd gorau ei fywyd. Roedd yn chwerw ac yn siomedig iawn.

Gwyddai y byddai'r offeiriaid ac arweinwyr y genedl angen un o'r rhai oedd yn agos at Iesu i'w helpu i'w ddal mewn lle dirgel o olwg y dyrfa. Aeth Jwdas i'r deml i chwilio am aelodau'r Cyngor a'r offeiriaid.

'Faint o arian rowch chi i mi am ddweud ymhle a phryd y gallwch chi ddal y dyn rydych chi ei angen?' gofynnodd.

Goleuodd wynebau'r cynllwynwyr. Nid oeddynt erioed wedi disgwyl help gan un o'i ganlynwyr.

Dangosodd un ohonynt bwrs o arian a chyfrifodd y darnau oedd ynddo.

'Dyna ti, Jwdas,' meddai. 'Tri deg o ddarnau – a gelli di eu cael nhw'n awr. Gad i ni wybod ble y gallwn ddod o hyd i'th feistr.'

Cerddodd Jwdas i ffwrdd yn gyflym. O hynny allan byddai'n rhaid iddo wylio'n ofalus am y cyfle gorau i gyflawni ei ran ef o'r fargen â'i feistri newydd.

Y Swper Olaf

📖 **323**

Paratoi swper y Pasg
Marc 14

Roedd wythnos y Pasg yn prysur ddirwyn i ben. Daeth yn amser i ddechrau paratoi swper y Pasg.

Amser maith yn ôl roedd Duw wedi achub pobl Israel o farwolaeth yng ngwlad yr Aifft ac wedi'u harwain allan i'w gwlad eu hunain. Roeddynt wedi dathlu'r Pasg cyntaf bryd hynny, ac roedd Moses wedi rhoi cyfarwyddiadau clir ynglŷn â beth yr oeddynt i'w fwyta a sut yr oeddynt i'w goginio y diwrnod hwnnw a phob tro y byddent yn dathlu'r Pasg wedi hynny.

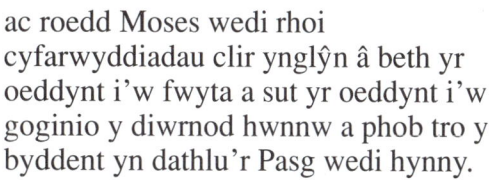

Deuai teuluoedd at ei gilydd i fwyta cig oen wedi'i rostio, ynghyd â llysiau sur a bara heb furum ynddo. Roedd arwyddocâd arbennig i bob rhan o'r swper a byddai'r plant yn cael clywed am ddaioni rhyfeddol Duw i'w bobl pan oeddynt yn gaethweision yn yr Aifft.

Roedd Iesu wedi trefnu bwyta swper y Pasg am y tro olaf gyda'i ddeuddeg disgybl.

'Ewch i baratoi swper y Pasg,' meddai wrth Pedr ac Ioan.

'Ble bydd y swper?' gofynasant.

Roedd Jerwsalem yn orlawn, a llety'n brin, ond roedd gan Iesu nifer o ffrindiau a fyddai'n falch o roi benthyg iddo bopeth oedd ganddynt – fel y gwnaeth perchennog yr asyn. Roedd Iesu eisoes wedi gwneud trefniadau gydag un o'r ffrindiau hynny.

'Ewch i'r ddinas,' meddai wrth Pedr ac Ioan, 'a dilynwch ddyn yn cario llestr dŵr.' (Roedd hyn yn beth a fyddai'n tynnu sylw. Merched fel arfer fyddai'n cario dŵr.)

'Pan aiff i mewn i dŷ, ewch ar ei ôl,' ychwanegodd Iesu. 'Gofynnwch i berchennog y tŷ ddangos i chi'r ystafell y mae wedi addo ei benthyg i ni. Ystafell fawr i fyny'r grisiau fydd hi. Paratowch ein swper yno.'

Roedd Iesu'n gwybod fod ei elynion yn chwilio amdano. Roedd hi'n bwysig iddo gael lle diogel a dirgel lle gallai fwynhau ei swper olaf gyda'i ffrindiau. Roedd ganddo lawer eto i'w ddweud cyn cael ei gymryd oddi arnynt.

📖 **324**
Gofalu am eraill
Ioan 13

Roedd hi'n ddiwrnod swper y Pasg. Cyrhaeddodd Iesu a'i ddisgyblion yr oruwchystafell yn y tŷ yn Jerwsalem. Roedd pawb yn boeth a llychlyd ar ôl cerdded trwy'r strydoedd prysur.

Wrth i'r deuddeg ddadlau a chwyno a chwerthin ymysg ei gilydd, edrychodd Iesu'n annwyl arnynt. Gwyddai'r cyfan amdanynt, gan gynnwys eu holl ddiffygion, ac roedd yn eu caru'n fawr. Er bod Jwdas hyd yn oed yn awr yn ceisio cyfle i'w fradychu i'w elynion, roedd Iesu'n parhau i'w garu.

Edrychai'r disgyblion o gwmpas yn bryderus am nad oedd yno was i olchi eu traed. Y gwas mwyaf distadl yn y tŷ fyddai'n cael y gwaith o olchi'r baw a'r chwys oddi ar draed y gwesteion a oedd wedi cerdded y ffyrdd llychlyd mewn sandalau agored. Roedd y llestr dŵr a'r tywel yno'n barod, ond dim gwas, ac nid oedd yr un ohonynt yn fodlon gwneud y fath waith dirmygedig.

Disgwyliai pawb yn styfnig heb ddweud gair.

Yna cododd Iesu. Arllwysodd ddŵr i'r badell a chymryd y tywel ei hunan. Aeth o'r naill ddisgybl i'r llall gan olchi traed pob un ohonynt yn ei dro.

Roedd cywilydd arnynt.

O'r diwedd, ar ôl iddo eistedd, meddai Iesu wrthynt, 'Ydych chi'n deall beth rwyf i wedi bod yn ceisio ei ddweud wrthych? Rydych chi'n fy ngalw yn Feistr ac yn Arglwydd – a hynny'n gywir. Dyna ydwyf. Eto rwy'n fodlon gwneud unrhyw beth drosoch, hyd yn oed golchi eich traed, am fy mod yn eich caru.

'Dilynwch f'esiampl. Carwch eich gilydd, a gofalwch am eich gilydd, fel yr wyf i'n eich caru chi ac yn gofalu amdanoch. Peidiwch â bod yn hunanol a hunanbwysig.'

325
Swper y Pasg
Ioan 13; Marc 14

Roedd y disgyblion wedi bod yn llawn cyffro ynglŷn â dathlu swper y Pasg, ond yn awr teimlent yn fwy dwys. Gallent weld fod Iesu'n drist iawn.

'Mae un ohonoch chi'n mynd i'm bradychu i'm gelynion,' meddai o'r diwedd.

Daeth arswyd arnynt.

'Nid y fi fydd hwnnw, Arglwydd,' meddai pob un yn ei dro.

Sylweddolodd Jwdas Iscariot fod Iesu'n gwybod am ei gynlluniau. Er hyn, ni wnaeth Iesu ei gyhuddo'n agored. Ceisiodd yn hytrach gynnig cyfeillgarwch a maddeuant iddo.

Estynnodd iddo ddarn blasus o fwyd. Ond daliai wyneb Jwdas yn galed a phenderfynol. Roedd eisoes wedi taro bargen gyda'r Cyngor a bellach roedd ganddo'r wybodaeth angenrheidiol.

Edrychodd Iesu arno gyda thristwch mawr. Yna dywedodd, 'Dos yn gyflym i wneud yr hyn sydd gen ti i'w wneud.'

Nid oedd y disgyblion eraill yn deall geiriau Iesu. Credent ei fod yn dweud wrth Jwdas am fynd ag arian i'r tlodion.

Heb ddweud gair llithrodd Jwdas allan o'r ystafell i dywyllwch y nos.

Wrth iddynt barhau i fwyta, gwnaeth Iesu rywbeth newydd a rhyfeddol. Newidiodd yr hen Basg Iddewig yn swper ag arwyddocâd arbennig iddo, swper y mae Cristnogion wedi'i gadw hyd y dydd heddiw.

Yn gyntaf cymerodd y dorth a oedd ar y bwrdd a'i rhannu ymhlith ei ddisgyblion.

'Cymerwch, bwytewch,' meddai wrthynt. 'Mae'r bara hwn yn arwydd o'm corff a roddir drosoch i gyd.'

Yn feddylgar, a heb ddeall yn llawn, bwytaodd y disgyblion.

Yna cymerodd Iesu gwpan gwin a'i roi iddynt.

'Yfwch hwn,' meddai. 'Mae'r gwin yma'n arwydd o'r bywyd yn fy ngwaed a roddir dros lawer. Bydd fy ngwaed yn selio'r cyfamod newydd rhwng Duw a phobl o bob cenedl.'

Ufuddhaodd y disgyblion ac yfed o'r gwin.

Ymhen ychydig ddyddiau, byddent yn deall y cwbl yn well. Nid rhywun oedd Iesu a gafodd ei lofruddio am fod ei gyfaill wedi'i fradychu a'i elynion yn ei gasáu. Roedd ei farwolaeth yn rhan o gynllun mawr Duw i achub dynol-ryw. Roedd Iesu'n barod i roi ei fywyd ei hun, fel y gallai pobl ymhobman gael maddeuant Duw a derbyn bywyd newydd drwy ymddiried ynddo.

326
Paratoi'r disgyblion
Marc 14; Ioan 13, 14, 16

Ar ôl swper bu Iesu'n siarad â'i ddisgyblion am amser hir. Roedd am eu paratoi ar gyfer digwyddiadau'r noson honno, ond roeddynt yn araf i ddeall yr hyn a oedd ganddo i'w ddweud.

'Rydych chi i gyd yn mynd i redeg i ffwrdd a'm gadael i,' meddai wrthynt.

'Byth!' meddai Pedr. 'Wn i ddim am y lleill, ond fyddwn i byth yn gwneud y fath beth. Rwy'n fodlon marw gyda thi, os bydd raid.'

'A ninnau,' cytunodd y lleill.

Ysgydwodd Iesu ei ben.

'Pedr,' meddai, 'cyn i'r ceiliog ganu ar doriad gwawr yfory, fe fyddi di wedi gwadu dair gwaith dy fod yn f'adnabod i.'

'Fyddwn i byth yn gwneud y fath beth!' taerodd Pedr.

'Peidiwch â phoeni pan fydd popeth fel petai'n mynd o'i le,' ychwanegodd Iesu. 'Rhaid i chi ymddiried ynof i, fel yr ydych chi'n ymddiried yn Nuw. Rwy'n mynd i'ch gadael, ond ar ôl i mi atgyfodi, cawn gwrdd a sgwrsio eto yng Ngalilea. Byddaf yno yn disgwyl amdanoch.

'Ac yna, pan af yn ôl at fy Nhad, rwy'n addo peidio â'ch gadael ar eich pen eich hunain. Rwy'n mynd i anfon fy Ysbryd Glân i fod yn gyfaill ac yn gymorth i chi. Fyddwch chi ddim yn gallu ei weld, am nad oes ganddo gorff dynol fel sydd gen i, ond bydd yn aros gyda chi ac yn eich nerthu a'ch calonogi. Bydd yn eich helpu i gofio'r cyfan a ddysgais i chi, a bydd yn rhoi dewrder i chi fod yn ffyddlon i mi.

'Rwy'n mynd yn ôl at fy Nhad i baratoi cartref i chi. Dof yn ôl un diwrnod i fynd â chi yno. Fe wyddoch ble mae'r cartref hwnnw a sut i'w gyrraedd.'

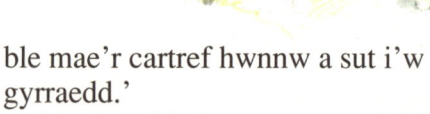

'Arglwydd, does gennym ni ddim syniad i ble rwyt ti'n mynd, felly sut *gallwn* ni wybod y ffordd?' meddai Thomas.

'Myfi yw'r ffordd at Dduw,' atebodd Iesu. 'Fi yw'r unig bont rhwng Duw a dyn. Ni all neb ddod at Dduw heb groesi'r bont honno.

'Cyn eich gadael, rwyf am roi rhodd ffarwél i chi. Fy nhangnefedd yw'r rhodd honno. Nid yw'n debyg i'r heddwch a gewch yn y byd hwn. Bydd fy nhangnefedd i yn eich cadw'n gryf a llawen, pa mor anodd bynnag fydd bywyd.'

Wedi i Iesu orffen siarad, ymunodd pawb i ganu emyn arbennig y Pasg. Yna, gyda'i gilydd, gadawsant ddiogelwch yr ystafell dawel, gyfeillgar honno.

Dal Iesu a'i roi ar brawf

327
Bradychu yn yr ardd
Mathew 26; Ioan 18

Roedd Jwdas yn gwybod ble y byddai Iesu a'r disgyblion eraill yn mynd ar ôl swper. Ger y ddinas, ar lethrau Mynydd yr Olewydd, roedd gardd dawel Gethsemane, lle tyfai coed olewydd. Byddai Iesu'n dianc yn aml o brysurdeb y strydoedd i Gethsemane i feddwl a gweddïo.

Y noson honno aethant ar draws y nant ac i mewn i'r ardd. Cerddai Pedr, Iago ac Ioan yn agos at Iesu.

'Peidiwch â'm gadael,' sibrydodd wrthynt. 'Arhoswch gerllaw yn gwmni i mi. Mae fy nghalon ar dorri gan dristwch.'

Yna aeth Iesu ychydig o'r neilltu i weddïo. Gallai ei ffrindiau weld ei fod wedi'i lethu gan drallod a gofid.

'Annwyl Dad,' gweddïodd gydag angerdd dwfn, 'os yw'n bosibl, achub fi rhag y dioddefaint ofnadwy sydd o'm blaen. Ond rwyf am dy fodloni di ac nid cael fy nymuniad fy hun.'

Er bod ar Iesu angen eu cwmni, yn eu blinder aeth y tri disgybl i gysgu. Daeth Iesu atynt ddwywaith i'w dihuno'n dyner, ond pan ddechreuodd weddïo eto, dyma nhw'n llithro'n ôl i hanner cysgu drachefn.

'Oni allech chi fod wedi aros yn effro gyda mi am un awr?' gofynnodd Iesu'n drist. 'Ond bydd raid i chi ddeffro nawr. Rwy'n mynd i gael fy ngharcharu. Edrychwch! Mae'r un sydd wedi fy mradychu yn dod!'

Rhwbiodd y disgyblion eu llygaid blinedig mewn braw. Gallent weld golau llusernau yn agosáu drwy'r olewydd. Ac roedd gweld metel yn fflachio yn y gwyll yn dweud wrthynt fod milwyr arfog ar y ffordd.

Wrth i'r orymdaith nesáu, gwelsant Jwdas Iscariot yn cerdded ar y blaen. Syllent arno gydag arswyd. Ni allent gredu'r fath beth!

'Gofalwch gymryd y dyn iawn,' sibrydodd Jwdas wrth y milwyr. 'Ef yw'r un y byddaf yn ei gyfarch gyda chusan.'

Cerddodd Jwdas yn syth at Iesu.

'Helô, Feistr!' meddai, gan ei gofleidio.

'Jwdas, fy ffrind, pam wyt ti yma?' gofynnodd Iesu'n drist. 'Ai â chusan yr wyt ti'n fy mradychu i?'

Ond rhuthrodd y milwyr ymlaen gyda'u pastynau a'u gwaywffyn, gan ymaflyd yn Iesu fel petai'n droseddwr peryglus.

Roedd Pedr yn gynddeiriog. Tynnodd ei gleddyf a tharo un o weision yr archoffeiriad, gan dorri ei glust i ffwrdd.

'Cadw dy gleddyf, Pedr,' gorchmynnodd Iesu. 'Petawn i am gael fy rhyddid, byddwn yn galw ar fyddinoedd o angylion i ymladd drosof. Ond rwy'n barod i aberthu fy mywyd, yn ôl cynllun Duw.'

Yna cyffyrddodd Iesu y glust a oedd wedi'i thorri, a'i hiacháu.

Roedd y disgyblion mewn penbleth a dychryn mawr. Roedd eu meistr a'u harweinydd yn fodlon cael ei garcharu. Dyna ddiwedd ar eu holl obeithion. Mewn dychryn ac anobaith, ffoesant oddi yno.

Arweiniodd y milwyr eu carcharor ufudd i ffwrdd heb unrhyw rwystr.

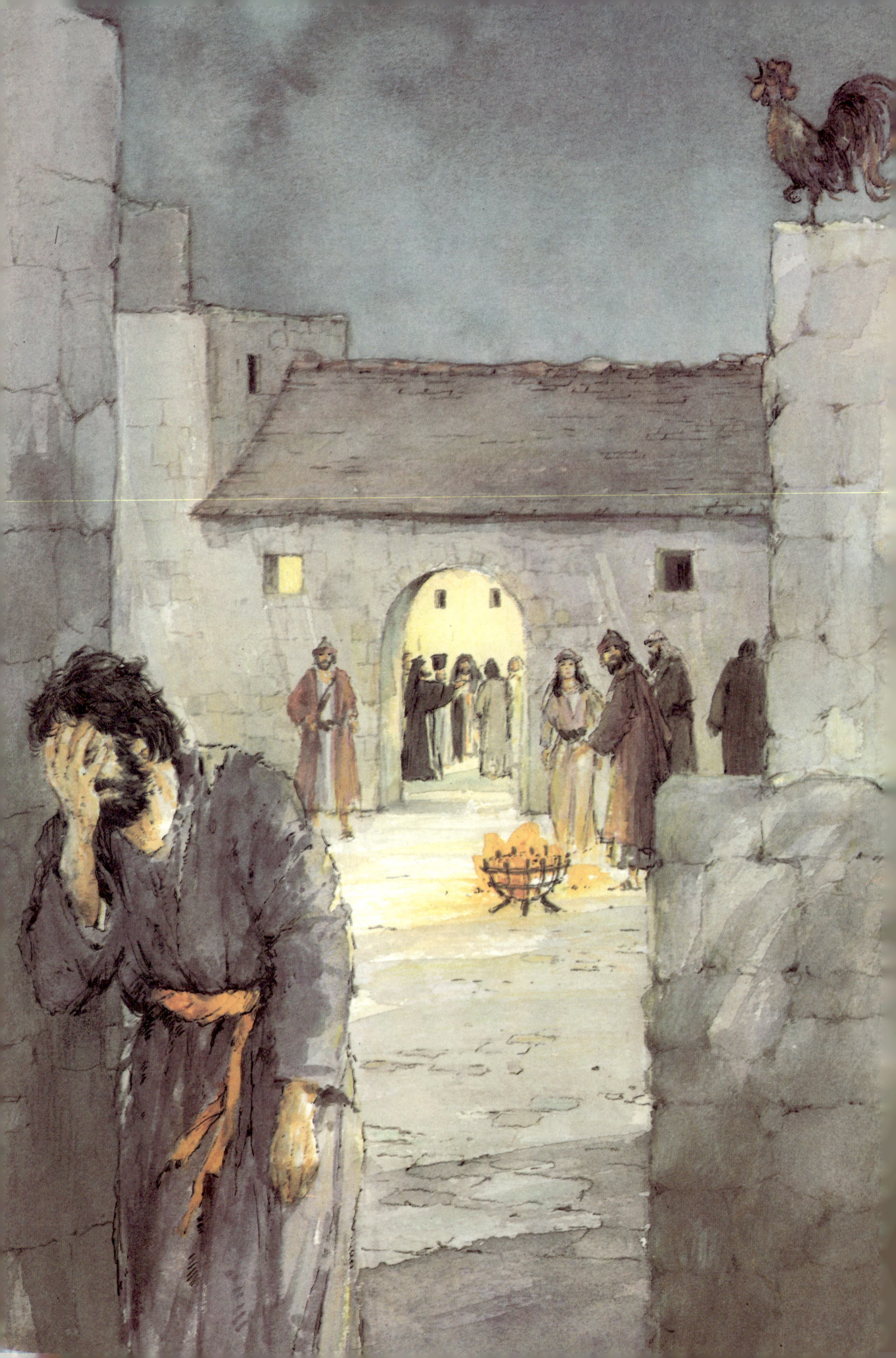

328
'Dydw i ddim yn adnabod y dyn!'
Luc 22; Ioan 18

Aeth y milwyr â Iesu i dŷ Caiaffas yr archoffeiriad. Er ei bod hi'n nos, penderfynodd yr arweinwyr gwrdd ar unwaith i roi Iesu ar brawf. Ni fyddai'n ddoeth cyffroi'r tyrfaoedd a oedd wedi dod i ddathlu'r Pasg.

Yn y cyfamser roedd Pedr ac Ioan wedi ymbwyllo. Penderfynasant ddilyn o hirbell i weld i ble roeddynt yn mynd â Iesu.

Ar ôl cyrraedd tŷ Caiaffas, cerddodd Ioan yn syth i mewn i'r cyntedd gan ei fod yn adnabod rhai o aelodau'r teulu. Arhosodd Pedr y tu allan.

'Gaiff fy ffrind ddod i mewn hefyd?' gofynnodd Ioan i'r forwyn wrth y porth.

'O'r gorau,' meddai, ond syllodd yn fwy manwl ar Pedr wrth iddo nesu ati.

'Wyt ti'n ddisgybl i'r dyn acw?' gofynnodd gan bwyntio'i bys draw i gyfeiriad yr ystafell oddi ar y cyntedd lle safai Iesu gerbron ei gyhuddwyr.

'Nac ydw i, wir!' atebodd Pedr yn ddig. Cofiodd sut yr oedd wedi taro clust gwas yr archoffeiriad ac yr oedd yn ofni fod y stori wedi mynd ar led eisoes. Yn sydyn teimlai'n oer a cherddodd at y tân yng nghanol y cyntedd i gynhesu'i ddwylo.

Craffodd rhywun arall arno.

'Rwyt ti'n un o'i griw!' meddai.

'Dydw i ddim hyd yn oed yn adnabod y dyn!' pwysleisiodd Pedr.

Deuai sŵn lleisiau yn gyson tuag atynt o'r ystafell gyfagos.

Safai rhai o'r gweision yng nghornel y cyntedd yn sibrwd â'i gilydd gan syllu ar Pedr.

Dywedodd un ohonynt yn uchel, 'Beth bynnag mae'n ddweud, mae e'n un o ddilynwyr y carcharor. Gall unrhyw un ddweud ei fod yn dod o Galilea – mae ganddo acen y gogledd!'

Collodd Pedr ei dymer a rhegi.

'Dydw i ddim yn gwybod am beth rydych chi'n sôn!' gwaeddodd. 'Dydw i ddim yn adnabod y dyn!'

Wrth iddo lefaru, canodd ceiliog i groesawu'r wawr.

Daeth geiriau Iesu'n glir i'w gof: 'Cyn i'r ceiliog ganu, fe fyddi di wedi gwadu dair gwaith dy fod yn f'adnabod i.'

Edrychodd Pedr draw at Iesu yn sefyll yn dawel ond yn gadarn, yn wynebu ei holwyr ar ei ben ei hun. Syllodd Iesu'n ôl arno, gyda chariad a thynerwch.

Ni allai Pedr aros yno funud yn hwy. Roedd wedi gwadu'r person a garai ac a drystiai fwyaf yn y byd.

Yn llawn cywilydd, rhuthrodd allan o'r cyntedd gan wylo'n chwerw.

📖 329
Stori Jwdas
Mathew 27

Wedi i Jwdas arwain y milwyr i Gethsemane a dangos Iesu iddynt, roedd ei waith yn y cynllwyn ar ben. Roedd yn rhydd i fynd a chychwyn ar fywyd newydd. Ond yn awr, a'r cynllun wedi llwyddo, dechreuodd arswydo wrth sylweddoli beth yr oedd wedi'i wneud.

Bu Jwdas yn byw gyda Iesu am dair blynedd ac yr oedd yn gwybod nad oedd Iesu wedi gwneud unrhyw weithred ddrwg nac angharedig. Ond gwyddai na fyddai'r dynion creulon hynny'n fodlon nes iddynt lwyddo i'w ladd.

Cychwynnodd Jwdas ar frys tua'r deml, i chwilio am y dynion y bu'n bargeinio â hwy.

'Rwyf ar fai,' meddai wrthynt. 'Rwyf wedi'ch helpu i ddal dyn hollol ddieuog.'

'Dy fusnes di yw hynny,' meddent, gan wenu o'i weld gymaint o ddifri. 'Does dim ots gennym ni sut wyt ti'n teimlo ynglŷn â'r peth.' A dyma nhw'n troi ac ailgydio yn eu sgwrs.

Gyda chri o anobaith, lluchiodd Jwdas y deg darn arian ar hugain a gafodd ganddynt i'r llawr a rhedeg oddi yno. Yna cymerodd raff a'i grogi ei hun.

📖 330
Iesu'n sefyll ei brawf
Marc 15; Luc 23

Bu Iesu'n sefyll drwy'r nos o flaen yr arweinwyr Iddewig, yn gwrando arnynt yn ei gyhuddo'n annheg. Roedd y tystion yn gwrth-ddweud ei gilydd. Ni allent brofi dim yn ei erbyn.

O'r diwedd, wedi'i wylltio'n lân, gofynnodd yr archoffeiriad i Iesu yn blwmp ac yn blaen, 'Dywed ar dy lw, ai ti yw'r Meseia, Mab Duw?'

'Ie!' atebodd Iesu.

'Dyna setlo'r mater!' cyhoeddodd yr archoffeiriad. 'Mae'r carcharor wedi hawlio ei fod yn ddwyfol. Mae ein cyfraith yn dweud ei fod yn haeddu marw.'

Ond dim ond Pilat, y llywodraethwr Rhufeinig, a allai roi'r ddedfryd o farwolaeth. Felly roedd yn rhaid iddynt ei argyhoeddi fod Iesu wedi cyflawni troseddau a oedd yn haeddu marwolaeth yn ôl cyfraith Rhufain.

Tra oeddynt yn paratoi eu cynlluniau, rhoesant Iesu i'r milwyr, a chafodd ei boenydio a'i gam-drin ganddynt. Ben bore aethant â Iesu mewn cadwynau i balas Pilat. Roedd Pilat yn Jerwsalem i gadw trefn yn ystod cyffro'r Pasg.

'Mae'r dyn yma wedi bod yn creu helynt,' meddent wrth Pilat. 'Mae'n dweud wrth bobl am beidio â thalu trethi ac yn honni ei fod yn frenin.'

Pe bai'r cyhuddiadau hyn yn wir, byddai Iesu'n cael ei ddedfrydu i farwolaeth, ond roedd Pilat yn siŵr fod yr arweinyddion Iddewig wedi dyfeisio'r cyhuddiadau yn erbyn Iesu am eu bod yn genfigennus ohono. Dechreuodd holi Iesu ei hunan a methodd weld unrhyw fai arno.

Tra oedd hyn yn digwydd, arweiniodd yr arweinwyr Iddewig dorf o bobl i'r stryd islaw i weiddi gyda'i gilydd, 'Croeshoelia ef! Croeshoelia ef! Croeshoelia ef!'

Daeth Pilat allan i siarad â nhw.

'Mae'r dyn yma'n gwbl ddi-fai!' cyhoeddodd. 'Nid yw'n haeddu marw.'

Aeth bloedd y bobl yn uwch ac yn uwch – 'Croeshoelia ef! Croeshoelia ef!'

Ceisiodd Pilat osgoi dedfrydu Iesu.

'Mae hi'n ŵyl y Pasg,' meddai. 'Rwy'n fodlon rhyddhau un carcharor fel rhan o'r dathlu. Gadewch i mi ryddhau Iesu.'

Ond roedd yr arweinwyr yn barod gyda chri arall: 'Rhyddha Barabbas! Rhyddha Barabbas!' Ac ymunodd y dyrfa yn y gweiddi. Terfysgwr oedd Barabbas. Roedd wedi'i garcharu am lofruddio.

Ni wyddai Pilat beth i'w wneud. Pe bai'r dyrfa yn creu terfysg, gallai golli ei swydd. Ni feiddiai ryddhau Iesu, er bod cyfraith Rhufain wedi'i gael yn ddieuog. Penderfynodd olchi ei ddwylo o'r holl beth a throsglwyddo Iesu i'w groeshoelio yn ôl dymuniad y dorf.

Croeshoelio Iesu

📖 **331**
Y ffordd i Golgotha
Marc 15

Ildiodd Pilat i ddymuniadau'r dorf a'u harweinwyr Iddewig. Rhyddhaodd Barabbas a rhoi gorchymyn i'w filwyr chwipio Iesu cyn mynd ag ef i'w groeshoelio.

Roedd y chwip Rufeinig yn stribedi o ledr gyda darnau o fetel arnynt. Byddai carcharorion weithiau'n marw ar ôl cael eu curo â'r chwip hon.

Ar ôl chwipio Iesu, bu'r milwyr yn ei wawdio'n greulon. Oni ddywedodd hwn ei fod yn frenin? Felly gwisgasant ef mewn gwisg o liw porffor brenhinol. Plethodd un ohonynt goron o ddrain a'i gwasgu ar ei ben. Yna, gan esgus moesymgrymu o'i flaen, gwaeddasant 'Hir oes i'r brenin!' cyn poeri yn ei wyneb.

O'r diwedd roedd yn amser mynd â'r carcharor i safle'r croeshoeliad. Yn ôl y gyfraith Iddewig roedd yn rhaid iddo fod y tu allan i byrth y ddinas. Cychwynnodd yr orymdaith fechan i lawr y bryn tua Golgotha, sy'n golygu 'Lle'r Benglog'.

Dilynodd y dorf swnllyd. Roedd rhai gwragedd yno hefyd, yn wylo o weld yr athro da a dewr yn cael ei arwain i'w farwolaeth.

Yr oedd disgwyl i garcharor gario'r croesbren garw y byddai'n cael ei groeshoelio arno. Gosododd y milwyr y pren trwm ar ysgwyddau Iesu. Ond roedd Iesu'n wan wedi'r holl holi a'r chwipio. Prin y gallai gerdded o dan y pwysau.

Daeth Iddew o'r Affrig heibio. Simon oedd ei enw. Roedd wedi dod i Jerwsalem ar gyfer gŵyl y Pasg.

'Hei, tyrd yma!' galwodd y canwriad, gan gydio'n dynn yn ei fraich. 'Caria'r groes i'r carcharor yma. Chyrhaeddwn ni byth wrth lusgo 'mlaen fel hyn.'

Roedd gan Simon ysgwyddau cryf a llydan. Cododd y groes yn ofalus oddi ar ysgwyddau dolurus Iesu a'i gosod ar ei ysgwyddau ei hun. Gyda'i gilydd, cerddodd y ddau weddill y ffordd garegog i Golgotha.

332
Iesu ar y groes
Marc 15; Luc 23; Ioan 19

Roedd y Rhufeiniaid yn croeshoelio caethweision gwrthryfelgar a throseddwyr peryglus. Nid oeddynt yn caniatáu i ddinasyddion Rhufeinig ddioddef y fath farwolaeth.

Câi hoelion hir eu bwrw trwy draed a dwylo'r troseddwr i'w osod yn dynn wrth y croesbren. Yna byddai'r groes yn cael ei rhoi mewn twll yn y ddaear a'i thynnu i fyny, gan adael y person i hongian, a marw yno o syched a gwres.

Tri oedd i'w croeshoelio'r diwrnod hwnnw. Aeth y milwyr ati i gyflawni'r gwaith.

Erbyn naw o'r gloch gosodwyd y tair croes yn eu lle. Hongiai Iesu ar y groes ganol.

Yna eisteddodd y milwyr i chwarae dis er mwyn difyrru'r amser.

Edrychodd Iesu arnynt gyda thosturi. 'O Dad, maddau iddynt,' gweddïodd. 'Ni wyddant beth y maent yn ei wneud.'

Daeth yr arweinwyr Iddewig i'w watwar. 'Rwyt ti wedi achub eraill,' meddent, 'ond fedri di ddim d'achub dy hun!'

Meddai un o'r troseddwyr a oedd yn hongian ar y groes nesaf, 'Onid ti yw'r Meseia? Pam na wnei di dy achub dy hun a ninnau?'

Ond meddai'r troseddwr arall, 'Bydd ddistaw. Rydyn ni'n haeddu marw, ond mae ef yn ddieuog.' Yna erfyniodd ar Iesu, 'Pan ddoi di'n ôl fel brenin, cofia fi!'

'Does dim rhaid i ti aros tan hynny,' atebodd Iesu. 'Fe fyddi di gyda mi ym mharadwys heddiw.'

Roedd rhai o ddisgyblion Iesu, gwragedd yn bennaf, yno hefyd.

'Gofala am fy mam,' sibrydodd Iesu wrth Ioan, ei ffrind agos. 'Gwnaf,' meddai Ioan. 'Bydd ef yn fab i ti o hyn allan,' meddai Iesu wrth ei fam, a oedd yno'n beichio crio.

Am hanner dydd, pan ddylai'r haul fod yn ei anterth, disgynnodd tywyllwch dudew. Am dair awr dioddefodd Iesu ar ei ben ei hun, gan gario pwysau pechod yr holl fyd.

Yna, am dri o'r gloch y prynhawn, mewn llais clir a buddugoliaethus, gwaeddodd 'Gorffennwyd!' Cymerodd ei anadl olaf a bu farw.

Daeth dinesydd cyfoethog o'r enw Joseff o Arimathea i ofyn am ganiatâd Pilat i gladdu Iesu'n deilwng. Cafodd help gan Nicodemus, y dyn a ddaethai i sgwrsio â Iesu wedi iddi nosi.

Golchodd y ddau ei gorff yn dyner, ei rwymo mewn dillad-claddu glân, a'i osod mewn ogof o fedd yng ngardd Joseff.

Dilynodd rhai o'r gwragedd a fu yng Ngolgotha i weld ble y claddwyd Iesu. Yna, wedi blino'n lân ar ôl yr holl dristwch a'r wylo, aethant oddi yno.

377

Atgyfodiad Iesu

📖 **333**
Mae'n fyw!
Ioan 20

Nos Wener oedd hi pan osodwyd corff Iesu yn y bedd. Drannoeth roedd hi'n Saboth. Ni châi unrhyw Iddew weithio ar y diwrnod hwnnw. Llusgai'r oriau heibio'n araf i ffrindiau Iesu yn eu galar. Ni allent gredu fod y meistr yr oeddynt yn ei garu mor fawr yn gorwedd yn oerni'r bedd.

'Unwaith y bydd y Saboth drosodd, fe awn â pheraroglau i'w rhoi ar ei gorff,' cytunodd y gwragedd.

Y noson honno ni allai Mair Magdalen gysgu. Roedd hi'n parhau yn dywyll pan gychwynnodd hi, a nifer o'r gwragedd eraill, at y bedd yn yr ardd.

Wrth iddynt nesáu gwelsant, er eu braw, fod y maen oedd ar ddrws y bedd wedi'i symud. Rhaid fod rhywun wedi torri i mewn i'r bedd a dwyn corff Iesu.

Rhedodd y merched yn ôl i adrodd yr hanes wrth Pedr ac Ioan. Cychwynnodd y ddau i weld drostynt eu hunain. Gan mai Ioan oedd yr ieuengaf, rhedodd yn gynt gan gyrraedd yno'n gyntaf.

Erbyn hynny roedd hi wedi goleuo digon i edrych i mewn i'r bedd. Roedd y dillad claddu yn gorwedd yn ddestlus yn y bedd, ond nid oedd y corff yno. Wrth i Ioan syllu, cofiodd eiriau Iesu. Wrth gwrs – roedd Iesu'n fyw!

Pan gyrhaeddodd Pedr, aeth yn syth heibio i Ioan ac i mewn i'r bedd. Gwelodd yntau'r dillad claddu, a'r penwisg yn gorwedd ar wahân iddynt. Ond ysgwydodd ei ben mewn penbleth, ac aeth y ddau allan o'r ardd.

Ond arhosodd Mair yno ei hunan, â'r dagrau'n llifo i lawr ei gruddiau. Syllodd i mewn i'r bedd. Gwelodd ddau angel disglair yn eistedd lle bu corff Iesu'n gorwedd, un ar bob pen.

'Pam wyt ti'n wylo?' gofynasant.

Ond synhwyrai Mair fod rhywun yn sefyll y tu ôl iddi. Wedi hanner troi a gweld dyn, meddyliodd mai'r garddwr oedd yno. Efallai y gallai ef ei helpu.

'Pam wyt ti'n wylo?' gofynnodd iddi.

'Mae corff fy Arglwydd wedi diflannu. Ai ti a'i symudodd, syr?' meddai hi.

'Mair,' meddai'r dieithryn.

Pan glywodd Mair ei henw, gwyddai mai llais Iesu ydoedd. Trodd i'w wynebu. Ie, Iesu oedd yno!

'Dywed wrth fy nisgyblion fy mod i wedi atgyfodi ac yn mynd at yr un sy'n Dad i mi ac yn Dad iddyn nhw hefyd,' meddai.

Rhedodd Mair yn ôl yn heulwen y bore a phob ofn a thristwch wedi diflannu. Rhuthrodd i ganol y disgyblion trist gan gyhoeddi'n llawen, 'Mae'n fyw! Ydy'n wir, mae'n fyw!'

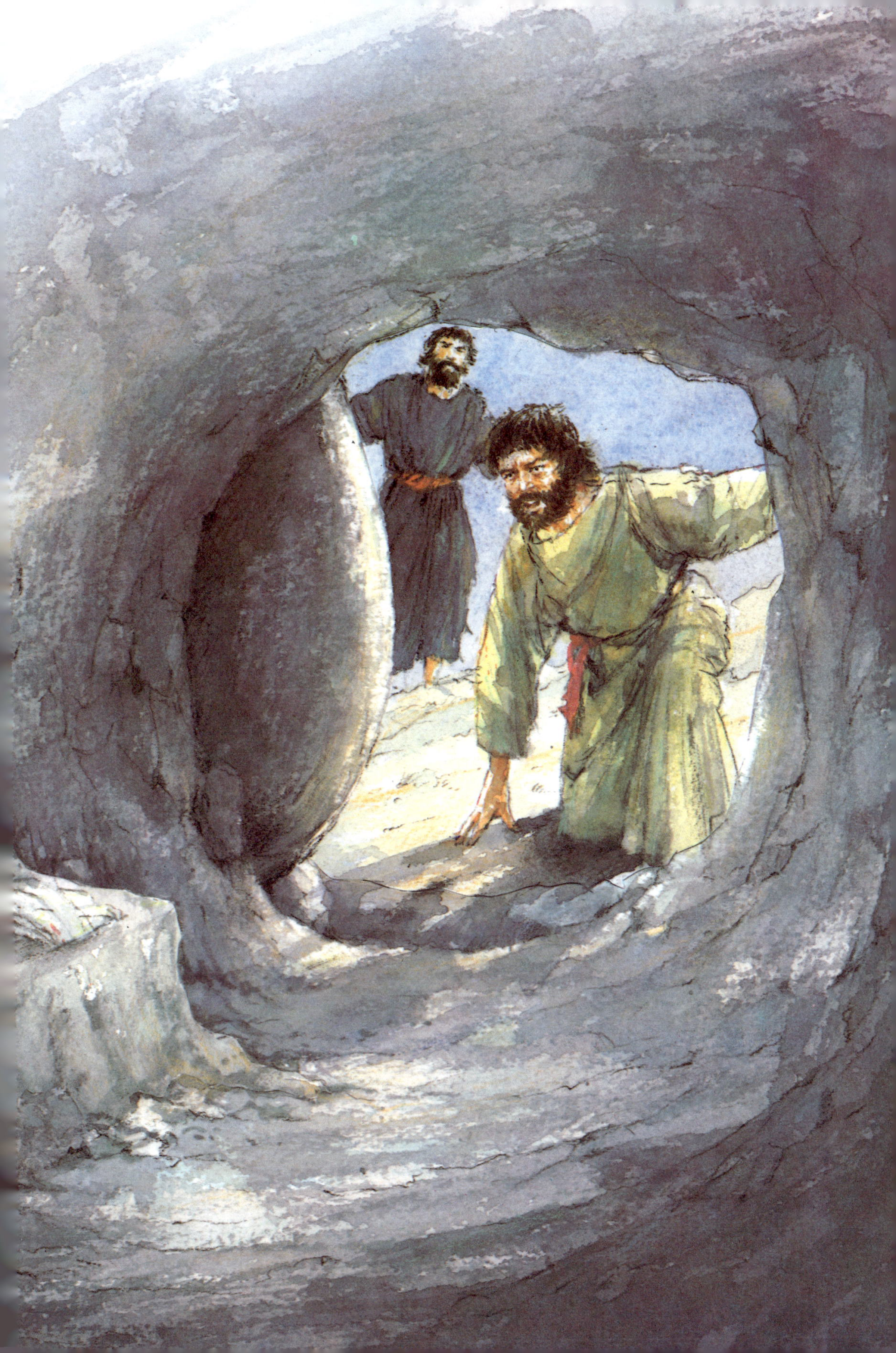

334
Cerdded i Emaus
Luc 24

Y Sul hwnnw, gadawodd dau arall o ffrindiau Iesu Jerwsalem a dechrau cerdded adref i Emaus. Wrth i Cleopas a'i wraig ymlwybro ymlaen, roeddynt yn sôn am ddigwyddiadau trist y dyddiau a aeth heibio. Gan eu bod mor brysur yn sgwrsio, prin y sylwodd y ddau pan ddaeth rhywun heibio iddynt. Ond yn lle mynd yn ei flaen, cerddodd wrth eu hochr a dechrau siarad.

'Rydych chi'n edrych yn drist,' meddai. 'Beth sy'n bod?'

'Wyt ti'n dweud dy fod ti heb glywed?' atebodd Cleopas. 'Mae'n rhaid mai ti yw'r unig un yn yr ardal sydd heb glywed beth sydd wedi digwydd. Mae Iesu, ein meistr, wedi'i groeshoelio. Roedden ni'n siŵr mai ef oedd Meseia Duw, ond nawr mae ein gobeithion wedi'u chwalu.'

Dechreuodd y gŵr dieithr chwerthin yn dawel. 'Rydych chi wedi gwneud camgymeriad mawr,' meddai. 'Cofiwch beth oedd gan y proffwydi i'w ddweud am y Meseia. Cafodd ei ddarlunio gan Eseia fel oen di-fai yn cael ei arwain i'r lladd-dŷ. Roedd yn rhaid i'r Meseia farw – nid am unrhyw drosedd a wnaeth ef ei hun ond dros bechodau pobl eraill, er mwyn iddyn nhw dderbyn tangnefedd a maddeuant gan Dduw.'

Aeth yr amser fel y gwynt wrth wrando ar y gŵr dieithr yn sôn am adnodau eraill yn yr Hen Destament a esboniai ei bod yn rhan o gynllun Duw fod y Meseia yn mynd i farw'n gyntaf. Yna byddai'n atgyfodi, am ei fod wedi concro'r drwg.

Cyn pen dim roeddynt wedi cyrraedd adref. Cymerodd y dieithryn arno ei fod yn mynd ymhellach.

'Tyrd i mewn, wir!' ymbiliodd gwraig Cleopas. 'Mae'n mynd yn hwyr. Fe gei di swper gyda ni.'

Derbyniodd y dyn y gwahoddiad. Pan oedd swper yn barod, cymerodd y bara, gan roi diolch i Dduw amdano a'i rannu rhyngddynt.

Roedd ei ffordd o wneud hynny mor gyfarwydd iddynt. Iesu oedd y dieithryn – roedd yn fyw! Troesant ato, ond roedd wedi diflannu.

'Does dim rhyfedd fod ein calonnau ar dân wrth iddo sgwrsio â ni!' meddai Cleopas. 'Rhaid i ni fynd yn ôl i Jerwsalem ar unwaith i ddweud wrth y lleill.'

Ond wedi iddynt gyrraedd, cawsant eu cyfarch gan yr un disgybl ar ddeg â'r newydd fod Iesu wedi atgyfodi. Tra oeddynt yn siarad â'i gilydd yn llawn cyffro, daeth Iesu ei hunan atynt. Eisteddodd i fwyta ac esboniodd iddynt y pethau rhyfeddol yr oedd wedi sôn amdanynt wrth y ddau ar y ffordd i Emaus.

335
Stori Thomas
Ioan 20

Roedd Thomas yn absennol pan ddaeth Iesu at y disgyblion ar y Sul yr atgyfododd. Cyn gynted ag y cyrhaeddodd yn ôl, dywedodd y lleill wrtho, 'Fe welson ni'r Arglwydd! Mae'n fyw!'

'Alla i ddim credu'r peth,' atebodd Thomas yn sw̑ta. Roedd wedi gweld corff marw Iesu. Ni allai neb ei berswadio y gallai dyn fyw eto yn dilyn marwolaeth mor erchyll.

'Fe fyddai'n rhaid i mi weld ôl yr hoelion yn ei ddwylo a theimlo'r clwyf a gafodd yn ei ochr gan waywffon y milwr Rhufeinig, cyn y gallwn i gredu,' meddai wrthynt.

Aeth wythnos gyfan heibio.

Y Sul canlynol roedd y disgyblion gyda'i gilydd unwaith eto, ac roedd Thomas gyda nhw y tro hwn. Roedd y drws wedi'i gloi am eu bod yn ofni'r arweinwyr Iddewig.

Yna, yn sydyn, roedd Iesu gyda nhw yn yr ystafell.

'Tangnefedd i chi,' meddai. Yna trodd i edrych yn syth at Thomas. 'Gelli di gyffwrdd ôl yr hoelion yn fy nwylo a'r lle y trawodd y waywffon fy ystlys,' meddai Iesu. 'Ond paid ag amau, Thomas. Cred fy mod yn fyw.'

Llanwyd Thomas â llawenydd a chywilydd yr un pryd.

'Ti yw fy Arglwydd a'm Duw!' meddai mewn rhyfeddod.

'Rwyt ti'n credu am dy fod wedi fy ngweld i,' meddai Iesu. 'Bydd bendith arbennig i'r rhai fydd yn ymddiried ynof fi heb iddyn nhw fy ngweld â'u llygaid eu hunain.'

📖 **336**

'Wyt ti'n fy ngharu i?'

Ioan 21

Aeth y disgyblion yn ôl i Galilea.

Teimlai Pedr yn aflonydd. Roedd hi'n fendigedig fod Iesu'n fyw, ond roedd yn chwith meddwl fod yr hen ddyddiau drosodd, y dyddiau pan grwydrai'r deuddeg y wlad gyda Iesu a'i helpu tra oedd yn iacháu'r tyrfaoedd. Nawr nid oedd yn siŵr iawn beth i'w wneud.

Un noson cyhoeddodd ei fod am fynd i bysgota. 'Fe ddown ni gyda thi,' meddai rhai o'r lleill, gan gynnwys Iago, Ioan a Thomas.

Cychwynasant yn ddigon llawen, ond erbyn diwedd y nos, teimlent yn hollol ddigalon. Nid oeddynt wedi dal yr un pysgodyn! Gyda'r wawr troesant am y lan. Nid oedd gobaith am ddal dim bellach.

Gwelsant ddyn yn sefyll ar y traeth. Cododd ei ddwy law at ei enau a galw arnynt. Daeth ei lais atynt yn glir ar draws dyfroedd tawel y llyn.

'Ydych chi wedi dal rhywbeth?'

'Na, dim byd!' gwaeddasant yn ôl.

'Taflwch eich rhwyd dros ochr dde'r cwch ac fe gewch chi helfa dda,' meddai'r dieithryn.

Roedd rhywbeth ynglŷn ag ef yn peri iddynt ufuddhau iddo. Yn syth wedi gollwng y rhwyd dros yr ochr, aeth yn orlawn o bysgod. Prin y gallent ei thynnu'n ôl i'r cwch.

'Yr Arglwydd sydd yno!' meddai Ioan. Ar unwaith neidiodd Pedr i'r dŵr a mynd am y lan, gan adael y lleill i'w ddilyn yn y cwch.

Roedd Iesu wrthi'n coginio pysgod i frecwast. Roedd yno arogl braf!

'Tyrd â rhagor o bysgod i mi,' meddai Iesu. Roedd yn gwybod y byddai'r disgyblion ar lwgu.

Rhedodd Pedr yn ôl i helpu'r lleill i dynnu'r rhwyd drom i fyny'r traeth. Dechreusant gyfri'r pysgod. Roedd yno gant pum deg a thri!

Cyn hir roedd pawb yn gynnes a llawen eto, ac yn bwyta'n awchus y bara a'r pysgod yr oedd Iesu wedi'u paratoi iddynt.

Ar ôl brecwast cerddodd Iesu ychydig ar hyd y traeth gyda Pedr.

'Wyt ti'n fy ngharu i, Pedr?' gofynnodd yn dawel.

Daeth pwl o gywilydd dros Pedr. Ni allai anghofio sut y bu iddo wadu ei fod yn adnabod Iesu. 'Rwyt ti'n gwybod fy mod i'n dy garu, Arglwydd,' atebodd mewn llais isel.

Gwadodd Pedr Iesu dair gwaith ac yn awr gofynnodd Iesu iddo dair o weithiau, 'Wyt ti'n fy ngharu i?'

'Rwyt ti'n gwybod popeth, Arglwydd,' meddai Pedr o'r diwedd. 'Fe wyddost fy mod i'n dy garu.'

'Yna mae gen i waith i ti ei wneud,' meddai Iesu. 'Pan fydda i wedi mynd, rwyf am i ti ofalu am fy mhraidd – y bobl hynny fydd yn fy nilyn i.'

Roedd Pedr yn sicr nawr fod Iesu wedi maddau'n gyfan gwbl iddo. Roedd am ymddiried ynddo i weithio drosto unwaith eto. Gwyddai Pedr na fyddai'n bysgotwr o hynny allan.

Esgyniad Iesu

337
Adref i'r nefoedd
Actau 1

Am fis a mwy o amser ar ôl iddo atgyfodi, ymddangosodd Iesu i'w ffrindiau lawer o weithiau. Dim ond i'w ffrindiau yr ymddangosodd – i dros bum cant ohonynt gyda'i gilydd un tro. Nid oedd unrhyw amheuaeth fod Iesu'n fyw.

Yn sicr nid ysbryd ydoedd. Gallai ei ffrindiau ei gyffwrdd a bu'n bwyta bwyd gyda nhw. Ond roedd ei gorff yn wahanol nawr. Gallai ddod drwy ddrysau clo ac ymddangos a diflannu fel y mynnai.

Yn ystod yr wythnosau hynny, helpodd Iesu'r disgyblion i ddeall llawer o bethau a oedd wedi peri penbleth iddynt cyn iddo farw. Eglurodd sut yr oedd yr Hen Destament yn cyfeirio at Feseia a fyddai'n dioddef ac yn marw dros ei bobl ac yna'n atgyfodi. Roedd yr arweinwyr Iddewig wedi astudio'r ysgrythurau hefyd, ond wedi talu sylw yn unig i'r adnodau hynny a oedd yn disgrifio Meseia a fyddai'n cael ei goroni'n frenin.

Un diwrnod roedd Iesu'n siarad â'r disgyblion ar lethrau Mynydd yr Olewydd.

'Ai dyma'r amser y byddi'n cael dy goroni'n frenin,' holent yn obeithiol.

'Duw fydd yn penderfynu'r amser hwnnw,' atebodd Iesu. 'Yn awr mae gen i waith i chi ei wneud. Rwy'n mynd yn ôl at fy Nhad ac ni fyddwch yn fy ngweld i. Rwyf am i chi fod yn dystion i mi, yma yn Jerwsalem yn gyntaf, ac yna drwy'r byd i gyd. Dysgwch eraill i fod yn ddisgyblion i mi a bedyddiwch nhw. Byddaf i gyda chi drwy fy Ysbryd Glân. Arhoswch yn Jerwsalem nes y daw ef arnoch.'

Cododd Iesu ei ddwylo i'w bendithio a'r foment honno cymerwyd ef oddi wrthynt. Gwyliasant ef yn mynd nes i gwmwl ei guddio o'u golwg. Buont yn syllu yno am beth amser.

Yn sydyn gwelsant fod dau ddyn mewn gwisgoedd gwyn yn sefyll yn agos atynt.

'Pam rydych chi'n edrych i'r awyr?' meddent. 'Daw Iesu'n ôl ryw ddydd yn yr union ffordd ag y gwelsoch ef yn mynd.'

Dychwelodd y disgyblion i Jerwsalem a gwneud fel y dywedodd Iesu wrthynt. Buont yn disgwyl gyda'i gilydd i'w Ysbryd Glân ddod arnynt.

Dyfodiad yr Ysbryd Glân

338
Ysbryd Duw yn dod
Actau 1-2

Tra oeddynt yn disgwyl am yr Ysbryd Glân, bu'r disgyblion yn cyfarfod i sgwrsio a gweddïo gyda'i gilydd.

Gwyddent na fyddai Iesu'n ymddangos bellach i siarad â nhw. Ond unwaith y deuai ei Ysbryd, byddai Iesu gyda nhw mewn ffordd newydd ac agosach.

Saith wythnos wedi'r Pasg, mae'r Iddewon yn dathlu gŵyl y Pentecost. Gŵyl i ddiolch am gnwd cyntaf y cynhaeaf yw hi. Yn fuan roedd Jerwsalem yn llawn o bererinion unwaith eto, wrth i Iddewon o wahanol wledydd ddod yn ôl ar gyfer y dathlu.

Yn gynnar ar fore Sul y Pentecost, pan oedd disgyblion Iesu gyda'i gilydd, digwyddodd rhywbeth rhyfedd. Wrth ddisgrifio'r digwyddiad, dywedodd y disgyblion fod gwynt nerthol wedi rhuthro o'r nef a llenwi'r holl dŷ â'i sŵn. Yna gwelsant dafodau bach o dân yn aros am eiliad ar ben pob person oedd yno.

Ond nid oedd y gweld a'r clywed i'w gymharu â'r hyn a deimlent o'u mewn.

Llanwyd hwy gan y cynhesrwydd a'r bywyd a oedd yn eiddo i Iesu, a gwyddent fod yr Ysbryd Glân yr oedd wedi'i addo wedi dod i fyw ynddynt am byth, yn agos a real. Roeddynt yn llawen dros ben, ac yn diolch ac yn moli Duw yn uchel.

Yn y cyfamser, casglodd torf enfawr y tu allan i'r tŷ. Roeddynt wedi clywed yr holl sŵn ac yn awyddus i wybod beth oedd yn digwydd. Ond pan ddaeth y disgyblion allan i'r stryd, cawsant eu synnu'n fawr.

Gallai pob un oedd yno, o bob gwlad, ddeall yn hollol yn ei iaith ei hun beth oedd y disgyblion yn ei ddweud wrth iddynt foli Duw a diolch iddo am ei rodd ryfeddol.

'Beth allai fod wedi digwydd iddyn nhw?' holai'r bobl ei gilydd.

Ond ni wnaethant argraff dda ar rai o'r bobl oedd yn sefyll yno. 'Wedi meddwi ar ôl yfed gormod o win maen nhw!' meddent.

Penderfynodd Pedr egluro.

339
Iesu yw'r Arglwydd!
Actau 2

Gwasgodd y dorf ymlaen wrth i Pedr sefyll i'w hannerch. Safodd gweddill yr apostolion yn agos at Pedr i'w gefnogi.

'Gwrandewch, bawb!' cychwynnodd Pedr, a thawelodd y dyrfa i wrando ar ei esboniad. 'Dydyn ni ddim wedi meddwi!' pwysleisiodd Pedr. 'Mae'n rhy gynnar yn y bore i hynny. Fe ddywedaf wrthych beth sydd wedi ein newid ni. Ydych chi'n cofio i'r proffwyd Joel, ganrifoedd yn ôl, ddweud y byddai Duw yn tywallt ei Ysbryd Glân ar bob un o'i blant? Dyma sydd wedi digwydd heddiw. Mae Duw wedi rhoi ei Ysbryd i ni – ac fe ddywedaf wrthych chi pam.

'Dim ond ychydig wythnosau'n ôl, adeg y Pasg, roeddech chi yn helpu erlid Iesu i farwolaeth. Roedd yn athro rhyfeddol a dangosodd drwy ei weithredoedd nerthol ei fod yn dod oddi wrth Dduw. Ond roeddech chi a'ch arweinwyr am ei groeshoelio. Ac fe gawsoch eich dymuniad.

'Ond, mewn gwirionedd, nid oherwydd cynllwyn dynion drwg y bu farw Iesu. Rhan o gynllun rhyfeddol Duw oedd hi fod Iesu'n mynd i ddioddef. Ni fu ef farw am ei fod yn euog; bu farw dros ein pechodau *ni*.

'Ac nid dyna ddiwedd y stori. Ni adawodd Duw i Iesu bydru yn y bedd. Atgyfododd ef, a heddiw gallwn ddweud wrthych, heb unrhyw amheuaeth, fod Duw wedi gwneud Iesu'n Arglwydd ar bob peth. Ef yw'r Brenin, Meseia Duw!'

Bu cynnwrf a chwynfan mawr wrth i Pedr orffen siarad. Os oedd yn iawn, roeddynt wedi gwneud rhywbeth ofnadwy. Roeddynt wedi galw am farwolaeth Meseia dewisedig Duw. Teimlent yn euog ac yn edifar iawn.

'Beth allwn ni ei wneud?' gofynasant.

'Os yw hi'n wir ddrwg gennych,' atebodd Pedr, 'trowch at Dduw ac ymddiriedwch yn Iesu. Gofynnwch am gael eich bedyddio i ddangos eich bod am gefnu ar eich pechodau a dilyn Iesu. Bydd Duw yn maddau i chi ac yn rhoi ei Ysbryd Glân i chithau hefyd.'

Rhuthrodd llawer o bobl ymlaen i wneud fel y dywedodd Pedr. Y diwrnod hwnnw cynyddodd nifer y rhai oedd yn credu i dair mil.

Yn ystod y dyddiau nesaf, dechreuodd yr holl gredinwyr gyfarfod yn rheolaidd. Buont yn bwyta gyda'i gilydd, yn gweddïo ac yn dysgu mwy gan yr apostolion am yr hyn yr oedd dilyn Iesu yn ei olygu.

Yr Eglwys Fore

340
Iachâd – a helynt
Actau 3-4

Un prynhawn roedd Pedr ac Ioan yn mynd i'r deml i weddïo. Clywsant lais cwynfannus yn dweud, 'Rhowch ddarn o arian i mi, syr!'

Trodd y ddau ac edrych ar y dyn truenus yn gorwedd wrth y Porth Prydferth. Roedd wedi hen arfer eistedd yno. Nid oedd erioed wedi gallu cerdded, felly byddai ffrindiau'n ei osod yno bob dydd i ofyn cardod gan y rhai oedd yn mynd i'r deml i weddïo.

Pan arhosodd Pedr ac Ioan, cododd gobeithion y cardotyn.

'Does gen i ddim arian,' meddai Pedr. 'Ond fe gei di'r hyn sydd gen i. Yn enw Iesu Grist rwy'n gorchymyn i ti godi a cherdded!'

Estynnodd ei law i'w helpu a theimlodd y cardotyn ei goesau a'i draed yn cryfhau.

Fe gerddodd i ddechrau, ac yna rhedeg a neidio, gan dynnu Pedr ac Ioan gydag ef i gyntedd y deml. Daeth pobl ar ras i weld beth oedd wedi digwydd i'r cardotyn yr oeddynt yn ei adnabod mor dda.

'Peidiwch â syllu arnom ni!' meddai Pedr wrthynt. 'Nid y *ni* sydd wedi'i iacháu! Gwaith Iesu, ein Harglwydd, yw hyn. Ei nerth ef sydd wedi'i iacháu. Ffydd ynddo ef sydd wedi gwella'r dyn yma.'

Roedd rhai o'r arweinwyr Iddewig yn gwrando hefyd, a chyn hir cydiodd rhai o warchodlu'r deml yn Pedr ac Ioan a'u taflu i garchar ar orchymyn y Cyngor.

Drannoeth cawsant eu holi.

'Pwy roddodd ganiatâd i chi weithredu fel y gwnaethoch?' gofynnodd aelodau'r Cyngor iddynt.

'Nerth Iesu sydd wedi gwella'r dyn,' atebodd Pedr. 'Dirmygu Iesu a'i roi i farwolaeth a wnaethoch chi, ond mae Duw wedi dod ag e'n fyw eto. Ef yw'r un, a'r unig un, sydd wedi'i anfon i'n hachub ni i gyd.'

Synnodd aelodau'r Cyngor wrth glywed pysgotwyr diaddysg yn siarad fel hyn. Ond gwyddent mai ffrindiau Iesu oeddynt. Ni allent wadu eu geiriau am fod y cardotyn ei hun yn brawf byw o nerth Iesu.

'Peidiwch byth â phregethu am Iesu eto,' oedd eu gorchymyn wrthynt.

Ond gofynnodd Pedr, 'I bwy ydych chi'n meddwl y dylem ni fod yn ufudd – i chi, neu i Dduw? Does dim modd i ni beidio â siarad am Iesu. Rydyn ni'n dystion i bopeth a ddywedwn amdano.'

Er bod y Cyngor yn anfodlon iawn, gollyngasant y ddau yn rhydd.

📖 341
Dweud celwydd wrth Dduw
Actau 5

Roedd mwy a mwy o bobl yn credu'r newyddion da am Iesu. Galwyd ei ddilynwyr yn 'bobl y Ffordd'. Roeddynt yn caru ei gilydd ac yn rhannu popeth. Nid oedd neb am gadw dim iddo'i hun. Roedd llawer o'r rhai cyfoethog yn gwerthu eu tir ac yn rhoi'r arian i'r apostolion i'w rannu i eraill.

Penderfynodd Ananias a'i wraig, Saffeira, wneud yr un fath.

'Ond mae'n drueni i ni roi'r *holl* arian,' meddai Ananias. 'Does dim rhaid i Pedr wybod faint gawsom ni am ein tir. Beth am i ni gadw peth ohono i ni ein hunain?'

Cytunodd Saffeira.

Rhoddodd Ananias yr arian i Pedr, ond roedd Pedr yn gwybod beth oedd wedi digwydd.

'Ananias,' meddai'n ddifrifol, 'pam wnest ti gynllunio i'm twyllo i? Doedd dim rhaid i ti werthu'r tir na rhoi'r holl arian. Ond roeddet ti am *esgus* bod yn hael a rhoi'r cyfan i Dduw, tra'n cadw peth yn ôl i ti dy hunan. Rwyt ti wedi dweud celwydd wrth Dduw!'

Pan glywodd Ananias eiriau llym Pedr, fe syrthiodd yn farw. Aeth rhai o'r dynion ifainc, a oedd yn sefyll gerllaw, â'i gorff oddi yno i'w gladdu.

Dair awr yn ddiweddarach daeth Saffeira i chwilio am ei gŵr. Dangosodd Pedr yr arian yr oedd Ananias wedi'i roi iddo.

'Dywed wrthyf, Saffeira,' meddai, 'ai dyma'r holl arian a gawsoch chi am eich tir?'

'Ie,' meddai Saffeira, gan esgus dweud y gwir.

'Sut y *gallech* chi'ch dau gytuno i ddweud celwydd wrth Dduw?' meddai Pedr. 'Wyt ti'n clywed sŵn traed? Dyna'r dynion fu'n claddu dy ŵr yn dod yn ôl. Yn awr fe fyddan nhw'n mynd â'th gorff dithau i'w gladdu.'

Ar unwaith, syrthiodd Saffeira'n farw. Aeth y newyddion dychrynllyd ar led. Dechreuodd pobl sylweddoli fod cael Ysbryd Glân Duw yn golygu ufuddhau i gyfraith Duw, yn ogystal â mwynhau ei dangnefedd a'i nerth.

342
Steffan ddewr
Actau 6-7

Wrth i'r apostolion ddal ati i bregethu yn Jerwsalem, daeth llawer mwy yn ddilynwyr Ffordd Iesu. Roedd croeso i bawb a rhoddwyd gofal i'r rhai oedd mewn angen. Ond roedd yr apostolion yn treulio cymaint o'u hamser yn gofalu am bawb, fel nad oedd ganddynt amser i bregethu a gweddïo fel yr oedd Iesu wedi gorchymyn iddynt. Felly cafodd saith o ddynion da eu dewis i fod yn gyfrifol am rannu'r arian yn deg rhwng y gweddwon a'r lleill a oedd mewn angen.

Un o'r saith oedd Steffan. Roedd yn frwd ac yn llawn egni a gallai ddadlau'n fedrus iawn â'r Iddewon, gan brofi mai Iesu oedd y Meseia. Ond yn fuan roedd ganddo elynion ymysg yr Iddewon hynny a oedd yn casáu Iesu. Cafodd ei gyhuddo ar gam a'i ddwyn gerbron y Cyngor.

Safai Steffan yno'n ddewr tra oedd y cyhuddiadau'n cael eu darllen yn ei erbyn. Disgleiriai ei wyneb fel wyneb angel.

Yna daeth yn amser i Steffan siarad.

'Ar hyd y canrifoedd, mae'r genedl Iddewig wedi gwrthod gwrando ar yr arweinwyr mae Duw wedi'u hanfon atynt,' meddai. 'Yn awr rydych chi wedi gwrthod ac wedi llofruddio negesydd pwysicaf Duw – ei Fab, Iesu.'

Roedd aelodau'r Cyngor yn gynddeiriog. Gan ysgwyd eu dyrnau, gwaeddasant yn wyllt ar Steffan. Ond meddai Steffan mewn llais uchel clir, 'Rwy'n gweld Iesu yn y nef yn sefyll yn ymyl Duw!'

Gan ysgyrnygu eu dannedd, rhuthrodd ei gyhuddwyr tuag ato. Cydiwyd ynddo a'i lusgo allan o'r ddinas. Yna codasant gerrig i'w hyrddio tuag ato.

Wrth i'r cerrig ddisgyn fel cawod, syrthiodd Steffan ar ei liniau.

'Arglwydd Iesu, derbyn fy ysbryd!' llefodd. Tra oedd yn parhau'n ymwybodol, gweddïodd, 'Arglwydd, maddau iddynt am y trosedd hwn.' Yna suddodd i'r llawr yn farw.

Roedd gŵr ifanc o'r enw Saul yn gofalu am y dillad yr oedd aelodau'r Cyngor wedi'u tynnu a'u taflu ar frys. Cytunai'n llwyr â'u gweithred.

Yn nes ymlaen, daeth rhai o'r credinwyr a chario corff Steffan oddi yno i'w gladdu'n barchus.

343
Y swyddog o'r Affrig
Actau 8

Yr union ddiwrnod y lladdwyd Steffan, dechreuodd holl ddilynwyr Iesu gael eu herlid.

Un o'r prif erlidwyr oedd Saul. Credai ei fod yn plesio Duw drwy geisio cael gwared ar y ddysgeidiaeth newydd hon am Iesu. Byddai'n curo'n galed ar ddrws pob tŷ lle yr oedd pobl y Ffordd yn cwrdd a'u llusgo oddi yno i'w rhoi yn y carchar.

Ffodd llawer o Jerwsalem i fannau eraill. Ond ble bynnag yr oeddynt yn mynd, pregethent y newyddion da am Iesu. Aeth Philip, un o gyd-weithwyr Steffan, i Samaria lle bu'n pregethu i dyrfaoedd enfawr.

Ond un diwrnod dywedodd Duw wrth Philip am adael y trefi prysur a theithio ar hyd ffordd unig ac anial. Roedd swyddog pwysig yn llys Ethiopia yn mynd adref mewn cerbyd ar hyd y ffordd honno. Ef oedd yn gyfrifol am yr holl arian ym mhalas brenhines Ethiopia.

Roedd rhywun wedi'i ddysgu am y gwir Dduw ac roedd wedi teithio i Jerwsalem i'w addoli. Ar ei daith hir adref, roedd wrthi'n darllen sgrôl o'r ysgrythur a brynodd yno.

'Dos i siarad â'r dyn yna,' meddai Duw wrth Philip. Rhedodd Philip yn gyflym i geisio dod yn agos at y cerbyd. Wrth iddo nesu, gallai glywed y swyddog yn darllen yn uchel. Ond nid oedd fel petai'n deall yr hyn a ddarllenai.

'Wyt ti'n deall beth wyt ti'n ei ddarllen?' gofynnodd Philip ar ôl cyrraedd ato.

'Sut y gallaf ei ddeall heb i rywun ei egluro i mi?' atebodd y swyddog. 'Wnei di ddod ataf i'r cerbyd a rhoi help i mi?'

Aeth Philip i eistedd wrth ei ochr.

Roedd y swyddog yn darllen geiriau Eseia sy'n sôn am was Duw yn cael ei arwain fel oen di-fai i'r lladd-dŷ i'w ladd.

'Ai sôn amdano'i hun y mae'r proffwyd?' gofynnodd y swyddog.

'Nage,' oedd ateb Philip. 'Sôn y mae am Iesu, gwas perffaith Duw, a fu'n fodlon marw dros ein pechodau.'

Yna aeth Philip ymlaen i esbonio'r newyddion da am Iesu.

Gloywodd llygaid y swyddog.

'Wnei di fy medyddio i?' gofynnodd. 'Rwy'n credu â'm holl galon mai Iesu yw Mab Duw ac rwyf am ymddiried ynddo a'i ddilyn.'

Roeddynt wedi cyrraedd man lle roedd pwll o ddŵr. Arhosodd y cerbyd a disgynnodd y ddau. Yna bedyddiodd Philip y swyddog yn y dŵr.

Wedi hynny gadawodd Philip ef a chychwynnodd y swyddog unwaith eto ar ei daith. Roedd yn llawn llawenydd ac ar dân i sôn wrth bobl ei wlad am Iesu.

Tröedigaeth Paul

344
Taith i Ddamascus
Actau 9

Tref brifysgol yn nhalaith Rufeinig Cilicia oedd Tarsus, ac yno y cafodd Saul ei eni i deulu o Iddewon.

Roedd yn ŵr ifanc deallus ac wedi astudio Groeg a Lladin. Yn ei dref enedigol galwyd Saul wrth yr enw Paul, sef y ffurf Rufeinig ar ei enw. Cafodd ei deulu y fraint o fod yn ddinasyddion Rhufeinig.

Ond, yn fwy na hyn, ymfalchïai Saul ei fod yn un o'r Phariseaid. Roedd wedi astudio gydag athro Iddewig enwog yn Jerwsalem. Credai fod yn rhaid iddo ddefnyddio'i holl egni i ddileu'r ddysgeidiaeth newydd am Iesu.

Ar adegau byddai'n cofio wyneb hardd Steffan wrth i'r gawod drom o gerrig ei daro. Er mwyn ceisio dileu'r atgof hwnnw, gweithiai'n galetach fyth i gael gwared ar holl ddilynwyr y Ffordd.

Un diwrnod cychwynnodd am Ddamascus gyda llythyrau oddi wrth y Cyngor Iddewig yn rhoi caniatâd iddo ddal dilynwyr Iesu yn y ddinas honno a'u dwyn yn gaeth i'w holi yn Jerwsalem. Aeth gwarchodlu arfog gydag ef.

Buont yn teithio am tua chwe diwrnod cyn iddynt weld pyrth Damascus yn y pellter.

Yn sydyn pylodd disgleirdeb yr haul canol dydd wrth i fflach o olau llachar lenwi'r awyr. Syrthiodd Saul i'r ddaear. Yna clywodd lais yn gofyn iddo, 'Saul, pam wyt ti'n fy erlid i?'

Gan ofni – ac eto'n dyfalu – beth fyddai'r ateb, gofynnodd Saul, 'Pwy wyt ti, Arglwydd?'

'Fi yw Iesu,' oedd yr ateb. 'Bob tro yr wyt yn cam-drin un o'm dilynwyr, rwyt ti'n fy ngham-drin i.'

'Beth wyt ti am i mi ei wneud, Arglwydd?' gofynnodd Saul, â'i holl falchder a'i gasineb wedi diflannu.

'Dos i mewn i'r ddinas ac fe gei di wybod beth i'w wneud nesaf,' meddai Iesu.

Cafodd Saul drafferth i godi ar ei draed. Ni allai weld dim. Roedd wedi'i ddallu gan y golau o'r nef.

345
Dyn newydd
Actau 9

Roedd y gwarchodlu arfog wedi gweld y golau disglair, ond nid oeddynt wedi gweld yr un a fu'n siarad â Saul, na deall beth a ddywedwyd.

Pan welsant Saul yn codi'n drwsgl ar ei draed, a sylweddoli ei fod yn ddall, cydiasant yn ei law a'i arwain i dŷ yn y Stryd Union yn Namascus.

Arhosodd Saul yno am dridiau heb na bwyta nac yfed. Treuliodd ei amser yn gweddïo ac yn myfyrio ar yr hyn a oedd wedi digwydd iddo.

Yn y cyfamser siaradodd Iesu ag Ananias, un o'i ddilynwyr yn Namascus.

'Dos i'r Stryd Union,' meddai wrtho, 'a gofyn am gael gweld Saul o Darsus. Mae e'n dy ddisgwyl di.'

Cafodd Ananias fraw. Roedd wedi clywed y cyfan am Saul.

'Ond Arglwydd,' protestiodd, 'mae Saul yn elyn i ni. Daeth yma gyda'r bwriad o'n carcharu.'

'Mae e wedi dod yn was i mi,' sicrhaodd Iesu ef. 'Rwyf wedi'i ddewis i ledaenu'r newyddion da i bobman.'

Cychwynnodd Ananias yn ufudd. Cyn gynted ag y gwelodd Saul, aeth ato a gosod ei ddwylo'n dyner ar ei ysgwyddau.

'Y brawd Saul,' meddai'n garedig, 'mae Iesu, yr un fu'n siarad â thi, wedi fy anfon i yma er mwyn i ti gael dy olwg yn ôl a derbyn ei Ysbryd Glân yn rhodd.'

Ar unwaith disgynnodd rhywbeth fel cen oddi ar lygaid Saul a gallai weld unwaith eto. Yna cafodd ei fedyddio gan Ananias a chymerodd bryd o fwyd.

Arhosodd Saul yn Namascus, nid i ddal y credinwyr ond i bregethu am Iesu wrth yr holl Iddewon yn y synagogau yno. Synnent at y newid a oedd wedi dod drosto.

Ond trodd yr Iddewon hynny a fu'n ffrindiau iddo unwaith, yn elynion chwerw. Penderfynasant roi terfyn ar ei bregethu trwy ei ladd.

Ddydd a nos buont yn gwylio pyrth y ddinas er mwyn ei ddal wrth iddo fynd allan. Ond un noson cafodd Saul ei ollwng mewn basged dros wal y ddinas gan ei ffrindiau a dihangodd rhag ei elynion.

391

Pedr yr arweinydd

346
Dagrau dros Tabitha
Actau 9

Ar ôl tröedigaeth Saul fe beidiodd yr erlid ar y credinwyr am ychydig amser. Tyfodd yr eglwys yn fwy ac yn gryfach. Roedd Pedr wedi aros yn Jerwsalem ond teithiai o gwmpas i bregethu ac i helpu'r credinwyr newydd. Roedd yn 'porthi'r praidd', yn unol â gorchymyn Iesu iddo.

Tra oedd Pedr yn Lyda, daeth dau ddyn ato o dref glan-y-môr gerllaw o'r enw Jopa.

'Tyrd ar frys!' ymbiliodd y ddau.

Aeth Pedr yn syth, gan wrando ar eu stori ar y ffordd.

Roedd pawb yn drist iawn oherwydd fod Tabitha, un o'r credinwyr yn Jopa, wedi marw. Cyn gynted ag y cyrhaeddodd Pedr dŷ Tabitha, clywai sŵn crio.

Dringodd y grisiau i'r ystafell lle roedd ei chorff. Yno roedd nifer o wragedd gweddwon yn crio. Dyma nhw'n casglu o gwmpas Pedr gan sôn wrtho mor garedig y bu Tabitha tuag atynt.

'Edrych!' meddai un ohonynt gan fyseddu ei gwisg, 'Tabitha wnaeth hon i mi.' Dangosodd eraill eu cotiau a'u gwisgoedd, wedi'u gwnïo'n gelfydd.

Roedd gan Tabitha ddawn i wnïo a gwneud dillad ac yr oedd wedi'i defnyddio er clod i Dduw. Bu'n gwneud dillad i'r rhai oedd yn rhy dlawd, neu'n rhy wael, i brynu brethyn i'w gwneud eu hunain.

Edrychodd Pedr ar y corff gwyn, llonydd, yn gorwedd ar y mat cysgu. Gwrandawodd ar y gwragedd gydag amynedd am beth amser, yna dywedodd, 'Rhaid i chi i gyd ymdawelu yn awr a gadael yr ystafell er mwyn i mi gael gweddïo ar fy mhen fy hun.'

Gadawodd y gweddwon yr ystafell ar flaenau eu traed, a chaeodd Pedr y drws. Yn gyntaf aeth ar ei liniau i weddïo, ac yna trodd at y corff.

'Tabitha, cod!' meddai.

Ar unwaith agorodd Tabitha ei llygaid. Pan welodd Pedr, cododd ar ei heistedd. Helpodd Pedr hi i'w thraed ac yna galwodd y gweddwon a'r credinwyr eraill. Rhedasant at Tabitha yn llawen a chyffrous.

Cyn hir aeth y newyddion ar led drwy dref Jopa a daeth llawer i gredu yn Iesu oherwydd yr hyn a wnaeth Pedr yn ei enw.

347
Lliain yn llawn anifeiliaid
Actau 10

Arhosodd Pedr yn Jopa yn nhŷ crwynwr o'r enw Simon. Roedd hynny'n beth dewr i'w wneud gan fod y rhan fwyaf o'r Iddewon yn credu fod crwynwyr yn 'aflan', am eu bod yn trin crwyn anifeiliaid marw.

Cofiai Pedr beth oedd Iesu wedi'i ddysgu. Dywedodd ef nad oedd Duw yn cyfrif person yn aflan oherwydd yr hyn yr oedd yn ei gyffwrdd a'i fwyta. Edrychai Duw ar y tu mewn i berson, i weld a oedd ei feddyliau a'i ddymuniadau yn lân a chywir.

Ond roedd Pedr a'r apostolion yn dal i gredu fod Iesu wedi dod yn Feseia i'r Iddewon yn unig. *Hwy* oedd y bobl yr oedd Duw wedi'u dewis.

Un diwrnod, tua chanol dydd, aeth Pedr i do gwastad y tŷ i weddïo. Daeth arno chwant mawr am fwyd. Tra oedd yn aros am ei bryd bwyd, syrthiodd llewyg arno. Yn ei lewyg, siaradodd Duw ag ef mewn gweledigaeth.

O'i flaen gwelai liain anferth, yn debyg i hwyl fawr, yn cael ei ollwng i lawr wrth ei bedwar congl. Y tu mewn iddo roedd anifeiliaid, ymlusgiaid ac adar o bob math. Sylwodd Pedr fod pob un ohonynt yn greadur na châi'r Iddewon, yn ôl eu cyfraith, ei fwyta.

Yna dywedodd llais Duw, 'Cod, Pedr. Lladd un o'r anifeiliaid acw a'i fwyta.'

'Na wnaf wir, Arglwydd,' meddai Pedr. 'Nid wyf erioed wedi bwyta anifail aflan.'

'Paid â galw dim yn aflan pan fydd Duw yn dweud ei fod yn lân,' gorchmynnodd y llais.

Digwyddodd hyn dair gwaith. Yna cododd y lliain eto a daeth Pedr ato'i hun. Eisteddodd i feddwl beth oedd ystyr ei freuddwyd. Roedd yn siŵr fod Duw yn ceisio dysgu rhywbeth pwysig iddo.

Y funud honno clywodd sŵn traed ymwelwyr yn dod at y drws.

'Oes rhywun o'r enw Pedr yn aros yma?' holent.

Sibrydodd Ysbryd Duw wrth Pedr, 'Mae tri dyn yn chwilio amdanat. Paid ag ofni mynd gyda nhw oherwydd fi sydd wedi'u hanfon.'

Aeth Pedr ar garlam i lawr y grisiau gan ddweud, 'Fi yw'r person rydych chi'n chwilio amdano.'

Yna gwelodd mai Cenedl-ddynion oedd yr ymwelwyr a bod un ohonynt yn filwr Rhufeinig.

348
Y milwr Rhufeinig
Actau 10-11

Canwriad Rhufeinig oedd Cornelius. Ef oedd yn gofalu am y gatrawd yng Nghesarea. Roedd wedi dysgu am y gwir Dduw yn ystod yr amser y bu yng ngwlad Iesu. Roedd ef a'i deulu yn gweddïo ar Dduw ac yn gofalu am Iddewon oedd mewn angen.

Yr union ddiwrnod cyn i Pedr gael ei weledigaeth, ymddangosodd angel i Cornelius. Dywedodd yr angel, 'Mae Duw wedi clywed dy weddïau ac wedi gweld dy weithredoedd caredig. Anfon am ddyn o'r enw Pedr sy'n aros gyda Simon y crwynwr yn Jopa. Bydd ef yn dysgu mwy i ti.'

Anfonodd Cornelius filwr ffyddlon a dau o'i weision ar unwaith. Hwy oedd y tri ymwelydd wrth y drws yn nhŷ Simon.

Ni fyddai Iddewon byth yn gwahodd Cenedl-ddynion i'w tai, oherwydd credent eu bod yn 'aflan' yng ngolwg Duw. Ond gofynnodd Pedr i'r tri yma aros dros nos. Drannoeth cychwynnodd oddi yno gyda nhw. Roedd yn deall ystyr ei weledigaeth nawr. Nid oedd Duw'n meddwl am Genedl-ddynion fel pobl 'aflan'. Roedd yn barod i'w derbyn hwy yn ogystal â'r Iddewon.

Yn nhŷ Cornelius roedd llond ystafell o bobl yn disgwyl am Pedr. Gwrandawsant yn astud ar bob gair a lefarai. Credasant y newyddion da am Iesu â'u holl galon a thra oedd Pedr yn dal i siarad disgynnodd Ysbryd Glân Duw arnynt.

Fe'u llanwyd â llawenydd ac o fawl i Dduw, yn union fel y disgyblion ar ddydd y Pentecost. Felly bedyddiodd Pedr hwy yn llawen.

Pan ddychwelodd i Jerwsalem, dywedodd wrth y credinwyr Iddewig am ei weledigaeth ac am yr hyn a ddigwyddodd yn nhŷ Cornelius.

'Moliant i Dduw!' meddent. 'Mae'n fodlon achub y Cenedl-ddynion hefyd!'

Yr oedd rhai o'r credinwyr o Jerwsalem wedi cyrraedd dinas brysur Antiochia yn Syria. Dechreusant bregethu i'r Cenedl-ddynion hefyd, a chredodd llawer ohonynt. Cawsant y llysenw 'Cristnogion' gan y bobl leol, am eu bod yn dilyn Crist.

Gadawodd Barnabas Jerwsalem i fynd i ofalu am yr eglwys newydd yn Antiochia. Cynyddodd y gwaith ac anfonodd am Saul i'w gynorthwyo. Gyda'i gilydd dysgodd y ddau fwy i'r credinwyr am Ffordd Iesu.

349
Drysau carchar yn agor
Actau 12

Cyn hir, dechreuodd yr erlid ar y credinwyr Iddewig eto. Roedd y Rhufeiniaid wedi gosod Herod Agripa yn frenin ar Jwdea. Roedd ef yn ŵyr i Herod Fawr, a oedd wedi gorchymyn lladd y babanod ym Methlehem adeg geni Iesu.

Gwelodd Agripa mai un ffordd o ennill poblogrwydd gan rai o'r arweinwyr Iddewig oedd cam-drin y credinwyr. Felly rhoddodd orchymyn i ladd Iago, un o'r deuddeg disgybl, a thaflodd Pedr i'r carchar. Ei fwriad oedd torri pen Pedr i ffwrdd yn union ar ôl gŵyl y Pasg.

Roedd pedwar milwr yn gwarchod Pedr ddydd a nos. Roedd gefynnau yn ei gadwyno wrth ddau o'r milwyr ac roedd y ddau arall yn gwylio drws ei gell.

Y noson cyn ei ddienyddio,

ymgasglodd y Cristnogion i weddïo yn nhŷ Mair, un o'r credinwyr.

Er ei fod mewn cadwynau, cysgai Pedr yn dawel. Yn sydyn, yng nghanol nos, ymddangosodd angel yn ei gell. Aeth at Pedr a'i ysgwyd er mwyn ei ddeffro. Sibrydodd wrtho, 'Brysia! Cod! Gwisg dy sandalau, rhwyma dy glogyn amdanat a thyrd, dilyn fi!'

Syrthiodd y cadwynau oddi ar ei freichiau. Fel un mewn breuddwyd, gwnaeth yn union fel y dywedodd yr angel. Wrth iddynt fynd heibio i'r milwyr, ac wrth i ddrws haearn y carchar agor ohono'i hun, credai ei fod yn dal i freuddwydio. Dechreuodd gerdded i lawr y stryd, yn ddyn rhydd. Diflannodd ei ymwelydd gan ei adael yno'n rhyfeddu.

Anadlodd Pedr yn ddwfn. Oedd, yr oedd ar ddihun – roedd Duw wedi'i achub! Yn gyflym a distaw aeth yn syth at dŷ Mair a chnocio ar y drws.

Pan ddaeth Rhoda, y forwyn, i ateb, roedd hi wedi cyffroi gymaint o glywed llais Pedr fel y rhuthrodd yn ôl i ddweud wrth y lleill gan ei adael yn aros yn y stryd y tu allan.

'Pedr sydd yna!' meddai, ond nid oedd neb yn ei chredu.

Dal i guro'r drws yr oedd Pedr, ac o'r diwedd daeth rhywun i agor iddo. Gan osod ei fys ar ei wefusau, rhybuddiodd Pedr hwy i fod yn dawel. Adroddodd wrthynt y stori ryfeddol amdano'n dianc o'r carchar a gofynnodd iddynt roi'r newyddion i'r Cristnogion eraill. Yna aeth i guddio i rywle diogel, nes y byddai'r chwilio amdano drosodd.

Paul y pregethwr

📖 **350**

'Daeth y duwiau atom!'
Actau 13-14

Tyfodd yr eglwys yn Antiochia. Arhosodd Saul a Barnabas yno am flwyddyn yn dysgu'r credinwyr newydd.

Un diwrnod, wrth i'r Cristnogion weddïo ac ymprydio gyda'i gilydd, daeth yn glir fod Duw am i Saul a Barnabas adael Antiochia a mynd â'r efengyl i wledydd eraill.

Sylweddolodd y ddau fod amser caled o'u blaenau. Byddai peryglon ar fôr ac ar dir. Byddai'n rhaid dringo mynyddoedd a chroesi corsydd, wynebu pobl wedi'u cynhyrfu yn y trefi a lladron pen-ffordd mewn lleoedd anial. Ond byddai Duw, yr un oedd yn eu hanfon, gyda hwy bob cam o'r daith.

Gweddïodd Cristnogion Antiochia ar i Dduw eu bendithio, ac yna ffarweliwyd â'r ddau.

Yn gyntaf aethant dros y môr i bregethu ar ynys brydferth Cyprus lle roedd cartref Barnabas. Yna hwyliasant i wlad Twrci.

Ymhob tref chwiliai Paul – dyna oedd enw Rhufeinig Saul – am synagog Iddewig i bregethu yno'n gyntaf. Am fod y gwrandawyr yn gyfarwydd â'r Hen Destament, byddent yn deall yn iawn wrth i Paul gyhoeddi'r newyddion da mai Iesu oedd y Meseia.

Ond byddai rhai o'r Iddewon yn ddig ac yn gwrthod gwrando arnynt, gan eu troi allan o'r synagog. Yna byddai'r ddau yn dechrau pregethu i'r Cenedl-ddynion. Gwnâi hynny yr Iddewon yn fwy dig fyth. Yn aml câi Paul a Barnabas eu bygwth a'u curo.

Un diwrnod daethant i Lystra. Nid oedd llawer yno wedi clywed am y gwir Dduw. Esboniodd Paul y newyddion da iddynt mewn ffordd y gallent ei deall.

Ond pan iachaodd ef ryw ddyn a fu'n gloff er yn blentyn, dechreuodd y dyrfa gyffroi. Siaradent yn eu hiaith eu hunain ac ni allai'r ymwelwyr eu deall.

Yna, er braw iddynt, gwelsant offeiriaid Zeus, tad y duwiau Groegaidd, yn arwain gorymdaith tuag atynt gyda thorchau o flodau a theirw i'w haberthu.

'Daeth y duwiau i'r ddaear atom ni,' meddent.

Roeddynt wedi dod i'r casgliad mai Zeus oedd Barnabas ac mai Hermes, negesydd y duwiau, oedd Paul, am mai ef oedd y siaradwr pennaf.

'Peidiwch!' gwaeddodd Paul. 'Pobl gyffredin, fel chi, ydyn ni! Rydyn ni am ddweud wrthych am y gwir Dduw!'

O'r diwedd perswadiodd hwy i roi heibio'r seremoni.

Ar ôl llawer o anturiaethau cyffrous, dychwelodd y ddau ar hyd yr un ffordd, gan galonogi a helpu'r credinwyr newydd ymhob dinas.

Aethant ati i ddewis arweinwyr i'r eglwysi newydd. Nid oedd ganddynt addoldai hardd, ond nid oedd hynny'n bwysig. Pobl sy'n gwneud eglwys – pobl sy'n un yn eu cariad at Iesu a'u cariad at ei gilydd.

351
Cenhadu yn Ewrop
Actau 15-16

Aeth tair blynedd heibio cyn i Paul a Barnabas gyrraedd yn ôl i Antiochia.

Ymhen ychydig dechreuodd Paul boeni am y Cristnogion ifainc yr oedd wedi'u gadael. Hiraethai am fynd yn ôl i'w gweld a theithio'n ymhellach fyth. Roedd am bregethu ymhob dinas farchnad o bwys. Trwy hyn byddai'r newyddion da yn lledu ymhell, wrth i farchnatwyr fynd â'r neges o le i le.

Cychwynnodd Paul ar ei ail daith gyda Silas. Yn gyntaf aethant i ymweld â'r eglwysi newydd, yna aethant yn eu blaen, heb wybod yn iawn i ble yr oedd Duw yn eu harwain.

Wedi cyrraedd Troas, breuddwydiodd Paul iddo weld dyn yn galw arno'n daer gan ddweud, 'Tyrd drosodd i Facedonia i'n helpu ni!'

Yn y bore, cytunodd y cyfeillion mai Duw oedd wedi anfon y weledigaeth ac felly aethant ar draws y darn cul o fôr i Facedonia, sydd heddiw yn rhan o Ewrop.

Dyma'r adeg yr ymunodd meddyg o'r enw Luc â hwy. Yn nes ymlaen ysgrifennodd Luc lyfr yr Actau ac un o'r pedair Efengyl.

Y ddinas gyntaf iddynt ymweld â hi oedd Philipi. Nid oedd synagog yno, ond ar y Saboth byddai ychydig o bobl yn arfer cwrdd ar lan yr afon i weddïo. Ymunodd Paul, Silas a Luc â hwy.

Dechreuodd Paul ddweud wrthynt am Iesu, a chredodd un o'i wrandawyr ei neges. Gwraig yn gwerthu brethyn porffor oedd hi, a'i henw oedd Lydia. Pwysodd ar y tri ohonynt i aros yn ei chartref tra oeddynt yn Philipi.

Bob dydd, wrth i Paul a'i ffrindiau groesi'r ddinas o dŷ Lydia, byddai caethferch yn eu dilyn. Am fod ganddi ddawn i ddweud ffortiwn, roedd ei meistri'n defnyddio'r ferch i ennill llawer o arian iddynt.

Wrth eu dilyn byddai'n gweiddi'n uchel, 'Dilynwyr y Duw Goruchaf yw'r dynion hyn! Maen nhw'n dweud wrthych sut i gael eich achub!'

O'r diwedd ni allai Paul oddef rhagor. Trodd gan ddweud, 'Ysbryd drwg, rwy'n gorchymyn i ti ddod allan o'r ferch hon, yn enw Iesu!'

Ar unwaith peidiodd ei gweiddi. Collodd ei dawn i ddweud ffortiwn hefyd. Roedd ei meistri yn ddig iawn. Aethant yn syth at y swyddogion Rhufeinig.

'Mae'r dynion hyn yn gwneud pethau sydd yn erbyn cyfraith Rhufain,' meddent.

Cyn aros i glywed ochr Paul o'r stori, ymaflodd y swyddogion yn Paul a Silas. Rhwygwyd eu dillad oddi amdanynt, a chawsant eu chwipio a'u taflu i'r carchar. 'Rhowch nhw'n ddiogel mewn cadwynau,' meddent wrth swyddog y carchar.

352
Canu yn y carchar
Actau 16

Cafodd Paul a Silas eu cadwyno i wal y gell dywyllaf, yng nghanol y carchar drewllyd hwnnw yn Philipi.

Er y clwyfau ar eu cefnau a'r cadwynau am eu traed, roedd y ddau yn llawn o ddiolch i Dduw. Ar hanner nos torrodd y ddau ohonynt allan i ganu a moli Duw. Gwrandawai'r carcharorion eraill mewn syndod. Dim ond sgrechian, rhegi a bygythiadau dig y byddent yn eu clywed fel arfer yn y lle ofnadwy hwnnw.

Yn sydyn siglodd daeargryn seiliau'r carchar. Agorodd y drysau a thorrodd y cadwynau'n rhydd o'r waliau. Rhuthrodd ceidwad y carchar o'i ystafell mewn ofn a dychryn. Pan welodd y drysau agored, roedd yn sicr fod ei garcharorion wedi dianc. Tynnodd ei gleddyf yn barod i'w ladd ei hun.

Ond gwaeddodd Paul yn daer, 'Paid â gwneud niwed i ti dy hun! Rydyn ni i gyd yma!'

Galwodd y ceidwad am olau ac aeth yn syth i'r gell ganol. Penliniodd o flaen Paul a Silas.

'Foneddigion, dywedwch beth sydd raid i mi ei wneud i gael fy achub!' erfyniodd.

'Cred yn Iesu Grist ac fe gei di dy achub, ti a'th deulu,' meddai Paul wrtho.

Credodd ceidwad y carchar bopeth yr oedd gan Paul i'w ddweud wrtho am Iesu. Aeth â hwy i'w gartref a golchi eu briwiau'n dyner. Rhoddodd ei wraig swper iddynt. Yna bedyddiodd Paul yr holl deulu.

Drannoeth anfonodd y swyddogion Rhufeinig blismyn i'r carchar gyda'r neges, 'Rhyddhewch y dynion yna.'

Ond atebodd Paul, 'Dinasyddion Rhufeinig ydyn ni. Er hynny cawsom ein chwipio'n gyhoeddus a'n carcharu heb brawf llys. Dywedwch wrthynt am ddod eu hunain i'n gollwng yn rhydd.'

Cafodd y swyddogion Rhufeinig fraw mawr pan glywsant fod Paul a Silas yn ddinasyddion Rhufeinig. Roeddynt wedi torri'r gyfraith wrth eu trin yn y fath ffordd. Aethant ar frys i'r carchar i ymddiheuro ac erfyn arnynt i adael Philipi.

Felly aeth Paul a Silas i ymweld â Lydia a'r Cristnogion eraill unwaith eto cyn cychwyn ar eu taith.

353
Terfysg yn Effesus
Actau 19

Yn nes ymlaen, gadawodd Paul Antiochia ar daith arall o gwmpas rhai o'r eglwysi newydd. Yn ystod y daith honno, bu'n byw am dair blynedd yn Effesus.

Tyrrai ymwelwyr i Effesus i weld y deml hardd i'r dduwies Roegaidd Artemis. Prynent roddion i gofio am eu hymweliad – delwau arian o'r dduwies a swynion a wnaed yn arbennig yn y ddinas honno.

Roedd canolfan Paul mewn ystafell ddarlithio yn perthyn i ryw athronydd. Roedd Paul yn ei defnyddio yn ystod yr oriau poethaf ganol dydd, pan fyddai'r athronydd a'i ddilynwyr yn gorffwyso.

Ond, er gwaetha'r gwres, deuai tyrfaoedd i wrando ar Paul a chredodd llawer y newyddion da. Wedi dod yn Gristnogion, llosgent eu llyfrau swyn a thaflu eu delwau i ffwrdd.

O'r diwedd galwodd Demetrius, y gof arian, ei gyd-grefftwyr i gyfarfod arbennig.

'Mae ein bywoliaeth ni'n dibynnu ar werthu modelau arian o Artemis,' meddai. 'Ond oddi ar yr amser y dechreuodd Paul bregethu, nid yw'r bobl sy'n credu ei eiriau yn prynu delwau o'r dduwies. Cyn hir byddwn yn fethdalwyr, heb yr un geiniog goch yn ein pocedi! Beth wnawn ni?'

Dechreuodd pawb gynhyrfu a chadw sŵn. O'r diwedd dechreusant ymdeithio i lawr y stryd, gan lafarganu, 'Mawr yw Artemis yr Effesiaid!'

Ymunodd mwy a mwy o bobl wrth iddynt gerdded i'r theatr gyhoeddus. Wedi cyrraedd yno, roedd y lle yn ferw gwyllt. Nid oedd hanner y bobl yn gwybod pam yr oeddynt yno o gwbl, ac yr oedd pawb yn gweiddi ar draws ei gilydd!

Pan glywodd Paul beth oedd yn digwydd, roedd am fynd i annerch y dyrfa, ond rhwystrwyd ef gan ei ffrindiau a rhai o'r arweinwyr Rhufeinig. Gwyddent y gallai gael ei lofruddio yn y fan a'r lle.

Credai rhai o'r dyrfa mai'r Iddewon oedd wrth wraidd y drwg, a phan geisiodd Iddew blaenllaw o'r enw Alexander fynd ymlaen i'w hannerch, torrodd y prif derfysgwyr allan i lafarganu 'Mawr yw Artemis yr Effesiaid' drosodd a throsodd.

Ymunodd pawb a buont wrthi'n ddi-baid am ddwy awr. O'r diwedd llwyddodd clerc y ddinas i gael pethau i drefn ac anfon y dyrfa adref.

Sylweddolodd Paul y byddai'n dod â mwy o helbul i'r Cristnogion petai'n aros yn Effesus. Felly, gyda thristwch, gadawodd y ddinas.

354
Y bregeth hir
Actau 20

Er i Paul dreulio'r rhan fwyaf o'i amser ymysg Cenedl-ddynion a oedd wedi dod i gredu yn Iesu Grist, roedd yn awyddus i helpu'r credinwyr Iddewig yn Jerwsalem, a oedd yn dlawd iawn. Felly, ar ôl gadael Effesus, aeth i ymweld ag eglwysi a oedd wedi addo cyfrannu tuag at ei gasgliad arbennig ar gyfer eglwys Jerwsalem.

Yna cychwynnodd Paul a'i ffrindiau ar eu taith i fynd â'r arian i Jerwsalem. Ar y daith, buont yn aros un nos Sadwrn yn Troas.

Roedd y Cristnogion yno wrth eu bodd fod Paul wedi dod a daethant at ei gilydd i oruwchystafell i wrando arno. Roedd hi'n boeth a chlòs yn yr ystafell ac arogl y lampau olew yn mygu'r lle.

Wrth i Paul barhau i siarad, teimlai un o'i wrandawyr yn fwy ac yn fwy cysglyd. Dyn ifanc oedd Eutychus, ond bu wrthi'n gweithio'n galed er y bore bach. Wrth iddo eistedd ar sil y ffenestr, dechreuodd bendwmpian. Y munud nesaf roedd yn cysgu, a syrthiodd o'r trydydd llawr i'r ddaear islaw.

Clywyd cri o fraw. Rhuthrodd rhai at y ffenestr i edrych drwyddi, tra rhedodd eraill, a Paul yn eu plith, i lawr y grisiau.

Gwelodd y rhai cyntaf i gyrraedd fod Eutychus wedi marw. Pan gyrhaeddodd Paul, cofleidiodd ef yn dynn.

'Peidiwch â gofidio,' meddai wrthynt, 'mae'n dal yn fyw!'

Roeddynt yn llawen a diolchgar wrth helpu'r dyn ifanc i fyny'r grisiau unwaith eto! Yna cawsant bryd o fwyd gyda'i gilydd, cyn i Paul ddechrau siarad eto. Roedd y wawr ar dorri pan adawodd o'r diwedd i barhau ar ei daith i Jerwsalem.

Paul y carcharor

355
Yn y ddalfa!
Actau 21-22

Wedi croesi'r môr arhosodd Paul a'i ffrindiau am rai dyddiau yng Nghesarea gyda Philip, y disgybl a oedd wedi cwrdd â'r swyddog o Ethiopia yn yr anialwch.

Tra oeddynt yno, daeth proffwyd o'r enw Agabus i ymweld â hwy. Cymerodd wregys Paul a'i ddefnyddio i glymu ei ddwylo a'i draed ei hun. Yna, wrth i bawb wylio mewn penbleth, meddai, 'Paul, dyna fydd yn digwydd i ti os ei di i Jerwsalem. Dywedodd Duw wrthyf y cei di dy ddal, ac y bydd yr Iddewon yn dy roi yn nwylo'r Rhufeiniaid.'

'Paid â mynd!' oedd cri pawb. Dechreuodd rhai o'r gwragedd wylo.

Ond meddai Paul, 'Peidiwch â thorri fy nghalon gyda'ch dagrau a'ch pledio. Rwyf wedi penderfynu mynd i Jerwsalem beth bynnag fydd yn digwydd. Rwy'n barod i gael fy nghadwyno, ac i farw dros Iesu os bydd raid.'

Cychwynnodd y cwmni bychan ar eu taith. Cawsant groeso gan y Cristnogion Iddewig yn Jerwsalem, ond rhybuddiwyd Paul fod pob math o storïau di-sail amdano yn cael eu taenu ar led.

Un diwrnod, pan oedd Paul yng nghyntedd y deml, gafaelodd rhai o arweinwyr yr Iddewon ynddo.

'Help,' gwaeddasant. 'Rydyn ni wedi dal y dyn sy'n dysgu pawb i dorri cyfraith Duw ac sy'n dod â'r Cenedl-ddynion i mewn i'r deml!'

Aeth yn derfysg gwyllt yno. Rhuthrodd pawb ar Paul, gan ei yrru o'r deml a'i guro drachefn a thrachefn.

Anfonwyd neges ar frys at y capten Rhufeinig, a daeth yno ar ei union gyda'i filwyr i geisio cadw trefn. Cymerodd Paul yn garcharor.

'Rhowch gadwynau amdano,' gorchmynnodd i'w filwyr.

Yna gofynnodd i'r dyrfa, 'Beth wnaeth y dyn hwn o'i le?'

Ond dywedodd pawb rywbeth gwahanol. Yna dechreusant weiddi, 'Lladdwch ef! lladdwch ef!'

Yn y diwedd bu'n rhaid i'r milwyr gario Paul i'r gaer Rufeinig o afael y dorf wallgof.

356
Y cynllun cudd
Actau 22-23

Cafodd Paul ei lusgo gan y milwyr i fyny'r grisiau a oedd yn arwain i'r gaer Rufeinig gerllaw'r deml.

'Ga i ganiatâd i annerch y bobl?' gofynnodd Paul.

Synnodd y capten. 'Rwyt ti'n siarad Groeg yn dda,' meddai. 'Roeddwn i'n meddwl mai'r terfysgwr hwnnw o'r Aifft oeddet ti – yr un a fu'n arwain gwrthryfel rai blynyddoedd yn ôl.'

'Iddew ydw i,' atebodd Paul. 'Rwy'n dod o ddinas enwog Tarsus.'

'Fe gei di siarad â nhw, os mynni di,' cytunodd y capten.

Edrychodd Paul ar y môr o wynebau o'i flaen. Amneidiodd am ddistawrwydd. Dechreuodd eu hannerch yn iaith yr Iddewon, a thawelodd y dorf.

'Iddew wyf i,' meddai Paul. 'Cefais fy magu i wybod y gyfraith a bûm yn astudio gyda'r athro enwog Gamaliel. Fe geisiais innau, hefyd, gael gwared ar ddilynwyr Iesu, nes i mi ei gyfarfod fy hunan. Fe welais ei fod yn wir yn fyw. Ef a ddywedodd wrthyf am fynd i bregethu i'r Cenedl-ddynion.'

Pan ddywedodd Paul hynny, dechreuodd y dorf weiddi, 'Lladdwch ef! Nid yw'n haeddu byw!'

'Ewch ag ef i mewn i'r gaer!' gorchmynnodd y capten. 'A chwipiwch ef,' ychwanegodd. 'Efallai y gwnaiff siarad wedyn, ac y cawn wybod yn union beth wnaeth o'i le.'

Wrth i'r milwyr ei rwymo yn barod i'w chwipio, gofynnodd Paul, 'Ydych chi'n mynd i chwipio dinesydd Rhufeinig?'

Galwyd am y capten.

'Wyt ti'n wir yn ddinesydd Rhufeinig?' gofynnodd. 'Rwyf i'n un fy hunan, ond bu'n rhaid i mi dalu'n ddrud am y fraint.'

'Ces i fy ngeni'n ddinesydd,' meddai Paul.

Tynnwyd y rhwymau ar unwaith. Roedd yn rhaid trin dinesydd Rhufeinig gyda pharch.

Cadwyd Paul yn ddiogel yn y gaer am rai dyddiau. Ond addunedodd criw bychan o Iddewon beidio â bwyta nac yfed nes lladd Paul. Gofynasant i'r Cyngor Iddewig anfon am Paul.

'Dywedwch wrth y capten eich bod am ei gwestiynu,' meddent. 'Byddwn yn disgwyl amdano, er mwyn ei ladd cyn gynted ag y bydd yn gadael diogelwch y gaer Rufeinig.'

Ond clywodd nai i Paul am eu cynllwyn ac aeth yn syth at ei ewythr.

'Dos â'r dyn ifanc yma at eich capten,' meddai Paul wrth y milwr oedd yn ei warchod.

'Mae'r carcharor Paul yn anfon y dyn ifanc hwn i gael gair â thi,' meddai'r milwr wrth y capten.

Aeth y capten ag ef o'r neilltu.

'Beth sydd gen ti i'w ddweud wrthyf?' gofynnodd yn garedig.

Pan glywodd am y cynllwyn, penderfynodd symud Paul o Jerwsalem ar unwaith. Trefnodd i warchodlu arfog fod yn barod erbyn iddi nosi.

Yn y tywyllwch, aethant â Paul yn ddirgel allan o'r gaer ac i'r pencadlys Rhufeinig yng Nghesarea.

📖 357
Llongddrylliad!
Actau 24-27

Cadwyd Paul yn garcharor am rai blynyddoedd. O bryd i'w gilydd galwyd arno i'w amddiffyn ei hun gerbron y llywodraethwr Rhufeinig, ond ni wnaed unrhyw benderfyniad ynglŷn â'i achos.

Fel dinesydd Rhufeinig roedd ganddo'r hawl i ddwyn ei achos gerbron yr ymerawdwr ei hunan yn Rhufain, ac o'r diwedd penderfynodd apelio at Gesar. 'O'r gorau,' cytunodd y llywodraethwr, 'fe gei di fynd i Rufain.'

Rhoddwyd Paul i Jwlius, y canwriad oedd yn gofalu am y carcharorion oedd i fynd i Rufain. Hoffodd Jwlius ef yn fawr. Aeth rhai o ffrindiau Paul, gan gynnwys y meddyg Luc, gydag ef ar eu cost eu hunain.

Ar y cychwyn roedd y môr yn dawel, ond pan drodd cyfeiriad y gwynt cafodd y capten anhawster i lywio'r llong tua'r porthladd. Roedd hi bellach yn hydref, ac arferai llongau aros yng nghlydwch y porthladdoedd i osgoi stormydd y gaeaf.

'Peidiwch â hwylio ymhellach,' oedd cyngor Paul. 'Dim ond trychineb fydd yn ein haros os awn ymlaen.'

Ond roedd perchennog y llong am gael y llwyth i ben y daith, ac roedd y capten yntau'n awyddus i hwylio ymlaen. Gwrandawodd Jwlius arnynt hwy yn hytrach nag ar Paul. Wedi'r cwbl, nid oedd Paul yn forwr – a sut bynnag, roedd y gwynt o'u plaid.

Ond nid oeddynt wedi hwylio ymhell cyn i'r gwynt teg droi yn un ffyrnig o'r gogledd-ddwyrain. Rhuai rhwng y rhaffau a chwythu'n galed yn erbyn yr ochrau. Ysgubai tonnau cryfion dros fwrdd y llong. Gweithiai'r criw fel lladd nadredd i glymu'r offer ac i sicrhau'r cwch achub. Yna taflasant y llwyth a'r celfi i'r môr i ysgafnhau'r llong.

Buont am ddyddiau a nosweithiau heb weld na haul na lleuad, a beth bynnag roedd hi'n amhosibl llywio'r llong. Gadawsant hi i fynd gyda'r llif, gan gael ei gyrru gan y gwynt a'i churo gan y tonnau.

Roedd pawb yn sicr na fyddent byth yn gweld tir sych eto.

Yna meddai Paul wrthynt, 'Fe ddylsech fod wedi derbyn fy nghyngor i. Ond peidiwch ag anobeithio. Ymddangosodd i mi neithiwr y Duw rwy'n ei wasanaethu. Addawodd y bydd pob un ohonom yn cyrraedd tir yn ddiogel. Ac rwy'n credu Duw!'

Yr union noson honno darganfu'r morwyr fod llai o ddyfnder yn y môr. Wrth blymio roeddynt yn siŵr eu bod yn agos i dir. Penderfynasant ddianc yn y fan a'r lle.

Wrth eu gweld yn ceisio rhyddhau'r cwch achub, aeth Paul i ddweud wrth Jwlius.

'Paid â gadael iddyn nhw ddianc,' meddai, 'neu fyddwn ni byth yn gallu cael y llong i dir.' Felly gorchmynnodd Jwlius iddynt aros.

Yna meddai Paul, 'Dydyn ni ddim wedi bwyta ers amser hir.' Felly cymerodd fwyd, diolchodd i Dduw amdano, a'i fwyta o'u blaen. Yna cymerodd pawb arall fwyd, ac ar ôl bwyta teimlent yn well. Disgwyliai pawb yn eiddgar am y wawr.

358
I'r lan yn ddiogel!
Actau 28

Gyda gwawr y bore gallai'r morwyr weld yr arfordir a gwelsant fod yno gilfach â thywod ynddi. Nid oedd ganddynt syniad yn y byd ble roeddynt, ond codasant hwyl yn y gobaith y câi'r llong ei chwythu tua'r traeth. Yn lle hynny, trawodd yn erbyn banc o dywod a dechrau torri'n ddarnau wrth i'r tonnau cryf fwrw yn ei herbyn.

'Wyt ti am ladd y carcharorion, i'w hatal rhag dianc?' gofynnodd y milwyr i'r canwriad. Ond roedd Jwlius am arbed Paul, felly rhoddodd orchymyn i bawb wneud am y lan orau y gallent.

Cydiodd y rhai oedd yn methu nofio mewn darnau o bren o'r llong a chawsant eu hysgubo arnynt i'r tir. Mewn rhyw ffordd neu'i gilydd, llwyddodd y dau gant saith deg a chwech o bobl a oedd ar y llong i gyrraedd y lan yn ddiogel, yn union fel yr oedd Duw wedi addo. Roeddynt ar ynys Melita.

Roedd pawb yn oer ac yn wlyb i'r croen ac yr oedd wedi dechrau glawio. Ond dyma'r ynyswyr cyfeillgar yn cynnau tân croesawus i'w cynhesu.

Aeth Paul ati i gasglu priciau. Ond wrth iddo daflu llwyth o'r tanwydd ar y tân, llithrodd neidr o'r bwndel a chydio yn ei law.

'Edrychwch,' sibrydodd yr ynyswyr wrth ei gilydd. 'Mae'n rhaid mai llofrudd yw'r dyn yna! Cafodd ei arbed rhag boddi, ond marw fydd ei dynged beth bynnag!'

Syllent ar Paul, gan ddisgwyl iddo farw. Ond wedi iddo ysgwyd y neidr i ffwrdd, aeth Paul ymlaen fel petai dim wedi digwydd. Felly newidiasant eu meddwl a phenderfynu ei fod yn dduw!

Cyn bo hir cyrhaeddodd llywodraethwr Rhufeinig yr ynys a'u croesawu i'w gartref moethus. Talodd Paul yn ôl iddo am ei garedigrwydd drwy iacháu ei dad, a oedd yn ddifrifol wael. Pan aeth y newyddion ar led, daeth pawb a oedd yn sâl ar yr ynys at Paul i gael iachâd.

Arhosodd y cwmni yno am dri mis, nes y cyrhaeddodd llong arall oedd yn mynd i'r cyfeiriad iawn. Wrth iddynt gychwyn ar eu mordaith unwaith eto, daeth pobl garedig Melita i ffarwelio â hwy a'u llwytho â bwyd ac anrhegion o bob math.

359
Rhufain o'r diwedd
Actau 28

Wedi mordaith hir glaniodd Jwlius a'i garcharorion yn yr Eidal. Yna dechreuodd y daith flinedig dros y tir i Rufain.

Wedi profiadau'r misoedd a'r blynyddoedd blaenorol, roedd Paul yn flinedig dros ben. Ond roedd Duw wedi bod gydag ef, ac yn awr roedd rhywbeth yn ei ddisgwyl a fyddai'n codi ei galon yn fawr.

Roedd y Cristnogion yn Rhufain wedi clywed ei fod ar ei ffordd. Er nad oeddynt erioed wedi cwrdd â Paul, roeddynt yn ei garu'n fawr. Roedd eisoes wedi ysgrifennu llythyr atynt i ddweud pa mor awyddus ydoedd i ymweld â hwy. Felly cychwynnodd nifer fechan ohonynt i gwrdd ag ef.

Pan oedd eto rai milltiroedd o Rufain, rhoesant groeso cynnes iddo a'i hebrwng y rhan olaf o'r daith.

Wedi cyrraedd Rhufain, ni roddwyd Paul yn y carchar ond cafodd ganiatâd i fyw mewn tŷ wedi'i rentu, gyda milwr Rhufeinig yn ei warchod. Er nad oedd yn cael mynd allan, câi unrhyw un ddod i ymweld ag ef. Roedd yn gwybod y gallai fod yn amser hir cyn y byddai'r ymerawdwr yn barod i wrando ei achos.

Y peth cyntaf a wnaeth Paul oedd gwahodd yr Iddewon a oedd yn byw yn Rhufain i ymweld ag ef. Soniodd wrthynt am Iesu eu gwir Feseia. Ond nid oeddynt yn barotach i wrando arno na'r rhan fwyaf o'r Iddewon mewn dinasoedd eraill. Felly rhoddodd Paul groeso i'r Cenedl-ddynion ddod i wrando'r efengyl.

Nid yw Luc yn dweud wrthym beth fu diwedd hanes Paul. Mae'n ein gadael gyda disgrifiad ohono yn pregethu i bawb a ddeuai i'w dŷ, yn llawen am ei fod yn cael cyhoeddi'r newyddion da am Iesu Grist ym mhrifddinas yr Ymerodraeth Rufeinig.

Y Llythyrwyr

360
Llythyrau oddi wrth Paul
Philipiaid; Timotheus

Ar ôl gwrando ar Paul yn pregethu yn ystod ei deithiau, byddai'r rhai a gredai'r newyddion da yn dod at ei gilydd i ffurfio eglwys yn y ddinas lle roeddynt yn byw.

Dewisodd Paul arweinwyr i'r eglwysi newydd hyn a dysgodd gymaint ag y gallai i'r credinwyr cyn mynd yn ei flaen ar ei daith. Ar ôl eu gadael, byddai'n parhau i gofio amdanynt a gweddïo drostynt. Yn aml ysgrifennai lythyrau atynt i'w calonogi, i'w cywiro ac i ateb eu cwestiynau.

Ar ôl i Paul gael ei garcharu am bregethu, cafodd fwy o amser i lythyru. Yn aml, yn lle ysgrifennu eu hun, byddai Paul yn adrodd ei neges wrth ffrind, iddo ef ysgrifennu drosto.

Un diwrnod, cyrhaeddodd Epaffroditus i ymweld â Paul yn y carchar. Daeth â rhodd oddi wrth yr eglwys yn Philipi, lle roedd Lydia a cheidwad y carchar yn aelodau. Roedd Paul yn llawen iawn o'i weld, a chyn iddo ddychwelyd ysgrifennodd lythyr at y Philipiaid.

'Diolch yn fawr iawn am eich rhodd hael,' ysgrifennodd. 'Nid yr arian yn unig sydd wedi fy llonni, ond y ffaith eich bod yn meddwl amdanaf. Mae hyn yn gwneud Duw yn llawen hefyd.'

Ond daeth Epaffroditus â newydd trist hefyd. Roedd dwy wraig yn yr eglwys wedi cweryla ac yn gwrthod bod yn ffrindiau. 'Maddeuwch i'ch gilydd,' erfyniodd Paul. 'Cofiwch, er mai Duw ydyw, i'r Arglwydd Iesu fod yn fodlon ymostwng a maddau. Byddwch yn debyg iddo.'

Anfonodd Paul lythyrau at unigolion hefyd. Ysgrifennodd at Timotheus, a fyddai weithiau yn aros mewn dinas i helpu gofalu am yr eglwys newydd yno, tra teithiai Paul ymlaen i fannau eraill. Byddai Paul, yn ei lythyrau ato, yn ei gynghori sut i arwain eglwys.

Roedd Paul yn caru Timotheus yn fawr. Rhannodd ag ef sut y teimlai wrth wynebu marw dros Iesu.

Disgrifiodd ei fywyd Cristnogol fel rhedeg ras. 'Rwyf bron â chyrraedd y terfyn,' meddai wrth Timotheus. 'Rwy'n edrych ymlaen yn awr at y wobr a ddaw i mi – ac i bawb sy'n gwir garu ein Harglwydd Iesu.

'Ceisia ymweld â mi yn fuan – cyn y gaeaf, os yw'n bosibl. Tyrd â'm clogyn gyda thi, os gweli di'n dda. Fe'i gadewais yn Troas. Fedri di ddod â'm llyfrau hefyd? Mae'r Cristnogion yma yn anfon eu cofion atoch i gyd.'

361
Caethwas ar ffo
Philemon

Caethwas wedi dianc oedd Onesimus. Pe câi ei ddal, byddai'n cael ei serio â haearn poeth neu ei anfon i weithio mewn cadwynau. Ond roedd yn ddigon pell o dŷ ei feistr erbyn hyn.

Yna cyfarfu â Paul. Wedi gwrando ar Paul yn pregethu, daeth yn Gristion. Daeth i wybod fod Iesu'n ei garu, er ei fod yn gaethwas, a bod Iesu wedi marw i'w ryddhau o bopeth drwg a wnaeth.

Roedd Paul yn y carchar ac arhosodd Onesimus i ofalu amdano. Yn rhyfedd iawn, dyma ddarganfod fod Paul yn adnabod ei feistr. Ei enw oedd Philemon ac roedd yr eglwys yn Colosae yn cyfarfod yn ei dŷ.

Credai Onesimus a Paul y dylai fynd yn ôl at ei feistr. Ysgrifennodd Paul lythyr iddo ei roi i'w feistr.

'Annwyl Philemon,' ysgrifennodd. 'Cofion cynnes atat ti, dy wraig a'r eglwys sy'n cwrdd yn dy dŷ. Rwy'n diolch i Dduw bob tro y cofiaf amdanat. Rwy'n clywed cymaint am dy garedigrwydd a'th gariad tuag at eraill. Mae'n fy llawenhau.

'Rwy'n ysgrifennu atat o garchar i ofyn ffafr arbennig. Rwy'n anfon yn ôl atat un nad oeddet yn disgwyl ei weld byth eto – dy gaethwas, Onesimus. Mae'n siŵr dy fod yn meddwl amdano fel un cwbl ddiwerth – ond mae'n ddyn newydd! Fe fydd mor werthfawr i ti ag y bu i mi.

'Trwy wrando arnaf yn pregethu, daeth Onesimus yn Gristion. Mae hyn yn golygu ei fod yn frawd i ti yn awr yn ogystal â bod yn gaethwas. Felly rwyf am i ti ei groesawu fel un o deulu Duw. Carwn ei gadw yma – bu'n gysur a help mawr i mi – ond rhaid i ti benderfynu ynglŷn â hynny.

'Yn y cyfamser, rho groeso cynnes iddo – croeso fel y cawn innau gennyt! Os cymerodd arian oddi arnat, fe'i talaf yn ôl i ti.

'Mae'r Cristnogion yma'n uno i anfon eu cofion atoch i gyd. Rwy'n gobeithio y bydd Duw'n ateb eich gweddïau ac y byddaf allan o'r carchar ac ar fy ffordd i ymweld â chi'n fuan!'

362
Llythyr at Gristnogion Iddewig
Hebreaid

Roedd llawer o'r arweinwyr Iddewig yn gwrthod gwrando'r newyddion da am Iesu. Nid oeddynt am gredu mai ef oedd eu Meseia. Ond credodd rhai Phariseaid, fel Paul, ac fe gredodd rhai o'r offeiriaid yn Jerwsalem hefyd.

Roedd Iddewon manwl eu cred fel y rhain yn ei chael hi'n anodd yn aml i roi heibio eu hen reolau. Mynnai rhai y dylai'r Cenedl-ddynion a ddaeth yn Gristnogion gadw arferion Iddewig hefyd. Ni chytunai Paul â hynny o gwbl. Ffydd yn unig sy'n achub y person sy'n rhoi ei ymddiriedaeth yn Iesu Grist.

Pan fyddai byw fel Cristnogion yn mynd yn anodd, roedd eraill ymysg y Cristnogion Iddewig yn hiraethu am yr hen ffyrdd Iddewig. Ysgrifennwyd un llythyr yn y Testament Newydd yn arbennig ar gyfer y rhain.

Mae'r llythyr yn cymharu'r hen gyfamod a wnaeth Duw â chenedl Israel â'r cyfamod newydd a wnaeth drwy Iesu Grist â phob cenedl. Gymaint gwell yw'r un newydd na'r hen un! Roedd Moses yn arweinydd ardderchog, ond mae Iesu'n bwysicach o lawer. Nid gwas Duw yn unig yw Iesu, ond ei Fab!

I'r Iddewon roedd arch y cyfamod yn nheml Duw yn arwydd o'i bresenoldeb yn eu plith. Ond roedd llen drwchus yn cuddio'r fynedfa i'r lle sanctaidd lle safai'r arch. Pan fu Iesu farw, rhwygwyd y llen honno. Drwy Iesu, mae'r ffordd at Dduw yn agored led y pen.

Yn nyddiau'r Hen Destament, byddai'r archoffeiriad yn mynd i bresenoldeb Duw ar ran y bobl i weddïo drostynt hwy a'u hanghenion. Byddai'n aberthu anifeiliaid yn rheolaidd, er mwyn ceisio glanhau'r bobl o'r holl bethau drwg a wnaethant.

Ond daeth Iesu i fod yn archoffeiriad llawer mwy rhyfeddol. Offrymodd ei fywyd ei hun, yn aberth perffaith unwaith ac am byth. Gall ei farwolaeth ef wneud pobl yn hollol lân yng ngolwg Duw. Nid yw Iesu'n wan ac yn llawn methiannau fel yr oedd yr archoffeiriaid gynt. Nid yw'n heneiddio nac yn marw. Mae'n fyw yn oes oesoedd, ac yn barod bob amser i roi cymorth a nerth i'w bobl. Mae'n gwybod hefyd beth yw bod yn berson dynol, ac felly mae'n llawn tynerwch a chydymdeimlad.

Mae'r llythyr yn rhestru nifer o arwyr yr Hen Destament, yn wŷr a gwragedd. Roedd pob un ohonynt yn ymddiried yn Nuw er gwaetha'r amgylchiadau digalon. Edrychent ymlaen at yr hyn yr oedd Duw yn mynd i'w ddarparu – y pethau y mae Cristnogion yn awr yn eu mwynhau!

'Maen nhw am eich gweld chi'n rhoi eich ffydd yn Nuw ac yn dal ati, pa mor anodd bynnag y mae hi arnoch,' esbonia'r llythyrwr. 'Cadwch eich llygaid ar Iesu! Mae ef wedi rhedeg y ras ac wedi cyrraedd y terfyn o'ch blaen, a bydd yn eich helpu chi i orffen y ras hefyd. Felly peidiwch â rhoi'r gorau iddi!'

363
Llythyr oddi wrth Iago
Iago

Cafodd Iago ei fagu gyda Iesu ar yr aelwyd yn Nasareth. Nid oedd yn credu mai Iesu oedd Mab Duw nes iddo'i weld yn fyw ar ôl yr atgyfodiad. Yna daeth yn grediniwr ac yn nes ymlaen yn arweinydd yr eglwys yn Jerwsalem.

Ysgrifennodd Iago ei lythyr at Gristnogion a oedd yn byw ar wasgar mewn nifer o wledydd. Fel Iesu ei hun, byddai Iago yn aml yn defnyddio darluniau i helpu ei ddarllenwyr i ddeall.

'Does dim pwynt gwrando ar air Duw heb fod yn ufudd iddo,' rhybuddiodd. 'Os gwnewch chi hynny, rydych chi'n debyg i berson sy'n edrych yn y drych ac yna'n anghofio cribo'i wallt blêr. Mae'n rhaid ufuddhau i Dduw bob amser.'

Roedd Iago o blaid y tlodion a oedd yn cael cam gan eu meistri cyfoethog. Roedd yn gas ganddo grachach snobyddlyd.

'Dychmygwch fod dau ymwelydd yn dod i oedfa yn eich eglwys. Mae un yn gwisgo dillad drud a modrwy, ond mae'r llall mewn hen ddillad carpiog. Peidiwch â dweud yn gwrtais wrth yr un cyfoethog, "Tyrd ymlaen i eistedd yn y sedd arbennig hon", ac yna troi a dweud wrth yr un tlawd, "Gelli di eistedd yma ar y llawr wrth fy nhraed!" Os ydych chi'n ymddwyn fel yna, rydych chi'n dweud fod y cyfoethogion yn bwysicach na'r tlodion. Nid yw Duw yn meddwl fel yna. Yn wir mae gan Dduw le arbennig i'r tlodion yn ei deyrnas.'

Roedd gan Iago lawer i'w ddweud am sgwrsio.

'Peth bach yw'r tafod ond mae nerth mawr ynddo. Peth bach yw'r genfa sydd yng ngheg ceffyl, ond gall y marchog ei ddefnyddio i lywio'r anifail i ble bynnag y mynno. Llyw bychan sydd gan y morwr i reoli llong enfawr. Mae'r tafod yn fach ond gall ymffrostio llawer! Meddyliwch! Gall un gwreichionyn gychwyn coelcerth mewn coedwig. Gall un gair maleisus ledaenu'n dân o ddicter ac achosi pob math o drafferth. Felly byddwch yn ofalus beth fyddwch chi'n ei ddweud!

'Byddwch yn ymarferol! Ni ddaw unrhyw les o ddweud wrth berson sy'n oer a newynog, "Cadw'n gynnes a bwyta'n dda!", heb i chi roi dillad a bwyd iddo. Dangoswch fod gennych ffydd yn Nuw drwy eich gweithredoedd a thrwy fyw i'w blesio.

'Peidiwch ag anghofio gweddïo – beth bynnag yw'ch amgylchiadau. Gweddïwch os ydych mewn trafferth, molwch Dduw os ydych yn llawen, gweddïwch os ydych yn sâl. Mae Duw yn gwrando ac yn ateb gweddi!'

364
Llythyrau oddi wrth Pedr
1 Pedr

Pysgotwr oedd Pedr, nid ysgolhaig fel Paul, ond ysgrifennodd lythyrau at y Cristnogion oedd yn byw yn y gwahanol daleithiau Rhufeinig.

Mae'n debyg mai yn Rhufain yr oedd bryd hynny, pan oedd yr ymerawdwr Nero'n dechrau cam-drin Cristnogion. Roedd Pedr yn gwybod y byddai'r erlid yn lledu'n fuan drwy'r ymerodraeth, felly ysgrifennodd i'w rhybuddio am yr hyn oedd i ddod.

'Peidiwch â synnu pan ewch drwy dân erledigaeth a dioddefaint,' ysgrifennodd atynt. 'Dioddefodd Iesu hefyd. Ni wnaeth weithred ddrwg erioed, ond cafodd ei ladd.

'Pan fu gerbron y Cyngor Iddewig a'r llywodraethwr Rhufeinig, nid atebodd yn ôl pan gafodd ei sarhau. Ni fygythiodd pan oeddynt yn ei gyhuddo o bethau nad oedd wedi'u gwneud. Gallai fod wedi galw ar luoedd o angylion i ymladd drosto, ond gadawodd iddynt wneud yr hyn a fynnent ag ef. Rhoddodd ei fywyd i'n glanhau o'n pechodau. Mae am i ni, hefyd, sefyll yn wyneb dioddefaint. Rhaid i ni ddilyn ei esiampl.

'Os oes gan rai ohonoch chi'r caethweision feistri caled, peidiwch â gwgu a rhegi arnynt. Dangoswch barch tuag atynt, p'un a ydynt yn haeddu hynny ai peidio.

'Nid wyf am i chi'r gwragedd sy'n briod â gwŷr nad ydynt yn gredinwyr, geisio eu hennill drwy wisgo dillad drud ac addurno'ch gwallt. Bodlonwch ar fod yn gariadus ac yn gynorthwyol. Pan sylwant ar eich ymddygiad, byddant am fod yn Gristnogion hefyd, am fod eich cymeriad yn brydferth.

'Rwyf am i bawb ohonoch yn yr eglwys garu eich gilydd! Gwahoddwch eich gilydd i'ch tai. Os yw rhywrai yn gas i chi, talwch yn ôl drwy wneud tro da â nhw!

'Bydd Iesu'n dychwelyd i'r ddaear yn fuan. Byddwch yn barod ar ei gyfer drwy fyw mewn ffordd fydd yn ei foddhau. Ni fydd eich dioddefaint yn para'n hir!

'Rydym yn anfon ein cariad atoch! Tangnefedd Crist a fyddo gyda chi.'

Nef newydd – daear newydd

📖 **365**

Cipolwg o'r nefoedd
Datguddiad

Bu Ioan, disgybl annwyl Iesu, fyw i fod yn hen iawn. Mae Datguddiad, llyfr olaf y Beibl, yn cofnodi gweledigaeth Ioan o'r dyfodol.

Yr amser hwnnw, roedd yr ymerawdwr Rhufeinig yn erlid yr eglwysi'n greulon. Felly ysgrifennodd Ioan mewn iaith sy'n llawn o ddarluniau a symbolau, iaith a oedd yn ddealladwy i'r Cristnogion yn unig.

Roedd nifer o Gristnogion yn anobeithio. A oedd Duw yn rheoli mewn gwirionedd? A fyddai Iesu'n dod yn ôl?

Roedd Ioan ei hun wedi cael ei alltudio a'i garcharu ar ynys Patmos. Un bore Sul ymddangosodd Iesu iddo, yn ddisglair yn ei ogoniant.

Rhoddodd negeseuon i Ioan ar gyfer eglwysi saith dinas wahanol. Yna cafodd Ioan gipolwg o'r nefoedd ei hun, lle yr eisteddai Duw yn ogoneddus ar orsedd â golau enfys yn fwa o'i hamgylch. Yn ei law roedd sgrôl y dyfodol. Roedd y sgrôl wedi'i selio.

Dim ond un person o holl luoedd y nefoedd oedd yn deilwng i agor seliau'r sgrôl. Y person hwnnw oedd Iesu Grist.

Syllodd Ioan, gan ddisgwyl gweld un cryf yn debyg i lew, ond roedd Iesu'n edrych fel oen wedi'i aberthu. Ef yw Oen Duw, a fu farw i dynnu ymaith bechod y byd.

Pan gymerodd Iesu'r sgrôl, dechreuodd miloedd ar filoedd yn y nef ganu, 'Teilwng yw'r Oen a laddwyd, i dderbyn gallu, gogoniant a bendith!'

Wrth i Iesu ddechrau agor sgrôl y dyfodol, gwyddai Ioan i sicrwydd *fod* Duw'n rheoli. Daeth Satan, hen elyn Duw, â phechod a dioddefaint i'r byd. Ond enillodd Iesu'r fuddugoliaeth ar ddrygioni drwy farw ac atgyfodi i fywyd tragwyddol.

Yna gwelodd Ioan ddiwedd pob peth hen a hyll, a phob peth a oedd wedi'i sarnu, a gwelodd ddechrau byd newydd prydferth a da.

Ni châi unrhyw un a fyddai'n difetha'r byd prydferth hwnnw fynd i mewn iddo, dim ond y rhai a wnaed yn lân gan Iesu. Bydd pob un sy'n dweud 'Na' wrth Iesu yn ystod ei fywyd ac yn gwrthod ei faddeuant, yn cael ei anfon ymhell oddi wrth Dduw.

'Gwelais nefoedd newydd a daear newydd,' ysgrifennodd Ioan. 'A chlywais lais yn cyhoeddi'n uchel, "Yn awr mae cartref Duw gyda dynion. Bydd Duw ei hunan gyda nhw. Bydd yn sychu ymaith bob deigryn. Ni fydd marwolaeth byth mwy, na thristwch, na phoen. Ni fydd angen golau haul na lleuad yn Ninas Sanctaidd Duw, oherwydd bydd gogoniant Duw yn llewyrchu arni, a'r Oen yn oleuni iddi.'

O! fel yr hiraethai Ioan am y dydd hwnnw!

'Rwy'n dod yn fuan iawn!' addawodd Iesu. Ac atebodd Ioan yn llawen, 'Ie, tyrd Arglwydd Iesu!'

MYNEGAI I ENWAU PERSONAU

Cynhwysir enwau pawb sy'n ymddangos yn y gyfrol ac eithrio Iesu Grist.

A
Aaron 62-65, 67, 72, 74, 76, 83, 87
Abednego 233-34, 236-38
Abel 15-17
Abiathar 147, 153, 166-67, 170
Abigail 150-51
Abner 156
Abraham 23-35, 39, 62-63, 68, 81, 98, 188, 260
Absalom 163-70
Achis 152
Adoneia 170-71
Adoram 181
Adda 12-15, 289
Agabus 401
Ahab 183-84, 186-87, 189-90, 192-93, 197-99, 210-211
Ahas 216-17, 220
Ahaseia 210-12
Aheia 178-79, 182-83
Ahimaas 166-69
Ahimelech 146-47
Ahitoffel 166
Alexander 399
Alffeus 290
Amnon 163-64
Amos 212-14
Amram 58
Ananias (gŵr Saffeira) 387
Ananias (o Ddamascus) 391
Andreas 288, 290, 294-95, 321, 340
Archelaus 284
Arioch 234
Artaxerxes 252
Artemis (duwies Roegaidd) 399
Aser 100
Aspenas 232
Athaleia 212
Awgwstus 279

B
Balaam 88-89
Balac 88-89
Barabbas 375-76
Barac 103-104

Barnabas 394, 396-97
Bartimeus 356-57
Bartholomeus 290
Baruch 225
Bathseba 160-63, 171
Belsasar 240-41
Benjamin 43, 53-56, 100, 102
Boas 123-24

C
Caiaffas 364, 373
Cain 15-17
Caleb 86
Cerenhapuch 262
Cesia 262
Cis 132, 134
Cleopas 380
Cornelius 394
Cyrus 249

CH
Cham 21

D
Dafydd 138-39, 141-72, 175, 178, 181-82, 263, 278-79, 283, 349, 356
Dagon (duw'r Philistiaid) 119, 130
Dan 100
Daniel 232-35, 237-44
Dareius 241-44
Debora 103
Delila 116-118
Demetrius 399
Doeg 147

E
Ebedmelech 229
Efa 12-15, 289
Effraim 100
Eglon 102-103
Ehud 102-103
Elcana 125, 127
Eli 125, 127-29
Eliab 138-39
Elias 183-91, 193-96, 200, 272, 286, 296, 334, 336-37

Elimelech 122, 124
Elisabeth 274-77, 286
Eliseus 191, 194-96, 200-10, 296, 317
Epaffroditus 407
Esau 36-42
Eseciel 246-49, 349
Eseia 215-16, 219-20, 296, 380
Esra 255
Esther 256-59
Eutychus 400

F
Fasti 256

G
Gabriel (angel) 275-76
Gad 100
Gamaliel 402
Gedeon 105-112
Gehasi 201, 203, 206
Goliath 139, 141, 143, 147
Gomer 214

H
Hagar 26, 30-31
Haggai 251
Haman 256-59
Hanna 125, 127
Hermes (duw Groegaidd) 396
Herod Agripa I 394
Herod Antipas 290, 297-98
Herod Fawr 283-84, 297, 394
Herodias 297-98
Heseceia 217, 219-20
Hilceia 220, 222
Hiram 158, 175
Hosea 214-15
Hulda 221-22
Hur 74
Husai 166-67

I
Iago (brawd Iesu) 410
Iago (mab Alffeus) 290
Iago (mab Sebedeus) 290, 316, 336-37, 371, 382, 394

414

Ioan (mab Sebedeus) 290, 316, 336-37, 367, 371, 373, 377-78, 382, 386-87, 412-13
Ioan Fedyddiwr 275-77, 286-88, 297-98, 334
Isaac 30, 32-39, 62-63, 188
Isboseth 156
Ismael 26, 30-31
Israel (y dyn) – *gweler Jacob*
Issachar 100

J
Jabin 103-104
Jacob 36-46, 53-54, 56, 62-63, 81, 100, 188, 264
Jael 104
Jaffeth 21
Jairus 314-16
Jefftha 112-14
Jehoiacim 223, 225-26
Jehoiacin 249
Jehoiada 212
Jehosaffat 197-99
Jehoseba 212
Jehu 210-12
Jemima 262
Jeremeia 223-27, 229-30, 249, 349
Jeroboam I 178-83
Jeroboam II 212, 215
Jesebel 183-85, 187, 190-93, 210-12
Jesse 138-39, 142
Jethro 61-62, 75
Joab 156, 160-61, 164, 168-70
Joas 107, 212
Job 260-62
Jochebed 58-60
Joel 384
Jona 266-70
Jonathan (mab Abiathar) 166-67
Jonathan (mab Saul) 136-37, 143-46, 155, 159
Joram 210-11
Joseff (gŵr Mair) 276, 278-79, 281, 283-85, 296
Joseff (mab Jacob) 43-50, 52-57, 100
Joseff (o Arimathea) 377
Josua 74, 83, 86, 90-92, 94-95, 97-101, 192
Josua (yr offeiriad) 249-51

Joseia 220-23, 225
Jwda 46, 54-55, 100
Jwdas Iscariot 290, 360, 366, 368-69, 371, 374
Jwdas Macabeus 274
Jwlius 403-406

L
Laban 39-40
Lasarus 357-60
Lea 40
Lefi 85, 100
Lot 23-25, 28-29
Luc 397, 406
Lydia 397, 399, 407

LL
Lleng 313

M
Mair (chwaer Martha) 357-60, 366
Mair (mam Iesu) 276, 278-79, 281, 283-86, 292-93, 307, 377
Mair (mam Ioan Marc) 394-95
Mair Magdalen 378-79
Malachi 271-72, 274, 334
Manasse (mab Joseff)100
Manasse (brenin) 220
Manoa 114-15
Martha 357-60
Mathew 290
Meffiboseth 159
Mesach 233-34, 236-38
Miceia 197-98
Micha 283
Michal 144, 157
Miriam 58-59, 71
Mordecai 256-59
Moses 58-78, 80-88, 90-92, 98, 190, 222, 299, 306, 336-37, 367, 409

N
Naaman 204-206, 296
Nabal 150-51
Naboth 192-93
Nafftali 100
Nahor 35
Naomi 122-24
Nathan 158-59, 162, 171

Nebuchadnesar 226-27, 229-30, 232-39, 241, 246, 249
Nehemeia 252-55
Nero 411
Nicodemus 324-25, 377
Noa 17-23

O
Obadeia 186
Omri 183
Onesimus 408-409
Orpa 122

P
Paul (Saul o Tarsus) 389-92, 394, 396-409
Pedr (Simon Pedr) 288, 290, 294-95, 316, 321, 323, 334-37, 340, 342, 367, 370-71, 373, 378, 382, 384-87, 392-95, 411
Peninna 125
Pilat 374-77
Potiffar 47-49
Pura 109

PH
Philemon 408-409
Philip (y disgybl) 290, 321
Philip (yr efengylydd) 389, 401

R
Rachel 39- 40, 42-43, 53
Rahab 92-93, 97, 278
Rebeca 34-38
Rehoboam 180-82
Reuben 45-46, 100
Ruth 122-24, 278

RH
Rhoda 395

S
Sabulon 100
Sachareias 274-77, 286
Sacheus 355
Sadoc 166-67, 171
Sadrach 233-34, 236-38
Saffan 220-22
Saffeira 387
Salome 298

Samson 114-20, 129
Samuel 125, 127-28, 131-34, 137-39, 144, 151
Sara 23, 25-27, 30-33
Satan 260-61, 289, 294, 307-308, 313, 335, 412-13
Saul (y brenin) 132-39, 141-45, 147-53, 155-57, 159
Saul (yr apostol) – *gweler Paul*
Sebedeus 290
Sechareia 251, 361
Sedeceia (brenin) 226-27, 229-30
Sedeceia (proffwyd) 197-98
Seffora 61
Sem 21, 23
Siba 159

Silas 397-99
Simeon (mab Jacob) 53-54, 100
Simon (o Cyrene) 376
Simon (y crwynwr) 393
Simon (y gwladgarwr) 290
Simon (y Pharisead) 346
Simon Pedr – *gweler Pedr*
Sisera 103-104
Solomon 163, 170-73, 175-82, 250-51, 265
Sorobabel 249-51
Steffan 388-390

T
Tabitha 392-93
Tamar 163
Timotheus 407

TH
Thadeus 290
Thomas 290, 358, 370, 381-82

U
Ureia 160-62
Usseia 215

X
Xerxes 256-59

Z
Zeus (duw Groegaidd) 396